Christian Thomas Kohl

Buddhismus und Quantenphysik

Die Wirklichkeitsbegriffe Nāgārjunas und der Quantenphsyik

W0309728

WINDPFERD

Christian Thomas Kohl, Jahrgang 1945, Diplom-Politologe. Er gehört seit 20 Jahren zur Kagyü- und Sakya-Tradition des tibetischen Buddhismus. Sein Schwerpunkt ist die Philosophie Nāgārjunas. Zu diesen Themen hielt er Vorträge an der VHS-Rendsburg, an der Christian Albrechts-Universität zu Kiel und im Tibet Kailash Haus in Freiburg.

Senden Sie Kommentare und Fragen zu diesem Buch an:
buddhismus-quantenphysik@gmx.de

1. Auflage 2005
© 2004 by Windpferd Verlagsgesellschaft mbH, Aitrang
Alle Rechte vorbehalten
Umschlaggestaltung: Kuhn Grafik, Digitales Design, Zürich
Illustrationen entnommen aus: Hermann Haken, Hans Christoph Wolf, Atom- und Quantenphysik. Einführung in die experimentellen und theoretischen Grundlagen, Berlin 2000 (S. 155); U.S. Geological Survey (S. 157); Walter Greiner, Georg Wolschin, Elementare Materie. Vakuum und Felder, Spektrum Akademischer Verlag, Heidelberg, Berlin 1994 (S. 162)
Lektorat: Silke Kleemann
Herstellung: Schneelöwe, Aitrang
www.windpferd.de
ISBN 3-89385-463-0

Printed in Germany

Abstract. Es gibt eine überraschende Parallelität zwischen dem philosophischen Wirklichkeitsbegriff Nāgārjunas und dem physikalischen Wirklichkeitsbegriff der Quantenphysik. Für beide besteht die grundlegende Wirklichkeit aus einem Zusammenspiel von Systemen, deren Bestandteile weder identisch sind, noch auseinanderfallen. Diese Wirklichkeitsbegriffe lassen sich nicht mit den substantiellen, subjektivistischen, holistischen und instrumentalistischen Wirklichkeitsbegriffen vereinbaren, die den Denkweisen der modernen Welt zugrunde liegen.

„Der Buddha hat gesagt: ‚Ich habe eine Wirklichkeit in den Dingen gesucht, ohne sie jemals zu finden'" [Traité, S. 2146]

„Alles, was in irgendeinem Sinne existiert, hat zwei Seiten, sein individuelles Selbst und seine Signifikanz im Universum. Und jeder dieser Aspekte ist ein Faktor des anderen." [A. N. Whitehead] [1]

„Wir müssen uns eingestehen, dass die Quantenmechanik überhaupt nichts erklärt, sondern lediglich eine Formel für bestimmte Ereignisse liefert. Und ich versuche eine Erklärung zu finden." [David Bohm] [2]

„Wir erinnern uns der hermeneutischen Regel, dass man das Ganze aus dem Einzelnen und das Einzelne aus dem Ganzen verstehen müsse." [Hans-Georg Gadamer, Wahrheit und Methode, Bd. 1, Tübingen 1990, S. 296]

Inhalt

Vorwort

Die Quantenmechanik, die in den ersten Jahrzehnten des 20. Jahrhunderts aufgestellt worden ist und mit der eine grundlegende Theorie der physikalischen Wirklichkeit vorliegt, mit deren Hilfe die Stabilität der Materie, die chemische Bindung und mehr verstanden werden kann, stellt mehr als eine Weiterentwicklung der klassischen Physik dar. Die Quantenmechanik ist etwas völlig Neuartiges, und zwar sowohl was ihre mathematische Darstellung als auch was ihre philosophischen Folgen angeht. Allerdings ist bislang viel zu wenig versucht worden, die (konzeptionellen) Lektionen der Atome umfassend zu lernen, wie sie etwa in den Schriften von Niels Bohr zu finden sind. Der Däne Bohr hat schon sehr früh bemerkt und immer wieder auszudrücken versucht (in der Mitte der zwanziger Jahre des 20. Jahrhunderts), dass mit der Quantentheorie und ihren Einsichten in das Wesen der physikalischen Wirklichkeit (Realität) eine Annäherung des Denkens der westlichen Wissenschaft an das Denken der östlichen Philosophie gelingen kann. Es wird dabei möglich, den beiden komplementären Wegen nachzudenken, die sich der Wahrheit zu nähern versuchen.

Im Rahmen der Quantentheorie ist zum Beispiel ausgeschlossen, die Welt in unabhängige und unverbundene Teilchen (Partikel) zu zerlegen, um sie mit ihrer Hilfe zu erklären. Die Quantentheorie zeigt demjenigen, der ihre mathematischen Strukturen durchschaut hat – mit der Betonung auf der ersten Silbe – und die Theorie folglich als ein Fenster benutzt, durch das der Blick auf die Wirklichkeit fallen kann, dass es dort keine diskret isolierten, sondern nur kontinuierlich korrelierte Entitäten gibt. Die atomare Wirklichkeit ist ein Ganzes ohne Teile, auch wenn unsere Sprache mit den Substantiven wie „Atom“ oder „Elektron“ etwas anderes suggeriert.

Den führenden Vertretern der Physik, die zur Entwicklung der Quantenmechanik zwischen 1920 und 1930 beigetragen und selbständig philosophische Neigungen und Kenntnisse entwickelt haben, ist schon sehr früh die Unzulänglichkeit der philosophischen Systeme (Ontologien) des Westens aufgefallen, um mit der neuen Situation fertig zu werden, die eine merkwürdige Doppelnatur der Wirklichkeit (Dualität Licht und Welle) und primäre Wahrscheinlichkeiten im Innersten der Welt zulassen muss. Wenn überhaupt, dann können die östlichen Denkschulen an dieser Stelle helfen, wie zum Beispiel Wolfgang Pauli zu betonen nicht müde geworden ist.

Jeder ernste Versuch, Verbindungen zwischen Philosophien der östlichen Hemisphäre und den Interpretationen der Quantenmechanik herzustellen, sollte unter allen Umständen gefördert und vorgestellt werden. Die Arbeit von Christian Thomas Kohl geht in diese (richtige) Richtung, und sie ist von hoher Sorgfalt und Qualität. Der Autor weist in Nāgārjunas Philosophie unter anderem auf den Aspekt hin, dass sich dort eine Warnung vor extremen Konzepten findet, weil solche Positionen es nicht gestatten, Wirklichkeit adäquat zu erfassen. Genauso sieht es die Idee der Komplementarität, die von der Spannung spricht, die zwischen extremen Positionen (Welle, Teilchen) besteht und die es auszuhalten gilt. Die Idee der Komplementarität, der zufolge es zu jeder richtigen Beschreibung der Wirklichkeit eine gleichberechtigte Beschreibung gibt, selbst wenn sich beide Darstellungen auf den ersten Blick widersprechen, gilt auch für die Gegenüberstellung östlich-westlich im Ganzen.

Das, was man Wahrheit nennt, ist wahrscheinlich nur zu erfassen, wenn es gelingt, eine Wechselbeziehung zwischen diesen Positionen zu finden und die Arbeit von Christian Thomas Kohl ist ein glänzend gelungener Schritt in Richtung auf dieses Ziel. Sein Text vollzieht und verdeutlicht die Denkbewegung, die aus der Romantik (als komplementäres Gegenstück der Aufklärung) bekannt ist und der zufolge die Natur immer schaffende und erschaffte Natur zugleich ist. Der Wissenschaftler erschafft die Atome („Die Bahn eines Elektrons entsteht erst dadurch, dass wir sie beobachten"), aus denen er besteht. Der Beobachter ist nicht nur nicht vom Beobachteten zu trennen, er ist sogar dafür verantwortlich. Wirklichkeit ist nur als System aus wechselwirkenden Gegensätzen (Gegenstücken) zu verstehen. Dies hat die Quantenmechanik auf dem Weg Wissenschaft und die buddhistische Philosophie auf ihre Weise erfahren. Christian Thomas Kohl kennt beide Wege und stellt sie so vor, dass es möglich wird und sich lohnt, sie kennen zu lernen. Wer nur die Quantenmechanik kennt, kennt auch die Quantenmechanik nicht, könnte man frei nach Lichtenberg sagen. Christian Thomas Kohl kennt die Quantenmechanik, weil er die östliche Philosophie kennt.

Prof. Dr. Ernst Peter Fischer
Konstanz, im Januar 2005

1.
Fragestellung

Die Denkweisen der modernen Welt befinden sich in einem Zustand der Ungewissheit. Sie haben die Fähigkeit verloren, eine Richtung anzugeben, und es mangelt ihnen an Selbstvertrauen. Vielleicht haben sie auch ihre Grundlagen verloren. Diese wurden ihnen einmal vom griechischen Denken vorgegeben. Ursprünglich waren es die vorsokratischen Philosophen, die den europäischen Denkweisen die Grundbegriffe des Seins, der Substanz oder der letzten Wirklichkeit, die allem zugrunde liegen soll, geliefert hatten. Diese Grundbegriffe sollten über die Vermittlung Platons die ganzen philosophischen und naturwissenschaftlichen Denkweisen bis ins 21. Jahrhundert hinein in Anspruch nehmen. Allerdings sind sie in der Geschichte der Philosophie oft mit Unsicherheiten behaftet gewesen. Noch vor einigen Jahren hat der Philosoph Hans-Georg Gadamer an die Verlegenheit erinnert, die im Zusammenhang mit dem Begriff des Seins auftaucht, weil wir nicht genau wissen, welche Bedeutung dieser grundlegende Begriff eigentlich hat.

Was ist Wirklichkeit? Wer sollte uns eine Antwort auf diese Frage geben? Die Physik, so könnte man annehmen. Sie untersucht nicht eine fragwürdige letzte Wirklichkeit, sondern die Beschaffenheit der physischen Welt, in der wir leben. Wenn wir uns der mathematischen Physik zuwenden, stoßen wir bei Galilei, Newton und Einstein nicht auf Fanatiker, die uns ihre Sicht von einer letzten Wirklichkeit oder von dem Sein der Dinge aufzwingen wollen. Ein Physiker hat die Aufgabe, die physikalische ‚Natur' zu erforschen, objektiv, unvoreingenommen, vorurteilsfrei, ohne pauschale und vorschnelle Urteile sowie emotionale Betroffenheit, mit wissenschaftlicher Sachlichkeit und Differenziertheit. In den Naturwissenschaften geht es hauptsächlich um exakte Experimente, neutrale Beobachtungen, induktive Verallgemeinerungen, strenge Prüfungen, empirische Bestätigungen und um Überzeugungen durch Argumente. Deswegen entspricht es einem allgemeinen Konsens des wissenschaftlichen Denkens in der modernen Welt, wenn der theoretische Physiker Max Born schreibt: „Ich glaube, dass Ideen wie absolute Richtigkeit, absolute Genauigkeit, endgültige Wahrheit usw. Hirngespinste sind, die in keiner Wissenschaft zugelassen werden sollten.“ [3] Das klingt überzeugend. Trifft es aber auch tatsächlich zu? Wenn in der theoretischen Physik die Eigenschaften eines komplexen Systems analysiert werden sollen, dann isolieren Physiker die Komponenten in der Annahme, auf einzelne, unabhängige Grundbausteine der Natur zu stoßen, die einfacher sind und nicht die komplexe Struktur der Wechselwirkungen des ganzen Systems aufweisen, oder aber, um auf die mathematischen Gesetzmäßigkeiten zu stoßen, die dem System zugrunde liegen. **System ist seit der griechischen Antike eine Bezeichnung für ein geordnetes, gegliedertes Ganzes.** Im 20. und 21. Jahrhundert werden diese Grundbausteine und Gesetzmäßigkeiten, die den Systemen zugrunde liegen, Elementarteilchen, Quarks, Energie, Kraftfelder, Naturgesetze, Symmetrien, Denkmodelle oder Informationen genannt. Stellen diese Grundbausteine und Gesetzmäßigkeiten eine unabhängige physische Realität dar?

Was ist eine unabhängige Realität? Platon hatte zwei Formen des Seins unterschieden, er unterschied besonders im zweiten Teil des ‚Parmenides‘ Einzeldinge, die alles, was sie sind, nur durch Teilhabe sind und insofern kein eigenes Sein haben, und Ideen, die ein eigenes Sein haben. Diese Zweiteilung hat die traditionelle Metaphysik von Platon übernommen. Ein unabhängiges Sein oder eine Substanz bezeichnet in der traditionellen Metaphysik etwas, das als Existierendes von nichts anderem abhängig ist [Descartes], was aus sich selbst heraus existiert, durch sich selbst besteht [More], was gänzlich uneingeschränkt durch anderes und frei von jeder Art von Fremdbestimmung ist [Spinoza], das, was für sich selbst, ohne ein anderes besteht [Schelling]. [4] **In dieser metaphysischen Tradition stand auch Albert Einstein, als er schrieb: „Wesentlich für diese Einordnung der in der Physik eingeführten Dinge erscheint ferner, dass zu einer bestimmten Zeit diese Dinge voneinander unabhängige Existenz**

beanspruchen, soweit diese Dinge ‚in verschiedenen Teilen des Raumes liegen'. Ohne die Annahme einer solchen Unabhängigkeit der Existenz [des ‚So-seins'] der räumlich distanten Dinge voneinander, die zunächst dem Alltags-Denken entstammt, wäre physikalisches Denken in dem uns geläufigen Sinne nicht möglich."[5]

Unabhängigkeit und Abhängigkeit sind zwei abstrakte, dichotomische, in zwei Teile geschnittene Begriffe, die in einem logischen Widerspruch zueinander stehen. Sie schließen sich gegenseitig aus. Wenn der eine zutrifft, kann der andere nicht zutreffen. Wenn also ein System durch Wechselwirkungen seiner Komponenten und durch eine Wechselwirkung mit anderen Systemen gekennzeichnet ist, durch Teilhabe, dann kann es keine unabhängige Substanz, keine unabhängigen Grundbausteine und keine unabhängigen mathematischen Strukturen, kein eigenes Sein haben, dann bestehen die Komponenten und das System nicht durch sich selbst und sind nicht frei von jeder Art von Fremdbestimmung, sie stellen keine unabhängige Realität dar.

Was liegt der Natur zugrunde, Atome oder andere Grundbausteine der Materie, Energie, Kraftfelder, Naturgesetze, Symmetrien, Denkmodelle, Informationen oder ist es sinnlos, danach zu fragen? Um diese Frage dreht sich ein großer Teil der philosophischen Interpretation der Quantenphysik. Die Diskussion wirkt manchmal so, als sei die Physik einer der letzten Räume des modernen Denkgebäudes geblieben, in dem am Anfang des 21. Jahrhunderts die Schlüsselbegriffe noch immer vom alten griechischen Denken geprägt sind. Für das in Griechenland entstandene substantielle Denken liegt der Welt, in der wir leben, ein unverändertes Sein, eine letzte Wirklichkeit zugrunde, die sich für manche moderne Physiker in den universellen, unveränderlichen Naturgesetzen, oder in Atomen, Elementarteilchen, Kraftfeldern, Denkmodellen oder Symmetrien manifestiert. Nach den Physikern Heisenberg, von Weizsäcker und Schopper sollen diese Entitäten die letzte Wirklichkeit, die Idee oder das Wesen der Materie darstellen, während Max Born solche metaphysischen Begriffe von etwas Absolutem Hirngespinste genannt hatte. Entität bezeichnet abstrakt etwas, das ist, ohne konkret zu sagen, was es ist. Hier sind wir bei einem schwer zu akzeptierenden Widerspruch angelangt. Wenn das zutrifft, ist eine klärende Auseinandersetzung mit den metaphysischen Grundbegriffen der theoretischen Physik angebracht, da der Platz der theoretischen Physik im Denkgebäude der modernen Welt grundlegend ist. Keine andere Wissenschaft kann solche präzisen Informationen über die Beschaffenheit der physischen Wirklichkeiten liefern wie die Physik. Allerdings leben wir nicht mehr in einer Zeit mit einem eindeutigen Weltbild. Der Physiker Jürgen Audretsch hat es zutreffend einen „zusammengerührten Salat aus unverstandenen Zitaten aus Theologie, Psychologie, Zeitgeschichte, Ökonomie und eben – immer klarer dominierend – aus den Naturwissenschaften" genannt.[6] Diese Orientierungslosigkeit ist einer der Gründe unseres Interesses an völlig fremden Kulturen. In meiner Arbeit geht es um den Kontakt mit der buddhistischen Philosophie Indiens und Tibets. Einer der Begründer dieser Philosophie ist der indische Philosoph Nāgārjuna. Sofort stellt sich eine Frage: Ist es möglich, als Europäer in die Denkweise einer anderen Kultur einzudringen? Viele Argumente sprechen dagegen, ich möchte nur einige von ihnen aufgreifen.

Das Argument der Kontextgebundenheit. Die Denktraditionen der indischen und tibetischen Buddhisten sind ganz andere als die Denktraditionen der Europäer, so lautet ein weit verbreitetes Argument in Europa. Deswegen spielen die indischen Philosophien in den philosophischen Fakultäten Europas auch nur eine ganz unbedeutende Rolle. Was heißt es denn, in einer Denktradition zu stehen? Normalerweise bedeutet es, so zu denken, wie man denkt, nicht anders denken zu können, weil man vieles übernimmt, ohne es individuell noch einmal zu überprüfen. Es ist einfach nicht möglich, fieberhaft allen Informationen, die uns zu Ohren kommen, nachzugehen, um sie zu kontrollieren. Nun gibt es allerdings einen Unterschied zwischen einer Philosophie und einer Denktradition. **Die hauptsächliche Funktion einer Philosophie besteht weniger darin, eine eigene Denktradition zu schaffen, die dann in einem Lehrbuch verbreitet werden kann, als vielmehr darin, falsche Konzepte aufzudecken und zu pulverisieren.** Darauf hat der französische Philosoph Clément Rosset hingewiesen. Rosset schreibt: „Die hauptsächliche Bedeutung einer philosophischen Wahrheit besteht jedoch in ihrer negativen Wirkung, d. h. in ihrer Macht, Ideen zu vertreiben, die noch unzutreffender sind als die Wahrheit, die sie a contrario ausspricht."[7] Als kleine Bestätigung dieser Ansicht verweise ich auf ein philosophisches Wörterbuch, das von Georgi Schischkoff herausgegeben wurde. Dort lesen wir unter dem Stichwort ‚Wirklichkeit' unter anderem folgenden Satz: „Ein mit der Fingerspitze berührter oder gar mit der Hand umschlossener Gegenstand vermittelt uns in einzigartiger Weise die Gewissheit, es mit etwas Wirklichem zu tun zu haben."[8] Dieser Satz ist recht banal. Es ist nicht leicht zu verstehen, warum er in einem philosophischen Wörterbuch Platz gefunden hat. Die einzige Erklärung für seine Existenzberechtigung, die ich mir vorstellen kann, ist: die traditionelle Substanzmetaphysik hat die Wirklichkeit eines Gegenstandes geleugnet, weil sie die Welt, in der wir leben, für eine Illusion, Täuschung oder für einen Schatten erklärt hat, für etwas Nichtwirkliches oder etwas Abgeleitetes. Dann kann die simple Gewissheit der sinnlichen Wahrnehmung eines Gegenstandes viele philosophische Konzepte in ihrer Ungewissheit pulverisieren.

Die buddhistische Philosophie Nāgārjunas ist von dem Ziel durchdrungen, alle extremen Wirklichkeitsbegriffe aufzulösen, um ein vorstellungsfreies, konzeptfreies Erleben der Wirklichkeit zu erreichen. Hauptsächlich geht es dabei um vier extreme **metaphysische** Ansätze, die mit dem Netz des Tetralemma [griechisch; catuṣkoṭi, Sanskrit] gefangen werden sollen und die von mir auf vier europäische Denkweisen bezogen werden: auf das substantielle, subjektivistische, holistische und instrumentalistische Denken. **Unter Metaphysik verstehe ich im Anschluss an A. N. Whitehead eine Beschreibung von Prinzipien, nicht eine transzendente Lehre.** Whitehead schreibt: „Metaphysik ist nichts anderes als die Beschreibung der allgemeinen Prinzipien, die sich auf alle Einzelheiten der Praxis anwenden lassen."[9] Die Auseinandersetzung mit dem buddhistischen Wirklichkeitsbegriff kann zu einer Auflösung der gewohnten extremen metaphysischen Denktraditionen führen, unabhängig davon, ob diese nun indisch oder europäisch sind. Das kann unangenehm sein, aber manch einer wird den Zusammenbruch von extremen Konzepten als eine angenehme Befreiung erleben.

Die Schwierigkeit der Übersetzung. Sind einmal die Hürden des Ignorierens und der Berührungsängste überwunden, dann bleibt die Schwierigkeit der Sprache und der Übersetzung. Wer beherrscht schon Sanskrit? Übersetzungen können zu Bedeutungsverschiebungen und Missverständnissen führen. Gegen die Gefahr der aus der Übersetzung resultierenden Unsicherheit der Textgrundlagen kann in der vorliegenden Arbeit nichts anderes unternommen werden, als verschiedene Texte von Nāgārjuna und verschiedene Übersetzungen miteinander zu vergleichen und die indischen und tibetischen Kommentare zu berücksichtigen, da es in Indien und Tibet eine lange Tradition der Interpretation und Auslegung von Nāgārjunas Texten gibt, der die Übersetzungen untergeordnet sind. Wie will man etwas übersetzen, das man nicht verstanden hat? Außerdem sind die Begriffe der europäischen Sprachen nicht neutral, sondern aus einer anderen metaphysischen Tradition entstanden. Deswegen ist jede Übersetzung der Gefahr ausgeliefert, die man durch ein kaum zu umgehendes Dilemma kennzeichnen könnte: Entweder werden die Schlüsselbegriffe möglichst wörtlich übersetzt, dann sind sie nicht leicht zu verstehen. Oder aber man sucht einen entsprechenden Begriff aus einer der europäischen Denktraditionen, dann sind sie leichter zu verstehen. Aber damit ist das Problem nicht gelöst, denn jetzt haben diese indischen Schlüsselbegriffe entweder eine nihilistische, subjektivistische, holistische, instrumentalistische oder sonstige europäische Farbe bekommen. Es gibt buddhistische Begriffe in Sanskrit, für die es keine entsprechenden Begriffe in anderen Sprachen gibt. Sie können eigentlich nicht übersetzt werden. Dementsprechend bleiben im tibetischen Buddhismus einige Schlüsselbegriffe in Sanskrit erhalten. Die Übersetzung ist dann eine Auslegung, eine Erläuterung, ein Kommentar, eine Interpretation, kein Ersatz für den ursprünglichen Begriff, keine wörtliche Übersetzung. Aber nicht nur dies, es geht nicht nur darum, den Sinn richtig aufzufassen, zu verstehen, auszudrücken, auszulegen und zu übersetzen, ohne ihm etwas hinzuzufügen. Immer kommen bei einer Interpretation eigene Erfahrungen, Traditionen und Vorurteile hinzu, was gerade eine wörtliche Übersetzung verdeutlichen kann. Eine wörtliche Übersetzung hat oft keinen Sinn, manchmal führt sie sogar in die Irre. Ich nehme nur zwei Schlüsselbegriffe, **Śūnyatā** und **śūnya,** als Beispiele. Es kann vollständig in die Irre führen, diese Begriffe, ohne eine weitere Auslegung, einfach mit ‚Leerheit‘ oder ‚leer‘ zu übersetzen. Wenn eine zentrale Aussage der buddhistischen Philosophie des mittleren Weges besagt, die Phänomene oder Gegebenheiten oder Objekte [dharma] sind śūnya, dann hat das die Bedeutung, die Phänomene sind abhängig, substanzlos, kernlos, sie haben kein eigenes Sein, sie sind nicht frei von jeder Art von Fremdbestimmung [Spinoza]. Śūnyatā ist nicht Leerheit im wörtlichen Sinn. Śūnyatā bedeutet metaphorisch: so wie die Zahl 0 [śūnya] keine positive und keine negative Zahl ist, so sind die Objekte [dharma] durch keine positiven oder negativen extremen Konzepte zu erfassen. In einem konventionellen Sinn sprechen wir von einem leeren Begriff, dem kein empirischer Gegenstand entspricht. Diese konventionelle Leerheit ist mit Śūnyatā nicht gemeint. Die Philosophie Nāgārjunas behauptet nicht, unseren Begriffen entsprächen keine empirischen Objekte. Sie behauptet, die Phänomene seien substanzlos und nicht frei von jeder Art von Fremdbestimmung [Spinoza], sie leisten extremen metaphysischen Ansätzen hartnäckig Widerstand. Nach der Philosophie Nāgārjunas gibt es nur für extreme metaphysische Wirklichkeitsbegriffe keine entsprechenden materiellen oder immateriellen Objekte. **Der Begriff śūnyatā ist synonym mit dem Begriff pratītyasamutpāda, der das abhängige Entstehen der Objekte bezeichnet. [Vgl. MMK 24.28]** Śūnyatā lässt sich nur dann mit Leerheit übersetzen, wenn man das nicht wörtlich, sondern metaphorisch versteht. Übersetzt man den Begriff śūnya mit leer und versteht man unter leer in einem konventionellen Sinn, dass allen unseren Begriffen keine empirischen Gegenstände entsprechen, dann überträgt man ihn in eine ganz andere Denkweise, die instrumentalistisch genannt werden könnte. Nach dieser Denkweise geht es beim menschlichen Denken um konstruierte, irreferentielle, fiktive, leere Denkmodelle, Erfindungen des menschlichen Geistes, denen keine empirischen Objekte entsprechen. Alles soll leer sein, alles soll eine Illusion sein, nichts als Denkmodelle oder Informationen, Konzepte, die in einer Endlosspirale um sich selbst kreisen. Diese Weder-noch-Position, diese Denkweise des Instrumentalismus, für die es weder ein Subjekt noch ein Objekt gibt, ist mit der Idee von śūnyatā nicht vereinbar. Wie wir noch sehen werden, wurde sie von Nāgārjuna in einem Schema vier möglicher extremer metaphysischer Ansätze [griechisch: Tetralemma, Sanskrit: catuṣkoṭi] zurückgewiesen, weil bei einem derartigen Auseinanderfallen von Begriff und Objekt überhaupt kein Verständnis von irgendeinem Phänomen möglich wäre. Ein bedeutendes Beispiel für den Instrumentalismus ist der metaphysische Ansatz des Philosophen **Ernst Cassirer**, nach dem die Begriffe wie Materie und Kraft nichts anderes sind als Instrumente des Naturbegreifens. Cassirer schreibt: „Es gibt für uns keine andere physikalische ‚Realität' als diejenige, die uns durch die physikalischen Messbestimmungen und die auf sie gegründeten und insofern ‚objektiven' Gesetzesbestimmungen vermittelt wird.“[10] Das eigentliche Fundament der physikalischen Erkenntnis besteht aus Gesetzesaussagen, wie Ernst Cassirer es zutreffend bezeichnet hat. Allerdings besteht hier die Gefahr eines Trugschlusses, denn wenn diese Gesetzesaussagen auch das Fundament der physikalischen Erkenntnis sein mögen, warum sollen sie das Fundament der Welt sein, in der wir leben? **Die fundamentale Wirklichkeit besteht nicht nur aus Gesetzesaussagen, sie besteht überhaupt nicht aus einzelnen, materiellen oder immateriellen**

Faktoren. Und genau das soll mit dem Begriff śūnyatā zum Ausdruck gebracht werden: die Unmöglichkeit, die Wirklichkeit auf unabhängige, eigenständige Faktoren zu reduzieren.

Jede Übersetzung ist eine Interpretation, jede Übersetzung hat mit ihren eigenen Vorurteilen zu kämpfen. Jede Interpretation und Übersetzung der Schlüsselbegriffe Nāgārjunas ist mit der Frage konfrontiert, ob sie nicht von einem der vier extremen metaphysischen Ansätze aus argumentiert und übersetzt, die von Nāgārjuna gerade zurückgewiesen werden, von einem substantiellen, subjektivistischen, holistischen oder instrumentalistischen, was sie zu einem Zerrspiegel der Philosophie Nāgārjunas machen würde.

Philosophie und Religion. Die dritte Schwierigkeit ist die religiöse Ebene. Wir kennen sie auch aus der europäischen Philosophie. Wir wissen beispielsweise, dass die Philosophie von Pythagoras umfassender war als die bloße Auseinandersetzung mit der Zahl als dem Wesen der Dinge. Zu dieser Philosophie gehörte auch eine Auseinandersetzung mit anderen grundlegenden Begriffen, wie Seele, Seelenwanderung und Läuterung der Seele. War es angemessen und gewinnbringend, die Lehre des Pythagoras aus ihrem religiösen Zusammenhang herauszunehmen und in eine bloße Philosophie der Zahlen zu verwandeln, die von da an allen denkenden Menschen und besonders allen Mathematikern zugänglich wurde? Die gleiche Frage stellt sich auch für Nāgārjuna. Sein Wirklichkeitsbegriff ist für praktizierende Buddhisten entwickelt worden, damit diese zunächst einmal ein intellektuelles Verständnis von der Wirklichkeit gewinnen, um sie dann mit Hilfe der meditativen Praxis erfahren zu können. Ohne eine meditative Praxis und ohne den zweiten wichtigen Aspekt auf dem Weg zur Befreiung, den Methodenaspekt [**Mitgefühl mit allen Lebewesen und bodhicitta, sanskr. Erleuchtungsgeist**], ohne eine hohe Stufe der spirituellen Realisierung erreicht zu haben, können nicht alle Argumentationsebenen überprüft werden. Hierbei kommt den individuellen Erfahrungen, die sich nicht übertragen lassen, eine besondere Rolle zu. Nach der Interpretation Sakya Trizins, des Throninhabers des tibetisch-buddhistischen Sakya-Ordens, ist der Geist nicht kollektiv, sondern individuell.[11] Demnach sind spirituell unerfahrene Menschen von einem Erleben der höheren Argumentationsebenen, von einem Erleben der Substanzlosigkeit der Objekte, ausgeschlossen. Intellektuelles Verstehen ist nur eine Voraussetzung und eine Vorwegnahme für eine spätere vorstellungsfreie, konzeptfreie Erfahrung der Wirklichkeit, so wie sie ist. Der Dalai Lama, das geistige Oberhaupt Tibets, der tief in die Philosophie Nāgārjunas eingedrungen ist, unterscheidet dabei drei Formen des Erlebens oder der Wahrnehmung: sinnliche, geistige und yogische.[12] Hier wird bereits deutlich, dass es in der buddhistischen Philosophie nicht um eine Verbesserung der sinnlichen oder geistigen Wahrnehmung geht, sondern um eine geistige Vorbereitung auf eine neue Art, eine yogische Art von Wahrnehmung des abhängigen Entstehens der Objekte [pratītyasamutpāda]. Dieser religiöse Aspekt der Philosophie Nāgārjunas setzt dem intellektuellen Verstehen seiner Argumentation Grenzen, die wir in der modernen Welt nicht ohne weiteres akzeptieren können. Seit Aristoteles gibt es in Europa eine Denktradition, für die das philosophische Denken die höchste menschliche Aktivität ist. Nur die Naturwissenschaften haben in den vergangenen 300 Jahren diesem philosophischen Anspruch den Rang strittig gemacht. Wem soll es unter diesen Umständen leicht fallen, eine innere oder äußere spirituelle Autorität zu akzeptieren, die über der Philosophie und über den Naturwissenschaften steht? Bedeutet das nicht, etwas Unmögliches zu verlangen? Einer von vielen, der solche Bedenken zum Ausdruck gebracht hat, war der Philosoph Reinhard Löw. Er schreibt: „Wie unterscheidet sich aber das philosophische Gespräch von anderen? Dadurch dass es ‚vernünftig' ist und somit sprach- und urteilslogischen Kategorien genügt und nicht wie z. B. ein buddhistischer Dialog auf die Erkenntnis der Sinnlosigkeit von Gründen hinausläuft."[13] Worauf läuft denn ein philosophischer Dialog hinaus? Für Platon war Philosophie nicht der Besitz von Weisheit, sondern die Liebe, die zur Weisheit führt, das Streben nach Erkenntnis. Am Ende dieses Weges fängt die Weisheit an. Die Philosophie selber ist noch nicht die Weisheit. Zwei so unterschiedliche Interpreten der Philosophie Platons wie Hans-Georg Gadamer und René Guénon haben den Begriff der Philosophie in diesem Sinn definiert.[14] Auch der Philosoph Ludwig Wittgenstein hat für sich in Anspruch genommen, auf etwas hingewiesen zu haben, etwas gezeigt und sichtbar gemacht zu haben, das nicht durch Sätze ausgedrückt werden kann. Demnach läuft ein philosophischer Dialog darauf hinaus, Weisheit zu erlangen. Wenn einmal dieser Punkt erreicht ist, verstummt jeder ‚vernünftige' Dialog, verstummt jede Philosophie. Sie ist dann überflüssig geworden. Auch bei Nāgārjuna hat das philosophische Gespräch ein Ende. Die durch Evidenz, also durch yogische Wahrnehmung und Erfahrung und nicht durch Argumente fundierte Philosophie Nāgārjunas soll eine

Anleitung zu philosophischen Überlegungen sein, die den Yogi, den praktizierenden Buddhisten, schrittweise auf seine spirituelle Realisierung vorbereitet. In einem engeren Sinn ist die Buddhaschaft, die Wahrnehmung und die Erfahrung der Wirklichkeit, so wie sie ist, nicht an Konzepte und Sprachen gebunden, obwohl die Buddhaschaft in einem umfassenden Sinn nicht aus einem Zustand des permanenten Schweigens besteht. Buddha hat nach seiner Erleuchtung viel gesprochen. Die Buddhaschaft im engeren Sinn, die Erleuchtung, ist jedoch nicht durch Philosophie zu erreichen. **Nāgārjunas Philosophie ist nur eine geistige Vorwegnahme auf die yogische Erfahrung der Buddhaschaft, die nur ansatzweise dargestellt wird.** Diese Integration der Philosophie in einen spirituellen Weg ist dem modernen Philosophieverständnis fremd. Wir erwarten von einer Philosophie eine Beschreibung der Wirklichkeit. Das betont zum Beispiel L. Stafford Betty in seiner Auseinandersetzung mit David Loy.[15] Da Nāgārjuna seiner Auffassung nach keine Beschreibung der Wirklichkeit bietet, hält ihn Betty nicht für einen Philosophen. Wenn wir also davon überzeugt sind, dass mit den Wirklichkeitsbegriffen der traditionellen Metaphysik Wirklichkeiten beschrieben werden, deren Existenz evident ist und die nicht bestritten werden können, dann muss uns Nāgārjunas Zurückweisung von extremen Wirklichkeitsbegriffen als unphilosophisch vorkommen. Diesem Verständnis von Philosophie liegt ein traditionelles Verständnis von Ontologie zugrunde, das im 20. Jahrhundert von einigen Philosophen wie beispielsweise Nicolai Hartmann erneuert worden ist. Hartmann schreibt: „Was einst für ein Reich der Vollkommenheit galt, das Reich der Wesenheiten, deren schwache Abbilder die Dinge sein sollten, das gerade hat sich als Reich des unvollständigen Seins erwiesen, das nur in der Abstraktion verselbständigt wurde. In dieser Einsicht liegt vielleicht der greifbarste Gegensatz der neuen Ontologie zur alten.“[16] Diese Einsicht in ein unvollständiges, abstraktes Sein, das die alte Ontologie seit Platon für das eigentliche Sein, die eigentliche Wirklichkeit hielt, während sie der unmittelbaren Existenz der Objekte nur eine minderwertige Realität zusprach, ist vielleicht nicht bis zu den Gratwanderungen des mittleren Weges emporgestiegen, aber sie hat die gleiche Richtung eingeschlagen. Man kann der Philosophie nicht eine einzige ontologische Grundlage vorschreiben und dann demjenigen, der, wie Nāgārjuna, diese traditionelle Grundlage verlässt, die Qualifikation eines Philosophen absprechen. Warum beschäftigen wir uns denn überhaupt mit einer fremden Kultur? Etwa nur deshalb, weil wir in dieser

Kultur eine Bestätigung für unsere eigenen Ansichten suchen? Oder sind es nicht vielmehr Unmittelbarkeit und Ursprünglichkeit, die uns Modernen abhanden gekommen sind und die wir aus Sehnsucht nach dem Ursprung in anderen Kulturen suchen, von denen wir annehmen, dass sie bis zu einem gewissen Grad eine ursprüngliche geistige Tradition aufrechterhalten haben, was unser Interesse ausmacht? Nāgārjunas Philosophie ist nicht leicht zu verstehen, weil für ein tiefes Verständnis tiefe spirituelle Erfahrungen notwendig sind. Selbst auf einer geringeren Stufe ist seine Argumentation nicht leicht nachzuvollziehen. Aber es ist nicht nur für Buddhisten, sondern auch für einen interkulturellen Dialog von Interesse und Bedeutung, Nāgārjunas Argumentation und seinen Wirklichkeitsbegriff kennen zu lernen und zu verstehen, soweit sie sich nicht einem tieferen, aus der yogischen Erfahrung bestehenden Verständnis entziehen.

Kontextuale Merkmale und Kontextinvarianz. Ein Schritt in die Richtung eines interkulturellen Dialogs besteht darin, Nāgārjunas Philosophie zu aktualisieren und auf einige der grundlegenden Konzepte der Gegenwart zu beziehen. Anlass für Nāgārjunas Auseinandersetzungen waren die buddhistischen dogmatischen Haltungen des Abhidharma, der frühen buddhistischen Philosophie, die sich in substantiellen Ansätzen verfestigt hatten.[17] Durch die Auseinandersetzungen mit diesen substantiellen, extremen Ansätzen begründete Nāgārjuna den mittleren Weg, die philosophische Schule der Mādhyamikas. Das ist jedoch nur der Anlass gewesen. Das Zentrum seiner Philosophie ist eine Auseinandersetzung mit unseren alltäglichen extremen Denkweisen. Es ist unser alltägliches Erleben der Welt, die aus realen und unabhängigen Dingen bestehen soll und die wir mit einem realen und unabhängigen Selbst erleben. Dieses Selbst-Konstrukt ist ein Resultat der Alltagserfahrung, dass Menschen sich nicht als Bündel zielloser Reflexe erleben, sondern als die Souveräne ihres Denkens und Handelns. Auch die äußere Welt präsentiert sich gesunden Menschen nicht, wie sich Splitter in einem Kaleidoskop präsentieren, sondern als fest gefügte Umwelt, wahrgenommen aus einer stabilen Perspektive, die im eigenen Körper verankert ist. Darin unterscheiden sich gesunde Menschen von epileptischen Patienten. Einem epileptischen Anfall geht eine Phase voraus, in der Sinnestäuschungen auftreten können. Neurologen nennen sie ‚Aura'. Gesunde Menschen können sich jedoch weitgehend auf ihre Sinnswahrnehmungen und alltäglichen Konzepte verlassen. Deswegen sind wir auch schnell und leichtgläubig bereit, den Objekten und dem Selbst eine Unabhängigkeit und eine Substanz zu unterstellen.

Um diese alltäglichen Konzepte von einem Ich und von unabhängigen, substantiellen Objekten geht es bei Nāgārjuna, wobei in seinem Hauptwerk der Schwerpunkt auf der Auseinandersetzung mit den Objekten liegt. Metaphysische, religiöse und wissenschaftliche Konzepte haben oft nur die Tendenz, die alltäglichen Konzepte von einem unabhängigen Selbst und von unabhängigen Objekten zu verfestigen, zu verabsolutieren und zu systematisieren und noch dazu als eine Art von höherer Erkenntnis zu präsentieren. Durch diese Tendenz der Verabsolutierung verhindern metaphysische und naturwissenschaftliche Konzepte manchmal die eigentliche Auseinandersetzung um die alltäglichen Konzepte, denn wir vertrauen in der modernen Welt den wissenschaftlichen Konzepten mehr als den alltäglichen. Deswegen ist nach meinem Dafürhalten eine Auseinandersetzung mit den metaphysischen Grundkonzepten, Denkfiguren und Prämissen der theoretischen Physik notwendig. Eigentlich geht es, wie gesagt, um etwas Elementareres, um die Auseinandersetzung mit den alltäglichen Konzepten, wobei zu berücksichtigen ist, dass viele physikalische Konzepte, in vereinfachter und verzerrter Form, schon lange zu einem Bestandteil unseres alltäglichen Bewusstseins geworden sind. Letzten Endes können die verschiedenen Wirklichkeitsbegriffe an ganz einfachen Beispielen dargestellt werden, da sich die metaphysischen Grundlagen des alltäglichen Denkens nicht grundsätzlich vom philosophischen und naturwissenschaftlichen Denken unterscheiden. Die Unterschiede sind nur graduell, sie bestehen im Schwierigkeitsgrad: Die theoretische Physik und die philosophischen Denkweisen sind nicht leicht zu verstehen. Da jedoch die moderne theoretische Physik hundertfach experimentell bestätigt ist, vertrauen wir auch leichtgläubig ihren metaphysischen und ontologischen Grundlagen, die ihnen von der traditionellen Metaphysik zur Verfügung gestellt wurden. Wer wollte die metaphysischen Konzepte bestreiten, nach denen Atome, Elementarteilchen, Energie, Kraftfelder, Naturgesetze, Symmetrien oder Informationen die letzte Wirklichkeit darstellen sollen, wenn kompetente Physiker sie mit der gleichen Gewissheit vertreten, mit der sie von irgendeinem physikalischen Gesetz oder von irgendeiner physikalischen ‚Tatsache' sprechen?

Es hat immer wieder Philosophen und Geisteswissenschaftler gegeben, die sich dagegen gewehrt haben, die Methoden der Naturwissenschaften des 19. Jahrhunderts auf die Geisteswissenschaften zu übertragen. Hier möchte ich nur zwei Namen erwähnen: Isaiah Berlin und Hans-Georg Gadamer. Berlin hat die Übernahme der mechanischen Präzision von den Naturwissenschaften auf die Geisteswissenschaften als etwas bezeichnet, das blind macht und in die Irre führt. [18] Hans-Georg Gadamer kritisierte die Verengung der Methoden in den Naturwissenschaften, wo sie zu einem Werkzeug zur Objektivierung und Beherrschung von etwas geworden sind. Er vermisste dabei die Anteilnahme am Umgang mit den Phänomenen, mit denen wir uns befassen und fährt fort: „Diese Behauptung wirkt natürlich wie eine Herausforderung an die Naturwissenschaften und ihr Ideal der Objektivität. Doch in den Geisteswissenschaften geht es um noch andere, andersartige Aufgaben." [19] Ich nenne Berlin und Gadamer in diesem Zusammenhang, weil ich ihren Mut bewundere, sich gegen den metaphysischen Physikalismus auszusprechen. Und doch ist die Beziehung von Naturwissenschaften und Geisteswissenschaften keine Einbahnstraße, sie ist viel komplexer als es die Abgrenzung gegenüber den naturwissenschaftlichen Methoden des 19. Jahrhunderts ahnen lässt. Erst seit kurzem wird uns allmählich bewusst, dass auch die Naturwissenschaften ihrerseits metaphysische Denkfiguren, wie zum Beispiel ‚Substanz', ‚Dualismus' und ‚Reduktionismus', von der traditionellen Metaphysik übernommen haben. Dafür war der Beitrag des amerikanischen Wissenschaftsphilosophen Edwin Arthur Burtt aus dem Jahre 1925 bedeutend, als er die metaphysischen Fundamente der modernen Physik zu seinem Untersuchungsgegenstand machte. Die pedantische und manchmal auch überhebliche Abgrenzung der Geisteswissenschaften von den Naturwissenschaften ist fragwürdig, denn beide haben auch Gemeinsamkeiten. Beiden liegen substantielle, dualistische oder reduktionistische Denkweisen zugrunde. Die Philosophie kann nicht die metaphysischen Schlüsselbegriffe der Naturwissenschaften, die sie ihnen selber zur Verfügung gestellt hat, ausklammern und einer kritischen Auseinandersetzung entziehen. **Es geht also nicht um eine Analogie von theoretischer Physik und Philosophie, sondern um eine Analogie der metaphysischen Denkweisen, die beiden zugrunde liegen.** Wenn dies wie eine Herausforderung an die Naturwissenschaften aussehen sollte, dann ist diese Herausforderung notwendig. Aber eigentlich ist es kein Angriff auf die Naturwissenschaften, denn die Analyse der metaphysischen Fundamente der Naturwissenschaften ist nicht nur das legitime Anliegen der Naturwissenschaften alleine. Naturwissenschaften sind Teil einer Kultur, die uns allen gehört. Die Diskussion um die metaphysischen Fundamente des Denkens ist eine gemeinsame Aufgabe von Philosophen und Naturwissenschaftlern, denn die Prinzipien des dualistischen Denkens und des wissenschaftlichen Reduktionismus sind in der Philosophie, in den Naturwissenschaften und im alltäglichen Denken dieselben. Das ist meine These, die ich im Folgenden begründen werde.

Philosophie & Quantenphysik. Bekanntlich erblickt man nur das, was man schon weiß. „Erst die Theorie entscheidet darüber, was man beobachten kann." [Albert Einstein] Die Erkenntnis und die Wahrnehmung einer neuen Wirklichkeit hängt von dem Wirklichkeitsbegriff ab, der uns zur Verfügung steht, und umgekehrt, unser Wirklichkeitsbegriff hängt von der Erkenntnis der Wirklichkeit ab. Ein Beispiel dafür ist die Entdeckung der Komplementarität von Welle & Teilchen durch Niels Bohr. Diese zweifache [duale] Wirklichkeit, die sich nicht auf ihre einzelnen Komponenten oder Erscheinungsformen reduzieren lässt, setzte das traditionelle dualistische Entweder-oder-Schema von einer getrennten, objektiven oder subjektiven, unabhängigen Wirklichkeit außer Kraft. Welcher Wirklichkeitsbegriff sollte das traditionelle Schema ersetzen? Implizit entstand bei vielen Physikern die Vorstellung: Wenn die Komplementarität zwischen Welle & Teilchen nicht ein objektives, unabhängiges Ereignis sein kann, dann muss es ein subjektives sein. Diese schematische Entweder-oder-Vorstellung hatte die traditionelle Metaphysik ihnen zur Verfügung gestellt. Eine subjektivistische Sicht der Wirklichkeit bedeutet, die Außenwelt existiert physisch überhaupt nicht, die Quantenobjekte und ihre Eigenschaften sind dann nur ein subjektiver ökonomischer Kunstgriff des menschlichen Bewusstseins, den Meridianen auf der Erdoberfläche vergleichbar. Wie wir gesehen haben, hat Albert Einstein an dem traditionellen Wirklichkeitsbegriff von einer objektiven, unabhängigen Wirklichkeit festgehalten. Auch Niels Bohr wehrte sich dagegen, in eine subjektivistische oder instrumentalistische Ecke gedrängt zu werden. Aber was sollte er tun? Wie war eine subjektivistische oder instrumentalistische Interpretation vermeidbar, wenn die traditionelle Metaphysik, die die metaphysischen Denkfiguren der Quantenphysik bestimmte, hauptsächlich nur ein Entweder-oder-Schema zur Verfügung gestellt hatte, eine objektivistische oder eine subjektivistische Sichtweise? Niels Bohr war auf eine neue Wirklichkeit gestoßen, auf die Komplementarität von Welle & Teilchen, auf eine Wechselwirkung zwischen Quantenobjekt & Messgerät und auf Zwillingsphotonen. Für diese Phänomene hatte die traditionelle Metaphysik keinen neuen Wirklichkeitsbegriff anzubieten. Die eigentliche

Dekonstruktion der traditionellen Wirklichkeitsbegriffe erfolgte in der modernen Welt nicht nur durch die Philosophie, sondern nahezu philosophisch unbemerkt durch die Quantenphysik.[20] Nur stand Niels Bohr kein entsprechender, neuer Wirklichkeitsbegriff zur Verfügung. Deshalb konnten die Entdeckungen einer neuen Wirklichkeit und Niels Bohrs vorsichtige Formulierungen dieser Wirklichkeit mit den Begriffen ‚Komplementarität' und ‚Wechselwirkung' wieder in traditionelle metaphysische Konzepte übertragen werden. Die Philosophie der modernen Welt hat sich durch die Quantenphysik nicht erschüttern lassen, sie ist gelassen über die Entdeckung einer neuen Wirklichkeit und eines neuen Wirklichkeitsbegriffs hinweggegangen. Zwar haben sich vereinzelt einige Philosophen im 20. Jahrhundert mit der Quantenphysik auseinandergesetzt [Whitehead, Cassirer, Reichenbach, von Weizsäcker, Meyer-Abich, Popper, Feyerabend etc.], doch ist eine systematische philosophische Verallgemeinerung der neuen physikalischen Wirklichkeit, die Niels Bohr Komplementarität nannte, ausgeblieben. Ansatzweise sind von dem Philosophen **Michael Esfeld** im Jahre 2002 die Erkenntnisse der Quantenphysik so interpretiert worden, dass der substantielle Wirklichkeitsbegriff durch einen Wirklichkeitsbegriff der Relationen ersetzt werden müsse, eine Interpretation, die die gleiche Richtung meiner Arbeit eingeschlagen hat.[21] Doch meistens ist die Komplementarität objektivistisch oder subjektivistisch, holistisch oder instrumentalistisch interpretiert worden, durch die bekannten philosophischen Schemata. Eine philosophische Vertiefung des Neuartigen an der Komplementarität hat eigentlich noch kaum begonnen. Ganz besonders bei dem Phänomen der Zwillingsphotonen stehen wir vor einem Rätsel. Wir kennen bisher keine Kraft, keine Energie, keine mathematische Gesetzmäßigkeit oder etwas Ähnliches, das die Quantenkorrelationen bei Zwillingsphotonen bewirken könnte. Es ist eine ‚geisterhafte Fernwirkung' geblieben, um Albert Einsteins Formulierung zu verwenden, selbst wenn zahlreiche Experimente sie bestätigen und wenn es bereits den Beginn von praktischen Anwendungen dieser Quantenkorrelationen gibt [Quantencomputer, Quantenkryptographie, Quantenteleportation etc.]. Ein Blick auf die Philosophie Nāgārjunas und die von ihm gegründete Schule des mittleren Weges [Mādhyamaka] zeigt, dass in Indien und Tibet seit Jahrhunderten eine philosophische Diskussion geführt wird, die eine erstaunliche Parallele mit der philosophischen Interpretation der Quantenphysik aufweist. In der buddhistischen Philosophie ist nicht von Superpositionen die Rede, wonach Quantenobjekte sich gleichzeitig in zwei verschiedenen Zuständen befinden und zusätzlich noch komplexe Überlagerungen zwischen den beiden Werten einnehmen können. Solche Überlagerungen hatten den Physiker Erwin Schrödinger dazu veranlasst, von seiner berühmt gewordenen Katze zu sprechen, die gleichzeitig tot und lebendig sein müsste, wenn man derartige Quantenzustände auf die Welt, in der wir leben, überträgt. An dieser Stelle möchte ich nur darauf hinweisen, dass das Beispiel der toten oder lebendigen Katze dem Phänomen der Superpositionen nicht gerecht wird. Superpositionen sind überlagerte Zustände, die sich von ihren Komponenten unterscheiden, sie zeigen neuartige, ganz andere Eigenschaften als ihre Komponenten. Manche Quantenobjekte sind schwer zu verstehen, ganz gleich, von welchem Standpunkt auch immer sie betrachtet werden. Doch ist unser Verständnis durch die metaphysischen Erwartungen erschwert worden, die der Klassischen Mechanik zugrunde liegen. Die von der Klassischen Physik beschriebene Welt konnte abstrakt stets in ihre Einzelteile oder in einzelne, unabhängige Zustände zerlegt werden. Diese Erwartung kann in der Quantenphysik konkret nicht erfüllt werden, wenn man die Begriffe der Quantenphysik objektbezogen verwendet. Doch von Superpositionen ist, wie gesagt, in der Philosophie Nāgārjunas nicht die Rede. Allerdings hat seine Philosophie die Erwartung zurückgewiesen, man könne einen Gegenstand konkret stets in seine unabhängigen Einzelteile oder Zustände zerlegen. Darauf beruht mein Vergleich beider Wirklichkeitsbegriffe. **Beim Vergleichen geht es darum, das Gemeinsame in sehr verschiedenen Bereichen zu sehen.** Deswegen kann Nāgārjunas Philosophie einen Hintergrund für die philosophisch schwer zu verstehende, exotische, neu entdeckte Wirklichkeit der Quantenobjekte abgeben, und umgekehrt kann die Auseinandersetzung mit der Quantenphysik eine Interpretationshilfe zum Verständnis der Philosophie Nāgārjunas sein, nach der es nicht möglich ist, die Dinge auf einzelne, unabhängige Faktoren zu reduzieren. In beiden Denkweisen geht es um die Wirklichkeit als ein Zusammenspiel von Systemen, deren Bestandteile weder identisch sind, noch auseinanderfallen.

Unmittelbarkeit und wiederhergestellte Unmittelbarkeit. In der Diskussion um die metaphysischen Grundlagen der europäischen Denkweisen ist oft nicht der Unterschied zwischen Unmittelbarkeit und wiederhergestellter Unmittelbarkeit berücksichtigt worden. Es hat nicht nur in Asien, sondern auch in Europa Konzepte von nichtdualistischen Denkweisen gegeben, z. B. bei den Vorsokratikern Parmenides und Heraklit. Wir werden später noch auf beide zurückkommen. Die direkte, unvermittelte Projektion nichtdualistischer europäischer oder asiatischer Konzepte auf die Physik der modernen Welt kann jedoch zu einer unauflösbaren Verwirrung, wenn nicht sogar zu einer schroffen Ablehnung von Seiten der Physiker führen. Als ein Beispiel für eine schroffe Ablehnung soll hier die Antwort des Mathematikers John Taylor zur Sprache gebracht werden. Ihm wurde folgende Frage gestellt: „Glauben Sie, von paranormalen Phänomenen einmal ganz abgesehen, dass Einsichten der Mystik für die moderne Physik von Bedeutung sind?" John Taylors Antwort lautete: „Nein, ganz und gar nicht. Über diese Entwicklung bin ich eher entsetzt. Ich sehe in dem östlichen Mystizismus eine Menge verquastetes und wirres Gedankengut. Egal, wie sich die moderne Wissenschaft entwickelt hätte, die Mystiker hätten immer behauptet, ‚das haben wir doch schon immer gesagt!' Das ist genauso, als ob man bestimmte Worte aus der Bibel herausgreifen und sagen würde, ‚seht nur, hier ist schon der ganze James Joyce vorweggenommen!' Das ist einfach lächerlich. Die detaillierte Genauigkeit der modernen theoretischen Physik übertrifft alles, was in der östlichen Mystik von Dauer ist. Wenn diese mystischen Ideen andererseits einen Zugang zur modernen Physik bedeuten, dann können sie nützlich sein. Aber nur als Stufe zu einer größeren Genauigkeit in der Sache."[22] Das moderne naturwissenschaftliche Denken hat alle Unmittelbarkeit verloren. Das ist der Preis für die offensichtliche Qualität aller mathematischen und systematischen Überlegungen, die in einem schrittweisen logischen Schließen bestehen. Dadurch wird dem Denken eine enge Fessel angelegt. Um eine Unmittelbarkeit wiederherzustellen, müssen diese Fesseln einzeln, eine nach der anderen, wieder gelöst werden. Ein einziger Befreiungsschlag ist da nicht möglich. Eine direkte, unvermittelte Konfrontation von östlichen Philosophien und westlichen Naturwissenschaften kann Verwirrung stiften.

Am Beispiel des Dualismus von **Sehen & Denken** soll die Unwahrscheinlichkeit eines einzigen, schnellen, endgültigen Befreiungsschlages illustriert werden: In den letzten zwei Jahrzehnten hat sich bei Neurologen ein modernes Konzept herausgebildet, das das dualistische Konzept abgelöst hat, nach dem Sehen und Verstehen zwei grundverschiedene Fähigkeiten des Menschen seien. Dieser Dualismus war hundert Jahre lang Grundlage der Hirnforschung. Bestätigt wurde er durch die Erkenntnis, dass die Netzhaut fast ausschließlich mit einem einzigen Gebiet des Cortex verbunden ist. Neuere Forschungen haben jedoch erkannt, wie dieses Gebiet der Sehrinde auf verschiedene Aufgaben spezialisiert ist. Die neue Forschung verwendet die Positronen-Emissions-Tomographie [PET]. Das ist eins der bildgebenden Verfahren, mit dem die Durchblutung und damit die Aktivität einzelner Hirnregionen in hoher räumlicher und zeitlicher Auflösung sichtbar gemacht werden kann. Diese Technik gestattet es den Forschern, zwischen Sehen und Verstehen zu unterscheiden. Es gibt Patienten, die sehen, ohne das Gesehene zu verstehen. Wie wird ein Gesamtbild vom Gehirn erzeugt? Die Antwort einiger Neurologen lautet: Wahrnehmen und Verstehen der sichtbaren Umwelt finden gleichzeitig statt. Es gibt offenbar rückläufige Verbindungen der spezialisierten Areale des Gehirns, die kreuz und quer verlaufen. **Dazu muss das Wahrgenommene ins Bewusstsein dringen.** Sehen lässt sich nicht vom Verstehen trennen. Verstehen heißt demnach, Zusammenhänge herstellen.[23] Wenn es also hundert Jahre dauerte, um in der Hirnforschung die dualistische Trennung von Sehen & Denken aufzulösen, dann kann das ein Beispiel dafür sein, dass nur eine intensive Diskussion der metaphysischen Grundbegriffe, die unserem alltäglichen, philosophischen und naturwissenschaftlichen Denken zugrunde liegen, zu einer Auflösung des Dualismus führen kann.

2.
Frühere Untersuchungen

„Die Philosophie ist in dem großen Buch niedergeschrieben, das vor unseren Augen immer offen liegt, ich meine das Universum. Aber wir können es erst lesen, wenn wir die Sprache gelernt haben und mit den Zeichen vertraut sind, in denen es geschrieben ist. Es ist in der Sprache der Mathematik geschrieben, und seine Buchstaben sind Dreiecke, Kreise und andere mathematische Figuren; ohne diese Mittel ist es dem Menschen unmöglich, auch nur ein einziges Wort zu verstehen." [Galileo Galilei, Il Saggiatore, Frage 6, zitiert in: Alistair C. Crombie, Von Augustinus bis Galilei. Die Emanzipation der Naturwissenschaft, München 1977, S. 374]

„Vielleicht ist das ‚Buch' der Natur, wie man es genannt hat, aus geordneten Seiten aufgebaut; wenn dem so ist, dann erklären ohne Frage die einleitenden Teile das, was folgt, und die Methoden, die in den ersten Kapiteln dargestellt werden, können übernommen werden und als Erklärungen für die nachfolgenden, fortgeschrittenen Teile übernommen werden; wenn es aber kein ‚Buch' ist, sondern eine Zeitschrift, dann ist nichts dummer als anzunehmen, ein Teil könne Licht auf einen anderen werfen." [James Clerk Maxwell, zitiert in: Giulio Peruzzi, Maxwell: Der Begründer der Elektrodynamik, Spektrum der Wissenschaft, Biografie 2/2000, S. 77]

Eine bahnbrechende Analyse der metaphysischen Grundlagen der klassischen Physik stammt von dem amerikanischen Wissenschaftsphilosophen **Edwin Arthur Burtt**, The Metaphysical Foundations of Modern Physical Science. [24] Burtt schreibt: „Galilei macht den klaren Unterschied zwischen demjenigen in der Welt, das absolut, objektiv, unveränderlich und mathematisch ist und demjenigen, das relativ, subjektiv, wechselhaft und sinnlich ist. Das erstere ist der Bereich des göttlichen und menschlichen Wissens, das letztere der Bereich der Meinungen und Illusion."[25] „Galileo makes the clear distinction between that in the world which is absolute, objective, immutable, and mathematical; and that which is relative, subjective, fluctuating, and sensible. The former is the realm of knowledge, divine and human; the latter is the realm of opinion and illusion." Dieses Konzept, das seit Platon als philosophischer Dualismus, als eine Zweiweltenlehre[26] bekannt war, sollte nun durch die Physik Gewicht bekommen und zur metaphysischen Grundlage des Denkgebäudes der modernen Welt werden. Das war das dualistische Denken, das der klassischen Physik zugrunde lag:

Auf der einen Seite entstand ein unendliches, sich selbst bewegendes, mathematisches Modell, mit quantitativen Eigenschaften, die als absolut, ewig, objektiv und unveränderlich angesehen wurden; ein geometrisches, hartes, schweigendes, totes, aber harmonisches System, das nur aus Masse besteht und sich in regelmäßiger Präzision und Unvermeidbarkeit, unter dem Einfluss bestimmter Kräfte ziellos durch Zeit und Raum bewegt. Das waren die primären Qualitäten der Natur. Diese mathematische Reduzierung der Natur konnte mit großer Gewissheit, Genauigkeit und mit eindeutiger Bestimmtheit erkannt und erklärt werden. Exaktes mathematisches Wissen triumphierte über die aristotelische Logik im Spätmittelalter. Die ganze Welt wurde einer mathematischen Handhabung unterworfen und auf das Messbare, das Objektive, das Kontrollierbare und das durch Experimente Wiederholbare reduziert, so, als ob mit Hilfe der mathematischen Logik alle Fragen dieser Welt beantwortet werden könnten. Die mathematische Essenz der Dinge galt als wahr und wirklich, ihr wurde große Würde und großer Wert beigemessen. Sie war für die mathematischen Physiker der Klassischen Mechanik, für Kopernikus, Kepler, Galilei, Descartes und Newton der Schlüssel zum Verständnis des Universums, der ihnen noch zusätzlich das subjektive Vergnügen an geometrischer Schönheit, rationaler Ordnung, Einfachheit und Harmonie bot. Mathematik, eine geistige Wissenschaft, die auf völlig abstrakter Allgemeinheit beruht, die nicht objektbezogen ist und der unmittelbar nichts in der konkreten, äußeren Welt entspricht, ausgerechnet Mathematik wurde nun zu einem Maßstab für Objektivität und Substanz. Da die Wechselhaftigkeit der Sinnesdinge ausgeschaltet wurde, kam den Kategorien von Masse, Zeit und Raum ein beständiges, unveränderliches Wesen zu, sie waren die gemeinsamen, dauerhaften, messbaren Elemente, die alle Körper kennzeichneten. Was bis dahin Gott, Seele, Geist, Sein, unabhängige Substanz, Essenz oder Wirklichkeit genannt wurde, um das immaterielle Wesen der Welt oder den Kern einzelner Dinge zu bezeichnen, hieß nun Naturgesetz oder mathematische Formel.

Auf der anderen Seite, vollständig getrennt von diesem mathematischen Modell, blieb der Schatten oder die Kopie dieser mathematischen Wirklichkeit zurück, eine seltsam gewordene, sekundäre, subjektive, illusionäre Welt der Sinnesdinge, mit der der moderne physikalische und metaphysische Geist nicht mehr viel anfangen konnte. Die unmittelbare Wirklichkeit wirkte auf den mathematischen Physiker konfus, obskur, widersprüchlich und unglaubwürdig, denn sie war wechselhaft, flüchtig, relativ und vergänglich. Es war die qualitative Welt der Formen, Farben, Gerüche, Empfindungen, die ganze Welt, in der wir leben. Diese alltäglichen Sinnesdinge wurden entweder in ihrer Existenz oder in ihrer Bedeutung geleugnet und in den subjektiven Bereich der Schatten, Illusionen, Täuschungen und Träume verbannt. Über den Alltag war kein exaktes, mathematisches Wissen möglich, nur Meinungen. Deswegen wurde er aus dem Bereich der Natur verbannt und in eine ‚winzige Ecke der Gehirne vereinzelter organischer Lebewesen verbannt' [Burtt]. Für Hobbes waren die Sinnesdinge Trugbilder in den Empfindungen. Descartes nannte die Sinnesdinge in seinen ‚Meditationen' zunächst Chimären, d. h. zunächst leugnete er als skeptischer Idealist überhaupt irgendeine äußere Wirklichkeit. Dann behauptete er, ganz ähnlich wie Galilei, das Buch der Natur sei in der Sprache der Mathematik geschrieben und die wirklichen Eigenschaften der Gegenstände seien mathematische Eigenschaften. Bei anderen Eigenschaften der Sinnesdinge konnte er seine Skepsis nicht überwinden, Farben, Formen, Gerüche und Geschmack der Dinge hielt Descartes für weniger wirklich als Ausdehnung. Diese konnte einer geometrischen, mathematischen Handhabung unterworfen werden, sie war klar und deutlich zu erkennen, während die anderen Eigenschaften unklar und undeutlich und deshalb für Descartes weniger wirklich waren. Nur die Ausdehnung eines Körpers hielt Descartes für eine wesentliche Eigenschaft. Die natürliche Welt, die Welt der Sinnesdinge, die Welt, in der wir leben, spielt seit der Klassischen Mechanik in den Naturwissenschaften nur eine geringe Rolle. An dieser Erkenntnis ist schwer zu rütteln, aber man kann sich auch nur schwer an sie gewöhnen. **Gegenstände der Naturwissenschaften waren von nun an abstrakte Systeme, Denkmodelle, wissenschaftliche Konstruktionen, theoretische Gegenstände.**

Das war der wissenschaftliche Dualismus, der die äußere Welt in zwei Teile zerriss, nur den mathematisch erfassbaren Teil als objektive Realität anerkannte und die Sinnesdinge, also Formen, Farben etc. als Illusion abwertete. Nach der konventionellen Interpretation des wissenschaftlichen Dualismus' haben die Physiker der Klassischen Mechanik, besonders Descartes, einen Dualismus von Geist und Materie hervorgebracht. Nach der Burtt'schen Analyse haben sie nicht nur den Geist, sondern auch die empirischen Sinnesdinge, die ganze Welt, in der wir leben, aus der Wirklichkeit verbannt. Seit der Etablierung dieses dualistischen Realismus' trauen wir unseren Sinnen nicht mehr, weil im Namen exakter Naturwissenschaften, eine neue Art von höherer Erkenntnis, von einer Wirklichkeit die Rede ist, zu der die sinnliche Wahrnehmung und der so genannte gesunde Menschenverstand, das ganze nichtmathematische menschliche Wissen, keinen Zugang haben. **So sagte beispielsweise der Philosoph Bertrand Russel im Namen dieser höheren Erkenntnis über die Welt, in der wir leben:**

„Der gesunde Menschenverstand stellt sich vor, wenn er einen Tisch sieht, so sehe er einen Tisch. Das ist eine grobe Täuschung. Wenn der Vertreter des gesunden Menschenverstands einen Tisch sieht, so treffen gewisse Lichtstrahlen sein Auge. […] Aber nichts von alledem hat uns je zu dem Tisch selbst gebracht.“[27]

Im Namen dieser abstrakten höheren Erkenntnis begann der mathematisch-physikalische Geist die Welt zu erobern, zu verbessern, sie teilweise zu zerstören, sie synthetisch wieder herzustellen, mit einem Wort, das zu machen, was ihm gefiel, ohne eine Korrektur durch nichtwissenschaftliche Kriterien, hemmungslos, ohne Maß und ohne Mitte. Modernes physikalisches Denken machte es zu einer Bedingung für objektives Wissen, die Mitte zu verlassen, die sinnliche Wahrnehmung abzuschalten, das ganze nichtmathematische Wissen Lügen zu strafen. Immer wieder wollte es uns im Namen seiner dualistischen Methode beibringen, dass die Welt in Wirklichkeit, in ihrer unabhängigen Substanz, etwas ganz anderes sei als das, was wir konkret durch unsere Sinne und unseren normalen Verstand wahrnehmen. Die Sinnesdinge sollten nichts als Illusionen sein, den Sinnen sollte jede Glaubwürdigkeit fehlen.

Die theoretische Physik hatte sich so ihre eigene abstrakte Welt konstruiert, die sie exakt berechnen konnte und die sie für die einzige Wirklichkeit hielt. Dieser Ansatz wurde zum Maßstab für das ganze moderne menschliche Wissen.

Zahlreiche Vertreter der neueren Forschung der Wissenschaftsgeschichte und Wissenschaftsphilosophie haben Burtts Arbeit durchaus zur Kenntnis genommen, besonders in Amerika. Sie bezeichnen sie in der Zwischenzeit bereits als traditionell und betonen seitdem mehr den heterogenen Charakter der klassischen Physik. Sie bestreiten nicht, dass die klassische Physik metaphysische Grundlagen hatte, halten diese jedoch nicht für zentral und ausschlaggebend für die Kopernikanische Revolution. Nach meinem Dafürhalten liegt hier ein Missverständnis vor, das möglicherweise durch den Wissenschaftsphilosophen **Alexandre Koyré** hervorgerufen wurde, von dessen Ansatz sich diese Forscher abgrenzen möchten. Er schreibt zutreffend, Galilei hätte die Mathematik zum Kern der physikalischen Realität gemacht. Dann setzt er jedoch mit einer unzulässigen Verallgemeinerung ein, wenn er behauptet, Galilei, seine Zeitgenossen und Schüler hätten eine bewusste und begründete Metaphysik im Sinne des Platonismus betrieben und die Mathematisierung als Rückkehr zu Platon, als Sieg Platons über Aristoteles bezeichnet.

Koyré hat etwas überzogen. Physiker sind keine Metaphysiker. Sie gehen mit physikalischen Grundbegriffen um, nicht mit metaphysischen. Ihre physikalischen Begriffe haben zwar metaphysische Fundamente, diese bleiben jedoch für Physiker meist nur unscharfe Gedanken, keine bewussten Konzepte. Koyré hat die Mathematisierung der klassischen Mechanik für einen bewussten Prozess gehalten. Doch ein Physiker muss sich überhaupt keine Rechenschaft über seine metaphysischen Grundlagen abgeben. Metaphysische Grundlagen müssen nicht explizit, sie können auch implizit vorhanden sein. Niemand verlangt von einem Physiker metaphysische Kenntnisse, niemand verlangt von ihm eine Klärung seiner grundlegenden metaphysischen Begriffe und Konzepte, um ein erfolgreicher Physiker zu sein. Es ist in der modernen Physik überhaupt nicht geklärt, welches nun ganz genau die Grundlagen oder die Grundbausteine der materiellen Welt sind. Eine Klärung dieser metaphysischen Fragen trägt nur wenig zum Fortschritt der Physik bei, obwohl die Quantenphysik sich durchaus mit solchen Fragen herumschlägt. [Siehe Anhang III und Anhang IV.] Eine Klärung dieser metaphysischen Fundamente dient eher der Philosophie, der Erkenntnis der Wirklichkeit. Nur indirekt könnte daraus eine andere Physik, ein anderer Umgang mit der Natur entstehen.

Ich habe Burtts Analyse deshalb ausführlich dargestellt, weil sie noch immer aktuell ist, wie ich im Folgenden zeigen werde, und weil es mir darum geht, auf die gemeinsamen metaphysischen Fundamente hinzuweisen, die zahlreichen Denkweisen der modernen Welt zugrunde liegen. Die Physik hat metaphysische Fundamente, die ihr die traditionelle Metaphysik zur Verfügung gestellt hat. Man könnte also Physiker durchaus als Metaphysiker wider Willen bezeichnen. Doch im Selbstverständnis der Physiker brauchen die metaphysischen Grundlagen keine ausschlaggebende Rolle zu spielen. Die Kopernikanische Revolution hat der modernen Physik eine mathematische Metaphysik als Fundament gegeben, doch eigentlich kümmern sich Physiker wenig darum. Es ist für viele Physiker keine brennende Frage, die dringend geklärt werden müsste, oft übersteigt es auch ihre Kompetenzen.[28]

Neben der Burtt'schen Analyse waren in der ersten Hälfte des 20. Jahrhunderts die Beiträge des englischen Mathematikers **A.N. Whitehead** bedeutend. Als Mathematiker und Philosoph war Whitehead besonders qualifiziert, philosophische Vorträge über die Vorzüge und Gefahren der mathematischen Abstraktionen in den Naturwissenschaften zu halten. Hier zusammenfassend die wichtigsten Schritte aus seinem Werk ‚Wissenschaft und moderne Welt': Whitehead vertrat die Auffassung, die wichtigste Eigenschaft des mathematischen Geistes sei seine Fähigkeit, mit Abstraktionen zu arbeiten und aus ihnen klar umrissene, beweiskräftige Gedankenketten zu ziehen, die so lange völlig hinreichend sind, wie man eben nur über genau diese Abstraktionen nachdenken will. Diese Leistungen der mathematischen Physik muss man anerkennen. Durch diese Abstraktionen hat die theoretische Physik einen Grad an Exaktheit und Gewissheit erlangt, den wir in anderen Wissenschaften nicht erreicht haben. Es kann nicht geleugnet werden, dass mathematisch formulierte Naturgesetze eine bestimmte Ebene der Realität ausdrücken und nicht etwa willkürliche, unverständliche Zauberformeln sind. Ein Teil der Natur verhält sich gesetzmäßig, ob nun die Mathematik von den Mathematikern entdeckt oder erfunden ist. „Damit hat sich das Paradoxon umfassend bestätigt, dass die höchsten Abstraktionen die geeignetsten Mittel sind, um unser Nachdenken über konkrete Tatsachen zu kontrollieren."[29] Die Mathematisierung der Naturwissenschaften ist jedoch kein Universalmittel, im Gegenteil: gerade die beschränkte Leistungsfähigkeit des wissenschaftlichen Schemas war die Ursache seines überragenden methodologischen Erfolgs. Soweit das Lob und die Anerkennung der mathematischen Physik bei Whitehead. Nun beginnt eine Untersuchung der unduldsamen Verwendung der Abstraktionen, der Überschreitung der Grenzen der beschränkten Anwendungsmöglichkeiten und der unzulässigen Verallgemeinerung spezialisierter Begriffe, die das spezialisierte wissenschaftliche Schema in den Rang einer kosmologischen Erklärung erhebt. Whitehead spricht von ‚the fallacy of misplaced concreteness', vom Trugschluss der unzutreffenden Konkretheit. Dieser Trugschluss ist die Annahme der platonischen Physiker, die mathematischen Muster seien konkreter als die Sinnesdinge, die Welt, in der wir leben, die in den wissenschaftlichen Schemata überhaupt nicht mehr vorkommt. Nach Whiteheads Auffassung ist eine sehr drastische Umbildung des wissenschaftlichen Grundkonzepts erforderlich, wenn wir die sekundären Qualitäten, also Formen, Farben etc. in ein neues ‚Weltbild' einbeziehen wollen. Ein solches verändertes wissenschaftliches Schema, das die Natur aus dem Begriff des Organismus und nicht aus der Materie begründet, hätte viele Gegebenheiten zu berücksichtigen: das Vergehen der Dinge und die beiden Tatsachen, Veränderung und Dauer, und die Erkenntnis, dass jedes Ereignis eine Synthese von Sein und Nichtsein ist. Denn was dauert, ist nur die sich vererbte Identität eines Musters. Wenige Jahre nach dem Erscheinen von ‚Wissenschaft und moderne Welt' [1925] erschien von Whitehead eine kleine Studie über ‚The Function of Reason' [1929]. Darin betont Whitehead noch einmal die Bedeutung von abstrakten Ideen, die dem Verständnis von Tatsachen vorausgehen und ohne die es nie zur modernen Lebensweise gekommen wäre. Andererseits verweist er auf unvorsichtige Verallgemeinerungen, welche die Wissenschaften notwendigerweise in Irrtümer verfallen lassen, wenn sie ihr Schema zu einem System von unumstößlicher dogmatischer Gewissheit machen und den zulässigen Anwendungsbereich überschreiten. In seinem kurz darauf erschienenen Hauptwerk, ‚Prozess und Realität', geht Whitehead intensiv auf die unheilvolle Trennung von Philosophie und Wissenschaft ein, die er überwinden möchte. Sein Werk ist der Versuch einer Kosmologie, welche die Erkenntnisse der modernen Physik [Relativitätstheorie und Quantenphysik] berücksichtigt und verallgemeinert. Grundlage dieser Kosmologie ist der ‚organische Realismus', ein Konzept, das den Begriff des statischen Stoffs durch den Begriff der fließenden Energie ersetzt. ‚Es gibt nichts Statisches in der Welt', ‚es gibt keine selbständigen Tatsachen, die im Nichts treiben', ‚das Wirkliche kann nicht vom Potentiellen geschieden werden und auf bloß Tatsächliches reduziert werden', ‚... die physische Welt lässt sich nur angemessen verstehen, wenn man ihre andere Seite mit einbezieht, den Komplex von geistigen Vorgängen'. ‚Die unheilvolle Ablösung des Flusses von der Dauer führt zu dem Begriff eines völlig statischen Gottes von höchster Realität, im Verhältnis zu einer ganz und gar fließenden Welt von mangelhafter Realität.'[30]

Um aus dem metaphysischen Labyrinth des substantiellen Denkens herauszukommen, hat Whitehead eine ganze Argumentationskette dargelegt, die eine eigene Kosmologie umfasst. Die erste Ausgangstür aus dem Labyrinth besteht in dem Hinweis auf die Abhängigkeit der Dinge in ihrem Werden, im Prozesscharakter des Geschehens. Die zweite im Hinweis auf den Abstraktionscharakter der naturwissenschaftlichen Objekte und Begriffe. Darüber hinaus besteht das Herzstück der Whitehead'schen Metaphysik aus den drei Grundbegriffen: actual entity [eigentliche Wirklichkeit], eternal objects [ewige Objekte] und prehension [Erfassung]. Es ist nicht nötig, Whitehead in der Begründung einer eigenen Kosmologie, welche die Totalität der Geschehnisse umfassen will, zu folgen. Der Substanzbegriff muss nicht mit dem sehr weit greifenden Begriff der actual entity, mit dem ein immaterielles, elementares Ereignis von Gegebenheiten gemeint ist, das der materiellen Welt zugrunde liegt und sie zu etwas Abgeleitetem, Sekundärem macht, zurückgewiesen werden. Um den Substanzbegriff zurückzuweisen, reicht der Nachweis der Abhängigkeit aus. Trotzdem ist Whiteheads Beitrag wichtig, weil er den europäischen Denkweisen eine Richtung gegeben hat, die von statischen und dualistischen Denkweisen wegführt und den Prozesscharakter der grundlegenden Wirklichkeit betont.

Eine weitere wichtige Untersuchung des dualistischen Denkens stammt von dem französischen Philosophen **Clément Rosset**.[31] Rosset sieht in den meisten abendländischen Denkweisen den Versuch, vor der unmittelbaren Wirklichkeit zu fliehen und sie durch eine zweite Wirklichkeit [Idee, Geist, Weltseele etc.] zu verdoppeln. Der verdoppelten Entität kommt dann eine größere Wirklichkeit zu als der unmittelbaren Wirklichkeit. In einer weiteren Analyse weist Rosset auf den Doppelcharakter des dualistischen Denkens hin. Rosset schreibt in ‚Le démon de la tautologie': „Si c'est une forme générale d'illusion [et même sa forme la plus générale] que de dupliquer et de voir deux là où il n'y a qu'un, c'est aussi une forme d'illusion que, si je puis dire, de ‚simplifier le double' et de ne voir qu'un là où il pourrait bien y avoir deux sinon davantage." [„Wenn eine allgemeine Illusionsform [und sogar ihre allgemeinste] darin besteht, zu verdoppeln und dort zwei zu sehen, wo es nur eins gibt, dann ist es auch eine Illusionsform, wenn ich es so bezeichnen kann, ‚das Doppelte zu vereinfachen' und dort nur eins zu sehen, wo es zwei oder mehr geben könnte."] [32]

Es ist kaum möglich, den Dualismus und den Reduktionismus kürzer zu definieren. Zum einen verdoppelt der Dualismusdie Realität dort, wo es nur eine unmittelbare Realität gibt. Man könnte dies einen metaphysischen Dualismus nennen. Zum anderen reduziert der Reduktionismus die Zweiheit [Dualität] der Dinge auf eine einzige unabhängige Entität, was wissenschaftlicher Reduktionismus genannt werden könnte. Manchmal kommt eine Kombination von beidem noch dazu, indem eine unabhängige physikalische Entität einer metaphysischen Entität gegenübergestellt wird. Dies macht übrigens den ganzen Unterschied zwischen der konkreten Zweiheit [Dualität] der Gegebenheiten und dem abstrakten Dualismus [Zweiweltenlehre] als einer metaphysischen Denkweise aus. Der Dualismus besteht oft darin, die Zweiheit [Dualität] der Erscheinungen zu trennen, die Dinge auf einen einzigen, unabhängigen Faktor zu reduzieren und diesen dann mit einer erfundenen metaphysischen Entität zu verbinden [Gott & Welt, Einheit & Mannigfaltigkeit, Idee & Materie, Wirklichkeit & Illusion etc.].

Um so präzise wie möglich zu sein, soll der Dualismus mit einigen Beispielen aus der theoretischen Physik illustriert werden. Es sind Beispiele, auf die später ausführlich eingegangen wird. Werner Heisenberg nannte Elementarteilchen die Ideen der Materie. Wir haben es hier also mit zwei Begriffen, dem Begriffspaar Elementarteilchen & Ideen der Materie zu tun. Carl Friedrich von Weizsäcker bezeichnete die Mathematik als das Wesen der Natur. Hier haben wir es mit dem Begriffspaar Mathematik & Wesen der Natur zu tun. Herwig Schopper sprach von Kraftfeldern als letzte Wirklichkeit. Hier geht es um das Begriffspaar Kraftfeld & letzte Wirklichkeit. Elementarteilchen existieren jedoch nicht eigenständig, sondern in einer Zweiheit oder Vielheit mit anderen Elementarteilchen und in einer Wechselwirkung mit Kraftfeldern. Indem Heisenberg ihnen das metaphysische Etikett der ‚Ideen der Materie' zuordnet, macht er sie zu einer unabhängigen metaphysischen Entität und trennt sie dadurch von ihrer physikalischen Zweiheit oder Vielheit. Mathematische Naturgesetze existieren ebenfalls nicht unabhängig, sondern in einer Wechselwirkung mit der Materie. Indem Weizsäcker ihnen den metaphysischen Begriff des ‚Wesens der Natur' wie einen Mantel überwirft, macht er sie zu unabhängigen Entitäten und trennt sie von ihrer physikalischen Zweiheit mit der Materie. Auch Kraftfelder existieren nicht unabhängig von der Materie, sondern in einer Zweiheit und Wechselwirkung mit ihr. Indem

Schopper sie in den metaphysischen Begriff der ‚letzten Wirklichkeit' verpackt, macht er sie zu etwas Einzigartigem, zu einer außergewöhnlichen metaphysischen Entität und trennt sie gleichzeitig von ihrer physikalischen Zweiheit [Dualität] und ihrer Wechselwirkung mit der Materie. Das sind drei Beispiele für einen metaphysischen Dualismus und physikalischen Reduktionismus. Statt die Dualität [oder Komplexität] der physikalischen oder mathematischen Entitäten und ihre Wechselwirkungen mit anderen Entitäten zu sehen, isolieren der metaphysische Dualismus und der physikalische Reduktionismus die Dinge, reduzieren sie auf eine einzige physikalische Entität, um sie dann mit einer ganz anderen metaphysischen Entität [Idee der Materie, Wesen der Natur, letzte Wirklichkeit] zu verdoppeln. Metaphysischer Dualismus und physikalischer Reduktionismus vereinen sich hier. Das Ergebnis ist ein doppelter Trugschluss: 1. Die Reduktion von abhängigen Systemen auf unabhängige Komponenten, obwohl unabhängige Elementarteilchen, Naturgesetze, Kraftfelder nicht zu finden sind. 2. Die künstliche Verdoppelung dieser Komponenten zu fiktiven Gegensatzpaaren. Die Gegensatzpaare Elementarteilchen & Ideen der Materie, Mathematik & Wesen der Natur, Kraftfelder & letzte Wirklichkeit sind metaphysische Fiktionen, also Vorstellungen, ohne eine entsprechende Gegebenheit in der Welt, in der wir leben.

Unser Thema ist Nāgārjuna und das westliche Denken. Es gibt Untersuchungen über Nāgārjuna und es gibt sie über das westliche Denken, aber vergleichende Untersuchungen sind sehr selten, meistens finden die Vergleiche zwischen Nāgārjuna und einzelnen westlichen Philosophen, wie Kant, Hegel, Wittgenstein, Heidegger etc. statt. Wichtig ist die Arbeit von **David Loy,** Nondualität.[33] Allerdings ist der Begriff der Nondualität keineswegs eindeutig, er umfasst mehrere Denkweisen, die sich vom Entweder-oder-Schema des substantiellen und subjektivistischen Denkens abwenden, zu denen moderne subjektivistische, holistische, instrumentalistische und traditionelle asiatische Denkweisen gehören. Man kann sie nicht alle in einen Sack packen, nur weil sie die Ablehnung der Substanzmetaphysik als eine minimale Gemeinsamkeit haben. Jedenfalls ist der Erkenntnisgewinn gering. Loy schlägt einen zu weiten Bogen, er vergleicht das von ihm so genannte nonduale Denken ganz Asiens mit einigen Ansätzen der ‚Nondualität' im Westen, z. B. im Spätwerk von Martin Heidegger. Wichtig ist ebenfalls das Werk von **Hans P. Sturm,** Weder Sein noch Nichtsein. Sturm beschäftigt sich mit dem Urteilen in vier Satzungsgliedern [Tetralemma, catuṣkoṭi]. Nach diesem Schema kann man von einem Phänomen vier grundsätzlich mögliche Aussagen machen, die in **abstrakter** Kurzform lauten: 1. es ist, 2. es ist nicht, 3. beides, 4. keines von beidem.[34] Dieses Schema ist nicht nur in Indien, sondern auch im westlichen Denken bekannt. Auch der Indologe **Klaus Butzenberger** verwendet eine abstrakte Kurzform, er geht „von dem Begriff catuṣkoṭi als von einem Satzquadrupel der folgenden Art aus: einem gegebenen Objekt oder einer Menge von Objekten wird: eine Eigenschaft zugesprochen; abgesprochen; zugesprochen und abgesprochen; weder zugesprochen noch abgesprochen".[35] Mein Einwand dagegen ist: So wie das Tetralemma und die vier entsprechenden Wirklichkeitsbegriffe von Nāgārjuna verwendet und zurückgewiesen wurden, stellen sie allerdings vier **konkrete** extreme Wirklichkeitsbegriffe dar. Wir werden auf den Unterschied von konkret & abstrakt zurückkommen. Für logische, abstrakte Untersuchungen ist das Tetralemma [catuṣkoṭi] offenbar nicht auf vier Ansätze begrenzt, es scheint unerschöpflich zu sein. Für solche Logiker wie **Ulrich Blau**, der sich mit mehrwertigen Formen der Logik beschäftigt, ist es zu einer Quelle der Inspiration geworden[35a].

Ein Problem der vergleichenden Philosophie. Es gibt ein Problem der vergleichenden Philosophie, das sich in verschiedenen Aspekten manifestiert. Es besteht hauptsächlich in der subjektiven Befangenheit eines Menschen, der zu einer Kultur gehört und von dieser Kultur Gewohnheiten, Denkfiguren, Vorurteile und metaphysische Grundkonzepte übernommen hat und diese dann auf andere Kulturen projiziert. Er kann sie beim besten Willen nicht abstreifen, höchstens schrittweise. Wenn er keinen guten Willen aufbringen kann, streift er sie überhaupt nicht ab. Dann kann sich dieses Problem in krassen Überlegenheitsgefühlen gegenüber anderen Kulturen manifestieren. Mircea Eliade, Lewis Mumford, Ananda Coomaraswamy, Werner Müller und manche andere Wissenschaftler haben Hinweise gegeben, wie derartige Überlegenheitsgefühle das Bild verzerren können, das sich Europäer von anderen Kulturen machen. Die stärkste Verzerrung besteht wohl darin, andere Kulturen vollständig zu ignorieren.

In seiner Studie ‚Thema und Tabu' schreibt Joachim **Gunther Kitzel** über Behandlungshindernisse bedeutender europäischer Philosophen im Umgang mit der indischen Philosophie. **W. v. Humbold, Hegel, Schopenhauer, Nietzsche, Solov'ev und Jaspers** haben sich im 19. und

20. Jahrhundert mehr oder weniger intensiv mit der indischen Philosophie auseinandergesetzt und sind starken Behandlungshindernissen ausgesetzt gewesen. Nach Kitzels Einschätzung muss ihr Wissen von den indischen Philosophien doch recht unvollständig gewesen sein [nach meinem Dafürhalten trifft diese Beurteilung Kitzels nicht auf Jaspers zu, der wohl einer der ersten Europäer war, der sich ein gründliches Wissen von Nāgārjunas Begriff der Substanzlosigkeit [śūnyatā] verschafft hatte]. Hegel vertrat sogar die Ansicht, dass es bei den Indern keine Philosophie gäbe. In einer statistischen Erhebung für den Zeitraum 1980 – 1992 hat Kitzel philosophische Fachzeitschriften und Vorlesungsverzeichnisse europäischer Universitäten ausgewertet. Das Ergebnis weist eine unglaublich geringe Berücksichtigung der indischen Philosophie in den Universitäten Europas aus.[36]

Andrew P. Tuck ist in seiner Studie, ‚Comparative Philosophy and the Philosophy of Scholarship – On the Western Interpretation of Nāgārjuna' auf die philosophischen Einflüsse, Tendenzen und Moden, die den westlichen Darstellungen der buddhistischen Philosophie ihre Farbe gegeben haben, eingegangen. Nach seinen Untersuchungen haben die ersten europäischen Wissenschaftler des 19. Jahrhunderts, die sich mit dem Buddhismus auseinandergesetzt haben [Burnouf, Saint-Hilaire und Müller], die buddhistische Philosophie als nihilistisch und negativ abgelehnt, weil sie eine dauerhafte Wirklichkeit, eine unabhängige Substanz und ein unwandelbares Selbst leugnet. Das widersprach der ganzen christlichen, metaphysischen und wissenschaftlichen Denktradition dieser Wissenschaftler und war deshalb für sie völlig undiskutabel. Der russische Wissenschaftler Stcherbatsky lieferte dann in den 20er Jahren des 20. Jahrhunderts die erste wohlwollende Interpretation, die Nāgārjunas Philosophie mit der subjektivistischen Philosophie Kants verknüpfte. Über dieses Kunststück, ausgerechnet die Philosophie Kants mit Nāgārjuna zu verknüpfen, schreibt Tuck: „Through the export of German idealism, European imperialism had thus triumphed in the philosophical as well as the economic and political arenas." [S. 53] [„Auf diese Weise hat der europäische Imperialismus durch den Export des deutschen Idealismus sowohl im philosophischen als auch im ökonomischen und politischen Bereich triumphiert."] Dass die Philosophie Nāgārjunas aus ihrem Kontext herausgenommen wurde, um dadurch westliche Probleme zu lösen, und dass westliche Interpreten westliche Muster in Nāgārjunas Philosophie hineinwebten, ist allerdings seit den 50er Jahren des 20. Jahrhunderts gesehen und thematisiert worden. Einer der ersten, der dies zur Sprache brachte, war **Richard H. Robinson**, was ihn selbst nicht davor schützte, ‚like a Vienna Circle positivist' [‚wie ein Positivist des Wiener Kreises'], über Nāgārjuna zu schreiben. Für Robinson, **Karl H. Potter** und ihre Generation [**Thurman, Streng, Katz, Gudmunsen**] wurde Wittgensteins Philosophie der Schlüssel für das Verständnis der Philosophie Nāgārjunas. „Both appeared to be involved in Wittgenstein's, battle against the bewitchment of our intelligence by means of language.'" [Wittgenstein] [„Beide scheinen an Wittgensteins ‚Kampf gegen die Verzauberung unseres Erkenntnisvermögens durch die Sprache' beteiligt gewesen zu sein."] Im Licht der Philosophie Wittgensteins wurde Nāgārjunas ‚nonposition', seine Zurückweisung jedes substantiellen Konzepts, einschließlich des eigenen, besser verstanden und die philosophische Sprache wurde als eine Wurzel des ganzen Problems angesehen, das nun wie ein Kartenhaus zusammenfiel. Nāgārjuna und Wittgenstein wurden wie zwei Therapeuten gesehen, die eine philosophische Frage wie eine Krankheit behandeln. Dabei wurde Nāgārjuna Wittgensteins Überzeugung unterstellt, dass ein Großteil der philosophischen Probleme durch mangelnde Einsicht in das Arbeiten der Sprache ausgelöst wird. Tuck will uns mit dieser Übersicht nicht entmutigen, uns trotz unserer Vorurteile mit Nāgārjuna auseinander zu setzen. Vorurteile sind nicht vollständig vermeidbar, sie sollten aber zur Kenntnis genommen werden, soweit dies möglich ist. [37]

Das Problem der vergleichenden Philosophie bleibt bestehen. Obwohl der Buddhismus eine Philosophie hervorgebracht hat, die durch und durch auf einen Dialog eingestellt ist und dadurch auch einigen modernen westlichen Denkweisen entgegenkommt, ist es ihm noch nicht richtig gelungen, sich der modernen gelehrten Welt wirklich verständlich zu machen. Indologische Interpretationen haben eine Tendenz, die Philosophie Nāgārjunas mit subjektivistischen, holistischen und instrumentalistischen Denkweisen zu interpretieren, die von Nāgārjuna gerade zurückgewiesen wurden. In ihrer Auseinandersetzung mit den traditionellen metaphysischen Denkweisen meinen diese Indologen und Philosophen, in Nāgārjuna einen Verbündeten gefunden zu haben.

Der Buddhismus ist zwar in Indien entstanden, er ist jedoch nicht an Indien gebunden gewesen, er hat sich vor allem nördlich von Indien ausgebreitet, in Kulturen, die ganz andere Wurzeln als die indischen haben.

Und er hat sich in Jahrhunderten an die Denkfiguren dieser Kulturen angepasst, ohne deswegen seine Grundlagen zu verlieren. Zudem steht er in einer langen Auseinandersetzung mit den Hauptströmungen der indischen Philosophie, die Seinsbegriffe und Substanzbegriffe vertreten, nach denen den Dingen und dem Selbst ein unwandelbarer Kern, eine dauerhafte Substanz zugrunde liegt, die Brahman, Ātman, Prakṛti [die weibliche, selbsttätig handelnde Natur, aus der sich alles feinstofflich und grobstofflich materielle Dasein entfaltet] etc. genannt wurde. Nach der Tradition der Upaniṣaden, den wichtigsten Texten des Vedānta, ist Brahman das schöpferische Prinzip, aus dem alles hervorgegangen ist, der Urgrund alles Seienden, das Sein. ‚Brahman ist jenes Bleibende, das hinter dem gesprochenen Wort liegt, das Unsichtbare, Unhörbare, nicht Tastbare, aber eigentlich Wirksame, das allem Dasein zugrunde liegt' [Heinrich von Stietencron]. Brahman ist über allem endlich Seienden, es ist das eigentliche, einzig wirkliche Sein, ewig, unbeweglich, in sich selbst ruhend. Ātman bezeichnet das ewige, innere Selbst. Der Religionswissenschaftler Andreas Becke schreibt zusammenfassend über den Zusammenhang von Brahman und Ātman in der Vedānta-Philosophie: „Der Ātman=Brahman-Spekulation liegt der Gedanke zugrunde, dass sich hinter Raum und Zeit und dem, wie die Welt durch die Sinne erfahrbar ist, eine letzte Identität befindet, die zeitlos, unsterblich, nicht räumlich, unwandelbar ist. Diese Identität zu erkennen ist heilbringend und führt zur Befreiung [mokṣa]. Wer dieses außerordentliche Wissen erlangt hat, ist aus dem Saṃsāra, dem Kreislauf der ewigen Wiedergeburten, befreit. Da die ganze Welt Brahman ist, aus Brahman besteht, ist Brahman das Reale, die einzige Wirklichkeit. Ātman ist Brahman: das ist die Alleinheitslehre des Vedānta. Deshalb steht in den Upaniṣaden die berühmte Formel: tat tvam asi – das bist du."[38] Diese Begriffe, Brahman und Ātman, können – mit einigen Schwierigkeiten der Interpretation, auf die unter anderen R. Puligandla hingewiesen hat[39] – in entsprechende europäische Begriffe übersetzt werden, da auch die Hauptströmungen der europäischen traditionellen Metaphysik von der Überzeugung getragen werden, dass den Objekten und dem Selbst ein unwandelbarer Kern zugrunde liegt, den die Europäer Gott, Sein, unabhängige Substanz, Essenz, Wirklichkeit oder Seele nennen. Durch ihre lange Tradition der Auseinandersetzung mit dem substantiellen Denken Indiens kommt uns die buddhistische Philosophie in der Auseinandersetzung mit dem substantiellen Denken Europas entgegen.

Auf die Grenzen und auf die Vorurteile einer Kultur hinzuweisen, ist nicht gleichbedeutend damit, den Versuch aufzugeben, diese Grenzen zu überschreiten und etwas Fremdes verstehen zu wollen. Die Philosophie Nāgārjunas muss nicht mit einer anderen Philosophie verglichen werden, sie ist nicht ergänzungsbedürftig. Es ist eine vollständige Philosophie der Befreiung. Sie hat sich von Anfang an gegen metaphysische Konzepte gerichtet, die in den Objekten oder in uns selbst ein eigenes Sein, eine dauerhafte Substanz oder ein unabhängiges Selbst sehen. Doch die Zurückweisung dieser Denkfiguren war für die Hauptströmungen der indischen Philosophie völlig undiskutabel, sie hielten sie für nihilistisch, sie interpretierten die buddhistische Philosophie als eine Lehre, die die Existenz der Dinge zurückwies. Wie wir gesehen haben, reagierten moderne Gelehrte ebenso. Sie konnten es nicht fassen, dass eine Philosophie das unabhängige Sein, die dauerhafte Substanz der Dinge und darüber hinaus auch noch ein substantielles Selbst des Subjekts zurückwies. Bis heute ist Nāgārjunas Zurückweisung substantieller Denkweisen für Europäer nicht leicht zu verstehen. Bis heute sind Missverständnisse und Fehlinterpretationen zahlreich. Deswegen besteht die hauptsächliche Zielsetzung meiner Arbeit darin, einen Beitrag zum Verständnis dessen zu leisten, was Nāgārjuna gesagt hat und was er nicht gesagt hat. Man sollte von einer Interpretation erwarten können, dass sie die schwer zu verstehenden Teile eines Textes leichter zugänglich macht und nicht vernebelt. Dafür kann es eine Interpretationshilfe sein, Nāgārjunas Philosophie mit modernen Philosophien zu vergleichen, die sich auf den Weg gemacht haben, die grundlegenden Konzepte der traditionellen Metaphysik zu unterminieren. Zu diesen Interpretationshilfen gehören die Schriften Hegels, Burtts, Whiteheads, Wittgensteins und anderer europäischer Philosophen. Einzelne Ideen dieser Philosophen entsprechen einzelnen Ideen Nāgārjunas. Trotzdem soll nicht übersehen werden, dass Wittgenstein kein Buddhist war. Umgekehrt kann auch gesagt werden, dass manche Aspekte der modernen Philosophie und Wissenschaft, besonders der Quantenphysik, im Licht der Philosophie Nāgārjunas besser verstanden werden können, was Nāgārjuna nicht zu einem Logischen Positivisten oder zu einem Anhänger Wittgensteins oder zu einem Quantenphysiker macht. Die Gemeinsamkeiten können, wie gesagt, nur in einer Unterminierung grundlegender metaphysischer Konzepte bestehen, von denen ich die Konzepte der Substanz, des Dualismus und des Reduktionismus zum Gegenstand meiner Untersuchung gemacht habe. Wir sind noch immer so stark an die Denkweisen des substantiellen, subjektivistischen, holistischen und instrumentalistischen Denkens gewöhnt, dass eine Infragestellung dieser Konzepte auf heftige Abwehr in uns selbst stoßen kann, besonders im Bereich der Wissenschaften, denn gegen eine wissenschaftlich garantierte Wahrheit erscheint uns jede Opposition als sinnlos.

Tetralemma [Catuṣkoṭi]. In der Mitte des 20. Jahrhunderts hat sich im englischsprachigen Bereich der modernen Welt die analytische Philosophie als ein bedeutender philosophischer Ansatz durchgesetzt. Trotz einer Vielzahl unterschiedlicher Positionen ist die analytische Philosophie durch Gemeinsamkeiten gekennzeichnet: eine gemeinsame Wertschätzung der Physik, der Logik, Skepsis gegenüber der traditionellen Metaphysik und durch den Begriff des ‚linguistic turn', die Transformation philosophischer Fragestellungen in Probleme des Sprachgebrauchs, gekennzeichnet. Es gibt eine starke Tendenz der Philosophie der Gegenwart, Aspekte der analytischen Philosophie, des Nominalismus, des Instrumentalismus, Konstruktivismus und der Logik zu vereinen. Sie besteht, vereinfacht gesagt, darin, aus metaphysischen Problemen logische zu machen und der logischen Argumentation den Vorrang gegenüber einer metaphysischen Auseinandersetzung zu geben. Philosophie und Metaphysik schrumpfen dann zu einer Erkenntnistheorie zusammen. **Im modernen Sinne besteht Erkenntnistheorie im Wesentlichen aus den Teilbereichen Logik, Sprachphilosophie, allgemeine Wissenschaftstheorie und Hermeneutik [als Theorie des Verstehens].** [Enzyklopädie Bd. 1, S. 577] Diesem Ansatz entsprechend sind die logischen Strukturen des Tetralemma [catuṣkoṭi] in der Philosophie Nāgārjunas auf ein besonderes Interesse gestoßen. Die Berechtigung dieses Ansatzes kann nicht bestritten werden. **Aber die beste und makelloseste Logik ist wenig wert, wenn sie von falschen Annahmen ausgeht. Logik setzt Metaphysik voraus, wenn nicht auf eine Erklärung der Wirklichkeit verzichtet werden soll. ‚Die Gesetze der Logik und reinen Mathematik … vermitteln uns kein Wissen über die Welt.' [Der Logiker und Philosoph Rudolf Carnap]** [vgl. 107] Bei allen logischen Überlegungen sollte nicht die Hauptsache der Philosophie Nāgārjunas vergessen werden. Sie besteht in der Darstellung eines eigenen Wirklichkeitsbegriffs und in einer systematischen Auseinandersetzung mit extremen metaphysischen Ansätzen, die eine Flucht vor der Wirklichkeit darstellen und die es uns nicht gestatten, die Wirklichkeit wahrzunehmen, so wie sie ist. Dabei dient das Tetralemma [catuṣkoṭi] als ein Mittel der systematischen

Auseinandersetzung mit vier extremen metaphysischen Ansätzen, die nicht übergangen werden können. Wie bereits erwähnt, besagt eine konventionelle, häufig anzutreffende abstrakte Kurzform des Tetralemma [catuṣkoṭi]: ‚Es ist widerlegbar, dass ein dharma [1.] existiert, oder [2.] nicht existiert oder [3.] sowohl existiert als auch nicht existiert, oder [4.] weder existiert noch nicht existiert.' [Kuno Lorenz, Enzyklopädie, Bd. 2, S. 739] Das ist eine zutreffende abstrakte Kurzform des Tetralemma [catuṣkoṭi]. Doch was heißt ‚existieren'? Dieser metaphysischen Frage kann man auch bei der Auseinandersetzung mit dem Tetralemma [catuṣkoṭi] nicht aus dem Wege gehen. Kann man die Existenz der Dinge leugnen? Soll durch Nāgārjunas Verwendung des Tetralemma [catuṣkoṭi] etwa die empirische, physische und biologische Existenz der Objekte und die Gültigkeit aller Ideen infrage gestellt werden? Will Nāgārjuna etwa jegliche Realität leugnen, will er zurückweisen, was offensichtlich ist? Ist er vor der Wirklichkeit geflohen? Offensichtlich existieren die Objekte der Welt, in der wir leben. Was heißt Existenz? Normalerweise verstehen wir unter dem Begriff der ‚Existenz' das Dasein in seiner einfachen Tatsächlichkeit. In Europa werden die Begriffe Essenz, Wesen, Wesenheit, Sein und Substanz seit der Scholastik von dem Begriff der Existenz, dem Dasein unterschieden, wobei nach der traditionellen Metaphysik [z. B. Spinozas] die Essenz die Existenz bedingt. Wie wir noch sehen werden, versteht Nāgārjuna jedoch unter existieren, dauerhaft, substantiell existieren, er trennt die Bedeutung von Existenz und Essenz nicht. Deswegen könnte sein erstes und wichtigstes Tetralemma [catuṣkoṭi] in einer konkreten Kurzform vielleicht folgendermaßen vorweggenommen werden: **Nirgendwo finden sich jemals unvergängliche Dinge, seien sie aus sich selbst oder aus anderem oder aus beidem oder ohne eine Ursache entstanden.**

Das Tetralemma [catuṣkoṭi] stellt für Nāgārjuna nicht mehr als ein Instrument dar, das von ihm nicht erfunden wurde, mit dem er vier extreme metaphysische Positionen zurückweist, die vier extreme Formen einer Flucht vor der Wirklichkeit darstellen. Sie werden nicht ausführlich, sondern nur in ihren Prinzipien dargestellt. Allerdings kann man leicht erkennen, auf welche Denkweisen sich diese Prinzipien beziehen lassen und das ist wichtig, denn dabei geht es gerade um **unsere** extremen metaphysischen Denkweisen, die es uns nicht gestatten, die Wirklichkeit zu erkennen, es geht um unsere Flucht vor der Wirklichkeit. Es geht nicht nur um eine Auseinandersetzung mit der traditionellen Metaphysik Indiens. Diese vier extremen Ansätze des Tetralemma [catuṣkoṭi] beziehe ich auf die substantiellen, subjektivistischen, holistischen und instrumentalistischen Denkweisen der modernen Welt. Ohne Vollständigkeitsanspruch sollen sie hier in kurz gefasster Form skizziert werden:

1. Substantialismus. In Europa steht das substantielle Denken im Zentrum der traditionellen Metaphysik, von den Vorsokratikern über Platon bis Kant. Für die traditionelle Metaphysik ist eine unabhängige Substanz oder ein eigenes Sein etwas, das unveränderlich, sich selbst ewig gleich, von nichts anderem abhängig, durch sich selbst existierend ist. Substanz oder eigenes Sein ist der Daseinsgrund für alles andere, es ist die immaterielle Grundlage der Welt, in der wir leben. Unter der höchsten Substanz wurde in der traditionellen Metaphysik oft Gott oder ein göttliches Wesen verstanden. Da es seit der durch Kant eingeleiteten Kopernikanischen Wende der Philosophie für die Hauptströmungen nicht mehr Aufgabe der Philosophie ist, Gegenstände erkennen oder erklären zu wollen, sondern ihr Gegenstand die Vernunft als Erkenntnismittel ist, hat die traditionelle Metaphysik in der modernen Welt an Boden verloren. Allerdings sind die zentralen Begriffe der traditionellen Metaphysik, wie Sein, Substanz, Wirklichkeit etc. durch die substantiellen Denkweisen moderner platonischer Naturwissenschaftler ersetzt worden, nach denen nun Atome, Elementarteilchen, Energie, Kraftfelder, Naturgesetze, Symmetrien, Denkmodelle oder Informationen der Daseinsgrund für alles andere sein sollen.

2. Subjektivismus. Unter einem subjektivistischen Denken verstehe ich, dem ‚Philosophischen Wörterbuch' entsprechend, die durch Descartes eingeleitete Wendung zum Subjekt, d. h. die Lehre, dass das Bewusstsein das primär gegebene sei, alles andere aber Inhalt, Form oder Schöpfung des Bewusstseins. Den Höhepunkt dieses Subjektivismus stellt der Idealismus Berkeleys dar. Als gemäßigter Idealismus dieser Art kann der Kantianismus betrachtet werden. Der Primat der Subjektivität oder des Selbstbewusstseins ist bekanntlich seit Descartes der Drehpunkt der modernen philosophischen Denkweisen, der ihnen Evidenz und Gewissheit verschafft. Das ist von den modernen Naturwissenschaften mit ihrer mathematischen Objektivität oft bezweifelt worden. Allerdings hat dieser Zweifel nicht zu einem neuen komplementären Wirklichkeitsbegriff geführt, sondern nur zu der verhängnisvollen Trennung zwischen Philosophie und Naturwissenschaften, und den Dualismus nur noch verschärft, der das moderne Denken noch immer bestimmt.

3. Holismus. Der dritte Ansatz versucht dem verhängnisvollen Entweder-oder-Schema der ersten beiden Ansätze zu entgehen, indem er die beiden Komponenten zu einem Ganzen fusionieren lässt, bei dem es genau genommen keine Teile mehr gibt, nur eine Identität, alles hängt mit allem zusammen, es ist alles eins [Parmenides]. Das Ganze wird verabsolutiert und mystifiziert, es wird zu einem selbständigen ‚Gesamtobjekt', [Carl Friedrich von Weizsäcker], zu einer Einheit, die unabhängig von ihren Teilen besteht. Ganzheit wird dann offenbar als etwas Konkretes verstanden, so als ob das Ganze ein Erfahrungsbegriff sei. Begrifflich geht es dabei um die Unterscheidung zwischen der Teil-Ganzes-Beziehung und der Elementbeziehung, insofern, wie in der Gestalttheorie, Ganzheiten nicht als die Summe ihrer Teile, sondern als selbständige Einheiten, deren Qualität wiederum nicht zusammengesetzt ist aus der Qualität ihrer Teile, verstanden werden [vgl. Enzyklopädie Bd. 2, S. 123].

Zum Holismus gehört auch die Identitätsphilosophie. „Identitätsphilosophie: Die Philosophie, in der die Differenz von Denken und Sein, Geist und Natur, Subjekt und Objekt aufgehoben ist [bei Parmenides, Spinoza, im deutschen Idealismus, besonders bei Schelling, der den Ausdruck geprägt hat]" [Duden, Das große Wörterbuch der deutschen Sprache in 8 Bänden, Band 4, Mannheim, Leipzig, Wien, Zürich 1994, S. 1671].

4. Instrumentalismus. Der vierte Ansatz besteht in einer Zurückweisung oder Ignorierung der Existenz von Subjekt & Objekt. Statt das eine oder das andere zu bevorzugen oder beide zusammen, weist dieser metaphysische Ansatz beide zurück. Die Frage nach der Wirklichkeit ist für ihn belanglos oder sinnlos. Der Instrumentalismus ist modern, klug [beispielsweise in der Person des Philosophen Ernst Cassirers] und manchmal auch etwas spitzfindig. Es ist schwer, sich ihm zu entziehen. Er besteht darin, als eine Fortsetzung der Kopernikanischen Wende in der Philosophie, Denken als ein Denken in Modellen, als eine Informationsverarbeitung zu betrachten und sich nicht mehr wirklich darum zu kümmern, über welche Objekte die Informationen informieren. Das ist ein Problem, das er vom Subjektivismus geerbt hat, über den der Philosoph Donald Davidson schreibt: „Hat man sich erst einmal für den cartesianischen Ausgangspunkt entschieden, weiß man – wie es scheint – nicht mehr anzugeben, wofür die Belege eigentlich Belege sind."[40] **Instrumentalismus ist ein Sammelbegriff**, er bezeichnet unterschiedliche wissenschaftstheoretische Auffassungen, die darin übereinkommen, menschliche Erkenntnis insgesamt oder wissenschaftliche Begriffsbildungen, Sätze und Theorien nicht bzw. nicht primär realistisch, als Wiedergabe der Struktur der Wirklichkeit, sondern als Resultat menschlicher Interaktionen mit der Natur zum Zweck erfolgreicher theoretischer und praktischer Orientierung anzusehen. Für den Instrumentalismus sind Theorien nicht Weltbeschreibungen, sondern Instrumente zur systematischen Ordnung und Erklärung von Beobachtung und zur Prognose von Tatsachen [Vgl. Enzyklopädie, Bd. 2, S. 252 f]. In Kurzform wird der instrumentalistische Ansatz von dem experimentellen Physiker Anton Zeilinger wiedergegeben. Zeilinger sagt in einem Interview: „In der klassischen Physik sprechen wir von einer Welt der Dinge, die irgendwo da draußen existieren, und wir beschreiben diese Natur. In der Quantenphysik haben wir gelernt, dass wir da sehr vorsichtig sein müssen. Die Physik ist letztlich nicht die Wissenschaft über die Natur, sondern die Wissenschaft von den Aussagen über die Natur. Die Natur selbst ist immer eine geistige Konstruktion. Niels Bohr hat das einmal so gesagt: Es gibt keine Quantenwelt, es gibt nur eine quantenmechanische Beschreibung.“[41]

Diese vier extremen metaphysischen Ansätze werden im 2. Teil meiner Arbeit im Zusammenhang mit der Quantenphysik ausführlich diskutiert. An dieser Stelle soll dazu nur bemerkt werden: Es wird schwer sein, in der modernen Welt einen denkenden Menschen zu finden, der nicht auf seine Art einen oder mehrere dieser extremen Ansätze vertritt und der sich nicht auf eine oder mehrere dieser extremen Arten auf der Flucht vor der Wirklichkeit befindet. Wenn die Auseinandersetzung Nāgārjunas mit dem Schema des Tetralemma [catuṣkoṭi] vernachlässigt wird, kann von einer Rekonstruktion oder Aktualisierung der Philosophie Nāgārjunas nicht die Rede sein. Das Tetralemma [catuṣkoṭi] ist kein Ornament, auf das auch verzichtet werden könnte, denn die systematische Auseinandersetzung mit extremen metaphysischen Wirklichkeitsbegriffen macht den zweiten, zentralen Aspekt der Philosophie Nāgārjunas aus.

Man kann das Tetralemma [catuṣkoṭi] zu einem abstrakten Gegenstand logischer Überlegungen machen und dies ist gerade eine Aufgabe gewesen, der sich verständlicherweise Interpreten des Logischen Positivismus gewidmet haben. Doch sollte man Nāgārjuna deswegen nicht zu einem Logiker machen, für den die Logik zur Hauptsache der Philosophie geworden ist. **Die Hauptsache der Philosophie Nāgārjunas besteht in einer Darstel-**

lung des eigenen Wirklichkeitsbegriffs und in einer Zurückweisung von vier extremen Wirklichkeitsbegriffen, die zu Bindungen an diese Welt führen, weil sie nicht gestatten, die Wirklichkeit so zu sehen, wie sie ist. Dabei spielt die Logik eine Rolle, aber nur eine untergeordnete. Die metaphysischen Ansätze, die dem Schema des Tetralemma [catuṣkoṭi] entsprechen, gestatten uns nicht, die Wirklichkeit als ein Zusammenspiel von Systemen zu erkennen, deren Bestandteile weder identisch sind, noch auseinanderfallen. Sie wollen uns auf die Schemata des Entweder-Oder, Sowohl-als-auch oder Weder-noch festnageln.

Beide Aspekte der Philosophie Nāgārjunas sind von ihm in einem einzigen Vers seines Werks Catuḥstava [CS], einer Hymne an den Buddha, zum Ausdruck gebracht worden, der in einer Kurzform die ganze Philosophie Nāgārjunas zum Ausdruck bringt: „21 Dialecticians maintain that suffering is created by itself, created by [someone] else, created by both [or] without a cause, but You have stated that it is dependently born." [41a] [„Dialektiker behaupten, dass Leid aus sich selbst heraus, durch etwas anderes, durch beides oder ohne eine Ursache [substantiell] entstanden ist, aber Du hast erklärt, dass es abhängig entstanden ist."]

Mein Kommentar: Empirisch ist Leid nicht durch sich selbst, sondern durch etwas anderes entstanden, daran kann kein Zweifel bestehen, aber auch durch etwas anderes ist es nicht substantiell entstanden, auch durch etwas anderes hat es kein eigenes Sein bekommen, auch durch etwas anderes ist es nicht dauerhaft geworden, auch durch etwas anderes besteht es nicht durch sich selbst, weil es abhängig von seinen Ursachen entstanden ist.

Konzept & Wirklichkeit. Die Philosophen **Kuno Lorenz** und **Sung-Ki Hong** haben einige wichtige Hinweise zum Verständnis der Philosophie Nāgārjunas gegeben. Hong schlägt vor, das Tetralemma [catuṣkoṭi] als vier metaphysische Positionen, nicht als zwei Alternativen, zu betrachten. Ich schließe mich diesem Vorschlag an und diskutiere in meiner Arbeit eine Auswahl von vier grundlegenden, extremen metaphysischen Ansätzen, die ich 1. Substantialismus, 2. Subjektivismus, 3. Holismus und 4. Instrumentalismus nenne. Wie wir sehen werden, lassen sich diese vier metaphysischen Ansätze nicht mit dem abhängigen Entstehen [pratītyasamutpāda] der Objekte vereinbaren. Außerdem haben Lorenz und Hong dargelegt, dass Nāgārjuna keine eigene metaphysische Position vertritt, sondern nur vier mögliche extreme metaphysische Ansätze zurückweist, indem er unhaltbare Widersprüche und Aporien, in die sie sich verwickeln, aufdeckt. Dadurch bestätigen Lorenz und Hong die philosophische Schule der Prāsaṇgikas, die Nāgārjunas Methode als reines Widerlegungsverfahren von extremen metaphysischen Positionen kennzeichnet. Reines Widerlegungsverfahren? Hat Nāgārjuna nichts anderes getan, als seine Gegner zu widerlegen? Hatte er keinen eigenen Wirklichkeitsbegriff? Wir werden in dem Kapitel über seine Methode auf diese Frage zurückkommen.

Lorenz und Hong neigen dazu, den Begriff der Substanzlosigkeit [śūnyatā] auf der Ebene der Darstellungsmittel und nicht auf der von etwas Dargestelltem zu lokalisieren. Lorenz schreibt: „Das Schema gehört allein der Zeichenebene an und ist relativ zur Gegenstandsebene eine Fiktion, eben ‚leer.'"[42] Diese Sichtweise wird auch von **Chris Gudmunsen** eingenommen, er schreibt: „To use the word ‚emptiness' is not to talk about the world in any way. It is to talk about how we talk about the world."[43] [„Wenn wir den Begriff ‚Leerheit' benutzen, sprechen wir in keiner Weise über die Welt. Vielmehr geht es um die Art und Weise, wie wir über die Welt sprechen."] Auch **Bernhard Weber-Brosamer** und **Dieter M. Back** interpretieren Nāgārjunas Philosophie vor allem auf der Ebene der Konzepte, als ob man die Wirklichkeitskonzepte von der ihnen entsprechenden Wirklichkeit trennen könnte. Sie schreiben: „Es geht ihm in erster Linie also nicht um die Wirklichkeit, sondern um unsere Konzepte von der Wirklichkeit."[44] Der Indologe **Klaus Butzenberger** vertritt eine ganz ähnliche Sichtweise. Nach seiner Interpretation sind Konzepte irreferentiell, sie erfassen nichts und sie beziehen sich auf nichts. Ebenso **B.K. Matilal**, er schreibt: „The doctrine of śūnyatā, ‚emptiness' is, in fact, the critique of all views, all philosophical systems"[45]. [„Die Lehre von śūnyatā, ‚Leerheit', ist in der Tat der Kritikpunkt aller Anschauungen, aller philosophischen Systeme."] **Jens Schlieters** Interpretation ist in dieser Frage missverständlich, er schreibt über Nāgārjunas Haltung: „Allerdings versteht er seine Sätze nicht als Negationen, da nicht Buddha, Nirvāṇa oder die empirische Welt, sondern vielmehr die begrifflichen Konzepte über diese negiert werden sollen."[46] In ihrem Versuch, Nāgārjunas Begriff śūnyatā auf die Substanzlosigkeit der Konzepte zu beschränken, können sich Lorenz und Hong auf zahlreiche Forscher stützen. **Fast könnte man von einer modernen Standardinterpretation der Philosophie Nāgārjunas sprechen,**

nach der Nāgārjuna keine eigene Position vertrete, alle Theorien und Konzepte als irreferentiell zurückweise und die Dinge der Welt, in der wir leben, für unwirklich und nichtexistierend halte. Wir werden sehen, wie alle drei Punkte Fehlinterpretationen sind und in die Irre führen.

Meine Arbeit verfolgt dagegen das Ziel, beide Aspekte der Substanzlosigkeit [śūnyatā] oder des abhängigen Entstehens [pratītyasamutpāda] aufzuzeigen: 1. die Substanzlosigkeit der Objekte [dharma] und 2. die Substanzlosigkeit der Konzepte. Um zu illustrieren, dass Nāgārjuna nicht nur von substanzlosen Konzepten spricht, sondern vor allem von substanzlosen Objekten, vergleiche ich seinen Wirklichkeitsbegriff mit dem physikalischen Wirklichkeitsbegriff der Quantenphysik, denn in der Physik geht es nicht nur um Konzepte, sondern auch um die Beschaffenheit der physischen Wirklichkeit. Unmittelbar erzeugt sie zwar nur Modelle, sie untersucht also nur Wirklichkeiten, die sie selbst herstellt, aber wir dürfen nun keineswegs so weit gehen, alle unsere Wahrnehmungen und Denkmodelle als völlig willkürlich zu betrachten: **Die Konstruktionen unseres Geistes sind zwar nicht unmittelbar mit der Realität identisch, aber sie sind keineswegs zufällig und in der Regel auch nicht täuschend. [Irvin Rock]** Hinter diesen Modellen sind die empirischen Objekte und annäherungsweise gibt es eine strukturelle Ähnlichkeit zwischen einem wirklichkeitsgetreuem gedanklichen Modell und der ihm entsprechenden physischen Wirklichkeit.

Śūnyatā. An dieser Stelle soll noch einmal ein kurzer Hinweis auf die Bedeutung von śūnyatā erfolgen. Wie bereits gesagt, bedeutet śūnyatā nicht so sehr Leerheit, sondern eher Kernlosigkeit, das Fehlen von einem eigenen Sein [svabhāva]. Die Zahl Null, die von indischen Mathematikern erfunden wurde, wird śūnya genannt. Der amerikanische Mathematiker Robert Kaplan hat der Null ein ganzes Buch gewidmet, in dem er auch seine Interpretation von śūnya darlegt. Kaplan hält es für falsch, śūnyatā mit Leerheit zu übersetzen, weil Leerheit mit der Vorstellung von einem Nichts verbunden sein kann, er schreibt, dass wir śūnya „immer falsch mit ‚leer' übersetzt haben. Für die Hindus gibt es jedoch kein unqualifiziertes Nichts."[47] Die Leerheit nehme, so meint er, den jeweiligen Charakter ihrer Umgebung an.

Nāgārjunas Philosophie.
A preliminary summary

1. Wenn Nāgārjuna sagt, diese Welt [loko 'yam], sämtliche Dinge oder etwas Seiendes oder Existierendes [bhāva] [ein Seiendes findet sich nicht ohne Entstehen und Vergehen, MMK 21.8], die Realität [tattva], die Phänomene, Gegebenheiten, Objekte oder Daseinsfaktoren [dharma] seien abhängig entstanden und substanzlos oder kernlos [pratītyasamutpāda und śūnya], dann präzisiert er auch, wovon sie substanzlos sind: von Gott als dem Ursprung der Schöpfung [sarga], von einem Schöpfer [kāraka], von brahman, ātman, prakṛti [Sanskrit: das zuerst Wirkende, Urstoff, Essenz], von feinstofflichen Atomen [paramānu], von einer ursprünglichen Finsternis [tamas] oder allgemeiner gesagt, von svabhāva [eigenes Sein, unabhängige Substanz] etc. Seine Zurückweisung dieser Entitäten hat einen präzisen Sinn, denn es sind die religiösen und metaphysischen Schlüsselbegriffe der traditionellen indischen Denkweisen, nach denen diese immateriellen Entitäten der Welt zugrunde liegen und sie zusammenhalten. Es sollen die ewigen, absoluten, aus sich selbst heraus existierenden Grundlagen und Ursprünge der Welt sein. Nāgārjuna weist nicht eine unmittelbare, physische oder biologische, empirische Existenz der Objekte zurück, sondern nur die Existenz im Sinne des Eternalismus, der ewigen Dauer.[48] Nāgārjuna weist Konzepte zurück, nach denen den Gegebenheiten oder Objekten [dharma] etwas Substantielles, Unabhängiges, Selbständiges, ein dauerhaftes Sein zugrunde liegen soll. Abhängige Objekte sind für ihn nicht auf unabhängige Substanzen angewiesen.

2. In diesem Zusammenhang ist bei Nāgārjuna nicht von einer Substanzlosigkeit der Konzepte die Rede, sondern von einer Substanzlosigkeit der Objekte [dharma]. Gott, der Schöpfer, brahman, ātman, svabhāva etc. sollen nach den traditionellen indischen Denkweisen nicht den Konzepten, sondern der Welt, in der wir leben, zugrunde liegen. Bei den Gegensatzpaaren Geher & begangene Strecke, Ursache & Wirkung, Tat & Täter, Feuer & Brennstoff etc. hat Abhängigkeit die Bedeutung einer konkreten Abhängigkeit der einen Komponentente von der anderen.

3. Substanzlosigkeit der Substanzlosigkeit. Bei Nāgārjuna gibt es auch eine Auseinandersetzung mit substanzlosen Konzepten. Aber nur in einem abgeleiteten Sinn. Wenn es nichts Substantielles gibt, so ist seine

Argumentation, wenn alle Objekte und Konzepte substanzlos sind, dann könnte man das Konzept der Substanzlosigkeit für etwas Absolutes, Substantielles halten. „Diejenigen aber, für welche die Substanzlosigkeit eine Ansicht ist, die wurden für unheilbar erklärt." [MMK 13.8] Warum wird die Substanzlosigkeit der Objekte gelehrt? Durch die Annahme, die Objekte hätten eine unabhängige Substanz oder ein eigenes Sein, findet eine Anhaftung an sie statt. In MMK 18.5 schreibt Nāgārjuna: Befreiung [mokṣa] kommt durch die Vernichtung von Karma und Anhaftungen. Karma und Anhaftungen kommen aus unterscheidenden Vorstellungen [vikalpa], sie kommen aus dem dichotomischen Denken [conceptualization, Lindtner, S. 233] [prapañca[49]]. Das dichotomische Denken aber wird in der Substanzlosigkeit vernichtet. Die Substanzlosigkeit der Objekte wird gelehrt, um Buddhisten von der Anhaftung an die Objekte zu befreien. Warum wird die Substanzlosigkeit der Konzepte gelehrt? Nachdem ein Buddhist sich von der Anhaftung an die Objekte befreit hat, besteht die Gefahr, dass er nun am Konzept der Substanzlosigkeit oder am Konzept des nirvāṇa [Vgl.MMK 16.9] kleben bleibt, weil es für ihn das Medikament war, das ihn von der Krankheit der Anhaftung an die Objekte befreit hat. Deswegen muss er sich anschließend vom Konzept der Substanzlosigkeit [śūnyatā] befreien. Das Medikament kann zu einem Gift werden. Das Konzept der Substanzlosigkeit ist selbst substanzlos, es ist selbst nur ein abhängiges Konzept, es ist keine substantielle Ansicht, keine absolute Wahrheit, es ist ein Medikament, das von der Krankheit abhängig ist und mit dem Verschwinden der Krankheit bedeutungslos wird. Es hat dann seine Funktion erfüllt. Danach kann die yogische Wahrnehmung der Wirklichkeit, wie sie ist, beginnen und diese yogische Wahrnehmung ist von überhaupt keinem Wirklichkeitsbegriff abhängig, in dem Moment der Realisierung von śūnyatā, in dem Moment der yogischen Wahrnehmung, spielen sogar die zentralen Begriffe, pratītyasamutpāda und śūnyatā, keine Rolle mehr. Die Substanzlosigkeit der Konzepte wird von Nāgārjuna gelehrt, damit sich die Buddhisten von der Vorstellung befreien, das Konzept der Substanzlosigkeit hätte ein eigenes Sein oder eine unabhängige Substanz, es sei etwas Absolutes. Zur Unterstützung dieses Gedankens zitiert Etienne Lamotte im **Traité** die Buddha-Worte: „Ce n'est pas par la Vacuité qu'on fait les dharma vides, mais les dharma eux-memes sont vides [...]. La Vacuité est le moyen d'échapper à tous les genres de vues fausses; en revanches celui qui a cette Vacuité meme pour croyance, je le déclare, moi, incurable [acikitsya]."[50] [**„Nicht durch die**

Substanzlosigkeit [śūnyatā] macht man die Objekte [dharma] substanzlos [śūnya], die Objekte selbst sind substanzlos [śūnya] […]. Die Substanzlosigkeit [śūnyatā] ist das Mittel, allen Arten von falschen Ansichten zu entgehen. Wer aber die Substanzlosigkeit [śūnyatā]selbst als Glauben hat, den erkläre ich als unheilbar.“]

4. Im Übrigen sind alle Begriffe substanzlos, das heißt sie sind in ihrer Bedeutung abhängig von ihrem jeweiligen Gegenbegriff, mit dem sie eine Zweiheit bilden: groß & klein, etwas & etwas anderes, Freiheit & Unfreiheit, abhängig & unabhängig etc. Aber die Substanzlosigkeit [śūnyatā] der Begriffe und Konzepte kann man nicht zu einer Hauptaussage Nāgārjunas machen. Sie ist abgeleitet von der Substanzlosigkeit der Objekte, denn hauptsächlich halten wir physische Objekte [dharma] für real, das heißt für selbständige, unabhängige Objekte. Begriffe, Ideen, Konzepte haben oft von vornherein eine geringere Realität und Bedeutung, weil ihnen eine physische Existenz fehlt, weil sie abstrakt sind. Es ist nicht nötig, die Substanzlosigkeit der Begriffe oder Konzepte übermäßig zu betonen. Nāgārjunas Hauptaussage ist die Substanzlosigkeit oder Abhängigkeit der Objekte.

5. Für Nāgārjuna besteht die grundlegende Wirklichkeit nicht aus unabhängigen Objekten, sondern aus einem Zusammenspiel von Systemen, deren Bestandteile weder identisch sind, noch auseinanderfallen. Für Nāgārjuna sind die Phänomene oder Objekte [bhāva, artha, dharma] substanzlos [śūnya], weil sie abhängig sind [pratītyasamutpāda]. Lorenz verschiebt diese Aussage von einer Gegenstandsebene auf eine Zeichenebene, auf eine Ebene der Begriffe, Wahrnehmungsschemata, Denkmodelle, Ideen, Darstellungsmittel, Aussageweisen. Diese Schemata sind für Lorenz Fiktionen, deswegen sind sie „leer“, gleichsam leere Hülsen.[51] Was sind Fiktionen? Nach H. Vaihinger sind Fiktionen „inadäquate, subjektive, bildliche Vorstellungsweisen …, deren Zusammentreffen mit der Wirklichkeit von vornherein ausgeschlossen ist“.[52] Dabei fällt einem Woody Allen ein, der durch die Straßen von New York taumelt, weil er irrtümlicherweise glaubt, er habe einen Tumor. [Candrakirti erzählt eine ganz ähnliche Geschichte von einem Mann, der annahm, er hätte Gift geschluckt und dann ohnmächtig wurde, obwohl es kein Gift war.] Was ist denn die Krankheit, die uns mit dieser Welt verstrickt? Es dürfte klar geworden sein, dass es für die Philosophie des Mittleren Weges nicht die Vorstellung ist, die Dinge

dieser Welt würden existieren, sondern die Vorstellung, den Dingen dieser Welt würden ein eigenes Sein zugrunde liegen. Nāgārjuna hat nicht behauptet, alles sei nur eine Fiktion, eine inadäquate Vorstellungsweise, die Welt sei nur eine Erfindung unserer Irrtümer. Nāgārjuna hat nicht gesagt, unsere Wahrnehmungen und Begriffe seien alle irreferentiell, sie bezögen sich auf nichts. Das ist eine instrumentalistische Interpretation seiner Philosophie im Lichte der Ideen Wittgensteins. Nāgārjuna hat nicht gesagt, die Welt sei eine Luftspiegelung, er vergleicht die Objekte mit einer Luftspiegelung. Wenn wir eine Luftspiegelung sehen, halten wir sie meist für real, für ein physisches Objekt, aber sie ist nicht real, sie ist nur eine Luftspiegelung. Dementsprechend unterstellen wir den Objekten oft eine unabhängige Substanz, aber sie haben keine. Ist die Welt eine Fiktion, eine Wahrnehmungserscheinung, eine Projektion oder eine Halluzination, der keine äußere physische Wirklichkeit entspricht, die wir aber irrtümlicherweise für physisch existent halten, wenn wir uns blindlings auf unsere Wahrnehmung verlassen? Nāgārjunas Philosophie ist eine einzige Warnung vor extremen Konzepten, weil sie falsch sind und weil entstellende, extreme Konzepte uns nicht gestatten, die Wirklichkeit zu erfassen, wie sie ist. Nirgendwo jedoch versuchte Nāgārjuna aus der Erfahrung und Erkenntnis von Fiktionen die Glaubwürdigkeit aller Wahrnehmungsschemata und aller Denkmodelle zu unterminieren, weil sie alle Fiktionen sein sollen, denen überhaupt keine Wirklichkeit entspricht. Nirgendwo behauptete er, es gäbe überhaupt keine wirklichkeitsgetreuen oder wirklichkeitsnahen Sinneseindrücke oder Denkmodelle. Nirgendwo behauptete er, eine strukturelle Übereinstimmung von Sinneseindrücken und Begriffen mit Objekten sei unmöglich. Nāgārjuna sagte nicht, unseren Wahrnehmungsschemata und Denkmodellen entspräche nichts, weil es keine Objektebene gäbe. Nāgārjuna versuchte nicht, die physische Wirklichkeit auf das Bewusstsein oder auf den Geist zu reduzieren. Die physische, empirische, konventionelle Welt, in der wir leben, wurde von Nāgārjuna nicht geleugnet. **Aus der Erkenntnis, dass Subjekt & Objekt nicht getrennt existieren, zog Nāgārjuna nicht die instrumentalistische Schlussfolgerung, es gäbe kein Subjekt & Objekt.** Wenn bei Lorenz von Gegenständen, von Dingen, von der Welt, in der wir leben, die Rede ist, dann nur noch als Fiktionen oder als subjektive Wahrnehmungsschemata, als Qualia, wie Clarence Irving Lewis subjektive Gegebenheitsweisen von Gegenständen nannte. [53] Dadurch hat Lorenz Nāgārjunas Wirklichkeitsbegriff von einer konkreten, objektbezogenen und empirischen auf eine abstrakte und erkenntnistheoretische Ebene verschoben, auf der es nicht mehr um die Frage nach der Beschaffenheit der Wirklichkeit geht, sondern nur noch um eine Frage der Erkenntnismöglichkeit der Wirklichkeit, um die Gesetzmäßigkeiten der Erkenntnis. Nāgārjunas Untersuchungsgegenstand ist die empirische Welt, in der wir leben, Lorenz verschiebt diesen Untersuchungsgegenstand auf eine Ebene der Wahrnehmungsschemata und der Denkmodelle, die von Subjekt & Objekt losgelöst sind. Dieser Bedeutungsverschiebung des Untersuchungsgegenstandes entspricht eine Bedeutungsverschiebung des Begriffs der Substanzlosigkeit [śūnyatā]. **Śūnyatā bedeutet bei Nāgārjuna Abhängigkeit. [Vgl. MMK 24.28]** Pratītyasamutpāda ist für Nāgārjuna kein fiktiver oder irreferentieller oder gar in konvetioneller Bedeutung ‚leerer' Begriff, ein Begriff also, dem kein empirischer Gegenstand entspricht. Hier ist Butzenbergers Idee, alle Begriffe seien irreferentiell, sie würden nichts erfassen und sie würden sich auf nichts beziehen, weil sie kein entsprechendes Objekt haben, eine unzulässige Verallgemeinerung spezialisierter Begriffe. Nach dieser Interpretation Butzenbergers müsste auch der Begriff pratītyasamutpāda irreferentiell sein und Nāgārjuna dementsprechend keinen eigenen Wirklichkeitsbegriff vertreten. **Hier muss die Frage gestellt werden, ob es überhaupt das Anliegen Nāgārjunas ist, das empirische, physische oder biologische Entstehen der Objekte zu erklären.** Nāgārjunas Thema ist nicht das empirische Entstehen physikalischer, kosmologischer, biologischer oder historischer Objekte der Welt, in der wir leben. Nāgārjuna hat keine Kosmologie, keine Entstehungsgeschichte der Welt geschrieben. Sein Thema ist das Grundprinzip des eigenen Seins [svabhāva], dem er sein Grundprinzip vom abhängigen Entstehen der Objekte entgegenstellt. Es geht ihm vor allem darum, die metaphysischen Konzepte des eigenen Seins und der unabhängigen Substanz der Objekte [und des Selbsts] zurückzuweisen. Nāgārjunas Hauptanliegen besteht in dem Hinweis auf einen wichtigen Aspekt der Objekte, den man vielleicht ein konkretes, objektbezogenes Prinzip nennen könnte: das abhängige Enstehen [pratītyasamutpāda]. Der Begriff pratītyasamutpāda [abhängiges Entstehen] ist ein objektbezogener Begriff, er bezeichnet etwas, ihm entsprechen abhängige Objekte, er bezieht sich auf die Welt, in der wir leben. **Nāgārjuna sagt in MMK 24.40 „Wer das abhängige Entstehen sieht, der sieht diese Welt wie sie wirklich ist …"**. Dabei können, wie gesagt, sinnliche und geistige Wahrnehmungen der Abhängigkeit und Substanzlosigkeit der Objekte nur eine Vorbereitung auf die yogische Wahrnehmung sein. Die Objekte sind voneinander abhängig, deshalb sind sie substanzlos. Die Begriffe sind voneinander abhängig, deshalb sind sie substanzlos.

Nāgārjuna gibt in seinem Werk Catuḥstava [CS] ein entwaffnendes Argument gegenüber dem holistischen [Ansatz 3] und instrumentalistischen [Ansatz 4] Denken: „If a concept[= a name, miṇ] and its objectwere non-different, one's mouth would be burned by [the word] fire. If [they both] were different there would be no comprehension [of anything]."[54] [„Wenn ein Konzept und sein Objekt nicht unterscheidbar wären, würde man sich bei dem Wort Feuer den Mund verbrennen. Wenn sie beide getrennt wären, gäbe es kein Verständnis von irgendetwas."]

Die Wirklichkeit lässt sich nicht auf Konzepte oder Informationen reduzieren. Dann würde die Information von einer Atombombe ausreichen, um eine Atombombe zünden zu können. Aber Wirklichkeit und Konzept können auch nicht vollständig getrennt sein, denn in diesem Fall würde man gar nichts verstehen. Wenn alle Begriffe irreferentiell sind und sich auf keine Objekte beziehen, wie Butzenberger behauptet, dann wäre kein Verständnis von irgendetwas möglich, auch kein Verständnis vom abhängigen Entstehen [pratītyasamutpāda] der Objekte.

Für Lorenz ist ein leerer Begriff ganz konventionell ein Begriff, dem kein empirischer Gegenstand entspricht, er sagt: Die Daseinsfaktoren [dharma] als Schema bezeichnen nichts, sie sind vielmehr leer [śūnya].[55] Lorenz überträgt Nāgārjunas Wirklichkeitsbegriff, der sich auf eine Objektebene bezieht, auf eine Begriffsebene. Dabei kann er sich auf eine Reihe von westlichen und östlichen philosophischen Wirklichkeitsbegriffen stützen, von denen ich hier ganz fragmentarisch nur einige erwähnen möchte: die Wirklichkeitsbegriffe Immanuel Kants, des Instrumentalismus, Ludwig Wittgensteins, Stephen Hawkings und der buddhistischen Schule des Yogācāra.

Kant. Nach der Kantischen Konzeption, die in Anspielung auf die naturwissenschaftliche Revolution durch Kopernikus, Kopernikanische Wende genannt wird, geht es in der Philosophie nicht mehr um eine Theorie der Wirklichkeit, sondern um eine Theorie der Wirklichkeitserkenntnis. Die Transzendentalphilosophie, so sagt Kant in einer berühmten Formulierung der ‚Kritik der reinen Vernunft' über seinen Ansatz, beschäftigt sich nicht mit Gegenständen, „sondern mit unserer Erkenntnisart von Gegenständen, so fern diese a priori möglich sein soll".[56] Die neue Aufgabe der Philosophie bestehe dann darin, die Bedingungen der Möglichkeit von Erfahrung zu explizieren. Metaphysik ist nun nicht mehr eine Auseinandersetzung mit dem eigenen Sein oder mit der unabhängigen Substanz, die den Dingen zugrunde liegen soll oder eine Auseinandersetzung um die Beschaffenheit der Dinge, sondern eine Erkenntnistheorie. Die Begriffe des Subjekts und des Denkmodells haben seit der Kopernikanischen Wende den Platz eingenommen, den die Begriffe der unabhängigen Substanz und des eigenen Seins in der traditionellen Metaphysik besetzt hatten. Manfred Pascher kommentiert dies zutreffend: „Dadurch, dass Kant in der Philosophie den Schritt von einer Theorie der Wirklichkeit zu einer Theorie der Wirklichkeitserkenntnis tat – von der Theorie zur Metatheorie also –, hat er die weitere Entwicklung der Philosophie in einer Tiefe beeinflusst, die nicht leicht überschätzt werden kann, wenn dieser Einfluss auch nicht immer sofort sichtbar ist. Blickt man auf die heutige philosophische Szene, so kann man feststellen, dass die meisten Fragestellungen methodologisch bzw. metatheoretisch sind. Insofern kann man sagen, dass die Philosophie im Großen und Ganzen die Wende vollzogen hat, die Kant angebahnt hatte. Freilich dauerte es lange, bis diese in ihrer ganzen Tragweise verstanden wurde."[57] Der Neokantianer Ernst Cassirer ist einer der wenigen Philosophen, die sich intensiv mit dem Wirklichkeitsbegriff der Relativitätstheorie und der Quantenphysik auseinandergesetzt haben. Leider hat er vorher die Zweideutigkeit des Begriffs vom Ding an sich nicht gelöst. Einmal schreibt er: „Die transzendentale Analyse des Kausalbegriffs, die von Kant der psychologischen Analyse Humes gegenüber- und entgegengestellt wird, kann also nicht unmittelbar das **Sein** der Dinge und ihre wechselseitige Abhängigkeit, sondern sie kann nur die Form der Erkenntnis der Dinge, die Form des objektiven Wissens betreffen."[58] Nach dieser Interpretation könnte man annehmen, Kant habe das Sein oder die Substanz der Dinge zurückgewiesen. Einige Seiten später schreibt Cassirer jedoch: „Aber eben damit zeigt sich auch, in welchem Sinne wir diese Objektivität zu verstehen haben. Es handelt sich nicht sowohl um die **Existenz** von Dingen, als vielmehr um die objektive Gültigkeit von Relationen – und all unser Wissen von den Atomen lässt sich immer auf diese Gültigkeit zurückführen und geht in ihr auf."[59] Nach dieser Interpretation kann man annehmen, hier werde die Existenz empirischer Dinge als nicht zugänglich beiseite geschoben. Stillschweigend hat Cassirer einen zentralen Begriff der traditionellen Metaphysik, den Begriff des Seins, der das bezeichnet, was den Dingen der Welt zugrunde liegen soll, synonym gebraucht mit den Begriff der empirische Existenz. Dementsprechend macht Cassirer auch keinen Unterschied mehr zwischen dem metaphysischen Sein und der empirischen Beschaffenheit eines Phänomens. Beides ist, seiner Auffassung nach, nicht mehr Gegenstand der Philosophie seit Kant und nicht mehr Gegenstand der modernen Physik im 19. und 20. Jahrhundert. Dementsprechend gehe es in der Quantenphysik nicht mehr um die Substanz oder um die Beschaffenheit, wie zum Beispiel Härte, Starrheit und Stabilität der Atome, sondern nur noch um Wechselwirkungen, Relationen, Gesetzmäßigkeiten des Naturgeschehens. In der Physik gehe es nach der Interpretation Cassirers nicht mehr darum, die Existenz von Dingen zu verstehen, sondern nur noch darum, funktionelle Beziehungen darzustellen. Der Dingbegriff sei durch einen Relationsbegriff und Systembegriff ersetzt worden.[60] Was Cassirer deutlich herausgearbeitet hat, ist der physikalische Gegenstandsbegriff. **Es ist erhellend, wenn Cassirer sagt, Gegenstände der modernen Physik seien nicht natürliche, sondern theoretische Körper, die von mathematischen Berechnungen abgeleitet werden.** Doch Cassirer vernachlässigt einen weiteren Erkenntnisschritt, nämlich den, dass sich hinter diesen theoretischen, physikalischen, konzeptualisierten Körpern zwar keine unzugänglichen Dinge an sich, wie Kant vermutete, sondern die komplexen realen, physischen, biologischen, empirischen Objekte der Welt, in der wir leben, befinden, auf die sich die theoretischen, abstrakten, aber objektbezogenen Modelle der Physik beziehen. Ausgerechnet diese meint Cassirer vernachlässigen zu können. Nach seiner instrumentalistischen Sicht der Welt gibt es nichts Objektives und nichts Subjektives. Gesetzesaussagen sind für ihn die Fundamente der Erkenntnis und diese Erkenntnis hält er für die Wirklichkeit. „Es gibt für uns keine andere physikalische ‚Realität' als diejenige, die uns durch die physikalischen Maßbestimmungen und die auf sie gegründeten und insofern ‚objektiven' Gesetzesbestimmungen vermittelt wird."[61] Aus der Erkenntnis, dass Subjekt & Objekt nicht getrennt werden können, zieht Cassirer offenbar die instrumentalistische Schlussfolgerung, dass die Fundamente der Wirklichkeit weder objektiv noch subjektiv sind. Für Cassirer sind nur noch Gesetzmäßigkeiten wirklich. Wie wir noch sehen werden, entspricht diese instrumentalistische Interpretation nicht der physikalischen Sicht vieler Quantenphysiker, die sich durchaus mit der physischen Beschaffenheit der elementaren Quantenobjekte und mit ihren

Wechselwirkungen auseinandersetzen. Für diese Quantenphysiker sind die vier elementaren Wechselwirkungen nicht nur abstrakte Relationen, sondern auch immer Energieübertragungen zwischen zwei oder mehreren Körpern. Bereits für Niels Bohrs physikalischen Wirklichkeitsbegriff war der entscheidende Punkt überhaupt nicht die Aufhebung von Subjekt & Objekt, sondern, wie er schreibt, die ‚Unmöglichkeit einer scharfen **Trennung** zwischen dem Verhalten atomarer Objekte und der Wechselwirkung mit den Messgeräten', [62] was man auch die Unmöglichkeit einer scharfen Trennung zwischen mikrophysikalischer und makrophysikalischer Welt oder vielleicht auch zwischen Subjekt & Objekt nennen könnte.

Hat Nāgārjuna die so genannte Kopernikanische Wende Kants vorweggenommen? Hat Nāgārjuna eine Theorie der Wirklichkeit, die sich mit der Beschaffenheit der Dinge auseinandersetzt, durch eine Erkenntnistheorie ersetzt, deren Untersuchungsgegenstand die menschliche Erkenntnis ist? Ist Nāgārjunas Philosophie eine Metatheorie, eine Theorie also, die eine andere Theorie zu ihrem Untersuchungsgegenstand hat? Wenn eine Philosophie der Welt, in der wir leben, ein eigenes Sein, eine grundlegende Wirklichkeit, eine Essenz, ein Wesen oder eine unabhängige Substanz abspricht, dann muss sie nicht in das andere Extrem fallen und das Dasein in seiner einfachen Tatsächlichkeit leugnen.

Nāgārjuna beschäftigt sich mit physischen Gegebenheiten, die Frage nach der konkreten, unmittelbaren Wirklichkeit ist der erste Aspekt seiner Überlegungen.

Der traditionellen Metaphysik ging es um die Erkenntnis vom Wesen der Wirklichkeit. Nāgārjuna weist ein solches Wesen zurück, indem er sich mit der Beschaffenheit von Objekten der Welt, in der wir leben, auseinandersetzt und auf die Abhängigkeit der Objekte hinweist. Nach Nāgārjuna sind Subjekt & Objekt ein abhängiges Gegensatzpaar, die konzeptualisierende, objektbezogene, subjektive Wirklichkeitserkenntnis ist von der konzeptualisierten, objektiven Wirklichkeit abhängig, das eine existiert nicht unabhängig vom anderen. **Aus der Erkenntnis, dass es keine konzeptunabhängige Wirklichkeit gibt, folgt nicht, dass es gar keine Wirklichkeit gibt.** Nāgārjuna hat die erkenntnistheoretische Wende, die Kant angebahnt hat, nicht vorweggenommen. Das ist nicht der mittlere Weg. Nāgārjunas Philosophie ist keine Erkenntnistheorie, ihr Untersuchungsgegenstand ist die Welt, in der wir leben. Für ihn besteht die

Wirklichkeit nicht nur aus Begriffen, sondern aus einem Zusammenspiel von materiellen und immateriellen Komponenten.

Instrumentalismus. Lorenz kann sich ebenfalls auf den Instrumentalismus stützen, der weniger eine fest umrissene philosophische oder wissenschaftliche Theorie als eine prinzipielle Einstellung zu metaphysischen Fragen ist. Möglicherweise sind Instrumentalisten davon überzeugt, der verheerenden Logik des Entweder-oder-Schemas der traditionellen Metaphysik entkommen zu sein, indem sie Objekt & Subjekt wie zwei Vogelscheuchen in die Ecke stellen und sie einfach nicht mehr beachten. Für den Physiker und Wissenschaftstheoretiker Pierre Duhem [1861 – 1916] beispielsweise war eine physikalische Theorie keine Erklärung objektiver oder subjektiver Tatsachen, „sondern ein System mathematischer Lehrsätze, die aus einer kleinen Zahl von Prinzipien abgeleitet werden und den Zweck haben, eine zusammengehörige Gruppe experimenteller Gesetze ebenso einfach wie vollständig und genau darzustellen“.[63] Der Instrumentalismus hat die moderne Wissenschaftsphilosophie stark beeinflusst. Der Philosoph K. R. Popper sah in der instrumentalistischen Behauptung, physikalische Modelle seien nichts anderes als Instrumente zur Verarbeitung von Informationen und zur Vorhersage von Beobachtungen, sogar die offizielle, dominierende Richtung der Physik. **Als theoretische Hauptvertreter dieser Richtung nannte Popper Berkeley, Mill, Duhem, Poincaré, Mach, Schlick, Wittgenstein, Bohr, Heisenberg, Ryle, Bridgman.**[64] Dieser Aufzählung ist durchaus zuzustimmen, wenn die instrumentalistischen Konzepte dieser Wissenschaftler nicht als eine Linie, sondern als ein schillerndes Spektrum instrumentalistischer Ansätze verstanden werden. Warum Popper diese Reihe von Wissenschaftlern mit Berkeley beginnen ließ, ist nicht so recht nachzuvollziehen. Berkeley hatte von dem Gegensatzpaar Subjekt & Objekt nur das Objekt, nicht das Subjekt, zurückgewiesen, während es Hume war, der weder das eine noch das andere anerkennen wollte und nur die Vorstellung, die Erscheinung, die Repräsentation oder das Denkmodell als wirklich anerkannte. Der Philosoph Arthur C. Danto schreibt: „Für Hume gab es kein Objekt, von dem die Erscheinungen Erscheinungen wären und kein Subjekt, dem sie erscheinen würden.“[65] Für den physikalischen Instrumentalismus gibt es weder eine objektive noch eine subjektive Wirklichkeit. Das ist die Weder-noch-Position. Von der Dreiheit, **Subjekt – Denkmodell – Objekt,** weist dieser Ansatz das Subjekt und das Objekt zurück und anerkennt nur noch das Denkmodell. Bildhaft ist dieser Ansatz von David Loy mit einem Beispiel aus dem japanischen Zen-Buddhismus dargestellt worden: „Als ich die Tempelglocke hörte, gab es plötzlich keine Glocke und kein Ich, nur Klang.“ [66] Für den physikalischen Instrumentalismus gibt es nur wissenschaftliche, meist mathematisch konstruierte Denkobjekte. Seine abstrakten Schlüsselbegriffe sind: Elementarteilchen, Naturgesetz, Energie, Kraft, Feld, Impuls oder Information. Ob diesen abstrakten, theoretischen Denkobjekten etwas Physisches entspricht, ist für den physikalischen Instrumentalismus keine brennende Frage. **Er hat die Frage nach der Wirklichkeit aufgegeben.**

Stephen Hawking, ein bekannter und viel gelesener Physiker, sagt im Namen des Instrumentalismus, den er etwas vereinfachend Positivismus nennt, aus positivistischer Sicht können wir nicht fragen: Was ist Wirklichkeit? Eine wissenschaftliche Theorie ist nichts weiter als ein mathematisches Modell, das die Beobachtungen beschreibt und kodifiziert. [67] Erläuternd möchte ich an dieser Stelle nur kurz Layzers Darstellung des Positivismus hinzufügen: „Für das moderne Wissenschaftsverständnis hat der positivistische Standpunkt von Ernst Mach [1838 – 1916] eine wichtige Rolle gespielt. Wie Francis Bacon [1561 – 1626] und Auguste Comte [1798 – 1857] glaubte Mach, dass Wissenschaft ein methodisches Sammeln und Ordnen von Fakten sei und hielt diese wissenschaftliche Methode für die einzige Quelle wahren Wissens. Für Mach waren Naturgesetze nichts anderes als eine präzise Zusammenfassung von Erfahrungen, die Voraussagen über zukünftige Beobachtung ermöglicht. Nach Mach liefern Theorien keine **Erklärung**, sondern nur eine **Beschreibung** der Objekte. Was darüber hinausgeht, ist metaphysische Spekulation und experimentell nicht nachprüfbar.“ [David Layzer]

A. N. Whitehead verdanken wir die Einsicht, dass eine Tatsache bereits eine Reduzierung eines ganzen Prozesses darstellt, denn es gibt keine selbständigen Tatsachen, die im Nichts treiben. Nun reduziert der Instrumentalismus die vom Positivismus anerkannten Tatsachen noch einmal auf Daten der Beobachtung. In einer Diskussion mit Roger Penrose wiederholt Hawking in ganz ähnlichen Worten: „I, on the other hand, am a positivist who believes that physical theories are just mathematical models we construct, and that it is meaningless to ask if they correspond to reality, just whether they predict observations.“ [68] [„Andererseits bin ich ein Positivist, der glaubt, dass physikalische Theorien nichts anderes als mathematische Modelle sind, die wir konstruieren, und dass es nicht von Bedeutung ist, ob sie der Realität entsprechen, sondern nur, ob sie Beobachtungen voraussagen."]

Wittgenstein. Lorenz kann sich ebenso auf Ludwig Wittgenstein stützen, der in seinen ‚Philosophischen Untersuchungen' § 90 eigentlich nur Kants Ansatz wiedergibt, er schreibt: „Unsere Untersuchung richtet sich nicht auf Erscheinungen, sondern [...] auf die Möglichkeiten der Erscheinungen. Wir besinnen uns, heißt das, auf die Art der Aussagen, die wir über die Erscheinungen machen."

Yogācāra. Kann sich Lorenz auf den Wirklichkeitsbegriff des Yogācāra stützen? Für diese bedeutende philosophische Schule des Mahāyāna-Buddhismus ist die Wirklichkeit, in Kurzform und sehr vereinfacht gesagt, nur Geist, fallen Geist und Objekt des Geistes zusammen. Der Wirklichkeitsbegriff der Yogācārins hat sich von der Wechselwirkung zwischen Geist & Objekt des Geistes auf den Geist als grundlegender Wirklichkeit verlagert. Aber geht es hier überhaupt noch um die Wechselwirkung von Konzept & Wirklichkeit oder sind wir hier bei einem viel tieferen Verständnis des Geistes angekommen, von dem bisher nicht die Rede war? **Was ist Geist?** Auf diese Frage antwortet Sakya Trizin für die Sakyapa-Schule des tibetischen Buddhismus: „Es gibt viele Anteile im Geist, aber es gibt einen grundlegenden Aspekt, den wir kun gzhi [**ālayavijñā**] nennen. Wortgetreu ist damit das ‚Fundament von allem' gemeint, und es handelt sich um ein erlesenes ‚Selbst-Erkennen'. Es ist das Fundament, aus dem weltliche Existenz und Befreiung aufsteigen. Es ist in der Tat der ungehinderte Geist, der nicht nach äußeren Objekten greift. Er ist erlesen und bleibt erhalten von anfangloser Zeit, bis Erleuchtung erreicht ist." [68a] Zwischen Yogācāra und Mādhyamaka gibt es Berührungspunkte, wie zum Beispiel die Idee der gegenseitigen Abhängigkeit und die Idee einer subtilen Verbundenheit der Dinge. Offenbar lassen sich sogar die Begriffe **śunyatā & ālayavijñā** miteinander vereinbaren, was einige Schulen des tibetischen Buddhismus auch vollzogen haben. Sie sind in der Frage der Zurückweisung des Speicherbewusstseins [**ālayavijñā**] Nāgārjuna nicht gefolgt. Der Buddhismus wurde in Tibet vor allem durch Padmasambhava und Śāntarakṣita eingeführt. Besonders Śāntarakṣita war dafür bekannt und berühmt, dass er die beiden wichtigsten Schulen des Mahāyāna-Buddhismus, Madhyamaka & Yogācāra vereinte. Dieser Vereinigung sind drei Hauptschulen des tibetischen Buddhismus gefolgt: Nyingmapa, Kagyüpa und Sakyapa, die Gelugpa nicht. Die Gelugpa-Schule bezieht sich nicht auf die Yogācāra-Schule, sondern nur auf die Madhyamaka-Schule. Vielleicht hat die Madhyamaka-Schule das Trennende zwischen dem Madhyamaka und der Yogācāra-Schule in der Geschichte des Buddhismus manchmal zu sehr betont. Vielleicht ist der Unterschied gering. Trotzdem sind es zwei eigenständige philosophische Schulen, mit eigenen Wirklichkeitsbegriffen: **śunyatā & ālayavijñā.** Die Madhyamaka-Schule ist keineswegs nur eine Vorläuferin der Yogācāra-Schule, wie die Interpretation von Kuno Lorenz behauptet. In der Vereinigung der beiden Schulen bleiben die grundlegenden Ideen beider Philosophien erhalten.[69] Der Madhyamaka-Ansatz löst alle Leidenschaften, Anhaftungen, Aggressionen, Stolz, Eifersucht, Neid und Gier auf. Dieser Ansatz ist grundlegend. „Alle buddhistischen Schulen erkennen das philosophische Prinzip des abhängigen Entstehens an.“ [Dalai Lama [69a]] Der Ālayavijñā- oder der Mahāmudrā-Ansatz ist ein wenig tiefgründiger, vielleicht auch etwas subjektiver, weil er mehr auf direkter Erfahrung mit dem eigenen Geist basiert. Er sieht den Geist als die Wurzel aller Phänomene an, als die Quelle, der sie alle entspringen. Aber bei der Erfahrung des eigenen Geistes geht es eigentlich nicht um das Ergreifen oder Erforschen von äußeren oder inneren Objekten, sondern gerade um die Aufhebung der Dualität von Subjekt und Objekt. Dafür haben die verschiedenen Traditionen Tibets Begriffe und Methoden entwickelt, die sich vielleicht nur äußerlich unterscheiden, innerlich jedoch alle zum selben Punkt gelangen. Was die Gelugpa den Geist klaren Lichts nennen, mit dem die Substanzlosigkeit [śūnyatā] der Objekte erkannt wird, heißt in der Kagyü-Tradition Mahāmudrā, bei den Sakyapas geht es um ālayavijñā oder um eine Vereinigung von Klarheit & śūnyatā und bei dem alten Nyingma-Orden um Rigpa [reines Gewahrsein] oder Dzogchen. Nicht die Erklärung der äußeren Wirklichkeit, aber auch nicht eine Erkenntnistheorie des Geistes, sondern die Erleuchtung ist das gemeinsame Ziel aller dieser Traditionen: **In der Erleuchtung nimmt der grundlegende Aspekt des Geistes [ālayavijñā] die Wirklichkeit konzeptfrei wahr. Beide sind untrennbar miteinander verbunden.**

Untersuchungsgegenstand & Wirklichkeit. Hier müssen zwei Begriffe auseinander gehalten werden, die der instrumentalistische Zeitgeist nicht mehr gerne auseinander halten möchte: Untersuchungsgegenstand und Wirklichkeit. Seit dem Anfang des 20. Jahrhunderts hat sich ganz langsam und zögernd die Erkenntnis durchgesetzt, dass die Untersuchungsgegenstände der Naturwissenschaften solche theoretischen Gegenstände sind wie Masse, Energie, Kraft, Beschleunigung etc., theoretische Gegenstände also, die wir mit unseren Sinnen nicht wahrnehmen können. Die Konzepte, Denkfiguren, Begriffe und Modelle moderner Naturwissenschaften bilden nicht natürliche Dinge ab. Durch eine konstruktive Begriffsbildung haben sie ihre eigenen Untersuchungsgegenstände, eine mathematische und begriffliche Wirklichkeit geschaffen [oder entdeckt, wie die Platoniker sagen]. Die von Mathematikern entwickelten physikalischen Theorien bestehen aus deduktiven Schlussketten und Begriffsbildungen, die aus dem breiten Spektrum der Signale aus der Umwelt ganz wenige Strukturen auswählen und hervorheben. Es ist offensichtlich eine abstrakte, sinnlich nicht wahrnehmbare Wirklichkeit der Modelle. Diese Modelle sind ein eigener Entwurf, keine Kopie der empirischen Wirklichkeit. Doch letzten Endes müssen unsere Ideen mit der empirischen Wirklichkeit strukturell übereinstimmen, da wir versuchen, die konkrete, empirische Wirklichkeit durch mathematische und nicht-mathematische Begriffe zu verstehen. Aber das ist, wie gesagt, nur annäherungsweise, durch einen komplizierten Vermittlungsprozess möglich. Es ist zum Beispiel ein aufwendiger, komplizierter Prozess, beim Messen von Elementarteilchen von den Daten der Messgeräte auf eine plausible physische Realität und Beschaffenheit der Elementarteilchen zu schließen, mit dem sich beispielsweise der Physiker G. Ludwig beschäftigt hat[70]. Plausibilität und indirekte Untersuchungen sind nicht überflüssig, sie spielen in vielen Wissenschaften eine große Rolle, da der direkte Blick in viele Bereiche versperrt ist. Doch zunächst haben wir es in den Naturwissenschaften mit einer abstrakten, gedanklichen, ideellen Welt von mathematischen Formen, Sätzen, Relationen und Abhängigkeiten zu tun, die den Untersuchungsgegenstand abgeben. Es ist eine Welt, die nicht auf Subjekt & Objekt reduziert werden kann. Sie ist der Untersuchungsgegenstand der Naturwissenschaften, nicht die natürlichen, empirischen Objekte der Welt, in der wir leben. Die Untersuchungsgegenstände der modernen Physik bestehen seit Kopernikus im Kern aus einer Mathematisierung der Natur, die in der Klassischen Mechanik zu einem abstrakten Modell geführt hat, das nur noch aus Masse besteht und sich in regelmäßiger Präzision und Unvermeidbarkeit, unter dem Einfluss bestimmter Kräfte ziellos durch Zeit und Raum bewegt. Diese abstrakten Untersuchungsgegenstände der Klassischen Mechanik sind durch die Relativitätstheorie und durch die Quantentheorie in zahlreichen begrifflichen und mathematischen Bestandteilen vollständig verändert, präzisiert, erweitert und erneuert worden. Aber auch in erneuerter Form werden sie von der modernen Physik häufig für die eigentliche Wirklichkeit gehalten, während die natürlichen, konkreten Dinge, die wir durch unsere Sinne wahrnehmen, nicht wirklich sein sollen und auch nicht zum Untersuchungsgegenstand der Naturwissenschaften gehören. Hat man einmal verstanden, dass die mathematischen Konstruktionen der Physik keine genaue Wiedergabe der empirischen Gegebenheiten darstellen, dann kann man, wie es bereits Isaac Newton tat, beispielsweise die Eigenschaften und Effekte der Anziehungskraft mathematisch erforschen, ohne ständig physikalischen Einschränkungen Rechnung tragen zu müssen.[70a] Das ist Physik. Nur moderne Formen der Forschung, wie etwa die Komplexitätsforschung, lösen sich von dieser naturwissenschaftlichen Tradition. Komplexitätsforscher sind offenbar nicht mehr davon überzeugt, dass das Verhalten recht unterschiedlicher Systeme auf gemeinsamen, einfachen Grundprinzipien beruht.[71] Kann man die Wirklichkeit auf einige Grundprinzipien reduzieren? Die Frage bleibt bestehen und kann durch die Naturwissenschaften nur partiell gelöst werden. Offensichtlich ist die Welt in der wir leben umfassender als die Untersuchungsgegenstände der Naturwissenschaften. Die wissenschaftlichen Modelle konzentrieren sich nur auf einige Aspekte der Wirklichkeit. **Die Welt, in der wir leben, auf einige mathematische Formeln, abstrakte Begriffe, Denkmodelle und Konzepte zu reduzieren – und diese Untersuchungsgegenstände dann als die Wirklichkeit auszugeben – auf diese reduktionistische Idee muss man erst einmal kommen!**

Aber genau eine derartige Denkweise, die nicht nur in den Naturwissenschaften, sondern auch in der Philosophie bekannt ist, scheint Kuno Lorenz Nāgārjuna zu unterstellen. Er versucht ihm einen Wirklichkeitsbegriff zu unterstellen, in dem die Objektebene nur als eine Fiktion vorkommt, als eine Schematisierung, die keine physische Entsprechung hat. Lorenz schreibt: „Spricht man hingegen von den Daseinsfaktoren, als seien sie Gegenstände einer Darstellung, so hat man statt ihrer gleichsam leere Hülsen in der Hand, nämlich die in der Darstellung unvermeidliche Schematisierung."[72] Lorenz interpretiert Nāgārjunas Wirklichkeitsbegriff als einen Begriff einer Erkenntnistheorie, deren Untersuchungsgegenstände nicht zu einer Objektebene führen, deren Ideen auch nicht annäherungsweise mit der empirischen Wirklichkeit übereinstimmen, weil es bei einer derartigen Erkenntnistheorie überhaupt nicht darum geht, sich auf die Beschaffenheit der empirischen Wirklichkeit zu beziehen. Erkenntnistheorie ist nicht auf die Welt, in der wir leben, ausgerichtet. Für eine derartige Metatheorie der Erkenntnis bestehen die Untersuchungsgegenstände aus Begriffen, aus menschlichen Vorstellungen, Denkfiguren, Denkmodellen, Konzepten, Wahrnehmungsvorgängen, Bewusstsein und Geist, aus einer Informationsverarbeitung – ohne jemals bei irgendeiner empirischen Wirklichkeit anzugelangen.

Dharma. Um Nāgārjuna als einen Erkenntnistheoretiker erscheinen zu lassen, versucht Lorenz den Begriff ‚dharma' so zu interpretieren, dass er sich nicht auf eine Objektebene bezieht. Im Buddhismus hat der Begriff ‚dharma' eine [mindestens] dreifache Bedeutung. Zum einen bedeutet er Gesetz und Regel, zum anderen bezeichnet er die buddhistische Lehre. Darüber hinaus wird dieser Begriff auch für die empirischen Objekte der Welt, in der wir leben, verwendet. Wenn überhaupt, dann unterscheidet er sich nur geringfügig von den anderen Begriffen, die die empirischen Gegebenheiten bezeichnen, wie bhāva [das Seiende, das Ding] und artha [Ding, Sache, Sachverhalt]. In seinem Hauptwerk, **Mūlamadhyamaka-Kārikās, Lehrstrophen über die grundlegenden Lehren des Mittleren Weges [abgekürzt: MMK]**, verwendet Nāgārjuna den Begriff ‚dharma' ebenso häufig wie ‚bhāva', mit einer ununterscheidbaren Bedeutung beider Begriffe. In der frühbuddhistischen Literatur ist der Begriff ‚dharma' in der Bedeutung von Teile, Elemente, Bestandteile verwendet worden, deren Zusammensetzung zu den Gegenständen und Lebewesen führt. Dann bezeichnet er also Teile, aus denen etwas besteht. Hier setzt natürlich eine breite Interpretationsmöglichkeit ein: Woraus bestehen die Objekte? In Nāgārjunas Sichtweise bestehen die grundlegenden Objekte aus vergänglichen, wechselwirkenden Systemen und Begriffen, deren Komponenten kernlos, vergänglich und abhängig sind, nicht aus unabhängigen Elementen oder einer ihnen zugrunde liegenden unabhängigen Substanz. Lorenz versucht uns zu erklären, dass die Gegebenheiten [dharma] nicht aus physischen, sondern nur aus begrifflichen oder gedanklichen Komponenten bestehen. Deswegen hält er die Übersetzung des Begriffs ‚dharma' mit ‚Daseinsfaktoren' für angemessen, um zu vermeiden, dass ihr materieller oder immaterieller, sich auf einen Gegenstand oder auf einen Begriff beziehender Charakter, von vornherein festgelegt ist. Wenn also Nāgārjuna immer wieder sagt, die Objekte [dharma] sind substanzlos [śūnya], dann interpretiert Lorenz diese Aussage in dem Sinn: die Begriffe sind fiktiv. Das ist eine zweifache Fehlinterpretation. Zum einen ist dharma ein objektbezogener Begriff. Wie bereits gesagt, bezieht sich Nāgārjunas Wirklichkeitsbegriff auf die Welt, in der wir leben. **Nāgārjuna sagt in MMK 24.40 „Wer das abhängige Entstehen sieht, der sieht diese Welt, wie sie wirklich ist ...".** Zum anderen sind nur wenige Wahrnehmungsschemata Fiktionen, denen keine physischen Gegenstände entsprechen. Eine Fiktion kann man als einen im konventionellen Sinn des Wortes ‚leeren' Begriff bezeichnen – ein Begriff, dem kein empirischer Gegenstand entspricht. Das ist jedoch nicht die Bedeutung von śūnya [substanzlos]. Ein substanzloser [śūnya] Begriff ist ein objektbezogener, abhängiger Begriff, er ist von seinem Gegenbegriff abhängig und er ist von dem entsprechenden, konzeptualisierten Objekt abhängig.

Die Wirklichkeit als fiktive Konzepte zu interpretieren, denen keine objektiven oder subjektiven Gegebenheiten entsprechen, dieses instrumentalistische Weder-noch-Schema ist eine intelligente Flucht vor der Wirklichkeit, die auf eine Erklärung der Wirklichkeit verzichtet und sie durch eine bloße abstrakte Beschreibung ersetzt. Dieser Ansatz entspricht der 4. Stufe im Schema des Tetralemma [catuṣkoṭi]. Er kann mit den Hinweisen auf die Wechselwirkung zwischen Wirklichkeitsbegriff & Wirklichkeit zurückgewiesen werden.

3.
Meine Hypothese

1. Wie lässt sich Nāgārjunas Hauptwerk [MMK] von den Erfahrungen und Denkweisen der modernen westlichen Welt neu zur Sprache bringen? Das ist die zentrale Frage meiner Arbeit. Die MMK bestehen aus zwei Aspekten:

Zum einen wird die Wirklichkeit nicht als etwas Statisches wahrgenommen, sondern als ein komplexes Zusammenspiel von Dingen, die von anderen Dingen und von ihren eigenen Bestandteilen abhängig sind. Die MMK bestehen aus einer Darstellung von Zwei-Komponenten-Systemen aus der Welt, in der wir leben, wie Geher & begangene Strecke, Feuer & Brennstoff, Tat & Täter, Süßmilch & Sauermilch etc. Das Zusammenspiel dieser Komponenten stellt die grundlegende Wirklichkeit der Welt dar. Selbstverständlich gibt es höherwertige Systeme als Zwei-Komponenten-Systeme, jedoch keine minderwertigen Systeme, die nur aus einer einzigen Komponente bestehen, keine unabhängigen Grundbausteine oder substantiellen Fundamente. Da die einzelnen Komponenten dieser Systeme voneinander abhängig sind und nicht selbständig existieren, sind sie nicht frei von jeder Art von Fremdbestimmung [Spinoza], haben sie keine unabhängige Substanz. Nāgārjuna weist auf die Substanzlosigkeit [śūnyatā] der dharma [Objekte, Phänomene, Gegebenheiten] hin und auch auf eine davon abgeleitete Substanzlosigkeit der Konzepte, einschließlich der eigenen. Selbst śūnyatā hat kein eigenes Sein, ist kein absoluter Begriff. Das ist sein Wirklichkeitsbegriff. Zum anderen weist Nāgārjuna vier extreme metaphysische Ansätze zurück, die in einem Tetralemma [catuṣkoṭi] dargestellt werden können. So wie Nāgārjuna das Tetralemma verwendet, stellt es ein Schema von vier extremen metaphysischen Ansätzen dar. Wenn wir ein Zwei-Komponenten-System haben, A & B, dann sind vier grundsätzliche extreme Aussagen über die Wirklichkeit des Systems möglich: 1. Man kann nur A Wirklichkeit zuschreiben oder man hält A für primär und B für sekundär [Substantialismus]. 2. Man kann nur B Wirklichkeit zukommen lassen oder man hält B für primär und A für sekundär [Subjektivismus]. 3. Man kann dem System Wirklichkeit zukommen lassen, unabhängig von seinen Teilen [Holismus]. 4. Man kann die Wirklichkeit von A & B leugnen oder ignorieren [Instrumentalismus].

2. Diese vier extremen, metaphysischen Ansätze des Tetralemma [catuṣkoṭi] können auf moderne metaphysische Ansätze bezogen werden, denen sie annäherungsweise entsprechen, auf substantielle, subjektive, holistische und instrumentalistische Denkweisen.

3. Nāgārjunas Hauptwerk [MMK] lässt sich neu zur Sprache bringen, indem seine Darstellung des abhängigen Entstehens [pratītyasamutpāda] der Gegebenheiten [dharma] nicht auf die Denkweisen Indiens im 3. Jahrhundert, sondern auf die der modernen Welt bezogen werden. Welche Wirklichkeitsbegriffe liegen den modernen Denkweisen zugrunde? Wie sich zeigen lässt, liegen der traditionellen Metaphysik und der modernen mathematischen Physik substantielle, dualistische und reduktionistische Wirklichkeitsbegriffe zugrunde. Der Begriff Reduktionismus hat hier die Bedeutung der Annahme, man könne die Vielseitigkeit der unmittelbaren Wirklichkeit dadurch erklären, dass man sie in ihre kleinsten, elementaren, unabhängigen Bestandteile zerlegt, oder auf ihre mathematischen Gesetzmäßigkeiten reduziert. Reduktionistische Forscher sind davon überzeugt, dass das Verhalten recht unterschiedlicher Systeme auf gemeinsamen, einfachen Grundprinzipien beruht. Diese reduktionistische Annahme ist so selbstverständlich, dass sie nur selten begründet wird. Eine der Begründungen, auf die sich Physiker oft berufen, lieferten bereits die griechischen Philosophen Leukipp, Demokrit und Epikur. Ihr philosophischer Atomismus besagt, dass sich die Wechselhaftigkeit und Instabilität der unmittelbaren Wirklichkeit durch die Beständigkeit und Stabilität der mikrophysikalischen Welt erklären lasse. Wenn die Atome zusammentreten, bewirken sie ein Entstehen der Dinge, wenn sie sich aber trennen, ein Untergehen. Sie selbst würden jedoch diesem Prozess des

Entstehens und Untergehens der Dinge nicht unterliegen.[73] Sie sind die eigentliche Wirklichkeit, an der die Sinnesdinge keinen Anteil haben. Das ist eine grundlegende reduktionistische und dualistische Annahme, die der modernen Physik von der traditionellen Metaphysik zur Verfügung gestellt wurde. **Elementare Bestandteile haben die Bedeutung von Bestandteilen, die ursprünglich, stabil, nicht zusammengesetzt, eigenständig, unabhängig, grundlegend, substantiell und wirklich sind.**

4. Die Quantenphysik im 20. und 21. Jahrhundert bestätigt diese Eigenschaften nicht. Selbst die Atomkerne sind zusammengesetzt und nach einigen modernen physikalischen Theorien ist ein Protonenzerfall nicht ausgeschlossen. Protonen erhalten ihre Stabilität durch Bindekräfte, die so genannten Farbkräfte, das sind die starken Wechselwirkungen, die zwischen ihren Bestandteilen, den Quarks, stattfinden. Die physikalische Erkenntnis der Instabilität dieser Wechselwirkungen, der extrem schnelle Austausch von Elementarteilchen zwischen den Elementarteilchen, lässt sich nicht mit der Idee von unabhängigen, stabilen, nicht zusammengesetzten, grundlegenden, substantiellen Atomen vereinbaren. Solche unabhängigen Grundbausteine der Wirklichkeit lassen sich nicht beobachten. Selbst Elektronen, Positronen, Photonen und Neutrinos gelten nur in einem eingeschränkten Sinn als stabil.

5. Abhängiges Entstehen [pratītyasamutpāda] & Wechselwirkungen im Vergleich. Nāgārjunas Modell des abhängigen Entstehens [pratītyasamutpāda] besteht in seiner einfachsten Form aus Zwei-Komponenten-Systemen, ansonsten aus höherwertigen Systemen. Auch das Modell der Quantenphysik lässt sich in seiner einfachsten Form am besten als ein Zwei-Komponenten-System darstellen.[74] Beide Modelle beschreiben Zwei-Komponenten-Systeme als die fundamentale Wirklichkeit und begründen damit zwei neue, parallele Wirklichkeitsbegriffe, einen philosophischen und einen physikalischen.

Beide Zwei-Komponenten-Systeme bestätigen sich gegenseitig. Nāgārjuna sagt in MMK 18.8, dass die Dinge von vornherein nur in gegenseitiger Abhängigkeit entstanden sind und deswegen nicht wie zwei unabhängige Komponenten miteinander verbunden sind oder zusammengehalten werden.

Auch in der Quantenphysik gibt es bei Zwei-Komponenten-Systemen für die einzelnen Komponenten nicht die Möglichkeit, unabhängig zu existieren. Hier sind die beiden Komponenten durch einen Energieaustausch, durch Wechselwirkungen zu einem Paar verbunden, einzeln kommen sie nicht vor. **Wechselwirkungen sind ein Bestandteil der Elementarteilchen, die von einer Wolke von virtuellen elementaren Quantenobjekten umgeben sind.**

6. Beide Zwei-Komponenten-Systeme stellen einen neuartigen Wirklichkeitsbegriff dar, der sich nicht mit den vier extremen metaphysischen Ansätze vereinbaren lässt, zwischen denen moderne Denkweisen und die Interpretationen der Quantenphysik hin und her schwanken: 1. einem reduktionistischen, 2. einem subjektivistischen, 3. einem holistischen und 4. einem konstruktivistischen oder instrumentalistischen. Fast unbemerkt hat die Quantenphysik durch ihre eigene physikalische Entdeckung der grundlegenden Zwei-Komponenten-Systeme diese vier metaphysischen Wirklichkeitsbegriffe überwunden und einen neuen Wirklichkeitsbegriff begründet.

7. Wirklichkeit in ihrer grundlegenden makrophysikalischen und mikrophysikalischen Form besteht aus einem Zusammenspiel von Systemen, deren Bestandteile weder identisch sind, noch auseinanderfallen.

Meine Methode orientiert sich an der hermeneutischen Methode, die im Unterschied zu naiven und dogmatischen Verfahrensweisen auf ein systematisch-kritisches Verstehen von Texten abzielt, das durch Argumentationen gesichert ist. Ich versuche nicht, mich naiv in die Person und Zeit Nāgārjunas hineinzuversetzen, sondern ich versuche, seine Argumentation zu prüfen, denn Nāgārjunas Philosophie **basiert** auf durch Evidenz gewonnnenen Erfahrungen und Erlebnissen, aber sie **besteht** nicht in der Darlegung von Offenbarungen, Visionen, Geheimnissen, Glaubenssätzen, sondern in einer analytischen Rückführung von metaphysischen Positionen auf ihre Voraussetzungen und Prinzipien. Von seinem durch Evidenz gewonnenen Wirklichkeitsbegriff stellt er nur das Prinzip dar: pratītyasamutpāda & śūnyatā. Es gibt keine objektiv richtige Interpretation eines Textes, die ein Interpret durch einen geheimnisvollen Akt der Einfühlung in die Seele des Autors herstellen könnte. Jede Interpretation fügt dem Text etwas eigenes hinzu. Ich versuche nicht, Nāgārjunas spezialisierte Begriffe in die Begriffswelt der substantiellen, subjektivistischen, holistischen oder instrumentalistischen Denkweisen zu übertragen, denn gerade dies sind extreme Denkansätze, die von Nāgārjuna zurückgewiesen wurden, weil sie mit dem Prinzip des abhängigen Entstehens der Objekte nicht vereinbar sind. Auch versuche ich eine dogmatische Verfahrensweise zu vermeiden, die von einer Überlegenheit einer bestimmten – traditionellen oder modernen – Denkweise ausgeht, ohne sie durch nachvollziehbare Argumente und Gegenargumente zu belegen oder zu begründen. Die endlosen, abgehobenen und meist fruchtlosen wissenschaftsphilosophischen Debatten um die richtige Methode der normativen Wissenschaftstheorien, an denen sich vor allem der Logische Positivismus, der Kritische Rationalismus und der Konstruktivismus beteiligt haben, sind von naturwissenschaftlichen Forschern selten zur Kenntnis genommen worden und sie laufen nach meinem Dafürhalten auf die elementare Erkenntnis hinaus, dass eine Theorie und eine Argumentation begründet sein muss.

Die hermeneutische Methode geht als wissenschaftliche Methode 1. systematisch vor, indem sie sowohl die eigenen sprachlichen Deutungsmittel und die zur Argumentation über vorgeschlagene Deutungen zu verwendenden Regeln und Normen begründend und aufeinander aufbauend bereitstellt. Sie geht 2. kritisch vor, indem sie sowohl die von ihr selbst vorgeschlagenen Argumentations- und Interpretationsverfahren für Kritik offen hält, als auch die Meinungen, die theoretischen Aussagen und die Zwecke einer kritischen Beurteilung unterzieht, was die Kritik der bereitgestellten Normen umfasst. [Vgl. Enzyklopädie, Bd. 2, S. 883–884]

4.
Nāgārjunas Wirklichkeitsbegriff

Nāgārjuna war der bedeutendste buddhistische Philosoph Indiens. Nach Etienne Lamotte lebte er in der zweiten Hälfte des 3. Jahrhunderts nach Christus. Seine Philosophie ist von großer Aktualität. Bis heute bestimmt sie das Denken nicht nur des Dalai Lama, der in fast allen seinen Belehrungen auf sie eingeht, sondern auch aller anderen Schulen oder Traditionen des **tibetischen Buddhismus**, Nyingmapa, Sakyapa, Kagyüpa und Gelugpa. Der Buddha drehte dreimal das Rad des Dharma. Bei der ersten Drehung stand die Substanzlosigkeit des Selbst im Mittelpunkt seiner Belehrungen, bei der zweiten die Substanzlosigkeit der Dinge. Davon ist in den Prajñāpāramitā-Sūtras die Rede. Sie stellen eine Grundlage für Nāgārjunas Philosophie dar. Die Sūtras der dritten Drehung, wie zum Beispiel das Avataṃsaka-Sūtra [Blütenschmuck-Sūtra], beschreiben die Realität als eine sich durchdringende Ganzheit. Die Welt ist ein vollkommenes Buddha-Feld. Der tibetische Nyingma-Lama, Tarthang Tulku schreibt: „Die tibetische Tradition folgte im Allgemeinen den Lehren der Zweiten Drehung, wobei aber die Nyingma-Schule denen der Dritten Drehung ein ebenso großes Gewicht beimisst.“ [74a] Demnach folgt die tibetische Tradition im Allgemeinen der Philosophie Nāgārjunas, was sich leicht zeigen lässt. Fast immer, wenn in einem tibetischen Text von der grundlegenden Wirklichkeit die Rede ist, wird Nāgārjuna oder sein Schlüsselbegriff ‚śūnyatā‘ erwähnt.

Über Nāgārjunas Person haben wir wenig gesicherte Erkenntnisse, aber viele Legenden, auf die hier nicht eingegangen werden soll. Allerdings gilt die Authentizität von dreizehn seiner Werke in der wissenschaftlichen Forschung als gesichert. Um die Überprüfung und Übersetzung dieser dreizehn Werke hat sich besonders der dänische Wissenschaftler Chr. Lindtner bemüht. Die neuere Forschung hat jedoch selbst an der Authentizität einiger dieser dreizehn Werke gerüttelt.[75] Sein Hauptwerk, **Mūlamadhyamaka-Kārikās, Lehrstrophen über die grundlegenden Lehren des Mittleren Weges [abgekürzt: MMK]**, ist 1997 in einer deutschen Übersetzung erschienen.[76] Die Übersetzung ist von dem Indologen Klaus Butzenberger nach einer kritischen Prüfung mit Zustimmung aufgenommen worden, während der Indologe Claus Oetke sie kritisiert und viele interessante Verbesserungsvorschläge gemacht hat, die in meiner Inhaltsangabe berücksichtigt worden sind.[77] In englischer und französischer Sprache liegen schon seit einigen Jahren zahlreiche Übersetzungen vor, die von mir ebenfalls berücksichtigt wurden. Zahlreiche tibetische, chinesische, indische, japanische, europäische und amerikanische Interpretationen, meistens von Buddhisten, Buddhologen, Indologen, seltener von Philosophen, haben in den vergangenen 30 Jahren Nāgārjuna zu einem der bekanntesten Philosophen Indiens in der Welt gemacht. Das ist schon bemerkenswert, da es im heutigen Indien schließlich so gut wie keine Buddhisten mehr gibt. Nāgārjuna ist der Begründer der philosophischen Schule des mittleren Weges, Mādhyamaka. Der mittlere Weg [madhyama pratipad] stellt einen spirituellen und philosophischen Weg dar, der extreme metaphysische Konzepte vermeiden möchte, ganz besonders die Konzepte des substanziellen Denkens in ihren objektivistischen und subjektivistischen Formen. Von Nāgārjuna werden diese beiden ersten Ansätze manchmal Eternalismus [śāśvata] & Nihilismus [ucchedavāda] genannt. In Nāgārjunas Hauptwerk MMK wird der mittlere Weg folgendermaßen beschrieben [das Werk ist in der deutschen Übersetzung in nummerierten Versen geschrieben, deswegen sind die Seitenangaben nicht notwendig]: **MMK 24.18 „Das Entstehen in gegenseitiger Abhängigkeit [pratītyasamutpāda], dies ist es, was wir śūnyatā [‚Substanzlosigkeit'] nennen. Das ist [aber nur] ein abhängiger Begriff [prajñapti]; gerade sie [die Substanzlosigkeit, śūnyatā] bildet den mittleren Weg.“** Die Begriffe pratītyasamutpāda und śūnyatā [Substanzlosigkeit] werden von Nāgārjuna synonym verwendet. Pratītyasamutpāda [pratitya: Abhängigkeit, utpada: Entstehen, Geburt] wird meistens mit dem Begriff‚abhängiges Entstehen' übersetzt. Nāgārjuna verwendet diesen Begriff jedoch nicht, um das empirische Entstehen der Objekte zu erklären, sondern als einen prinzipiellen Gegensatz zur Idee des eigenen Seins und der unabhängigen Substanz. Um die Substanzlosigkeit der Welt zu erkennen, muss man **nicht** ihre Entstehungsgeschichte kennen. Um die Substanzlosigkeit der Objekte zu erkennen, muss man nicht ihr empirisches Entstehen verstehen, man muss dafür lediglich ihre Abhängigkeiten voneinander sehen. Mit anderen Worten: **Ein Ding entsteht nicht alleine, sondern in Abhängigkeit von anderen Dingen, wie auch immer beide empirisch entstanden sein mögen.** Das ist mit pratītyasamutpāda gemeint.

Vorbemerkung. Hier halte ich es für notwendig, mit einer Vorbemerkung zu beginnen. Ist die Welt eine Illusion? In der buddhistischen Philosophie wird die Welt oft mit einem Kreis verglichen, der mit Holzkohle gezeichnet ist, oder mit einem Traum oder mit dem sich im Wasser spiegelnden Mond. Manchmal ist auch von einem Nebel die Rede, oder von einem Echo, von einer Luftspiegelung oder einer Wolke. Auch eine Schaumblase oder eine Sandburg für Kinder sind häufige Metaphern, die die Dinge als Magie und Illusion darstellen. Was bedeuten all diese Metaphern? Bedeuten sie, dass die Welt überhaupt nicht existiert und eine bloße Einbildung ist? Nehmen wir als ein Beispiel dieser Illusionen die Stimmen, die Schizophrene in ihren Halluzinationen hören und die sie für tatsächlich von außen kommende Stimmen halten. Bei Schizophrenie leiden die Patienten an akustischen Halluzinationen, wahnhaften Verkennungen und Gedankenbeeinflussung, sowie depressiven Störungen, die häufig zu sozialem Rückzug und zu Erwerbsunfähigkeit führen. Es ist nicht möglich, einem schizophrenen Patienten beweisen zu wollen, er höre nichts. Das Gehörte existiert, er hört etwas, er hört ‚Stimmen', die er irrtümlicherweise für von außen kommende Stimmen hält, auch wenn es außen nichts zu hören gibt. Es gibt aber für ihn etwas zu hören, die ‚Stimmen' existieren, allerdings nicht in der Außenwelt. Sie haben ihren Ursprungsort in der primären Hörrinde im Gehirn der Patienten. Darauf weisen neuere Forschungsergebnisse des Neurophysiologen Thomas Dierks hin[78]. Die Täuschung eines an Schizophrenie leidenden Patienten besteht darin, die Stimmen, die er hört, falsch zu lokalisieren, sie für Stimmen zu halten, die von außen kommen. Auch Träume existieren, sie sind keine bloße Einbildung, die überhaupt nicht existiert. Der griechische Philosoph Heraklit hatte unseren Trugschluss aufgedeckt, wenn er schreibt: ‚Für die Erwachten gibt es nur eine und eine gemeinsame Welt, während die Schlafenden sich jeder in seine eigene abwenden.'[79] Auch hier findet eine Verwechslung von außen und innen statt. Im Traum halten wir die gesehenen Traumbilder für real und äußerlich. Für den Erwachten, der sich an seine Traumbilder erinnert, sind sie real, aber innerlich, subjektiv. Er kann sich nicht einreden lassen, gar nichts gesehen zu haben, nicht geträumt zu haben. Wodurch ist eine Luftspiegelung charakterisiert? Durch eine Luftspiegelung kann man in der heißen Wüste Wasser an einem Ort sehen, an dem es kein Wasser gibt. Es ist eine Täuschung des Ortes, aber es ist etwas zu sehen, nämlich das Bild von Wasser, eine Luftspiegelung. Man sieht dann nicht nichts, eine Luftspiegelung ist keine interne Angelegenheit des menschlichen Gehirns, keine pure Erfindung des menschlichen Geistes. Sie ist eine Illusion in dem Sinn einer Täuschung. Auch die Metapher einer Schaumblase ist kein Hinweis auf das Nichts, sondern ein Hinweis auf die Vergänglichkeit und Flüchtigkeit der Existenz. Sie existiert nur momentan, um sich plötzlich in Wasser aufzulösen. Ein mit Holzkohle gezeichneter Kreis, eine Wolke und der Nebel sind vorübergehende Verdichtungen, die schlagartig zerfallen, sich verflüchtigen, verfliegen, sich in Staub oder unsichtbaren Wasserdampf auflösen können. Wolken und Nebel haben keine festen Formen, ihre Formen sind abhängig von bestimmten Form- oder Gestaltungskräften der Atmosphäre, die immer wieder zielgerichtet eine bestimmte Wolkenform entstehen lassen. Wenn wir in einer Höhle ein Echo hören, könnten wir im ersten Moment annehmen, es sei von einer Quelle verursacht worden, die weit weg ist, während sie in Wirklichkeit ganz nahe sein kann. Das Echo kann also unsere Orientierung täuschen. Es kann eine Illusion sein, aber es existiert, es gibt etwas zu hören, es verdoppelt das Gehörte. Am deutlichsten erscheint mir die Metapher der Sandburg für Kinder. Ohne jeden Zweifel existiert der Sand, um damit zu spielen. Und wenn der Abend kommt, zertreten die Kinder die Sandburg, weil sie dann nichts als Sand für sie ist. Ohne Sand geht das Spiel nicht, es ist die materielle Grundlage für die Realisierung ihrer Vorstellungen. Sie spielen nicht mit nichts. Diese Metaphern weisen auf die Abhängigkeit von Konzept & Wirklichkeit hin. Die Dinge sind eine Illusion, sie sind nicht wirklich das, wofür wir sie meistens halten. So wie wir im Traum uns täuschen, wenn wir die Traumbilder für eine reale Außenwelt halten, täuschen wir uns im Wachzustand, wenn wir die abhängigen Objekte der Außenwelt für eigenständige, substantielle Dinge halten. Der leichtfertige Umgang mit dem Begriff der Illusion könnte dazu führen, der Außenwelt jegliche Existenz abzusprechen. In diesem Punkt treffen sich subjektivistische und instrumentalistische Philosophen, einige Quantenphysiker und Wissenschaftsphilosophen mit religiösen subjektivistischen Traditionen, manchmal auch mit Spiritisten. Hier ist es wichtig, Nāgārjunas Philosophie nicht mit diesem Subjektivismus und Instrumentalismus zu vermengen. Die buddhistische Philosophie, wenn sie sich auf Nāgārjuna beruft, ist objektbezogen, sie leugnet nicht die relative Wirklichkeit einer Außenwelt und die relative Wahrheit von Konzepten, die versuchen diese Wirklichkeit zu erfassen. Ein solches Vorverständnis, die Wirklichkeit sei nichts als eine Einbildung, nichts als Bewusstsein oder Geist, dem überhaupt keine äußeren Objekte entsprechen, wäre ein Hindernis für ein Kennen lernen der Philosophie Nāgārjunas.

**Nāgārjunas Hauptwerk, Mūlamadhyamaka-Kārikās, Lehrstrophen über die grundlegenden Lehren des Mittleren Weges [MMK]
Zusammenfassende Inhaltsangabe und Kurzkommentare**

Meine Lesart besteht darin, in Nāgārjunas Hauptwerk [MMK] hauptsächlich eine Darstellung von zwei Dingen zu sehen, die nicht identisch sind, aber auch nicht in zwei eigenständige Komponenten auseinanderfallen.

Der erste Vers lautet:

„1.1 Nirgendwo finden sich jemals [jātu] irgendwelche Dinge, seien sie aus sich selbst oder aus anderem oder aus beidem [d. h. sowohl aus sich als auch aus anderem] oder ohne [irgend] eine Ursache entstanden." [Oetke]

Mein Kommentar: Diesen Vers kann man als die hauptsächliche Aussage der MMK auffassen: Die Zurückweisung von vier metaphysischen Ansätzen, die sich nicht mit dem abhängigen Entstehen der Dinge vereinbaren lassen. Der weitere Text der MMK wäre dann nichts anderes als eine Erläuterung dieses Verses. Deswegen ist eine sorgfältige Betrachtung angebracht. Was ist denn die Aussage dieses Verses, dass sich nichts finden lässt, dass es nichts gibt, dass nichts existiert? War Nāgārjuna ein Nihilist oder Subjektivist oder Instrumentalist? Wollte er die Außenwelt leugnen? Sprach er von der Unwirklichkeit der Außenwelt? Waren für ihn die Dinge nichts als reine Erscheinungen? Wollte er die Welt, in der wir leben, infrage stellen? Wollte er den Dingen jegliche Realität absprechen? Wollte er behaupten, die Dinge würden in keiner Weise existieren? Wollte

er zurückweisen, was offensichtlich ist? Wollte er das kausale Denken bestreiten? Wollte er bestreiten, dass die Dinge durch Ursachen entstehen? Wollte er bestreiten, dass Dinge aus anderem entstehen? Wollte er das abhängige Entstehen der Dinge bestreiten? Wollte er bestreiten, dass überhaupt irgendetwas existiert? War ihm das Gefühl für die Realität abhanden gekommen, lebte er in einer imaginären Welt und betrachtete er die Dinge als ein Spiel des Geistes? All dies hat man ihm unterstellt. Zahlreiche indische und moderne Interpretationen unterstellen Nāgārjuna, er weise nicht nur das eigene Sein, die unabhängige Substanz, sondern auch die Existenz der Gegebenheiten [dharma], also das Dasein in seiner einfachen Tatsächlichkeit zurück, so, als ob die Welt, in der wir leben, nur in unserer Einbildung existierte. Beispielsweise kommt der Buddhologe L. Schmithausen nach einer kurzen Erläuterung des Begriffs Śūnyatā zu dem Ergebnis, Nāgārjuna habe alles als unwirklich bezeichnet. Schmithausen schreibt: „Das Zustandekommen in Abhängigkeit von anderem läuft somit auf [In-Wahrheit] Nichtzustandekommen, auf [In-Wahrheit] Nichtexistieren hinaus, die Eigenwesenlosigkeit [nihsvabhāvatā] auf Śunyatā im Sinne von Nichtigkeit.“ [80] Und gerade an dieser Stelle weist Schmithausen mit einer Fußnote auf den ersten Vers der MMK hin. Demnach soll Śūnyatā das Nichtzustandekommen, die Nichtexistenz oder die Nichtigkeit der Gegebenheiten [dharma] bezeichnen. Mit der Erkenntnis der Substanzlosigkeit [śunyatā] soll nach Schmithausen nicht nur ein unabhängiges Sein, sondern das Dasein in seiner einfachen Tatsächlichkeit, die empirische Existenz der Dinge zurückgewiesen werden. Diese Interpretation Schmithausens überschreitet die Grenze der beschränkten Anwendungsmöglichkeit des Begriffs Śūnyatā. Es ist eine unzulässige Verallgemeinerung, diesen Begriff, der die Substanzlosigkeit und die Abhängigkeit der Gegebenheiten bezeichnet und ihnen einen festen, unwandelbaren Kern, ein eigenes Sein und eine unabhängige Substanz, die durch sich selbst besteht, abspricht, anschließend auf die ganze Existenz auszudehnen und das Dasein in seiner einfachen Tatsächlichkeit in Abrede zu stellen. Aber genau das ist Schmithausens Vorgehensweise. Allerdings ist seine fehlerhafte Überinterpretation keine Ausnahme. Auch im ‚Webster's Third New International Dictionary‘, Volume III, Chicago 1981, S. 2292 definiert ein Experte śunyatā als ‚the nonexistence of the elements of things and of the self‘ [‚die Nichtexistenz der Elemente der Dinge und des Selbst‘]. Neben zahlreichen Interpreten, indischen, europäischen und amerikanischen, hat auch Etienne

Lamotte, ein bedeutender Forscher der buddhistischen Literatur, der zunächt hervorhebt, dass die Philosophie Nāgārjunas nicht nihilistisch sei, die Auffassung vertreten, im Mahāyāna-Buddhismus würden die Gegebenheiten oder Objekte [dharma] in gar keiner Weise existieren. Lamotte schreibt: „Westliche Erklärer haben gelegentlich versucht, eine Art negatives Absolutum in der ‚Leerheit' zu sehen; wenn aber die Anhänger des Mahāyāna sagen, dass die Lebewesen und Gegebenheiten ‚leer' sind, schreiben sie ihnen keinerlei Merkmale zu. Sie weigern sich, eine Leerheit zu hypostasieren, die überhaupt nichts ist [akimcid], ‚bloße Nicht-Existenz' [abhāvamātra]. Nicht aufgrund einer Leerheit sind die Wesen und Gegebenheiten leer, sondern sie sind leer, weil sie nicht sind. Der Begriff der Leerheit hat überdies nur vorläufigen Wert: Er ist ein Floß, das man verlässt, wenn der Fluss überquert ist; eine Medizin, die man wegwirft, wenn man geheilt ist. Deshalb sind die Anhänger des Mahāyāna keine Nihilisten: Nihilisten leugnen, was sie sehen: die Anhänger des Mahāyāna sehen nichts, und deshalb bejahen sie weder etwas, noch leugnen sie etwas." [80a] Es ist irreführend, wenn Etienne Lamotte behauptet, die Dinge seien leer, weil sie nicht sind. Für Nāgārjuna sind die Dinge śunya [substanzlos], weil sie abhängig sind. Wie bereits erwähnt, sind pratītyasamutpāda & śūnyatā synonyme Begriff, worauf Nāgārjuna in seinem Hauptwerk [MMK] hinweist: „24.18 Das, was [gemeinhin als] der pratītyasamutpāda [gilt], bezeichnen wir als śūnyatā." In Indien hat sich der bedeutende Philosophiehistoriker Surendranath Dasgupta am Anfang des 20. Jahrhunderts erfolgreich um eine sehr klare Darstellung des Begriffs der Substanzlosigkeit bei Nāgārjuna bemüht. Aber dann schreibt er plötzlich so, als ob Nāgārjuna die Existenz der Dinge leugnen würde: „When considered deeply it is found that there is not even the slightest trace of any positive existence." [81] [„Bei gründlicher Betrachtung wird man feststellen, dass es noch nicht einmal das geringste Anzeichen für irgendeine tatsächliche Existenz gibt."]

Was heißt Existenz und existieren? Die Bedeutung von existieren ist: ‚vorhanden sein, da sein, bestehen. ‚Existenz' [lat. Existentia], dient in der traditionellen Ontologie seit Marius Victorinus [um 360] als Bezeichnung für die Tatsache, dass etwas ist, im Unterschied zu seinem Wesen, seiner Essenz [lat. Essentia], die sagt, was etwas ist'. [Brockhaus [81a]] Auch das ‚Philosophische Wörterbuch' sieht in dem Begriff der Existenz kein Problem, wenn es schreibt: ‚Existenz [lat.], Dasein in seiner einfachen Tatsächlichkeit'. [81b] Das ‚Historische Wörterbuch der Philosophie' macht es sich nicht so leicht und gibt Hinweise auf die verwickelte Geschichte dieses Begriffs: Victorinus definierte Existenz als ‚prae-existens substantia', d. h. als die der konkreten Wirklichkeit präexistente Voraussetzung'. In einer zweiten Bedeutung bezeichnet nun umgekehrt substantia [griechisch: usía] das noch unbestimmte Sein und ‚existentia' das bestimmte Sein, das eine Form empfangen hat. Im ausgehenden Altertum hat das Wort nur einen unbestimmten Sinn, an den sehr wenigen Stellen, an denen es uns beispielsweise bei Augustinus begegnet, bezeichnet es die konkrete Realität einer Sache. Der Sprachgebrauch von ‚existere' und ‚subsistere' war im Fluss. Erst bei den Nachfolgern von Thomas von Aquin wird die gefüllte Bedeutung, die ‚esse' bei ihm hatte, abgeschwächt und allmählich bis zum bloßen Dasein, bis zur nackten Tatsache, bis zur nackten Existenz entleert. Im Endergebnis wurde auf der Seite der Existenz nur mehr das faktische Existieren belassen. Die Tatsache, bloß da zu sein, wurde nicht so bedeutsam erachtet, dass daraus philosophisch zu Bedenkendes zu entnehmen wäre. Hegel unterscheidet zwischen ‚Existenz' [als schlechter, empirischer Wirklichkeit] und [echter, begriffhafter] ‚Wirklichkeit'. Für ihn ist die Wirklichkeit „die Einheit des Wesens und der Existenz". [81c] „Gerade gegen Hegels idealistisch-dialektische Konzeption der Einheit von Wesen und Existenz, die aus der unfruchtbaren Trennung und Entgegensetzung herauskommen wollte, gab es aber den schärfsten Angriff durch den dänischen Theologen und Philosophen S.A. Kierkegaard, der sich vehement gegen die Existenz als ‚wesentliches Seyn' wandte, weil er befürchtete, dass in der Hegelschen Begriffsdialektik die von ihm deklarierte Einmaligkeit menschlicher Existenz im entpersönlichten allgemeinen Begriffswesen verschwinden würde". [Hans-Jörg Sandkühler [Hg.], Europäische Enzyklopädie zu Philosophie und Wissenschaften, Band 1, Hamburg 1990, S. 974]. Im modernen Sprachgebrauch bedeutet existieren vorhanden sein, da sein, bestehen. Heute können wir die Begriffe Existenz & Essenz in den europäischen Sprachen nicht mehr gleichsetzen, sie bezeichnen zwei vollständig getrennte Ebenen der Wirklichkeit. Existenz bezeichnet das Dasein in seiner einfachen Tatsächlichkeit und Essenz bezeichnet das unvergängliche Wesen der Dinge, das unwandelbare eigene Sein.

Nāgārjuna versteht unter den Begriffen entstehen und existieren etwas anderes, bei ihm hat die Trennung von Existenz & Essenz oder von existieren & unveränderlich sein noch gar nicht stattgefunden, worauf er in vielen Texten hingewiesen hat. Er schreibt in seiner Schrift Yuktiṣaṣṭikā [YS]: „19. That which has arisen dependently on this and that that has not arisen substantially [svabhāvataḥ]. That which has not arisen substantially, how can it literally [nāma] be called ‚arisen'?" „39. That which originates due to a cause [hetu] and does not abide without [certain] conditions [pratyaya] but disappears when the conditions are absent, how can it be understood to ‚exist'?"[82] [„19. Was abhängig von diesem und jenem entstanden ist, das ist nicht substantiell entstanden. Was nicht substantiell entstanden ist, wie kann es wörtlich ‚entstanden' genannt werden?" „39. Was aus einer Ursache entstanden ist und was ohne Bedingungen nicht dauerhaft bleibt, sondern verschwindet, wenn die Bedingungen nicht vorhanden sind, wie kann es als ‚existieren' verstanden werden?"]

Wenn Nāgārjuna vom Entstehen und von der Existenz der Dinge spricht, meint er also das substantielle Entstehen und die unveränderliche dauerhafte, beständige, unabhängige Existenz der Dinge. Nāgārjuna weist nur das substantielle Entstehen und die ewige Existenz der Dinge zurück, nicht ihr empirisches Entstehen und ihre empirische Existenz. Śūnyatā bedeutet nicht Nichtzustandekommen, Nichtexistenz oder Nichtigkeit der Gegebenheiten [dharma]. Śūnyatā bedeutet nicht, dass nichts existiert. Es bezeichnet das fehlende eigene Sein der Dinge. Die Aussage dieses ersten Verses hat für viele Interpretationen etwas Exotisches an sich, das mit keiner gewöhnlichen Sicht der Dinge vereinbar sein soll. Exotisch sollen nicht etwa irgendwelche Nebenaussagen, sondern die hauptsächliche Aussage der Philosophie Nāgārjunas sein, nach der die Dinge angeblich nicht wirklich existieren. Auf den ersten Blick scheint der Buddhismus alles nur für Schein zu halten, für ein traumartiges Māyā, auf den ersten Blick scheint Nāgārjuna alles vom Bewusstsein abhängig zu machen oder sogar Objekt & Subjekt zurückzuweisen. Dadurch fühlen sich viele nihilistische, mystische, subjektivistische, instrumentalistische Interpreten von der buddhistischen Philosophie oder von dem, was sie dafür halten, angesprochen. Zahlreiche Interpreten, angefangen von ahnungslosen Schwärmern bis hin zu modernen Experten der Philosophie Nāgārjunas, haben seine Ideen von extremen metaphysischen Ansätzen aus gesehen, die er gerade zurückgewiesen hat. Nur dadurch ist der irreführende Eindruck entstanden, Nāgārjuna hätte nicht geschrieben, um einen Sinn möglichst unzweideutig zu vermitteln, sondern um uns Rätsel aufzugehen. Es ist ein Irrtum, in Nāgārjuna einen exotischen Philosophen zu sehen, ‚mit offensichtlicher Lust an möglichst paradoxen Formulierungen, ohne Rücksicht auf unmittelbare logische Folgerichtigkeit'. [Kuno Lorenz]

Wenn Nāgārjuna an vielen anderen Stellen seines Hauptwerks MMK sagt, die Dinge entstehen nicht [MMK 7.29], sie existieren nicht [MMK 3.7, MMK 5.8, MMK 14.6], sie sind nicht zu finden [MMK 2.25, MMK 9.11], sie sind nicht [MMK 15, 10], sie sind mṛṣā [falsch, illusionär] [MMK 13.1], dann hat das offensichtlich die Bedeutung: die Dinge entstehen nicht substantiell, ihr eigenes Sein ist nicht zu finden, sie sind nicht unabhängig und nur in diesem Sinne sind sie falsch. Was im ersten Vers zurückgewiesen wird, sind vier extreme Formen der traditionellen indischen Idee eines idealen Seins, ungeworden, unvergänglich, einheitlich, ewig, unbeweglich, stetig, unteilbar, identisch mit sich selbst. In Europa ist dieser Seinsbegriff zuerst von den Eleaten vertreten worden und dann zur Grundlage der traditionellen Metaphysik geworden.

Der englische Philosoph Henry More hatte die Bedeutung des Begriffs des idealen Seins oder substantiellen Etwas der traditionellen europäischen Substanzmetaphysik zusammenfassend gekennzeichnet. Er sagt von Gott und dem Raum, sie seien „eins, einfach, unbeweglich, ewig, perfekt, unabhängig, aus sich selbst heraus existierend, durch sich selbst bestehend, unverfälscht, notwendig, unermesslich, unerschaffen, unbegreiflich, allgegenwärtig, körperlos, alle Dinge durchdringend und umfassend, wesentliches Sein, wirkliches Sein, reine Wirklichkeit". [83]

Genau dieses ideale Sein weist Nāgārjuna zurück. Dem entsprechend könnte die Bedeutung von MMK 1.1 sein: Nirgendwo finden sich jemals unabhängige Dinge, seien sie aus sich selbst oder aus anderem oder aus beidem oder ohne eine Ursache entstanden.

Nāgārjuna erläutert seine Wortwahl noch einmal in MMK 15.10: „Sagt man ‚es ist', hält man an ewiger Dauer fest. Sagt man, ‚es ist nicht', hat man die Vorstellung des Aufhörens [der Dinge]. Deshalb möge sich der Verständige nicht auf die beiden [Ansichten], ‚es ist' und ‚es ist nicht', festlegen lassen." ‚Es ist' hat also bei Nāgārjuna die Bedeutung: ‚es ist ewig'.

Auch in seinem Werk Catuḥstava [CS], schreibt Nāgārjuna über die Bedeutung des Begriffs ‚existieren': ‚Exists' is the dogma of Eternalism. ‚Exists not' is the dogma of Annihilation. [In order to avoid the two extremes] You have therefore shown this principle [dharma] [of dependent co-origination] which is free from the two extremes." [84]

[„ ‚Es ist' ist das Dogma des Eternalismus. ‚Es ist nicht' ist das Dogma des Annihilismus. [Um die beiden Extreme zu vermeiden], hast Du daher dieses Prinzip [dharma] [des abhängigen Entstehens] aufgezeigt, das frei von den beiden Extremen ist."]

Sein Thema ist nicht die empirische Existenz der Gegebenheiten, sondern das Sein & das Nichts. Sein Thema ist nicht die empirische Kausalität, nach der die Dinge aus physischen, biologischen oder sozialen Ursachen entstehen. Diese konventionelle Erkenntnis wird von Nāgārjuna nicht infrage gestellt, sondern ausdrücklich bestätigt. Nāgārjuna schreibt in dem Text Śūnyatāsaptati [ŚS]: „71. The worldly principle that ‚this arises depending upon that' is not violated." [85] [„Das weltliche Prinzip, nach dem ‚jenes von jenem abhängig entsteht' wird nicht verletzt."] Sein eigentliches Thema ist die vierfache Flucht vor der Wirklichkeit, die Flucht in extreme Wirklichkeitsbegriffe, der er das Prinzip des abhängigen Entstehens [pratītyasamutpāda] und der Substanzlosigkeit [śunyatā] entgegenstellt. Nur die Idee von einem eigenen Sein, ohne Teilhabe an etwas anderem, wird von Nāgārjuna zurückgewiesen: Nirgendwo finden sich jemals unvergängliche Dinge, seien sie aus sich selbst oder aus anderem oder aus beidem oder ohne eine Ursache entstanden.

Wenn von zahlreichen Interpretationen Nāgārjuna unterstellt wird, er weise auch die empirische Existenz der Dinge zurück, das Dasein in seiner einfachen Tatsächlichkeit, dann ist das eine unzulässige Verallgemeinerung, die Nāgārjuna in die Nähe des Nihilismus, Subjektivismus oder Instrumentalismus rückt. Solche Interpretationen sind aus metaphysischen Ansätzen entstanden, die oft selber Schwierigkeiten haben, die empirische Existenz der Gegebenheiten anzuerkennen, was bei Nāgārjuna überhaupt nicht der Fall ist.

Im 1. Kapitel hinterfragt Nāgārjuna die Beziehung von einem Ding & seinen Bedingungen. Soll ein Ding in seinen Bedingungen enthalten sein, dann existiert es nicht. Existiert es aber, dann ist es nicht in seinen Bedingungen. Sowohl ein Ding als auch seine Bedingungen sind substanzlos und nicht unabhängig, beide bestehen nicht aus sich selbst heraus, sie sind nicht eins, aber sie fallen auch nicht auseinander.

„1.4 Die Wirkung hat keine Ursache. Die Wirkung ist aber auch nicht ohne Ursache. Ebenso sind die Ursachen nicht ohne Wirkung; sie haben aber auch keine Wirkung." [Frauwallner]

Im 2. Kapitel wird diese Methode ausführlich auf etwas recht Alltägliches angewendet, auf die Beziehungen von Gehen, Geher und begangener Strecke. Irgendwie wissen wir, dass ein Geher eine Strecke geht. Wenn wir aber einen Geher oder die von ihm begangene Strecke als etwas Unabhängiges verstehen, erfassen wir den Prozess, der zwischen beiden Komponenten abläuft, nicht mehr. Weder sind die drei Begriffe ‚Geher, Gehen, das gegenwärtig Begangene' identisch, noch sind sie etwas Getrenntes. Das verdeutlicht Nāgārjuna an dem Begriffspaar ‚Gehen & Geher':

„2.7 Wenn/Wo ohne einen Geher ein[e] Gehen[stätigkeit] nicht möglich ist, [frage ich/muss man fragen/wird die Frage relevant:] Woher soll es dann einen Geher geben, wenn/da es kein[e] Gehen[stätigkeit] gibt." [Oetke]

„2.18 Die Aussage, ‚das Gehen ist dasselbe wie der Geher', trifft ebenso wenig zu wie die Aussage, ‚der Geher ist etwas anderes als das Gehen.'"

„2.18 Dass der Geher eben dasjenige ist, was das Gehen ist, ist nicht möglich. Dass andererseits der Geher etwas anderes ist als das Gehen, ist [auch] nicht möglich." [Oetke]

„2.19 Träfe es nämlich zu, dass Gehen und Geher dasselbe sind, so folgte daraus das Eins-Sein [ekībhāva] von Täter und Tat."

„2.20 Unterscheidet man aber und sagt, ‚Gehen' sei etwas anderes als ‚Geher', so existierte ein Gehen ohne Geher und ein Geher ohne Gehen."

„2.20 Wenn andererseits der Geher als etwas anderes als das Gehen angenommen würde, dann wäre ein Gehen ohne einen Geher, [und/oder] ein Geher wäre ohne Gehen." [Oetke]

„2.21 Wie soll man denn wohl die Existenz von Dingen etablieren können, die sich beide weder als identisch noch als verschieden etablieren lassen?" [Oetke]

Oetkes Kommentar zu diesem Satz lautet: „Streng genommen sollte eigentlich gesagt werden, dass wenn von zwei Deskriptionen weder

angenommen werden kann, dass sie Deskriptionen ein- und derselben Entität sind, noch, dass sie Deskriptionen verschiedener Entitäten sind, dann auch nicht von beiden angenommen werden kann, dass sie existente Entitäten beschreiben bzw. denotieren. Da aber der Verfasser der MMK sich nicht so ‚pedantisch' ausdrückt, wenngleich der argumentative Zusammenhang eine solche Formulierungsweise durchaus zuließe, wäre es allerdings nicht angemessen, von einer Übersetzung zu verlangen, dass sie die Formulierung zum Zweck einer besseren Darstellung des Arguments verbessert." [Oetke, S. 78, vgl. auch Oetke, S. 155] Der Kommentar ist sinnvoll. Allerdings ist die Frage nach der Existenz der Dinge nicht geklärt und Oetke scheint hier kein Problem zu sehen. Für ihn ist es eine ausgemachte Sache, dass es nach Nāgārjuna „keine letztlich reale Wirklichkeitsebene gibt, dass letztlich überhaupt nichts existent ist".[86] Warum sollen die Dinge nicht existieren, wo man doch jeden Tag existierende Dinge beobachten kann? Warum sollte es keine Geher geben? Man kann sie jederzeit, fast überall beobachten. Ich vermute, Nāgārjuna will nicht die Existenz eines Gehers infrage stellen, sondern nur seine Unabhängigkeit. Wie bereits gesagt: Eine unabhängige Realität bezeichnet in der traditionellen Metaphysik etwas, das als Existierendes von nichts anderem abhängig ist [Descartes], was aus sich selbst heraus existiert, durch sich selbst besteht [More], gänzlich uneingeschränkt durch anderes und frei von jeder Art von Fremdbestimmung ist [Spinoza], das, was für sich selbst, ohne ein anderes besteht [Schelling]. Einen unabhängigen Geher gibt es nicht, er ist von der begangenen Strecke abhängig. Nāgārjuna bestreitet nicht die empirische Existenz dieser Entitäten, sondern nur eine substantielle, unabhängige Existenz. Geher & begangene Strecke sind nicht identisch, aber sie fallen auch nicht auseinander. Damit wird der erste, zweite und dritte, der substantielle, subjektivistische und holistische Ansatz zurückgewiesen.

Nāgārjuna kommt am Ende des Kapitels zu dem Ergebnis, weder ein Gehen noch ein Geher noch ein zu Begehendes [gantavya] sind zu finden. Weder sind die Begriffe eines derartigen Begriffpaares oder Begriffstrios identisch, noch sind sie voneinander getrennt. Der letzte Vers dieses Kapitels lautet:

„2.25 […] Deshalb sind weder ein Gehen, noch ein Geher, noch ein zu Begehendes [gantavya] zu finden."

Mein Kommentar: Auch dieser Vers ist auf den ersten Blick vollkommen unverständlich. Warum sollte kein Geher oder kein zu Begehendes,

also keine begangene Strecke, zu finden sein? Das lässt sich doch jeden Tag beobachten. Wollte Nāgārjuna etwas zurückweisen, das offensichtlich ist? Der Vers wird leichter verständlich, wenn wir uns vergegenwärtigen, dass Nāgārjuna nur die Unabhängigkeit einer Gegebenheit zurückweisen wollte. Dementsprechend könnte MMK 2.25 formuliert werden: „[…] Deshalb sind weder ein unabhängiges Gehen, noch ein unabhängiger Geher, noch eine unabhängige begangene Strecke zu finden." Auch David J. Kalupahana interpretiert diesen Vers in dem Sinne, dass die Zurückweisung der Existenz [astitvam] nur verstanden werden könne, wenn man sie in einer substantiellen Weise versteht.[87]

Im 3. Kapitel weist Nāgārjuna die Identität und die Trennung des Begriffspaares Seher & Sehen zurück.

„3.6 Weder existiert ein Seher, vom Sehen ungetrennt [und eins mit ihm], noch ein Seher, vom Sehen getrennt. Gibt es den Seher nicht, woher denn dann Sichtbares und Sehen?"

„3.7 Da Sichtbares und Sehen nicht existieren, existiert auch die Vierheit von Erkennen [vijñāna] [Empfinden, Bewusstsein, Tatabsicht] nicht. – Wie könnte es deshalb Ergreifen [upādāna] [und in der Folge Werden, Geburt, Altern-Sterben] geben?"

Nach der gleichen Methode, mit der im 2. Kapitel ausführlich mit dem Begriffspaar Gehen & Geher umgegangen wurde, wird in diesem Kapitel auf die Absurdität hingewiesen, die sich aus der Identität und aus der Trennung des Begriffspaares Seher & Sehen ergäbe. Das wird auf alle Konstitutionsmomente, die die Persönlichkeit bilden [skandhas: Körpergestalt, Empfindung, Bewusstsein, Tatabsicht, Erkennen] extrapoliert. Dementsprechend gibt es kein Ergreifen [upādāna] und damit ist der Bindung an die Existenz die Grundlage entzogen.

Kapitel 4 beschäftigt sich mit Ursache und Wirkung. Auch Ursache & Wirkung sind weder identisch noch verschieden.

„4.6 Zu sagen, ‚die Wirkung ist der Ursache gleich [sadṛśa]', ist ebenso unmöglich wie zu sagen, ‚die Wirkung ist der Ursache nicht gleich.'"

Kapitel 5 weist am Beispiel des Raumes [ākāśa] die Trennung und die Identität von etwas Zu-Kennzeichnendem [laksya] und einem Kennzeichen zurück. Dieses Kapitel endet mit den beiden Versen:

„5.7 Deshalb ist der Raum weder ein Seiendes noch ein Nicht-Seiendes, weder etwas Zu-Kennzeichnendes noch ein Kennzeichen. Für die anderen Elemente gilt dasselbe wie für den Raum."

Nāgārjuna kommt damit zu einem oft zitierten Ergebnis:

„5.8 Diejenigen aber, die ‚Existenz' und ‚Nicht-Existenz' der Dinge sehen, sind von geringer Einsicht; sie sehen nicht das beglückende Zur-Ruhe-Kommen des Sichtbaren."

Mein Kommentar: Hier ist nicht von einer empirischen Existenz der Dinge die Rede, sondern wieder von zwei extremen Sichtweisen, von einem dauerhaften Sein und von einem absoluten Nichts.

Im 6. Kapitel erläutert Nāgārjuna am Beispiel des Begriffspaares ‚des von Leidenschaft Ergriffenen' [rakta] & ‚der Leidenschaft' [rāga], was er unter Identität versteht.

„6.4 In der Identität existiert nicht Zusammensein [sahabhāva]. Denn: Etwas kann nicht mit sich selbst zusammen sein …"

Nāgārjuna bringt zum Ausdruck, dass es kaum vorstellbar ist, sich das Begriffspaar Leidenschaft & der von Leidenschaft Ergriffene als eines oder als vollständig getrennte Komponenten vorzustellen. Er kommt im letzten Vers dieses Kapitels zum Ergebnis:

„6.10 Also ist von der Leidenschaft erwiesen, dass sie weder zusammen noch nicht zusammen mit dem von Leidenschaft Ergriffenen vorkommt. **Wie für die Leidenschaft ist damit für alle Gegebenheiten [dharma] erwiesen: Weder sind sie zusammen, noch sind sie nicht zusammen."**

Im 7. Kapitel stellt Nāgārjuna die Frage nach den Ursachen des Entstehens. Er schreibt:

„7.13 Wie könnte ein Entstehen, wenn es noch nicht entstanden ist, sich selbst erzeugen? Andererseits: Wenn es als [schon] Entstandenes sich erzeugt, was ist es dann, was sich im Erzeugten zusätzlich noch erzeugt?"

„7.13 Wie soll dieses Entstehen als nicht Entstandenes sein eigenes Selbst hervorbringen? Oder wenn es [dieses] als Entstandenes erzeugt – warum sollte es, wo es [bereits] entstanden ist, erneut zum Entstehen gebracht werden?" [Oetke]

„7.14 Nicht als [gerade] Entstehendes, nicht als [bereits] Entstandenes entsteht [etwas] auf irgendeine Weise. Das wurde schon erläutert durch ‚gegenwärtig Begangenes', ‚Gegangenes' und ‚Nicht-Gegangenes'."

„7.14 Nicht etwas im Entstehen Begriffenes, nicht etwas Entstandenes und [auch] nicht etwas Nichtentstandenes entsteht auf irgendeine Weise. Dies ist dargelegt worden durch [die Diskussion des Falles des] Begangenwerdenden, Begangenen und Nichtbegangenen." [Oetke]

Wenn das Entstehen ein Entstehen als Ursache haben sollte, dann wäre dies ein unendlicher Regress [anavasthā] [MMK 7.3].

„7.18 Wenn nun dieses Entstehen das [gerade] Entstehende entstehen lässt, welches Entstehen lässt dann wiederum jenes entstehen?"

„7.18 Und wenn dieses Entstehen das im Entstehen Begriffene hervorbringt, welches Entstehen soll dieses Entstehen seinerseits hervorbringen?" [Oetke]

Im 8. Kapitel setzt sich Nāgārjuna mit dem Begriffspaar Tat & Täter auseinander. Er weist die Vorstellung von einem unabhängigen Täter und einer unabhängigen Tat zurück und behauptet dagegen:

„8.12 [Vielmehr] entwickelt sich der Täter abhängig von der Tat und die Tat abhängig von diesem Täter. Eine andere Begründung für deren Existenz sehen wir nicht."

„8.13 [...] Durch ‚Tat und Täter' soll man [auch alle] übrigen seienden Dinge [als gegenseitig abhängige] erkennen."

Im 9. Kapitel findet eine Auseinandersetzung um das Begriffspaar der Sehende & das Sehen statt, wobei das Sehen stellvertretend für andere Sinneswahrnehmungen steht oder für das Ergreifen [upādāna] der Dinge und die daraus resultierenden Bindungen an das Saṃsāra:

„9.12 Wenn nun keiner gefunden wird, der früher als [die Sinnestätigkeiten] Sehen usw. oder gleichzeitig [mit ihnen] oder später [als sie] existiert, dann lösen sich solche Vorstellungen wie ‚er existiert, er existiert nicht' auf."

Das 10. Kapitel diskutiert das Begriffspaar Feuer & Brennstoff oder auch Identität & Verschiedenheit. Feuer & Brennstoff sind weder getrennt noch identisch.

„10.12 Weder verlangt Feuer nach dem Brennstoff, noch verlangt es nicht nach ihm. [...]"

„10.15 Mit [der Untersuchung von] Feuer und Brennstoff ist zugleich der Weg [zur Lösung des Problems] von Ātman und Ergreifen restlos dargelegt, ebenso [wie für] ‚Topf', ‚Tuch' usw."

„10.16 Diejenigen, die entweder lehren, dass der Ātman [mit den Skandhas] und die Dinge [mit ihren Gründen und Bedingungen] eine Einheit bilden, oder aber lehren, dass sie jeweils gesondert für sich bestehen, die halte ich nicht für Kenner des Sinnes der Lehre [Buddhas]."

Skandha wird von den Übersetzern [Bernhard Weber-Brosamer und Dieter M. Back] mit ‚Gruppe' übersetzt [auch upādānaskandha, ‚Gruppe des Ergreifens']. Gemeint sind die fünf Gruppen oder Konstitutionsmomente, die die Persönlichkeit, das menschliche Lebewesen bilden: 1. rūpa, Körpergestalt, Form, 2. vedanā, Empfindung, Gefühl, 3. saṃjñā, Wahrnehmung, 4. sam skāra, Tatabsicht, karmisches Gestalten, 5. vijñāna, Bewusstsein, Erkennen.

[In seinem Text ‚Bodhicittavivaraṇa' [BV] schreibt Nāgārjuna dazu: ‚Form [rūpa] is like a mass of foam [phenapiṇḍa], feeling [vedanā] is like bubbles [budbuda], apprehension [saṃjñā] is like a mirage [marīci], karma-formations [saṃskāra] are like the plantain [kadalī] and consciousness [vijñāna] is like an illusion [māyā].'[88] [‚Körpergestalt [rupa] ist wie eine Schaummasse, Empfindung [vedanā] ist wie eine Blase, Wahrnehmung/ Unterscheidungsvermögen [samjñā] ist wie eine Luftspiegelung, Karma schaffende Tatabsichten/Begehrungen [saṃskāra] sind wie Bananenbäume [ohne einen Stamm, wie eine Zwiebel], Bewusstsein [vijñāna] ist wie eine Illusion [māyā]'.]

Nāgārjunas Metapher vom Feuer & Brennstoff dient ihm also als Mittel, um die Identität & Verschiedenheit von einem Selbst [ātman] & einem Objekt zurückzuweisen.

Im 11. Kapitel verlässt Nāgārjuna die Betrachtungen über Subjekt & Objekt, Tat & Täter, um sich dem Saṃsāra zuzuwenden, der Welt und dem Kreislauf der Wiedergeburten, in dem sich ein Lebewesen befindet.

Saṃsāra ist ohne Anfang und Ende, ohne Früheres, Späteres und Gleichzeitiges. Die drei Zeiten, Vergangenheit, Gegenwart und Zukunft sind weder identisch noch getrennt voneinander.

Kapitel 12 widmet sich dem Leid [duḥkha], das nach buddhistischer Auffassung die universelle Erfahrung des Menschen im Saṃsāra ist. Für Nāgārjuna hat es keine substantielle Existenzgrundlage – wie alle anderen Dinge der Objektwelt. Das Leid entsteht nicht substantiell, 1. weder aus sich selbst heraus, 2. noch aus etwas anderem heraus, 3. nicht aus beidem, 4. aber auch nicht ohne eine Ursache. Das Kapitel endet mit einem Hinweis auf die vier extremen Ansätze des Tetralemma [catuṣkoṭi]: **„12.10 Die Vierfachheit [der Ursachen] ist nicht nur für das Leid nicht aufzufinden, man findet sie auch für [alle übrigen] Dinge der Objektwelt nicht." [„21 Dialecticians maintain that suffering is created by itself, created by [someone] else, created by both [or] without a cause, but You have stated that it is dependently born." [„Dialektiker behaupten, dass Leid aus sich selbst heraus, durch etwas anderes, durch beides oder ohne eine Ursache [substantiell] entstanden ist, aber Du hast erklärt, dass es abhängig entstanden ist."]**

Kapitel 13 diskutiert die Substanzlosigkeit [śūnyatā], obwohl sie keine substantielle Ansicht [dṛṣṭi] der Welt ist, hebt sie alle substantiellen Ansichten auf.

Hier ist das zentrale Begriffspaar eigenes Sein [svabhāva] & Wesensveränderung. Die offensichtliche Veränderung der Dinge macht die Annahme eines unveränderlichen Seins zunichte. Andererseits setzt der Begriff der Veränderung seinen Gegensatz, den Begriff der Kontinuität voraus. Wenn es eine Veränderung gibt, muss es eine Kontinuität von etwas geben, das sich verändert. Demnach haben die Dinge weder eine unveränderliche Substanz, noch eine eigentliche, substantielle Veränderung. Diesen Gedanken verdeutlicht Nāgārjuna mit Hilfe einer Metapher, die vom Altern eines Jünglings handelt. Wenn es eine tatsächliche unabhängige Substanz bei einem Jüngling gäbe, dann müsste man von ihm nach einigen Jahrzehnten als von einem gealterten Jüngling sprechen. Ein absurder Begriff. Gibt es jedoch kein eigenes Sein, keine unveränderliche Substanz, nichts als Veränderung, dann müsste man von einem gealterten Alten sprechen, eine unsinnige Verdoppelung. Der Alte ist nicht identisch mit dem Jüngling und er ist auch nicht ein ganz anderer. Ohne den Begriff eines unveränderlichen Selbst und mit diesem, in beiden Fällen bekommen wir den Begriff der Veränderung nicht in den Griff, in beiden Fällen leistet der Begriff der Veränderung einem tieferen philosophischen Verständnis hartnäckig Widerstand. Deshalb sagt Nāgārjuna:

„13.5. Wesensveränderung trifft weder für ein und dieselbe Sache [tasyaiva] zu, noch für anderes [anyasyaiva]. Deshalb altert weder der Junge noch der Alte."

Dieses Kapitel endet mit dem Vers: „13.8 Die Substanzlosigkeit wurde von den ‚Siegreichen', den Buddhas, als Zurückweisung jeglicher Ansicht gelehrt. Diejenigen aber, für welche die Substanzlosigkeit eine Ansicht ist, die wurden für unheilbar erklärt."

Mein Kommentar: Die Substanzlosigkeit [śūnyatā] ist keine absolute, substantielle buddhistische Ansicht, sondern ein Begriff zum Zweck der Verständigung [prajñapty-artham]. Daraus die Schlussfolgerung zu ziehen, Nāgārjuna hätte keine eigene These, keine eigene Position, keinen eigenen Wirklichkeitsbegriff, ist eine unzulässige Verallgemeinerung.

Kapitel 14 ist von grundlegender Bedeutung für Nāgārjunas Methode, hier weist er auf das Begriffspaar Identität & Anderssein hin, Identität entspricht dem Ansatz 3 und Anderssein den Ansätzen 1 und 2. Am Beispiel vom Sichtbaren, Sehen und Seher zeigt Nāgārjuna die Unmöglichkeit auf, diese drei Begriffe als identisch aufzufassen. Ebenso ist eine unabhängige Existenz dieser Begriffe nicht möglich. Sie stehen in einem Verhältnis der gegenseitigen Abhängigkeit zueinander. Verbindungen gibt es nur von Dingen, die getrennt sind. Das Sichtbare ist jedoch nicht vom Sehen und vom Seher getrennt, deswegen verbinden sich die drei nicht. Wenn etwas zusammenkommt, gibt es kein Anderssein, sondern gegenseitige Abhängigkeit. Wäre das eine [das Sehen] getrennt oder unabhängig, dann könnte es auch ohne das andere [den Seher] bestehen. Andererseits sind diese dreifachen Begriffe auch nicht identisch. Deswegen kommt Nāgārjuna zu dem Ergebnis:

„14.8 Weder verbindet sich dasselbe mit demselben noch etwas anderes mit anderem. Weder findet sich das Verbinden, noch das Verbundene, noch etwas, das verbindet."

Kapitel 15 beschäftigt sich hauptsächlich mit dem Begriff svabhāva, den die Übersetzer mit eigenes Sein übersetzen. Etienne Lamotte übersetzt ihn mit nature propre oder être propre oder être en soi. Ich schlage eigenes Sein oder unabhängige Substanz vor [svabhāva hat die Bedeutung von etwas, das dauerhaft, aus sich selbst heraus geschaffen ist etc. Diese Bedeutung haben in der traditionellen europäischen Metaphysik die Begriffe Sein, eigenes Sein, Seiendes, unabhängige Substanz, Substrat, dauerhafte Wirklichkeit, Wesen, Realität, Essenz etc., alle mit kleinen Bedeutungsunterschieden].

„15.5 Wenn Nichterwiesensein des Seins [vorliegt] wird das Nichtsein unter keinen Umständen erwiesen. Denn die gewöhnlichen Menschen bezeichnen das Anderswerden des Seins als Nichtsein." [Oetke]

„15.10 Sagt man, ‚es ist', hält man an ewiger Dauer fest [d. h. an dem Begriff der unabhängigen Substanz oder des eigenen Seins]. Sagt man, ‚es ist nicht', hat man die Vorstellung des Aufhörens [der Dinge][des Nichts]. Deshalb möge sich der Verständige nicht auf die beiden [Ansichten], ‚es ist' und ‚es ist nicht', festlegen lassen."

Nun wendet Nāgārjuna seine Methode auch auf die wichtigsten Begriffe der buddhistischen Lehre an.

Das 16. Kapitel ist den aus den vergangenen Kapiteln sich ergebenden Konsequenzen für die einzelnen Lebewesen gewidmet. Es beschäftigt sich mit dem Begriffspaar Bindung & Befreiung [bandhana & mokṣa]. Wie ist für ein Lebewesen Befreiung von den Bindungen an den Kreislauf der Wiedergeburten möglich? Hier wird die schwierige Frage nach einem Kontinuum eines menschlichen Wesens aufgeworfen, nach einer Persönlichkeit [pudgala] also, die nach der buddhistischen Lehre aus fünf Teilen [skandha] zusammengesetzt ist [1. rupa etc., siehe MMK 10.16]. Diese Gruppe wird durch Anhaftungen [kleśa] zusammengehalten. Durch den ‚Klebstoff' der Anhaftungen ist die Persönlichkeit an das Saṃsāra, den Kreislauf der Wiedergeburten, gebunden. Mit diesem Begriff ist also die Bindung eines Lebewesens [sattva] an den Kreislauf der Wiedergeburten gemeint. Mit dem anderen Begriff meint Nāgārjuna die Befreiung vom Kreislauf der Wiedergeburten, ein ‚Zustand', der auch Nirvāṇa genannt wird. Nāgārjuna weist die Dualität des Begriffspaares der Bindung & Befreiung zurück, indem er den Gegensatz von saṃsāra & nirvāṇa auflöst. Er schreibt:

„16.10 Wenn nirvāṇa nicht zu erreichen und Saṃsāra nicht aufzuheben ist, wie unterscheidet man dann noch hier saṃsāra, dort nirvāṇa?"

„16.10 Where nothing is confirmed as nirvāṇa, where nothing is denied as saṃsāra what can be distinguished/separated as saṃsāra, what can be distinguished/separated as nirvāṇa?" [Oetke/Chr. Lindtner]

Kapitel 17 behandelt das Begriffspaar Tat [karma] & Frucht [phala]. Die Taten eines Menschen haben Konsequenzen, sie bringen Früchte hervor wie der Samen einer Pflanze. Aber diese Taten haben kein eigenes Sein, keine dauerhafte Substanz, kein eigentliches Entstehen und keine Beständigkeit.

„17.21 Warum die Tat gar nicht entsteht? – Deshalb, weil sie ohne Eigensein ist [nihsvabhāva]. Und weil sie nicht entstanden ist, hört sie auch nicht auf."

Nāgārjuna schreibt weiter:

„17.26 Zum einen ist Tat wesentlich durch Anhaftungen [kleśa] bestimmt, zum anderen aber sind Anhaftungen nicht wirklich existent [tattvatas]."

„17.31–32 Ebenso wie ein Zauberlehrer durch seine Kunstfertigkeit in der Magie ein künstliches [Trug]gebilde kreieren mag und das künstlich Kreierte etwas anderes kreieren kann und dieses [letztere] seinerseits ebenfalls künstlich/trügerisch [wäre], so besitzt auch der Täter die Natur eines künstlich Kreierten [sowie jede Tat], die von ihm begangen wird/[sowie jedes] Karma, das von ihm produziert wird, so wie [generell gilt, dass] ein von einem künstlich kreierten [Truggebilde] kreierter Gegenstand ebenso illusorisch/trügerisch ist [wie ersterer]." [Oetke]

Dieses Kapitel endet mit einer Metapher:

„17.33 Anhaftungen, Taten, Körper, Täter und Früchte: Sie erscheinen als Luftspiegelung, als Traumgebilde."

Im 18. Kapitel wird das Ziel der Erkenntnis erläutert, das in der Befreiung besteht, wenn die Vorstellung von einem dauerhaften Selbst [ātman] verschwindet:

„18.5 Befreiung [mokṣa] kommt durch die Vernichtung von Karma und Anhaftungen. Karma und Anhaftungen kommen aus unterscheidenden Vorstellungen [vikalpa], sie kommen aus dem dichotomischen Denken [prapañca]. Das dichotomische Denken aber wird in der Substanzlosigkeit [śūnyatā] vernichtet."

In diesem Kapitel ist auch eine Beschreibung der Wirklichkeit enthalten:

„18.9 Nicht von anderem abhängig, [in sich] ruhig, nicht durch Entfaltung [prapañca, conceptualization] entfaltet, ohne unterscheidende Vorstellung, ohne Vielheit: Das ist das Kennzeichen des Wirklichen."

„18.9 Independendly realized, peaceful, unobsessed by obsessions [prapañca], without discriminations and a variety of meanings: such is the characteristics of truth." [David J. Kalupahana]

Mein Kommentar: In diesem Kapitel geht es hauptsächlich um den Begriff ‚prapañca'. Lindtner übersetzt ihn mit conceptualization. Wie bereits erwähnt, übersetzt Ian Charles Harris ihn mit: dichotomisches Denken. Es ist vor allem das dichotomische Denken, das Denken in dualistischen Gegensätzen, das verhindert, die Wirklichkeit wahrzunehmen, so wie sie ist.

„18.10 Denn was immer in Abhängigkeit [von anderem] entsteht, das ist tatsächlich nicht dasselbe [wie dieses andere], es ist aber auch nicht [davon] verschieden. Deshalb hört es weder auf [zu sein] noch dauert es an."

Dementsprechend wird die Lehre des Buddha charakterisiert:

„18.11 Nicht Einheit, nicht Vielheit, nicht Aufhören, nicht Dauern: Dies ist das Unsterbliche an der Lehre der Buddhas, der Weltenschützer."

In einem kurzen 19. Kapitel weist Nāgārjuna auf die gegenseitige Abhängigkeit der drei Zeiten – Vergangenheit, Gegenwart, Zukunft – hin.

„19.5 Eine Zeit, die nicht steht, kann nicht ergriffen werden. [Aber] eine stehende Zeit, die man ergreifen könnte, gibt es nicht. Wie sollte eine Zeit, die nicht ergriffen wird, wahrgenommen werden?"

Im 20. Kapitel geht es erneut um die Kausalität. Sind Grund und Frucht identisch oder verschieden? In Hinsicht auf Karma, dem wichtigsten Grund für die Wiedergeburt, gewinnt dieses Kapitel eine besondere Bedeutung.

„20.19 Grund und Frucht können ja nun unmöglich dasselbe sein; Grund und Frucht können aber ebenso wenig etwas Verschiedenes sein.“

„20.20 Wären Grund und Frucht dasselbe, dann wären Erzeuger und zu Erzeugendes eins. Träfe zu, dass Grund und Frucht verschieden sind, dann wäre ‚Grund‘ gleichbedeutend mit ‚Nicht-Grund‘.“

Im 21. Kapitel diskutiert Nāgārjuna die gegenseitige Abhängigkeit des Begriffspaares Entstehen/Vergehen & Sein [bhāva].

„21.6 Wie soll wohl die Existenz zweier Dinge aufgefunden werden, die weder als zusammen noch als getrennt vorkommend aufweisbar sind?“ [Oetke]

Mein Kommentar: Auch hier weist Nāgārjuna nur die Idee von einer substantiellen Existenz, nicht die Idee von einem Dasein in seiner einfachen Tatsächlichkeit zurück.

„21.8 Entstehen und Vergehen findet sich nicht ohne etwas Seiendes [bhāva], [und] ein Seiendes findet sich auch nicht ohne Entstehen und Vergehen.“

Diesem Abhängigkeitsverhältnis sind wir schon im 13. Kapitel begegnet, wo gesagt wurde, wenn es eine Veränderung gibt, muss es eine Kontinuität von etwas geben, das sich verändert.

Im 22. Kapitel wird die Frage aufgeworfen, ob ein tathāgata, ein Buddha, existiert oder nicht existiert, ob er aus seinen substanzlosen Bestandteilen besteht oder nicht. Nāgārjuna schreibt über das Ergreifen der Bestandteile der Persönlichkeit und treibt hier wieder einmal die Zurückweisung des Dualismus auf die Spitze, indem er seine eigene Lehre der Substanzlosigkeit [**śūnyatā**] mit einbezieht:

„22.11 Man soll weder sagen ‚substanzlos‘ [1. Ansatz], noch ‚nicht-substanzlos‘ [2. Ansatz], auch nicht, ‚beides zugleich‘ [3. Ansatz] und auch nicht ‚keines von beidem‘ [4. Ansatz]. Zum Zweck der Verständigung [prajñapty-artham] aber mag man so sprechen.“

Der Zweck dieser Argumentation besteht darin, die Frage ad absurdum zu führen, ob es den Buddha über den Tod hinaus gibt oder nicht. **Für Nāgārjuna ist der Buddha – ebenso wie die Dinge dieser Welt – jenseits des dichotomischen Denkens, des Denkens in dualistischen Gegensätzen [prapañca].**

Kapitel 23 beschäftigt sich mit der Vorstellung [saṃkalpa] und dem Irrtum oder der Verwechslung [viparyāsa] der Menschen. Sie verwechseln Beständiges mit Vergänglichem, Glück mit Leid, Reines mit Unreinem, ātman mit nicht-ātman.Dadurch entstehen Anhaftungen [kleśa] und Hass [dveṣa] und Verblendung [vikalpyate].

„23.15 Das, wodurch die Auffassung bewirkt wird, die Auffassung selbst, der, der die Auffassung hat, und das, was aufgefasst wird, dies alles ist beruhigt. Deshalb findet sich keine Auffassung."

Nāgārjuna weist die Annahme zurück, Auffassung oder Vorstellung [saṃkalpa] könnten wirklich, aus sich heraus, existieren. Auffassungen, Vorstellungen und Anhaftungen entstehen nur in Abhängigkeit. Damit entzieht er den Anhaftungen und Leidenschaften die substantielle Grundlage.

Die Übersetzer, Bernhard Weber-Brosamer und Dieter M. Back, weisen an dieser Stelle auf die umfassende Bedeutung des Begriffs saṃkalpa [Vorstellung] hin. Es ist die erste Funktion des Bewusstseins, die einerseits die Trennung zwischen Subjekt und Objekt, andererseits die vielfältige Objektwelt mit den verschiedenen Qualifikationen hervorbringt, in Bezug setzt, ordnet und klassifiziert. Es ist die Grundlage unseres ganzen dualistischen Denkens. Deswegen geht es nicht um eine Korrektur unserer Vorstellungen. Irrtümer oder falsche Vorstellungen sollen nicht durch richtige ersetzt werden. Die Vorstellungen können nur zur Ruhe kommen, um das ganze dualistische, dichotomische Denken aufzuheben.

Im 24. Kapitel antwortet Nāgārjuna auf den Einwand, wenn alles substanzlos ist, dann gebe es kein Entstehen, Vergehen, nicht die vier edlen Wahrheiten und nicht die ganze buddhistische Lehre vom Leid und der Vernichtung des Leides, keinen Dharma, keinen Sangha und keinen Buddha etc.

Nāgārjuna antwortet darauf und seine Antwort gibt ihm die Gelegenheit, noch einmal die ganze Lehre vom Entstehen in gegenseitiger Abhängigkeit Revue passieren zu lassen und zu präzisieren. Nāgārjuna antwortet mit den zwei Wahrheiten, mit der weltlichen, verhüllten Wahrheit [saṃvṛtisatya] und mit der Wahrheit im höchsten Sinne [paramārthasatya], die in der Lehre von pratītyasamutpāda und śūnyatā besteht, in der Zurückweisung substantieller Ansichten.

„24.18 Das Entstehen in gegenseitiger Abhängigkeit [pratītyasamutpāda], dies ist es, was wir ‚śūnyatā' [Substanzlosigkeit] nennen. Das ist [aber nur] ein abhängiger Begriff [prajñapti]; gerade sie [die Substanzlosigkeit, śūnyatā] bildet den mittleren Weg."

„24.18 Das, was [gemeinhin als] der pratītyasamutpāda [gilt], bezeichnen wir als śūnyatā." [Oetke]

Die ganze Welt und das Leid haben kein eigenes Sein, selbst die Substanzlosigkeit nicht. Wie sollte es sonst möglich sein, das Leid aufzuheben? Es gäbe keinen Dharma, keinen Saṅgha und keinen Buddha.

In seiner Antwort auf Einwände schreibt Nāgārjuna:

„24.31 Aus deiner Lehre folgt, dass Buddha, der ‚Erwachte', nicht vom Erwachen [bodhi] abhängt und das Erwachen nicht vom Buddha [da beides angeblich svabhāva hat]."

Mit diesem Kapitel betont Nāgārjuna noch einmal die Bedeutung von pratītyasamutpāda, das Entstehen in gegenseitiger Abhängigkeit. Die Dinge sind nicht nur von ihren Ursachen und Bedingungen abhängig, sondern auch von ihrem jeweiligen Gegensatz.

„24.38 Träfe [die Theorie vom] eigenen Sein zu, dann wäre die Welt der Lebenden [jagat] ohne Entstehen und ohne Vernichtung, sie wäre völlig unbeweglich und all ihrer mannigfaltigen Entscheidungsformen beraubt",

„... von allen wechselnden Zuständen frei". [Frauwallner]

Das gegenseitige Abhängigkeitsverhältnis wird in diesem Kapitel am Beispiel des Buddha dargestellt. Selbst der Buddha existiert nicht unabhängig, er ist vom Erwachen [bodhi] abhängig und umgekehrt.

Das 25. Kapitel ist dem nirvāṇa gewidmet. Nāgārjuna weist die vier Möglichkeiten zurück, nach denen 1. das Nirvāṇa substantiell existiert, 2. nichts ist, 3. beides, 4. keins von beidem.

„25.3 Was weder aufgegeben noch erlangt, weder unterbrochen noch andauernd, weder vernichtet noch entstanden ist, das wird Nirvāṇa genannt."

Mein Kommentar: Auch das Nirvāṇa ist weder substantiell noch nichts.

„25.9 Was [im Saṃsāra] als Seiendes kommt und geht, abhängig oder bedingt, das wird, sofern es unabhängig und nicht bedingt ist, als nirvāṇa gelehrt."

Mein Kommentar: nirvāṇa ist für Nāgārjuna offenbar alles, was es in dieser Welt gibt, nur frei von extremen Konzepten und unabhängig von den Verstrickungen mit der Welt, in der wir leben, nicht bedingt. Überraschenderweise ‚identifiziert' Nāgārjuna das Nirvāṇa mit dem Saṃsāra. Demnach können Nirvāṇa & Saṃsāra kein konträres Begriffspaar sein, denn mehrfach hat Nāgārjuna die Identität von konträren Begriffspaaren ausgeschlossen. Wären Nirvāṇa & Saṃsāra identisch, dann müsste Saṃsāra Befreiung und nicht Leid verursachen, ein absurder Gedanke.

Die ‚Identität' von Nirvāṇa & Saṃsāra könnte vielleicht so verstanden werden: Nicht durch das Nirvāṇa macht man das Saṃsāra ‚frei', das Saṃsāra selbst ist Nirvāṇa, Nirvāṇa kommt nicht von außen auf das Saṃsāra zu, es wird nicht eingeführt, es tut sich auf. Dementsprechend spricht die tibetische Tradition von einem natürlichen Nirvāṇa, das mit der Substanzlosigkeit ‚identisch' ist und das nicht erst dadurch erschaffen wird, dass es erkannt wird. Das natürliche Nirvāṇa hat es schon immer gegeben. Erst das Erkennen der Substanzlosigkeit bewirkt Befreiung, wirkliches Nirvāṇa, Aufhören des Leids im Saṃsāra[89].

Das Kapitel endet mit einem provozierenden Vers:

„25.24 Heilvoll ist die Beruhigung aller Wahrnehmungen, die Beruhigung des dichotomischen Denkens. Nirgendwo wurde irgendeinem durch den Buddha irgendein Dharma gelehrt."

Mein Kommentar: Diese Aussage Nāgārjunas, der Buddha hätte keinen Dharma [Lehre] gelehrt, ist in modernen Interpretationen oft so ausgelegt worden, der Buddha habe nichts gelehrt, er habe keine eigene Position, keinen eigenen Wirklichkeitsbegriff. Doch wir können annehmen, dass Nāgārjuna hier von einer substantiellen, absoluten Lehre [Dharma] spricht, die der Buddha nicht gelehrt hat. Er bestreitet nicht, dass der Buddha den wahren Dharma verkündet hat, wie der letzte Satz der MMK betont. [vgl. 82]

Das 26. Kapitel erklärt das ganze abhängige Entstehen eines Menschen: Aus Unwissenheit entstehen Tatabsichten und damit die Grundlage für eine weitere Existenz. Erkennen, Gestalt, Sinne, Empfindung, Verlangen und Ergreifen sind die Folge.

Daraus folgt das Werden der fünf Skandhas und die Geburt einer Persönlichkeit und in der Folge dann Alter, Sterben, Leid usw.

„26.11 Wenn die Unwissenheit vernichtet ist, entstehen keine Tatabsichten mehr […]"

Kapitel 27, das letzte Kapitel, widerlegt 16 falsche Ansichten über das dauerhafte Selbst und die dauerhafte Welt mit der Methode der vierfachen Verneinung der Ansätze des Tetralemma[catuṣkoṭi]. Das Kapitel endet mit dem Vers:

„27.30 Ihn, der aus Mitleid den wahren Dharma verkündet hat, damit alle Ansichten aufgegeben werden, ihn, den Gautama, verehre ich."

5. Zwiesprache mit Nāgārjuna

Je weiter wir bei der Lektüre schreiten, desto deutlicher wird die Schwierigkeit, Nāgārjunas Denken zu verstehen, d. h. es in unser normales Schema zu übersetzen. Es ist deshalb nötig, sich dieser Schwierigkeit zu stellen. Vielleicht bieten sich zwei verschiedene Möglichkeiten des Verstehens an. Wir können Nāgārjunas Denken von außen betrachten und kritisieren, Widersprüche feststellen, Unverständliches herausstellen, Verständliches in ein Schema einordnen und mit Bekanntem verbinden etc. Oder wir können uns bemühen, es von innen zu verstehen. Die erste Möglichkeit ist nicht schwer, weil sich Nāgārjunas Denken durchaus auf bestimmte Aussagen und Thesen festschreiben lässt, die dann als haltbar oder unhaltbar charakterisiert werden können, weil sie einem bereits bekannten Schema entsprechen oder nicht entsprechen. Bald kann sich dann herausstellen, dass es so nicht geht. Entweder sind Nāgārjunas Ansätze nicht haltbar oder aber diese Art der Interpretation nicht. Dann versuchen wir den Fehler bei Nāgārjuna zu suchen und kennzeichnen seine Lehre als nihilistisch, unphilosophisch, exotisch, provozierend, unlogisch, widersprüchlich und nicht nachvollziehbar. Es gibt zahllose Interpretationen dieser Art, angefangen von seinen indischen Kritikern, wie zum Beispiel der bedeutenden hinduistischen Schule der Nyāya bis hin zu westlichen Interpretationen im 20. und 21. Jahrhundert. Diese Kritik geht von einem eigenen festen Konzept aus, das ja gerade von Nāgārjuna infrage gestellt wird. Dahinter steht jedoch ein viel tiefer liegendes Problem. Wenn nämlich ein Denker wie Nāgārjuna versucht, im Durchdenken einer Tradition eben diese

Grundlagen der Tradition freizulegen und zugleich ihre Grenzen zu durchleuchten, so gehört eine schrittweise Überwindung von festen Begriffen dazu. Das zeigt sich besonders an dem Begriff des abhängigen Entstehens [pratītyasamutpāda], aber auch an den Begriffen śūnyatā, nirvāṇa und der zunächst provozierenden Behauptung, der Buddha hätte keine substantielle Lehre [dharma] gelehrt. Ebenso zeigt es sich im Ziel seiner Lehre, in der nur negativ bestimmten Form der Wirklichkeit als Substanzlosigkeit. Eigentlich sagt Nāgārjuna nicht, was Wirklichkeit ist, nur was sie nicht ist. Nur andeutungsweise spricht er von der grundlegenden Wirklichkeit als vom abhängigen Entstehen [pratītyasamutpāda] der Dinge. Aber auch dieser Begriff ist nur ein abhängiger Begriff [prajñapti], der kein eigenes Sein hat und nur zum Zweck der Verständigung [prajñapty-artham] verwendet wird [MMK 22.11]. Seine ganze Lehre will nicht den Platz einnehmen, den bereits feststehende Konzepte eingenommen haben, um dann selbst zu einem festen Konzept zu erstarren. Wissen ist für ihn, wie die Wirklichkeit, nicht sich selbst ewig gleich, kein archivierbarer Bestand, sondern immer aktuelles Wissen, eine Struktur, die es ermöglicht und erleichtert, mit Informationen umzugehen. Die Anforderungen verschieben sich vom Festhalten und Durchsetzen des einmal als richtig Erkannten auf laufende Veränderungen und Neubeschreibungen der Wirklichkeit, um den modernen Wissensbegriff von Thomas A. Becker hier zur Geltung zu bringen. In seiner Lehre ist eine Tendenz zur Auflösung aller Begriffe und Konzepte, auch der eigenen, enthalten. Deswegen ist Nāgārjuna mit dem fast berechtigten Vorwurf konfrontiert gewesen, er hätte nichts zu sagen. Von sich selbst sagt er mehrfach, er hätte keine eigene metaphysische, substantielle Position und vom Buddha sagt er, dieser hätte keinen Dharma [Lehre] gelehrt. Diese Behauptung wird verständlich, wenn wir darunter einen substantiellen Dharma, eine substantielle Lehre verstehen.

Wenn die Lehre Nāgārjunas mit überlieferten Begriffen interpretiert wird, muss sie ein Stein des Anstoßes werden, der Kopfschütteln hervorruft. Ein solcher Interpret meint, sich wehren zu müssen. Er kreidet Nāgārjuna die Belastung an, die er selbst durchstehen muss. Nāgārjunas Lehre ist für ihn eine Zumutung, was zu einer einleuchtenden und zugleich fadenscheinigen Kritik führt, die die Schwierigkeiten, Nāgārjuna zu verstehen, als ein Zeichen interpretiert, er sei auf dem falschen Gleis.

Wir stehen in unserem alltäglichen, philosophischen und naturwissenschaftlichen Denken oft in den Traditionen des substantiellen, subjektivistischen, holistischen oder instrumentalistischen Denkens, ob wir es wollen oder nicht. Wir sind Gefangene dieser Tradition, so sehr, dass wir uns nur von dieser dualistischen Denkweise auf Nāgārjuna zubewegen können. Und dann fällt es uns schwer, zu erkennen, wie er sich gerade von der dualistischen Denkweise fortbewegt. Er schüttelt sie nicht einfach ab, er nimmt sie ernst und er steht in einer intensiven Zwiesprache mit ihr. Keine noch so banale Erfahrung kann so unwichtig sein, dass sie nicht doch das ganze dualistische Schema verdeutlichen könnte.

Normalerweise versteht nur derjenige die Sprache eines Philosophen, dem es gelungen ist, in das sprachliche Regelwerk des Autors einzudringen und der auch über eine Kompetenz verfügt, die Gedanken, die sich zunächst nicht unmittelbar erschließen lassen, sprachlich verfügbar zu machen. Bis zu einem gewissen Grad trifft dies auch auf eine Interpretation der Philosophie Nāgārjunas zu. Wenn wir aber, statt diese Zwiesprache zu vergegenwärtigen, Nāgārjunas Philosophie in ein dualistisches Schema zurückübersetzen, dann wird das Verständnis scheinbar erleichtert, in Wirklichkeit aber unmöglich gemacht. Denn was dann verstanden wird, ist nicht das, was Nāgārjuna dachte, sondern was er auflösen wollte. Diese Art von Kritiken sind leicht vorzubringen, aber sie stoßen ins Leere.

Nicht nur Verachtung, auch ‚Liebe' kann töten. Die zweite Möglichkeit der Interpretation versucht mit einem Sprung in das Denken Nāgārjunas hineinzugeraten, ohne den Sprung selbst zu vollziehen. Einzelne Gedanken von Nāgārjuna werden nicht mehr in eine eigene Denkweise und in eigene Erfahrungen übertragen und so entsteht eine neue Schwierigkeit: Man sieht nicht mehr die Auseinandersetzung. Es wird nicht deutlich, dass es bei Nāgārjuna nicht um eine paternalistische Aufklärung von oben geht, bei der man die Argumente einfach nur auswendig lernen könnte. So kann der falsche Eindruck entstehen, als ob Nāgārjuna eines Tages aus der Tradition ausgebrochen wäre und nun gewaltsam etwas Neues angefangen hätte. Diese Interpretation von innen spiegelt sich in einem Statement des französischen Dichters und Malers Henri Michaux wider, als er einmal sagte: ‚Wenn man Meskalin hinter sich hat, weiß man besser als jeder Buddhist, dass alles nur Schein ist.' Es ist eine Sucht, alles sprunghaft verstehen zu wollen, was auch sprunghaft ins Gegenteil umkippen kann, nämlich nichts mehr zu verstehen, weil alles ausgelutscht ist. So ist es im 20. Jahrhundert auch der Frage nach der Wirklichkeit ergangen. Sie soll in der Diskussion um die Interpretation der Quantenphysik Albert Einstein zu der Bemerkung veranlasst haben: „‚Die Körperwelt ist real.'

[Diese] Aussage scheint mir aber an sich sinnlos, wie wenn man sagte: ‚Die Körperwelt ist kikeriki.‘ Es kommt mir so vor, dass ‚real‘ eine an sich leere, bedeutungslose Kategorie [Schublade] ist …“ [90] Nach der Wissenschaftshistorikerin Mara Beller soll das Albert Einstein gesagt haben. Durch diese endlosen Diskussionen um den Wirklichkeitsbegriff der Quantenphysik ist eine geistige Atmosphäre entstanden, in der die Auseinandersetzung fast nur noch einen Heiterkeitserfolg erzielen kann, weil eigentlich alle bereits wissen, was Wirklichkeit ist, oder aber sich längst darüber verständigt haben, den Begriff – was auch immer er bedeuten mag und welchen Bedeutungswandel er auch immer durchgemacht haben mag – aufzugeben.

Diesem zweiten Typ von Interpretation ‚von innen‘ liegt eine gewisse Anmaßung zugrunde. Der Interpret der buddhistischen Philosophie weiß eigentlich besser als Nāgārjuna, was mit diesem oder jenem Begriff gemeint ist, er kann sich eigentlich ersparen, den mühevollen Weg Nāgārjunas noch einmal zu gehen, während das, was er als Interpretation ausgibt, nichts anderes als eine verstümmelte Wiederholung ist. Die schrittweise Entwicklung Nāgārjunas Denkens wird dabei übersehen, seine immer wieder neu ansetzende Auseinandersetzung mit substantiellen, dualistischen und reduktionistischen Konzepten, obwohl Nāgārjuna selbst nachdrücklich auf die Verständnisschwierigkeiten hingewiesen hat.

Wenn beide Möglichkeiten der Interpretation, die ‚äußere‘ und die ‚innere‘ unangemessen sind, was ist dann überhaupt möglich? Wir sollten damit beginnen, einzugestehen, dass eine tiefe Interpretation nicht möglich ist. Eine Interpretation muss aufzeigen können, was in einem Denken verborgen liegt, worauf es gründet, welche Dimensionen erschlossen werden. Und sie muss zeigen können, welche Veränderungen durch dieses Denken bewirkt werden. All dies können wir nicht tun. Gewiss, es werden Kritiken vorgebracht oder man erfreut sich an einigen Gedanken und versucht, sich daran zu erbauen. Ein Teil der Sekundärliteratur über Nāgārjuna vergleicht ihn mit anderen Philosophen, indischen, griechischen, traditionellen und modernen. Aber eigentlich bleibt das nebensächlich. Zu einer auf eigener Erfahrung basierenden Zwiesprache mit Nāgārjuna ist es im Westen bisher noch nicht gekommen. Die Interpretationen und Erfahrungen in Tibet und in anderen asiatischen Ländern lassen sich nicht unmittelbar übertragen. Im Westen fehlen bisher spirituell erfahrene, erleuchtete Gesprächspartner Nāgārjunas.

Welchen Sinn kann dann die vorliegende Untersuchung haben? Sie kann so etwas wie eine Hinführung versuchen. Dadurch kann die Aktualität der Fragestellung verdeutlicht werden. Auch kann der Bedeutungswandel der Wirklichkeitsbegriffe im westlichen Denken beleuchtet werden. Einige westliche Interpreten haben den Versuch unternommen, Nāgārjunas Denken mit modernen Philosophien zu vergleichen. Mein eigener Beitrag geht mit dem Vergleich der buddhistischen Philosophie & den metaphysischen Grundlagen der Quantenphysik in die gleiche Richtung, die darin besteht, Ähnlichkeiten und Unterschiede zwischen dem Denken Nāgārjunas und dem westlichen Denken herauszustellen. Zu einer Vorverständigung ist das eine notwendige Methode. Für eine tiefer gehende Interpretation fehlt eine tiefer gehende Erfahrung mit den Abhängigkeiten der Wirklichkeit, um den Wirklichkeitsbegriff durch Evidenz und nicht durch Argumente zu fundieren.[91]

6. Nāgārjunas Methode

Nāgārjunas Methode besteht aus zwei Aspekten. Zum einen aus der Darlegung eines eigenen Wirklichkeitsbegriffs, der dem substantiellen Denken der traditionellen indischen Metaphysik dichotomisch entgegengestellt wird. Dieser Punkt ist durch eine große Zahl von modernen westlichen Interpretationen vernebelt worden. B. K. Matilal, Karl Potter, Jacques May, T.R.V. Murti, Peter Fenner, G. C. Nayak, Shotaro Iida, Hans Schumann, Herbert Guenther und andere Interpreten der Philosophie Nāgārjunas haben betont, dass Nāgārjuna keine eigene philosophische Position habe.[92] Dadurch ist die Klarheit verloren gegangen, mit der Nāgārjuna [oder ein Nachfolger Nāgārjunas] die Substanzlosigkeit und die Abhängigkeit der eigenen Position betont hat, was nicht gleichbedeutend damit ist, keine Position zu haben. In seinem Werk **Mahāprajñaparamitā-śastra** macht ein imaginärer oder tatsächlicher Gegner Nāgārjunas einen Einwand gegen die Behauptung, dass alle Gegebenheiten [dharma] śūnya [substanzlos] seien. Er argumentiert: „Il doit y avoir réellement des dharma non-vides [aśūnya]. Pourquoi? Parce qu'il y a des différences entres les choses connues par les profanes [prthagjana] et les choses connues par les saints [aryapudgala]: les choses connues par les profanes sont fausses, celles qui sont connues par les saints sont vraies. On s'appuie sur le vrai savoir des saints pour rejeter les dharma faux; on ne peut s'appuyer sur des mensonges pour détruire des mensonges.

Réponse. – Détruire les choses connues par les profanes, c'est cela le savoir des saints. Mais en l'absence des dharma de profanes, il n'a a pas des dharma de saints, de même qu'en l'absence de maladie [vyadhi], il n y a pas de remède [bhaisajya]. C'est pouquoi un Sutra dit: ‚Sans dharma de profanes, il n y a pas dharma de saints. La vraie nature des dharma de profanes, c'est les dharma de saints'."[93]

[„Frage. – Es muss wirklich nicht-substanzlose [aśūnya] Gegebenheiten [dharma] geben. Warum? Weil es Unterschiede gibt zwischen den Dingen, die die Profanen [prthagjana] kennen und Dinge, die die Heiligen [aryapudgala] kennen: die Dinge, die die Profanen kennen, sind falsch, während diejenigen, die den Heiligen bekannt sind, wahr sind. Man stützt sich auf das wahre Wissen der Heiligen, um die falschen Gegebenheiten [dharma] zurückzuweisen; man kann sich nicht auf Lügen stützen, um Lügen zu zerstören.

Antwort. – Das Wissen der Heiligen besteht darin, die den Profanen bekannten Dinge oder Konzepte [dharma] zu zerstören. Aber in Abwesenheit der Gegebenheiten [dharma] der Profanen gibt es keine Gegebenheiten [dharma] der Heiligen, so wie es bei einer fehlenden Krankheit [vyadhi] kein Heilmittel [bhaisajya] gibt. Darum sagt ein Sutra: ‚Ohne Gegebenheiten [dharma] der Profanen gibt es keine Gegebenheiten [dharma] der Heiligen. Die Gegebenheiten [dharma] der Heiligen bestehen aus der wahren Natur der Gegebenheiten [dharma] der Profanen'."]

Demnach ist die buddhistische Lehre nicht unabhängig, nicht substantiell, sondern von den falschen Konzepten, von den Krankheiten der Menschen abhängig. Wenn die Konzepte und Krankheiten der Menschen beseitigt sind, ist die buddhistische Lehre als eine substanzlose Lehre von der Substanzlosigkeit [śūnyatā] der Objekte überflüssig. Der Wirklichkeitsbegriff Nāgārjunas ist keine absolute, sondern eine abhängige metaphysische Position zum Zweck der Verständigung [prajñapty-artham].

Er will den Wirklichkeitsbegriffen des Reduktionismus, Subjektivismus, Holismus und Instrumentalismus keinen eigenen substantiellen Wirklichkeitsbegriff entgegenhalten, sondern einen abhängigen Begriff des abhängigen Entstehens [pratītyasamutpāda] der Objekte. Das ist Nāgārjunas eigene Position. Dieser Wirklichkeitsbegriff Nāgārjunas steht in einem dichotomischen Gegensatz zum substantiellen Wirklichkeitsbegriff der traditionellen Metaphysik Indiens, aber auch Europas, nach dem der Welt, in der wir leben, ein unveränderliches Sein zugrunde liegen soll.

Zum anderen besteht Nāgārjunas analytische Methode darin, eine Erscheinung oder eine Behauptung, mit Rücksicht auf die ursächlichen Beziehungen, in eine Teilerscheinung zu zerlegen. Es ist ein argumentativer Diskurs, in dem Gründe angegeben werden, für das, was er behauptet, und Hinweise auf innere Widersprüche der Behauptungen von vier extremen Wirklichkeitsbegriffen, die er widerlegen möchte. Diese Hinweise bestehen hauptsächlich darin, die Identität und die Getrenntheit der beiden Komponenten eines Systems als eine nicht haltbare Vorstellung zurückzuweisen. Bei den Ansichten, die die holistische Identität [3. Ansatz] oder die dualistische Getrenntheit von Gegensatzpaaren [1. und 2. Ansatz] behaupten, verstrickt man sich in unhaltbare logische Widersprüche, Paradoxien, in unendliche Begründungen [regressus in infinitum, z. B. MMK 7.3], Zirkelschlüsse, in denen das zu Beweisende schon enthalten ist, in Verdoppelungen [MMK 13] oder in dogmatische Behauptungen, die nicht evident sind.

Am Anfang des 19. Jahrhunderts wurde eine recht ähnliche Methode von dem Philosophen Jakob F. Fries thematisiert. Fries argumentierte, wenn eine Begründung zutreffen soll, dann muss sie auch begründet werden. Bei dem Versuch, dies zu tun stößt man auf drei Möglichkeiten, die alle gleich wenig akzeptabel sind. 1. Eine Begründung muss begründet werden. Diese Begründung ebenso und so weiter. Das ist ein unendlicher Regress, der letzten Endes nichts begründet. 2. Der Zirkelschluss, bei dem wir versteckt bereits das voraussetzen, was wir begründen wollen. 3. Der Dogmatismus, bei dem wir an einer willkürlichen Stelle anhalten und keine weitere Begründung liefern. Ein Konzept oder eine Theorie kann diese Möglichkeiten nicht vermeiden. Deswegen können Konzepte oder Theorien nicht vollständig sein, meinte Fries. Auch die Erlanger Schule des Konstruktivismus hat die Forderung, dass eine Begründung methodisch [d. h. logisch klar, explizit und zirkelschlussfrei] und vollständig sein soll, als unerfüllbar zurückgewiesen.[94]

Konzepte und Theorien sind fragmentarisch, weil sie an Voraussetzungen gebunden sind, die in ihnen selbst nicht enthalten sind. Sie versuchen etwas festzuhalten, das sich ändert. In diesem Sinne haben nicht nur die Gegebenheiten, sondern auch die Theorien und Konzepte keine unabhängige Substanz, kein eigenes Sein, sie sind nicht frei von jeder Art von Fremdbestimmung [Spinoza]. Selbst Konzepte des Werdens ändern sich nicht dem Wandel der Gegebenheiten entsprechend. Deswegen kann es keine Letztbegründung von etwas geben.

Nāgārjunas Methode besteht darin, mit dem Instrument des Tetralemma [catuṣkoṭi] systematisch vier extreme Wirklichkeitsbegriffe zurückzuweisen, die nicht mit dem Prinzip des abhängigen Entstehens [pratītyasamutpāda] zu vereinbaren sind. Pratītyasamutpāda ist Ausgangspunkt und Ergebnis seiner Perspektive und Argumentation. Als Interpreten seiner Philosophie können wir nicht von seiner Erfahrung ausgehen, aber wir können uns in seine Perspektive und Argumentationsweise versetzen.

7. Dualität

Wie belegt Nāgārjuna die Abhängigkeit der Objekte? Ausgangspunkt der Philosophie Nāgārjunas ist die Dualität [Zweiheit] der Objekte und der Begriffe. Bei unserem alltäglichen Umgang mit den konkreten Objekten dieser Welt begegnen uns diese zunächst als einzelne, isolierte, unabhängige Objekte. Alles fällt auseinander. Auf den ersten Blick sind gar keine Zusammenhänge zu erkennen. Die Erkenntnis von Zusammenhängen wird oft durch philosophische und wissenschaftliche Konzepte von einer unabhängigen Substanz und von einem eigenen Sein erschwert. Sie systematisieren den Trugschluss des ersten Blicks und meinen, in den einzelnen, isolierten, unabhängigen Objekten oder in ihren unabhängigen Bestandteilen etwas Grundlegendes entdeckt zu haben. Wenn man sich von dieser traditionellen Metaphysik gelöst hat, kann man sich einer eigenen Untersuchung der Objekte widmen. Nach einer genauen Untersuchung manifestieren sich die Objekte in einer Dualität [Zweiheit]. Diese grundlegenden Objekte, die ich Zwei-Körper-Systeme nenne, können nicht weiter zerlegt werden, sie bilden ein System von zwei Komponenten, die sich ergänzen. Die eine Komponente existiert nicht ohne die andere, die eine bildet das Gegenstück der anderen. In seinem Hauptwerk MMK beschäftigt sich Nāgārjuna mit solchen konkreten, objektbezogene Dualitäten wie:

Ein Ding & seine Ursache [1. Kapitel], Geher & Gehen [2. Kapitel], Seher & Sehen [3. Kapitel], Ursache & Wirkung [4. Kapitel], Kennzeichen & Zu-Kennzeichnendes [5. Kapitel], Leidenschaft & der von Leidenschaft Ergriffene [6. Kapitel], Entstehen & Bestehen & Vergehen

[7. Kapitel], Tat & Täter [8. Kapitel], der Sehende & das Sehen [9. Kapitel], Feuer & Brennstoff [10. Kapitel], Anfang & Ende [11. Kapitel], Leid & Ursachen des Leids [12. Kapitel], der Junge & der Alte, süße Milch & saure Milch [13. Kapitel], etwas & etwas anderes [14. Kapitel], der Begriff des Seins & der Begriff des Nichts [15. Kapitel], Bindung & Befreiung [16. Kapitel], Tat & ihre Frucht [17. Kapitel], der Begriff der Identität & der Begriff der Verschiedenheit [18. Kapitel], Vergangenheit & Gegenwart & Zukunft [19. Kapitel], Grund & Frucht [20. Kapitel], Entstehen & Vergehen [21. Kapitel], der Gedanke ‚den Buddha gibt es über den Tod hinaus' & der Gedanke ‚es gibt ihn nicht' [22. Kapitel], das Reine & das Unreine [23. Kapitel], Buddha & bodhi [Erwachen] [24. Kapitel], Nirvāṇa & das Seiende [25. Kapitel].

Nāgārjuna bezieht sich auf die Dualität der Gegebenheiten [dharma] und ebenso auf die dualen Begriffe, die unserem Denken zugrunde liegen. Eine der elementarsten Fähigkeiten des menschlichen Verstandes besteht darin, Objekte in zwei Kategorien und in Begriffspaare, wie zum Beispiel in ‚essbar & nicht essbar' oder in ‚Freund & Feind' einzuteilen. Der eine Begriff existiert nicht ohne den anderen. Es ist nicht möglich, diese Begriffspaare weiter zu zerlegen und auf ihre einzelnen Bestandteile zu reduzieren. Der Begriff ‚essbar' hat isoliert, unabhängig von dem Gegenbegriff ‚nicht-essbar' keine Bedeutung. Es gibt zahllose Beispiele für ganzheitliche, duale Begriffe, wie:

gross & klein
links & rechts
wahr & falsch
positiv & negativ
Sein & Nichtssein
Existenz & Nichtexistenz
Wirklichkeit & Illusion
Stillstand & Bewegung
Idee & Materie
Objekt & Subjekt[95]
Wirklichkeit & Konzept
Denken & Wahrnehmung
Identität & Nichtidentität
Einheit & Mannigfaltigkeit
etc.

Hier zeigt sich die Doppelgesichtigkeit oder der Zwillingscharakter eines Begriffs. Begriffspaare als duale Begriffssysteme stehen in einer gegenseitigen definitorischen Abhängigkeit ihrer Elemente. Diese Begriffspaare sind die ursprünglichen semantischen Träger. Wir haben keine kleineren, elementareren Einheiten. Der eine Begriff existiert nicht ohne den anderen. Selbst wenn wir versuchen, einen noch einfacheren, elementareren Begriff, wie ‚etwas' zu bilden, in der Erwartung, einen einzelnen, unabhängigen, isolierten, voraussetzungslosen Begriff gefunden zu haben, steht diesem Begriff unausgesprochen der Begriff ‚etwas anderes' gegenüber. Es gibt keinen unabhängigen, einzelnen Begriff ohne einen Gegenbegriff. Da Begriffe als sprachliche Elemente je nach Betrachtungsrichtung ein Allgemeines oder ein Einzelnes darstellen, können Begriffe niemals isoliert auftreten.[96]

8.
Pratītyasamutpāda & śūnyatā

Pratītyasamutpāda & śūnyatā sind die beiden Schlüsselbegriffe Nāgārjunas, die die Wirklichkeit kennzeichnen. Pratātyasamutpāda ist ein Begriff, der aus zwei Aspekten besteht: Abhängigkeit [pratītya] und Entstehen, Geburt [utpāda]. Der erste Aspekt bezieht sich auf die Abhängigkeit einer der Gegebenheiten [dharma] von einer anderen oder von mehreren anderen. Die grundlegenden Objekte sind Systeme, deren Komponenten einzeln nicht vorkommen. Es gibt keine unabhängigen Objekte [dharma], die Objekte sind abhängig von anderen. Der zweite Aspekt bezieht sich auf das Entstehen der Gegebenheiten [dharma]. Hier betont Nāgārjuna vor allem die Abhängigkeit des Entstehens. Es gibt kein wirkliches Entstehen, wenn man darunter etwas Substantielles, Dauerhaftes, aus sich selbst heraus Bestehendes, etwas Unabhängiges versteht. Das abhängige Entstehen [pratītyasamutpāda] ist in der Mitte zwischen einem substantiellen Entstehen [utpāda] und seinem Gegenteil, [vināśa], was man vielleicht Nichts nennen sollte. Das was abhängig entsteht, hat kein eigenes Sein.

Dadurch werden wir in das Zentrum der Philosophie Nāgārjunas geführt, es besteht in seinem Wirklichkeitsbegriff. Er stellt die grundlegende Wirklichkeit der Welt, in der wir leben, als ein Zusammenspiel von Systemen dar, deren Bestandteile weder unabhängig sind, noch auseinanderfallen. Nach Carl Friedrich von Weizsäcker besteht die Rekonstruktion einer Theorie in ihrem nachträglichen Aufbau aus möglichst einleuchtenden Postulaten. [96a] In den MMK besteht Nāgārjunas

Postulat in einem einzigen Gedanken: die beiden oder manchmal auch drei Komponenten eines grundlegenden Systems sind weder zusammen noch sind sie nicht zusammen: Ein Ding & seine Ursache [1. Kapitel], Geher & Gehen [2. Kapitel], Seher & Sehen [3. Kapitel], Ursache & Wirkung [4. Kapitel], Kennzeichen & Zu-Kennzeichnendes [5. Kapitel], Leidenschaft & der von Leidenschaft Ergriffene [6. Kapitel], Entstehen & Bestehen & Vergehen [7. Kapitel], Tat & Täter [8. Kapitel], der Sehende & das Sehen [9. Kapitel], Feuer & Brennstoff [10. Kapitel], Anfang & Ende [11. Kapitel], Leid & Ursachen des Leids [12. Kapitel], der Junge & der Alte, süße Milch & saure Milch [13. Kapitel], etwas & etwas anderes [14. Kapitel], der Begriff des Seins & der Begriff des Nichts [15. Kapitel], Bindung & Befreiung [16. Kapitel], Tat & ihre Frucht [17. Kapitel], der Begriff der Identität & der Begriff der Verschiedenheit [18. Kapitel], Vergangenheit & Gegenwart & Zukunft [19. Kapitel], Grund & Frucht [20. Kapitel], Entstehen & Vergehen [21. Kapitel], der Gedanke ‚den Buddha gibt es über den Tod hinaus' & der Gedanke ‚es gibt ihn nicht' [22. Kapitel], das Reine & das Unreine [23. Kapitel], Buddha & bodhi [Erwachen] [24. Kapitel], Nirvāṇa & das Seiende [25. Kapitel] – bei allen diesen aus zwei oder drei Komponenten bestehenden Systemen sind die Komponenten weder identisch noch fallen sie auseinander, sie sind abhängig entstanden. MMK 10. 16 betont und verallgemeinert noch einmal diesen Gedanken: „Diejenigen, die entweder lehren, dass der Ātman [mit den Skandas] und die Dinge [mit ihren Gründen und Bedingungen] eine Einheit bilden, oder aber lehren, dass sie jeweils gesondert für sich bestehen, die halte ich nicht für Kenner des Sinnes der Lehre [Buddhas]." Das ist die Bedeutung von śūnyatā: Die Objekte sind ohne eigenes Sein, ohne eine unabhängige Substanz, ohne Unabhängigkeit, sie entstehen nur in Abhängigkeit von anderen Objekten. Nirgendwo entstehen unveränderliche Dinge, 1. weder aus sich selbst heraus, 2. noch aus etwas anderem heraus, 3. nicht aus beidem und 4. nicht ohne eine Ursache.

Ein Objekt ist nicht unabhängig von seinen Bedingungen und nicht identisch mit ihnen, ein Geher & eine begangene Strecke sind nicht eins, aber sie fallen auch nicht auseinander, bei einem Seher gibt es weder Identität noch Verschiedenheit mit dem Sehen. Es gibt keine Ursache unabhängig von einer Wirkung und umgekehrt. Der Begriff der Ursache hat keine Bedeutung ohne seinen Gegenbegriff Wirkung. Ursache

& Wirkung sind nicht eins, aber sie fallen auch nicht in zwei getrennte Begriffe auseinander. Unabhängig von einem Kennzeichen können wir nicht von einem Zu-Kennzeichnenden sprechen und umgekehrt. Wie sollte es einen von Leidenschaft Ergriffenen geben, unabhängig von der Leidenschaft? Wenn es keine Ursachen des Entstehens gibt, gibt es auch kein Entstehen, für sich allein gibt es keins von beidem. Unabhängig von einer Tat gibt es keinen Täter, unabhängig vom Sehen keinen Sehenden, unabhängig vom Feuer keinen Brennstoff. Es gibt kein Ende ohne einen Anfang. Süße Milch hat keine dauerhafte Substanz, sonst könnte sie sich nicht in Sauermilch verwandeln. Saure Milch ist nicht identisch mit süßer Milch, aber sie ist auch nicht etwas vollkommen anderes, denn schließlich ist sie aus süßer Milch entstanden. Bindung & Befreiung sind nicht identisch, sie existieren aber auch nicht unabhängig voneinander. Wie sollte es eine unabhängige Befreiung geben ohne eine Bindung? Die materiellen und geistigen Komponenten eines Gegensatzes existieren nicht isoliert, aus sich selbst heraus, sie sind nicht identisch miteinander und sie sind nicht unabhängig voneinander, deshalb sind sie als unabhängige Begriffe falsch. Bei einem Gegensatzpaar und bei einem Begriffspaar ist die Existenz der einen Komponente von der anderen abhängig. Die eine entsteht mit der anderen, verschwindet die eine, dann verschwindet die andere mit ihr. Die grundlegende Wirklichkeit besteht aus einem Zusammenspiel von Dingen, die von anderen Dingen und von ihren eigenen Bestandteilen abhängig sind.

Dieser Wirklichkeitsbegriff ist zunächst nur eine Idee, ein abhängiger Begriff [prajñapti], wie Nāgārjuna es in MMK 24 nennt, ein Hinweis auf die Wirklichkeit, die eigentlich nicht erklärt werden kann. Wer von der konzeptfreien Wirklichkeit reden kann, hat sie offenbar nicht erlebt, sie ist ein Konzept geblieben. Das Erleben der Substanzlosigkeit, die Erfahrung der Substanzlosigkeit [śūnyatā] und der Abhängigkeit der Dinge [pratītyasamutpāda], die Erfahrung der Wirklichkeit, so wie sie ist, setzt für die buddhistische Tradition, die sich auf Nāgārjuna bezieht, eine hohe spirituelle Realisierung, eine yogische Wahrnehmung voraus, das Aufgeben extremer metaphysischer Ansätze, die Auflösung des ganzen dualistischen Denkens, bei dem alles in Teile zerfällt und diese Teile wieder in Teile. Die Substanzlosigkeit der Dinge, ihre Abhängigkeiten zu erleben, heißt, frei zu werden von allen Bindungen an diese Welt, wofür nirvāṇa nur ein anderes Wort ist.

Dieser Wirklichkeitsbegriff ist der erste der Philosophie Nāgārjunas. Man kann das ein dürftiges und mageres Ergebnis nennen. Aber, wie bereits gesagt, die hauptsächliche Funktion einer Philosophie besteht weniger darin, eine eigene Denktradition zu schaffen, die dann in einem Lehrbuch verbreitet werden kann, als vielmehr darin, falsche Konzepte aufzudecken und zu pulverisieren. Nāgārjuna hat selber in diesem Sinne gesprochen. Er schreibt im MMK: „25.24 Heilvoll ist die Beruhigung aller Wahrnehmung, die Beruhigung des dichotomischen Denkens. Nirgendwo wurde irgendeinem durch den Buddha irgendeine Lehre [Dharma] gelehrt." Wahrscheinlich ist mit diesem Satz gemeint, dass selbst der Dharma, den der Buddha gelehrt hat, keine unabhängige Substanz und kein eigenes Sein hat. Dieser Wirklichkeitsbegriff, der die Wirklichkeit nicht als etwas Statisches auffasst, sondern als ein Zusammenspiel von Dingen, die von anderen Dingen und von ihren eigenen Bestandteilen abhängig sind, hat trotz seiner substantiellen Nichtigkeit die Kraft, falsche, substantielle Konzepte von der Wirklichkeit zu pulverisieren oder wie eine Seifenblase platzen zu lassen. Das ist, wie bereits gesagt, die wichtigste Aufgabe einer Philosophie. Mit seinem Verständnis vom abhängigen Entstehen der Dinge weist Nāgārjuna einen zentralen Begriff der traditionellen indischen Metaphysik zurück: svabhāva. Dieser Begriff wird meist wörtlich mit ‚eigenes Sein' übersetzt. In dieser wörtlichen Formulierung kann man nicht sofort erkennen, dass er auch für das abendländische Denken grundlegend ist. Allerdings war der Begriff des eigenen Seins für die Zweiweltenlehre Platons ein tragender Begriff. In seinem Werk ‚Sophistes' unterscheidet Platon zwei Formen des Seins. Er unterscheidet zwischen dem, was eine Sache von sich her ist und dem, was eine Sache nur mit Hinsicht auf etwas anderes, durch Teilhabe an etwas anderem ist. Diese Unterscheidung von zwei Arten des Seins spielt auch in Platons Werk ‚Parmenides' eine Rolle. Sie führt zu der Unterscheidung von Einzeldingen, die alles, was sie sind, nur durch Teilhabe sind und insofern kein eigenes Sein haben, und Ideen, die ein eigenes Sein haben. ‚Eigenes Sein' ist jedoch kein geläufiger Begriff. Durch diese Übersetzung kann man nicht sofort erkennen, dass hier von einem Schlüsselbegriff der indischen Substanzmetaphysik die Rede ist, der seine Entsprechung in der Seinsmetaphysik oder Seinsontologie Europas hat. Wie lässt sich Nāgārjunas Hauptwerk von den Erfahrungen und Denkweisen der modernen westlichen Welt aus neu zur Sprache bringen? Das ist die zentrale Frage meiner Arbeit. Deshalb beziehe ich Nāgārjunas Auseinandersetzungen mit extremen Denkweisen nicht auf indische

Denkweisen im 3. Jahrhundert nach Christus, sondern auf Denkweisen der modernen Welt. Die historische Rekonstruktion der Philosophie Nāgārjunas und seiner Gesprächspartner ist ein anderes Thema. Mir geht es nicht um die Auseinandersetzung mit extremen metaphysischen Ansätzen im traditionellen indischen Denken, sondern im Denken der modernen Welt. Dementsprechend hat der Begriff ‚svabhāva' die Bedeutung ‚Sein', ‚eigenes Sein', ‚unabhängige Substanz', ‚Wirklichkeit', Realität', ‚Wesen'. Diese Begriffe haben dieselbe Bedeutung, manchmal nur mit einer kleinen Bedeutungsverschiebung, die vernachlässigt werden kann. [97]

Der zweite Aspekt der Philosophie Nāgārjunas besteht, wie gesagt, in der Zurückweisung von vier extremen metaphysischen Ansätzen, die ich auf das substantielle, subjektivistische, holistische und instrumentalistische Denken beziehe.

Was Nāgārjuna nicht gesagt hat. Bevor wir einen Blick auf die metaphysischen Fundamente werfen, die den Denkweisen der modernen Welt zugrunde liegen, soll festgehalten werden, was Nāgārjuna nicht gesagt hat. Nāgārjuna bietet keine philosophische oder physikalische Entstehungsgeschichte der Welt an. Obwohl einer seiner Schlüsselbegriffe pratītyasamutpāda [abhängiges Entstehen] ist, bietet Nāgārjuna keine Erklärung des empirischen Entstehens der Objekte an, aber er behauptet auch nicht, dass man das empirische Entstehen der Objekte nicht erklären kann. Eine umfassende empirische Erklärung der Objekte und der Welt, in der wir leben, ist einfach nicht sein Thema. Sein Thema ist der prinzipielle Gegensatz von einem substantiellen & und einem abhängigen Entstehen der Objekte. [Empty [śūnya] does not depend upon non-empty [aśunya], and non-empty does not depend upon empty. [Nāgārjuna, Śūnyatāsaptati [ŚS], Ch. Lindtner, op.cit., S. 59]] [‚Leer hängt nicht von nicht-leer ab und nicht-leer hängt nicht von leer [śūnya] ab.'] Diese Frage kann sich in vier Formen manifestieren, die im 1. Vers der MMK genannt werden und die in dieser Arbeit reduktionistisch, subjektivistisch, holistisch und instrumentalistisch genannt werden. Diese vier Wirklichkeitsbegriffe werden mit seinem eigenen Wirklichkeitsbegriff und mit Hinweisen auf ihre eigenen Aporien und ihre inneren Widersprüche zurückgewiesen. Nāgārjuna beschäftigt sich nicht mit dem Ursprung der Welt, er bietet auch keinen Schöpfungsmythos an. Sein Begriff der Kausalität und des abhängigen Entstehens der Objekte kommt nur für die unmittelbare Wirklichkeit der Welt, in der wir leben, zur Geltung. Sein Wirklichkeitsbegriff versucht nicht alles mit allem zu verbinden. Solche konstruierten, kausalen, holistischen Zusammenhänge kommen in seinem Hauptwerk nicht vor. **Die von ihm unterstellte Dualität [Zweiheit] der Dinge trifft nur auf zwei Objekte zu, die nicht völlig unabhängig voneinander existieren können. Beispielsweise sind Mann & Frau kein duales Gegensatzpaar, weil sie auch unabhängig voneinander existieren können. [vgl. MMK 10.7]** Nāgārjuna behauptet nicht, dass alles nur Geist, Bewusstsein, Illusion, Fiktion, Schein oder nur eine Projektion des Geistes sei. Das ist in verkürzter Form der Wirklichkeitsbegriff der buddhistischen Schule des Yogācāra. In Nāgārjunas Hauptwerk [MMK] steht nichts dergleichen.

Auch das Bewusstsein [vijñāna] hat für Nāgārjuna keine unabhängige Substanz, es ist nicht frei von jeder Art von Fremdbestimmung. Bei ihm ist nicht die Rede von einem fundamentalen Bewusstsein, das die Basis von allem ist [ālayavijñā]. In seinem Werk Śūnyatāsaptati-kārikā [Ś.S.] gibt es einen Hinweis Nāgārjunas auf die Abhängigkeit des Bewusstseins von der konzeptualisierten Welt: „56. Consciousness [vijñāna] occurs dependent upon the internal and external sense-fields [āyatana]. Therefore consciousness [vijñāna] is empty [śūnya], like mirages and illusions [marīcimāyāvat]. 57. Since consciousness [vijñāna] arises dependent on a discernible object [vijñeya], the discernible does not exist [in itself]. Since [the conscious subject] does not exist without the discernible [vijñeya] and consciousness [vijñāna], therefore the conscious subject [vijñātr] does not exist [by himself]."[98] [„56. Bewusstsein entsteht in Abhängigkeit von inneren und äußeren Grundlagen der sinnlichen Wahrnehmung."] [Es gibt deren zwölf, nämlich die sechs Sinnesfähigkeiten [indriya], sowie die sechs entsprechenden Objekte [vgl. MMK 14.2; 16.2; 26.3.].] [„Deswegen ist das Bewusstsein substanzlos wie eine Luftspiegelung und wie Illusionen. 57. Da das Bewusstsein in Abhängigkeit von einem unterscheidbaren Objekt entsteht, existiert das unterscheidbare Objekt nicht [von selbst]. Da das bewusste Subjekt nicht ohne das unterscheidbare Objekt und ohne Bewusstsein existiert, existiert es nicht [aus sich selbst]".]

Selbstverständlich spielen Rationalität und Logik in der Philosophie Nāgārjunas eine wichtige Rolle, aber nur als eine Vorwegnahme eines konzeptfreien, yogischen Erlebens der Wirklichkeit. Nāgārjuna verwendet das Denken und die Logik, um an die Grenzen der Erkenntnisfähigkeit zu kommen, um aufzuzeigen, dass sich die Wirklichkeit nicht durch das dualistische Denken, durch extreme Wirklichkeitsbegriffe in den Griff bekommen lässt. Vielleicht gilt es auch hier, zwei extreme Haltungen zu vermeiden, die meinen, man könne mit dem Verstand alles oder nichts erklären.

9.
Śūnyatā [Substanzlosigkeit] – die letzte Wirklichkeit?

Nachdem Nāgārjuna seinen Wirklichkeitsbegriff dargestellt hat, der die Wirklichkeit nicht als etwas Statisches, sondern als Systeme ständig wechselwirkender Komponenten versteht, bleibt er nicht dabei stehen, lässt er sich nicht darauf festnageln, löst er diesen Begriff wieder auf. Nāgārjunas Methode besteht nicht darin, falsche Wirklichkeitsbegriffe durch einen richtigen, letzten, endgültigen, absoluten oder substanziellen Wirklichkeitsbegriff zu ersetzen. In den MMK werden stufenweise fünf Wirklichkeitsbegriffe angedeutet: 1. Śūnyatā. 2. Śūnyatā-Śūnyatā [Substanzlosigkeit der Substanzlosigkeit]. 3. Die Wirklichkeit, die weder śūnya, noch nicht śūnya, nicht beides und nicht keines von beidem ist. 4. Nirvāṇa als eine unabhängige Wirklichkeit. 5. Konzeptfreie Wirklichkeit. Diese fünf Wirklichkeitsbegriffe sollen etwas ausführlicher dargestellt werden.

1. Wie die Darstellung seines Hauptwerkes MMK gezeigt hat, liegen den Gegebenheiten oder Objekten [dharma] und den Begriffen Systeme zugrunde, die nicht auf eine einzige, unabhängige, grundlegende, substantielle Komponente reduziert werden können. Dieser Wirklichkeitsbegriff wird durch śūnyatā [Substanzlosigkeit] und pratītyasamutpāda [abhängiges Entstehen] zum Ausdruck gebracht.
2. Die Substanzlosigkeit [śūnyatā] selbst ist nicht absolut, sie existiert nicht aus sich selbst heraus, sie hat selbst keine Substanz, śūnyatā ist selbst nur ein abhängiger Begriff [prajñapti, MMK 24.18], der nur zum Zweck

der Verständigung [prajñapty-artham, MMK 22.11] verwendet wird. Śūnyatā selbst ist substanzlos [śūnya] [99]. Es gibt keine substantielle Substanzlosigkeit. Warum nicht? Weil die Dinge und die Substanzlosigkeit eins sind. Beide entstehen und vergehen gemeinsam. Die Wirklichkeit ist Substanzlosigkeit [śūnyatā]. Substanzlosigkeit [śūnyatā] ist die Wirklichkeit. **MMK 24.40 „Wer das abhängige Entstehen sieht, der sieht diese Welt wie sie wirklich ist …".**

3. Der darüber hinausgehende Wirklichkeitsbegriff lässt sich nicht mehr mit den Begriffen substanzlos & nicht-substanzlos, beides oder keines von beidem, festlegen. Nāgārjuna schreibt in den MMK 22.11: „Man soll weder sagen ‚substanzlos', noch ‚nicht-substanzlos', auch nicht ‚beides zugleich' und auch nicht ‚keines von beidem'. Auf dieser Stufe wird das Schema des Tetralemma [catuṣkoṭi], als vierfacher Verneinung, auf die zentralen Begriffe der buddhistischen Philosophie selbst angewendet. Hier geht es also nicht darum, mit einer vierfachen Verneinung vier extreme Wirklichkeitsbegriffe zurückzuweisen, sondern Nāgārjunas eigenen Wirklichkeitsbegriff, śūnyatā. Auch für diesen Wirklichkeitsbegriff sind vier extreme metaphysische Interpretationen möglich, eine reduktionistisch, eine subjektivistische, eine holistische und eine instrumentalistische.
4. Auf der vierten Stufe haben wir eine Ebene erreicht, auf der von etwas Nicht-Zusammengesetztem und Unabhängigem die Rede ist: nirvāṇa. Das ist überraschend, da das Hauptanliegen Nāgārjunas darin besteht, das Fehlen von Unabhängigkeit zu belegen. Stellt nirvāṇa eine letzte Wirklichkeit dar? Nāgārjuna schreibt: „MMK 25.9 Was [im Saṃsāra] als Seiendes kommt und geht, abhängig oder bedingt ist, das wird, sofern es unabhängig und nicht bedingt ist, als nirvāṇa gelehrt." Von welcher Unabhängigkeit ist hier die Rede?

Wahrscheinlich ist die Befreiung von extremen Ansätzen gemeint, die das Denken und Wahrnehmen nicht zur Ruhe kommen lassen. Diese Befreiung steht nicht in einem Gegensatz zum Saṃsāra, sie ist ein Bestandteil des Saṃsāra, sie ist in ihm enthalten. Saṃsāra und Nirvāṇa sind zwei Seiten einer Medaille.

Auch der berühmte Widmungsvers der MMK könnte in einem absolutistischen Sinn interpretiert werden. Er lautet: „Ihn, den völlig Erwachten, den besten aller Lehrer, verehre ich, der die beglückende, alle Konzeptualisierung [prapañca] auflösende, Lehre vom abhängigen Entstehen [pratītyasamutpāda] verkündete, [die bedeutet:] Nichtvergehen,

Nichtentstehen, Nichtabbrechen, Nichtandauern, Nichteinheit, Nichtvielheit, Nicht-zur-Erscheinung-Kommen, Nicht-aus-ihr-Verschwinden." Bei dieser Übersetzung wird nicht deutlich, ob pratītyasamutpāda durch Nichtvergehen etc. gekennzeichnet sein soll, oder ob es gerade frei sein soll vom Nichtvergehen etc., weil die grundlegende Wirklichkeit nicht durch extreme Ansätze des Nichtvergehens etc. erfasst werden kann. Dieser letzteren Interpretation entspricht die englische Übersetzung des Widmungsverses von Jay L. Garfield: „I prostrate to the Perfect Buddha, / The best of teachers, who taught that, / Whatever is dependently arisen is / Unceasing, unborn, / Unannihilated, not permanent, / Not coming, not going, / Without distinction, without identity, / And free from conceptual construction." [100]Auch Ian Charles Harris übersetzt den Widmungsvers im Sinn des Freiseins vom Nichtvergehen, Nichtsentstehen etc.: „I bow down to the Buddha, the best of teachers, who taught the dependent origination, free from dichotomous thought and auspicious [sivam]; being without destruction or production, neither created nor eternal, neither differentiated nor undifferentiated and without coming or going." [101] Dieser Übersetzung und Interpretation entspricht auch MMK 18.11, wo Nāgārjuna schreibt: „Nicht Einheit, nicht Vielheit, nicht Aufhören, nicht Dauern: Dies ist das Unsterbliche an der Lehre der Buddhas, der Weltenschützer." **Demnach sind pratītyasamutpāda und nirvāṇa unabhängig, frei von extremen Ansätzen [Konzepten] des Nichtvergehens [unabhängige Substanz, eigenes Sein], des Nichtentstehens [des Nichts] etc.**

Wenn der Widmungsvers als ein Hinweis auf etwas Absolutes interpretiert wird, dann würde er einen unmöglichen philosophischen Versuch darstellen. Jeder Versuch, etwas Absolutes darzustellen, ist eigentlich zum Scheitern verurteilt. Etwas Absolutes oder Unabhängiges hätte als Kennzeichen, in keinem Abhängigkeitsverhältnis zu etwas anderem zu stehen. Wer könnte das Absolute wahrnehmen oder darstellen, ohne mit dem Absoluten in eine Wechselwirkung zu geraten, was das Unabhängige zu etwas Abhängigem, das Absolute zu etwas Relativem machen würde?

Auch pratītyasamutpāda und nirvāṇa lassen sich nur als zwei abhängige Wirklichkeitsebenen und Begriffe beschreiben. Auch diese Begriffe werden nur zum Zweck der Verständigung verwendet. Nāgārjuna bleibt auch nicht bei diesem von extremen Ansätzen unabhängigen Wirklichkeitsbegriff stehen. [102]

5. Bisher war von vier Wirklichkeitsbegriffen die Rede, die eigentliche Wirklichkeit ist frei von Definitionen, Beschreibungen, Wörtern, Kommentaren, Begriffen und Konzepten. Sie zu erfahren, bedeutet, frei zu sein von allen Anhaftungen, Leidenschaften, Bindungen. Diese Wirklichkeit wird nicht durch denken oder sinnliche Wahrnehmung, sondern durch yogische Wahrnehmung erreicht. Sie ist nur vom Erwachen [bodhi] abhängig. In dem Moment des Erwachens ist auch nicht mehr von pratītyasamutpāda, śūnyatā, nirvāṇa und von Philosophie die Rede. In der Erleuchtung nimmt der Geist die Wirklichkeit wahr, mit der er untrennbar verbunden ist. **„Gleichgültigkeit [anadhyavasana], die Loslösung, die Abwesenheit einer Grundlage, die Substanzlosigkeit, das Nichtkennzeichen [animitta] und das Nicht-in-Betracht-Ziehen [apranihita] sind die eigentlichen Lehren.“** [Traité, S. 2134–2135]

10.
Substanz, Dualismus, Reduktionismus

Substanz, Dualismus und Reduktionismus sind drei grundlegende metaphysische Konzepte, die der traditionellen Metaphysik und der theoretischen Physik bis heute zugrunde liegen. Nāgārjunas Auseinandersetzungen mit extremen metaphysischen Ansätzen lassen sich auf diese Konzepte beziehen.

Substanz. Ohne Vollständigkeitsanspruch möchte ich hier in kurz gefasster Form den abendländischen Begriff der Substanz Revue passieren lassen. Er bezeichnet seit Platon [427–347 vor Christus] das sich in allen Einzelfällen unverändert durchhaltende Wesen von etwas, im Unterschied zur Erscheinung, zu den wechselnden Eigenschaften der Sinnesdinge, die auch Akzidenzien genannt werden. Substanz meint das Sein als das Ewige und Unveränderliche, im Unterschied zum Nichtsein und zum Werden. Für Platon war sie vollkommen und absolut, mit der Idee identisch. Sie war unteilbar und sich selbst ewig gleichbleibend, da Platon eine Zweiteilung in Substanzielles und Relatives durchführte. Nach der Ideenlehre Platons liegen der Vielfalt der Erscheinungen Ideen zugrunde, die in sich selbst ruhen und nur dem Denken zugänglich sind. Sie sind von den Sinnesdingen durch einen Abgrund getrennt, aber als Existenz gebender, Erkennbarkeit gewährender und Ordnung stiftender Ursprung in der Vielheit anwesend. Sie sind das Wesen [usía], das Urbild der Dinge, die ihrerseits zu einem bloßen Abbild und Schatten herabsinken. In seiner ‚ungeschriebenen Lehre' unterscheidet Platon darüber hinaus zwischen einem Ursprung für sich selbst, der keinerlei Beziehung zu einer Vielfalt hat, ein unbezügliches, beziehungsloses Für-sich-Sein, das nicht zu einem Bestandteil der Vielfalt wird und einem bipolar strukturierten Ursprung, der sich in der Vielfalt manifestiert.[103] Aristoteles [384–322 vor Christus] bezog sie auf das Einzelne, aber auch auf den göttlichen Geist. Die Zweiteilung der Seinsarten in Substanzielles und Relatives wurde von allen hellenistischen Philosophieschulen mit Modifikationen übernommen. Der Neuplatonismus definierte Substanz als die höchste und vollendete Bestimmtheit, der das Sein in keiner Hinsicht fehlt, als das durch sich selbst Seiende, das Urbild, unvergänglich, teillos und einfach, sowie immerseiend. Für Avicenna [980–1037] kam die Existenz von außen hinzu, wie eine Akzidenz, weil zu existieren nicht zur Wesenheit der Dinge gehört. Im Unterschied dazu verstand Peter Abaelard [1079–1142] unter Substanz stets das Einzelding. Nach Johannes Scotus Eriugena [1266–1308] war Substanz, was durch sich selbst besteht und zu seinem Sein keines Zugrundeliegenden bedarf, unkörperlich und den Sinnen nicht zugänglich. Für Thomas von Aquin [1225–1274] bezeichnete Substanz eine Wesenheit, die durch sich selbst ist, während Akzidenz nie aus sich heraus existieren kann und kontingent ist. Wilhelm von Ockam [1300–1347 oder 1350] bezog Substanz auf die Individualität, was bedeutete, nur Eines sein zu können, nicht Vieles. Er sagte, in zwei Individuen gäbe es nichts, das ein und dasselbe sei. Daraus folgte dann eine nominalistische Auffassung des Verhältnisses von Substanz und Akzidenz. Für Nikolaus von Kues [1401–1464] war Substanz das Seinsprinzip der Akzidenzien. Er kehrte das Substanz/Akzidenz-Verhältnis um. Nicht die Akzidenzien inhärierten als ontologisch sekundäre Teile im Sein der Substanzen, sondern die Substanz steckt ganz in ihren Akzidenzien. Aufgrund ihrer Mehrdeutigkeit war diese Bestimmung sowohl auf das individuelle Einzelding anwendbar, wie auch auf Allgemeines. René Descartes [1556–1650] bestimmte die Substanz als dasjenige, was als Existierendes von nichts anderem abhängig ist, womit im strengen Sinne nur Gott Substanz zukam. Im Hinblick auf die geistige und die körperliche Substanz wurden für Descartes Denken und Ausdehnung als vorrangige Bestimmungen bezeichnet. Akzidenzien könnten nicht für sich selbst bestehen, sie würden durch die Substanz bestimmt. Pierre Gassendi [1592–1655] dagegen behauptete, nur von den Akzidenzien könnten wir eine deutliche und zutreffende Vorstellung gewinnen, während uns die Substanz auf immer verborgen bliebe. Der englische Philosoph Henry More [1614–1687], er war zeitweise ein Verbündeter Isaac Newtons, der in seiner Auffassung des physikalischen Raumes als göttlicher Repräsentanz unter den Einfluss von More geriet, hat den traditionellen Begriff der Substanz zusammengefasst, als er über Gott und den Raum schrieb, beide seien „one, simple, immobile, eternal, perfect, independent, existing by itself, subsisting through itself, incorruptible, necessary, immense, uncreated, uncircumscribed, incomprehensible, omnipresent, incorporal, permeating and embracing all things, essential being, actual being, pure actuality" [„eins, einfach, unbeweglich, ewig, perfekt, unabhängig, aus sich selbst heraus existierend, durch sich selbst bestehend, unverfälscht, notwendig, unermesslich, unerschaffen, unbegreiflich, allgegenwärtig, körperlos, alle Dinge durchdringend und umfassend, wesentliches Sein, wirkliches Sein, reine Wirklichkeit"].[vgl. 83] Spinoza [1632–1677] verstand unter der absoluten Unabhängigkeit der Substanz ihre gänzliche Uneingeschränktheit durch anderes und ihre völlige Freiheit von jeder Art von Fremdbestimmung. In der göttlichen Substanz, die nur in sich selbst gründet, hätte alles andere seinen Daseinsgrund. Christian Wolff [1679–1754] betonte seine grundsätzliche Übereinstimmung mit der aristotelisch-scholastischen Tradition, wonach die Substanz selbständig besteht und die Akzidenzien in ihr gründen, hob jedoch den Subjektcharakter der Substanz stärker hervor. Für Etienne Bonnot de Condillac [1714–1780] stand der Ausdruck ‚Substanz' für etwas, von dem wir keine Kenntnis haben. Für Immanuel Kant [1724–1804] war die Substanz ‚die Beharrlichkeit des Realen in der Zeit, d.i. die Vorstellung desselben, als eines Substratum der empirischen Zeitbestimmung überhaupt, welches also bleibt, indem alles andre wechselt'. Während das Bedürfnis, den Zwiespalt von Transzendental- und Naturphilosophie zu überwinden bei Schelling [1775–1854] seit 1801 zu einer erneuten Zuwendung zu Spinozas Metaphysik der einen, zeitlosewigen, allmächtigen und unteilbaren Substanz führte, war es besonders Georg Wilhelm Friedrich Hegel [1770–1831], der die traditionelle, monolithische Konzeption der Substanz mit dem Selbstbewusstsein des Geistes und des Subjekts verknüpfte. Nach Hegel war die Substanz selbst das bloße Bestehen, darum das noch unentwickelte An sich oder der Grundbegriff, in seiner noch unbewegten Einfachheit, also die Innerlichkeit oder das Selbst des Geistes, das noch nicht da ist. Als ununterschiedene, unbewegte Sichselbstgleichheit sei sie bloß seiende Unmittelbarkeit, welche die Vermittlung außer ihr hätte. Hegel nannte sie deswegen auch verschlossen, ja furchtbar, sofern in ihr das Selbstbewusstsein verschwunden sei. Im Unterschied zum Geist als dem einzig Wirklichen, Konkreten, sei sie abstrakt und leblos. Für Arthur Schopenhauer [1788–1860] war Substanz das abstrakte und Akzidenz das konkrete Wirken. Für Friedrich Wilhelm Schelling [1775–1854] war Substanz das, was für sich selbst, ohne ein anderes besteht, der Inbegriff und der höchste Punkt der traditionellen Metaphysik. Maine de Biran [1766–1824] sah in dem Konzept der Substanz eine Übertragung der im Ichbewusstsein gewonnenen Kategorie eines Selbst auf ein Objekt, das dadurch ein ‚Innen', einen ‚Kern von Realität', ‚Substanz' erhielte. Die Überwindung der Substanz als eine Bewegung zum Subjekt und wieder hin zu ihrer ausdrücklichen Rehabilitierung machte Metaphysik – als Metaphysik der Substanz oder der Freiheit – fragwürdig. Das hatte niemand deutlicher gesehen als Friedrich Nietzsche. Wilhelm Wundt [1832–1920] fasste den traditionellen Substanzbegriff noch einmal zusammen: 1. Die Substanz ist die an sich allein wirkliche, beharrende Grundlage der Dinge. 2. Alle Veränderlichkeit der Erscheinungen beruht auf der kausalen Wirksamkeit der Substanz. Diesen Begriff wollte er den Naturwissenschaften zur Verfügung stellen. Paul Natorp [1842–1934] setzte die von Hermann Cohen [1842–1918] begonnene Relativierung der Substanz zur bloßen Existenzgrundlage für die Veränderung fort. Bei den Neukantianern tritt an die Stelle von Substanz – dieser Begriff wurde von ihnen vielfach synonym mit ‚Ding', ‚Gegenstand', ‚Sein' gebraucht – die mathematische Beziehung, Relation oder Funktion. Auch Ernst Cassirer [1874–1945] war an der Auflösung des starren Wirklichkeitsbegriffs in ein dynamisches Gefüge von Beziehungen beteiligt. Durch Ernst Machs [1838–1916] Positivismus kam es zu einer weitgehenden Destruktion des Substanzbegriffs. Selbst Martin Heidegger [1889–1976], der den Substanzbegriff nicht aufgegeben hatte, wehrte sich gegen einen Rückfall in die Vorstellung eines beharrlich vorhandenen Selbstdinges. Nikolai Hartmann [1882–1950] sprach von einem Trümmerfeld aus Substanz-Theorien, das zu einem Verzicht auf ein ‚absolut Beharrendes' zugunsten einer relativen Konstanz zwang, mit unterschiedlichen Typen des Beharrenden. Nach Hartmanns Auffassung kann von einem Beharrenden eines Zugrundeliegenden nur auf der Ebene der Naturprozesse die Rede sein. Hier wurzelt seiner Auffassung nach geradezu der Gedanke der Substanz: Materie/Energie erhält sich quantitativ und besitzt eine passive Widerstandskraft gegen ihre Vernichtung. Im Bereich des geistigen Seins sei Substanz ganz aufzugeben. Für die analytische Philosophie hatte Rudolf Carnap [1891–1954] argumentiert, dass Aussagen, die die Existenz von Substanzen behaupten, sinnlos seien. Auch Hans Reichenbach [1891 – 1953] verwarf die Annahme der Existenz von materiellen Substanzen, weil sie angesichts des Welle-Teilchen-Dualismus in der Quantenphysik nicht mehr zu halten sei. Die Idee nackter, unerkennbarer Substanzen vertrug sich schlecht mit den Prinzipien des Empirismus. Peter F. Strawson und M. Loux machten den Vorschlag, zur aristotelischen Konzeption von Substanzen zurückzukehren, der zufolge gewöhnliche Gegenstände grundlegende Einheiten sind, die nicht auf elementare Dinge reduziert werden können. Damit sind wir bei der Philosophie der Gegenwart angekommen, die trotz aller Dekonstruktion den Begriff der Substanz nicht vollständig aufgegeben hat.

Zusammenfassend kann Substanz für die traditionelle Metaphysik von Platon bis Kant als etwas bestimmt werden, das dauerhaft und unveränderlich, sich selbst ewig gleich, von nichts anderem abhängig, durch sich selbst existierend ist. Sie ist der Daseinsgrund für alles andere, die Grundlage der Dinge. Unter der höchsten Substanz wurde in der traditionellen Metaphysik oft Gott oder ein göttlicher Geist verstanden. Ansonsten verstand man unter Substanz abstrakte Entitäten wie Ideen, [die für Platon als selbständige Wesen existierten, ungeworden, unvergänglich, immer mit sich selbst identisch, unsichtbar und auch sonst nicht wahrnehmbar [Timaios]], das Allgemeine, einen absoluten Geist oder auch Mathematisches. Bemerkenswert ist die Aussage, dass wir keine Kenntnisse von der Substanz haben, dass sie den Sinnen nicht zugänglich sei. Wir wissen von ihr nur, dass es sie geben muss. Substanz ist offenbar der Gegenbegriff zu allem, was wir in dieser Welt kennen. In dieser Bedeutung schreibt der Philosophiehistoriker Heinrich Schmidinger von dem verwandten Begriff des Seins: „Denken wir an den Begriff des ‚Seins'. Er ist das Allgemeinste schlechthin. Soll er gewonnen werden, muss von absolut allem, was diese allgemeinste Allgemeinheit einschränken könnte, abgesehen werden."[104]

Im 20.und 21. Jahrhundert ist für viele – nicht für alle – Philosophen der modernen Welt von dem Begriff der Substanz nicht mehr viel übrig geblieben. Er hat für den Bereich des Geistes und der Seele anderen, Begriffen der Beziehungen [relationalen Begriffen] Platz gemacht. Viele Philosophen halten jedoch den Begriff der Substanz in den Naturwissenschaften für berechtigt. Seit der Analyse der metaphysischen Fundamente der physikalischen Wissenschaften durch E. A. Burtt wissen wir, dass es seit Kopernikus, Kepler, Galilei und Newton in der klassischen Mechanik zu einer Selbstverständlichkeit geworden ist, den physikalischen Erscheinungen eine Substanz zugrunde zu legen. Dabei geht es nicht explizit um den Substanzbegriff, aber um eine entsprechende Bedeutung, nämlich darum, dass den vergänglichen und abhängigen physischen Objekten eine beständige und unabhängige Wirklichkeit zugrunde liegen soll, die in der klassischen Mechanik Naturgesetz und Masse genannt wurde. Auch die theoretische Physik im 20. und 21. Jahrhundert hat den Begriff der Substanz von der traditionellen Metaphysik übernommen und modifiziert. Nun taucht er hauptsächlich im wissenschaftlichen Reduktionismus der Quantenphysik wieder auf, wenn von den materiellen oder immateriellen Grundbausteinen der Natur die Rede ist, die allen Dingen zugrunde liegen sollen. Elementarteilchen, Quarks, Energie, Kraftfelder, Naturgesetze, Symmetrien oder aber Denksysteme und Informationen sind in der Quantenphysik die Begriffe, die die Funktion der Substanz oder des eigenen Seins übernommen haben. Sie sind der Daseinsgrund für alles andere, sie halten die Welt zusammen, so wie einst Gott die Welt zusammengehalten hatte.

Dualismus. Das Denken der westlichen Welt wurde nicht nur von dem Substanzbegriff, sondern auch von einem metaphysischen Dualismus in Anspruch genommen. Nur wenige Denker machten eine Ausnahme, aber es gelang ihnen nicht, sich als eine Gegenbewegung zu etablieren. In der traditionellen westlichen Metaphysik und in den Naturwissenschaften gehört der Dualismus seit Platon zu den Grundlagen des Denkens. Er kristallisiert Begriffspaare heraus, von denen hier nur einige genannt werden sollen:

Sein & Nichts
Existenz & Nichtexistenz
Gott & die Welt
Wirklichkeit & Illusion
Einheit & Mannigfaltigkeit
Stillstand & Bewegung
Idee & Materie
Geist & Körper
Substanz & Akzidenz
Objekt & Subjekt

Wirklichkeit & Konzept
Wirklichkeit & Sinnesdinge
das Allgemeine & das Besondere
das Abstrakte & das Konkrete
Denken & Wahrnehmung
Theorie & Praxis
Idealismus & Materialismus
Naturgesetze & Sinnesding etc.

Mit einer kurzen Definition wollen wir uns dem Verständnis des Dualismus nähern: „Dualismus [von lat. duo, ‚zwei'], das Nebeneinanderbestehen zweier verschiedener, nicht zur Einheit führbarer Zustände, Prinzipien, Denkweisen, Weltanschauungen, Erkenntnisprinzipien; einen Dualismus bezeichnen Begriffspaare: Welt der Ideen und Welt der Wirklichkeit [Platon], Gott und Teufel [...], Gott und Welt, Geist und Materie, Natur und Geist".[105] Zum Dualismus lässt sich allerdings mehr sagen, als in dieser Definition enthalten ist. Drei Merkmale des Dualismus sollen hier ohne Vollständigkeitsanspruch genannt werden: 1. Der Dualismus ist kontradiktorisch, 2. er besteht aus Reflexionsbegriffen und 3. er besteht aus ungleichen Gegensatzpaaren.

1. Der Dualismus ist kontradiktorisch, dualistische Gegensatzpaare schließen sich gegenseitig aus. Das Aufhören der einen Komponente ist der Anfang der anderen. Die eine Komponente ist vollständig getrennt von der anderen. Dort, wo die eine existiert, kann die andere nicht existieren. Es herrscht das Prinzip des ‚Entweder-oder'. Dieses kontradiktorische Merkmal unterscheidet den Dualismus als eine Zweiweltenlehre radikal von einer Sichtweise der Dualität [Zweiheit] der Dinge, die ja gerade die Unmöglichkeit der Trennung eines sich ständig neu ordnenden Gegensatzes betont. Für die Sichtweise der Dualität ergänzen sich die Komponenten, eine Komponente existiert nicht ohne die andere. Es ist wichtig, die Begriffe Dualität & Dualismus nicht zu verwechseln.

2. Der Dualismus besteht aus Reflexionsbegriffen. Während die Sichtweise der Dualität konkrete Gegensatzpaare in der Welt, in der wir leben, im Auge hat, beschäftigt sich der Dualismus mit abstrakten Reflexionsbegriffen, die von der unmittelbaren Wirklichkeit abstrahieren, die konkreten Gegensatzpaare trennen, eine Komponente in einen künstlichen, abstrakten Zustand der Unabhängigkeit versetzen, um ihn dann künstlich zu verdoppeln. Reflexionsbegriffe sind keine konkreten, objektbezogenen Begriffe der Erfahrung. „Kant führt als Reflexionsbegriffe die Begriffe Einerleiheit [=Identität] und Verschiedenheit, Einstimmung und Widerstreit, Inneres und Äußeres, Bestimmbares und Bestimmung [bzw. Materie und Form] auf." Kant sah bei den Reflexionsbegriffen die Gefahr der Amphibolie, der Zweideutigkeit, die darin besteht, „dass sie logische Konstruktionen [‚reine Verstandesobjekte'] für reale Sachverhalte [‚Erscheinungen' bzw. Erfahrungsgegenstände] ausgeben".[106] Diese Gefahr der Begriffsakrobatik ist bei Reflexionsbegriffen gegeben. Es ist bei einer Verwendung von Reflexionsbegriffen nicht leicht möglich, eine Unterscheidung zwischen einer ontologischen und logischen Aussage zu machen. Deshalb ist der Vorwurf der Reflexionsphilosophie in der Geschichte der Philosophie des 19. Jahrhunderts weit verbreitet gewesen.

Exkurs: Abstrakt & konkret. „Denken ist abstrakt; und die unduldsame Verwendung von Abstraktionen ist das Hauptübel des Intellekts. Diese Krankheit wird durch den Rückgriff auf die konkrete Erfahrung nicht vollständig geheilt." [Whitehead]

Einen abstrakten logischen Widerspruch nennt man den ausgesprochenen Gegensatz zu einem behaupteten Satz. Kontradiktorisch entgegengesetzte Urteile können nicht beide zugleich wahr sein. Wenn der eine wahr ist, muss der andere falsch sein. Beispielsweise sind zwei Begriffe kontradiktorisch, wenn einer [Nicht-A] die Verneinung des anderen [A] ist. Vollständig anders ist der Sachverhalt bei konkreten Begriffen, die man konträr oder polar bezeichnen könnte, weil sie objektbezogen sind. Während sich bei einem abstrakten, kontradiktorischen Gegensatzpaar die beiden Komponenten gegenseitig ausschließen, können sich die Komponenten eines konkreten, konträren oder polaren Gegensatzpaares ergänzen. Die Komponenten eines konkreten Gegensatzpaares können nicht isoliert auftreten, die eine Komponente existiert nicht ohne die andere, man kann die eine nicht von der anderen trennen. Hier gibt es nicht das Entweder-oder-Prinzip abstrakter Gegensatzpaare. Das abstrakte, kontradiktorische, dualistische Denken in Reflexionsbegriffen, das die abendländische traditionelle Metaphysik und die theoretische Physik kennzeichnet, hat die Wirklichkeitsebene der konkreten, konträren oder polaren, dualen Gegensatzpaare der Sinnesdinge verlassen. Die Untersuchungsgegenstände der traditionellen Metaphysik und der theoretischen

Physik sind nicht objektbezogen, es sind nicht die empirischen Sinnesdinge der Welt, in der wir leben. Es sind abstrakte Körper und Kräfte, die in konstruierten, geistigen Modellen dargestellt werden. Durch die logische Methode wird ein konkreter Gegenstand zu einem Konstrukt, zu einem künstlichen, abstrakten Begriff isoliert. Dieser Begriff ist nicht objektbezogen, er steht dann nicht mehr in einem konkreten, physischen Zusammenhang. Er ist auf eine ganz andere Wirklichkeitsebene transportiert worden. Logik sagt uns nur wenig über die Welt, in der wir leben. Logik ist projizierende und leere, inhaltslose, formale Verdoppelung der Welt. ‚Durch rein logisches Denken können wir keinerlei Wissen über die Erfahrungswelt erlangen.' [Albert Einstein] ‚Die Gesetze der Logik und reinen Mathematik … vermitteln uns kein Wissen über die Welt.' [Carnap] [107] Ihre künstlichen, formalen Begriffe sind oft mit konkreten, objektbezogenen Begriffen verwechselt worden. Ein Rückgriff auf die konkreten Erfahrungen aus der Wirklichkeitsebene der Welt, in der wir leben, wird nicht vollzogen. Seit Isaac Newton beschreibt eine physikalische Theorie oder ein physikalisches Modell das Verhalten eines abstrakten Systems, dessen Übereinstimmung mit den konkreten, Objekten der Natur eine Frage ist, die außerhalb der Theorie liegt. Newton war es gelungen, eine breit gestreute Anzahl von Phänomenen – die Bewegung eines von einer Schleuder abgeschossenen Steines, Ebbe und Flut, die Bewegung des Mondes und der noch viel weiter entfernten Kometen – auf dieselbe Ursache zurückzuführen: die allgemeine Gravitationskraft. Die grundlegenden Wirklichkeitsbegriffe der mathematischen Physik sind abstrakte mathematische Modelle. Es gibt große Diskrepanzen zwischen der Theorie und der Beobachtung der unmittelbaren Wirklichkeit, vor der Newton nicht die Augen verschlossen hat. Eine Annäherung an die konkrete, empirische Wirklichkeit der Welt, in der wir leben, findet nur schrittweise, über lange Vermittlungswege statt.

Für die Quantenwelt wird manchmal in Anspruch genommen, sie erfordere eine eigene, nicht-klassische Logik. [108] Erhard Scheibe zeigte jedoch, dass die 2-wertige Logik durchaus ausreicht, wenn man den kontingenten Grundaussagen der Theorie nicht eine ontische, sondern eine epistemische Form gibt, welche unser Wissen über den Zustand des Systems ausdrückt. Dies stimmt damit überein, dass man mehrwertige Systeme stets in einer 2-wertigen Metasprache beschreiben kann. [109] Die ontische Ausdrucksweise sagt, was der Fall ist, die epistemische sagt, was wir wissen [Carl Friedrich von Weizsäcker]. Für einen Logiker mag dies eine beruhigende Erkenntnis sein. Trotz der irritierenden Nichtreduzierbarkeit von Zwei-Komponenten-Systemen in der Quantenwelt kann er wieder zum logischen Entweder-Oder und damit zu einem epistemisch ‚felsenfesten Ausgangspunkt' zurückkehren, zu formalen, isolierten, unabhängigen Grundbegriffen oder zu mathematischen Gesetzen als Kern der Wirklichkeit. Allerdings sollte dabei nicht vergessen werden, dass die Logik unter den abstrakten Versuchsbedingungen der 2wertigen Logik der theoretischen Physik über die konkrete Wirklichkeit keine Aussage macht. Ihr Untersuchungsgegenstand ist ein abstrakter, künstlich isolierter, selbstreferentieller, konstruierter ‚Körper', ein virtuelles Objekt, das nirgendwo anzutreffen ist. Nur unter der Voraussetzung, die Quantenobjekte als Denkmodelle zu verstehen, denen konkrete Objekte entsprechen, nicht als theoretische Entitäten, denen keine physikalische Existenz entspricht, kann die dualistische, abstrakte Begriffsreflexion abgestreift werden.

3. Der Dualismus besteht aus ungleichen Gegensatzpaaren. Die Begriffspaare Sein & Nichts, Existenz & Nichtexistenz, Gott & die Welt etc. sind ungleiche Paare. Ihren Komponenten kommt ein ungleiches ontologisches Gewicht zu. Das unmittelbar Gegebene existiert für die traditionelle Metaphysik weniger als das Abstrakte. Besonders dieses Merkmal des Dualismus macht ihn für den Alltag schwer verständlich. Denn es entspricht nicht unserer alltäglichen Erfahrung von Realität, das unmittelbar Gegebene als weniger existent zu betrachten als das Abstrakte. Aber was ist Realität? Nähern wir uns diesem Begriff wiederum durch eine Definition: „Realität [engl. reality, franz. réalité] in alltags- und bildungssprachlicher Verwendung Bezeichnung für die Welt der Gegenstände, Zustände und Ereignisse, auch der durch die Menschen hergestellten Dinge und in Gang gesetzten Entwicklungen, im Unterschied zu den ‚im Denken' oder ‚in der Einbildung' vorgestellten [‚virtuellen'] Gegenständen, Zuständen und Ereignissen. Als Realität gilt, was unabhängig von Vorstellungen und Wünschen bzw. den Bedingungen der Wahrnehmung, der Erfahrung und des Denkens besteht bzw. wirklich ist". [110] An dieser Definition ist nicht zu rütteln. So erleben wir die Realität der Außenwelt im Alltag. Im alltäglichen Denken isolieren und trennen wir ein Objekt von seinen Beziehungen zur Umwelt, von seinem natürlichen Gegensatz, von seinen Abhängigkeiten mit anderen Objekten und von uns selbst als Subjekt. Es ist dann einfach da, als ein unabhängiges Objekt. Alles fällt auseinander. Hier setzt der Dualismus an und verdoppelt das unmittelbar gegebene, angeblich ‚unabhängige' Objekt mit einem frei erfundenen, künstlichen Gegenbegriff der Reflexionsphilosophie [Gott, Seele, göttlicher Geist, Selbst, das Ewige, das Ganze, das Eine, das Unvergängliche, das Urbild, die Essenz, das Wesen, die letzte Wirklichkeit, das Sein, die Substanz, das Ding an sich, die Idee der Materie]. Die unmittelbare Realität wird dabei nicht unbedingt vollständig geleugnet, doch wird ihrem dualistischen, abstrakten Gegenbegriff [welchem auch immer] meist eine fundamentalere Wirklichkeit beigemessen. Dementsprechend sind wir durch die traditionelle Metaphysik daran gewöhnt, die Substanz als das Wirkliche aufzufassen und all das, was keine Substanz hat, **die ganze unmittelbare Wirklichkeit also,** als das Nichtwirkliche oder als das weniger Wirkliche, wie es seit Platon bezeichnet wird, etwas, dem eine geringere Existenz oder eine geringere Bedeutung zukommt. Der metaphysische Dualismus kann mit der unmittelbaren Wirklichkeit überhaupt nichts anfangen. Sie ist nicht wirklich oder bestenfalls weniger wirklich. Sein, Substanz, Substrat, Essenz, Wesen, Wirklichkeit oder Realität wird nicht der vergänglichen Welt, in der wir leben, sondern nur dem Dauerhaften zugeschrieben, dem Abstrakten.

Exkurs: Platons Höhlengleichnis. Das Grundmuster des Dualismus geht auf das Höhlengleichnis im VII Buch des ‚Staates' von Platon zurück. Als ein Zeichen der Aktualität der Philosophie Platons und der Bedeutung des Dualismus gebe ich das Höhlengleichnis in den Worten des Philosophen Martin Heideggers wieder. Heidegger schreibt: „Plato schildert eine Höhle, in der Menschen an Händen, Füssen und Kopf gefesselt sind, und zwar mit dem Blick gegen die Wand der Höhle. Hinter ihnen befindet sich ein schmaler Ausgang der Höhle, durch den von draußen her im Rücken der Höhlenbewohner Licht in die Höhle hereinfällt, so dass ihr eigener Schatten notwendig auf die gegenüberliegende Wand fällt. Gefesselt und festgebannt geradeaus, sehen sie nur ihre eigenen Schatten an der Wand. Hinter den Gefesselten, zwischen ihnen und dem Licht, ist ein Gang mit einer Schranke, wie die Schranken bei den Gauklern. Auf diesem Gang wird von anderen Menschen hinter den Gefesselten allerlei Gebrauchszeug, was man im alltäglichen Leben gebraucht, vorbeigetragen. Das Vorbeigetragene wirft selbst seinen Schatten und ist an der gegenüberliegenden Wand als Bewegtes sichtbar. Die Gefesselten unterhalten sich über das, was sie an der Wand sehen. Das, was sie dort sehen, ist für sie die Welt, das Wirkliche. Angenommen, einer von den Gefesselten wird gelöst, so dass er sich umwenden kann, um in das Licht zu sehen, und sogar aus der Höhle sich hinausbewegen kann, um ans Licht selbst zu treten, dann wird er zunächst geblendet sein und nur langsam sich an das Licht gewöhnen und diejenigen Dinge sehen, die außerhalb der Höhle im Lichte stehen. Nehmen wir nun an, dass er mit der Sonne im Auge in die Höhle zurückkommt und sich erneut mit den in der Höhle Sitzenden unterhält. Die Höhlenbewohner werden ihn für einen Wahnsinnigen halten, sie möchten ihn töten, weil er ihnen einreden will, das, was sie sehen und worüber sie ihr Leben lang als Wirkliches sich unterhalten haben, seien nur Schatten. – Damit will Plato zeigen, dass die Bedingung der Möglichkeit dafür, etwas als schattenhaft im Unterschied vom Wirklichen zu erkennen, nicht darin liegt, dass ich eine Unsumme von gegebenen Dingen sehe. Wenn die Höhlenbewohner in alle Ewigkeit nur dieses, was sie an der Wand sehen, deutlicher sähen, kämen sie nicht dazu, einzusehen, dass es nur Schatten sind. Die Grundbedingung für die Möglichkeit, Wirkliches als Wirkliches zu verstehen, ist, in die Sonne zu sehen, dass das Auge des Erkennens sonnenhaft werde. Der gesunde Menschenverstand in der Höhle seiner Alles- und Besserwisserei ist borniert; er muss aus dieser Höhle herausgerissen werden. Für ihn ist das, wohin er gerissen wird, die verkehrte Welt, wie Hegel sagt. Auch wir wollen mit der scheinbar so abstrakten Frage nach den Bedingungen der Möglichkeit des Selbstverständnisses nichts anderes, als uns aus der Höhle ans Licht zu bringen, aber in aller Nüchternheit und in der völligen Entzauberung eines rein sachlichen Fragens.“[111]

Hier möchte ich nur in ganz kurz gefasster Form das Höhlengleichnis Platons als zentrale dualistische Denkfigur der traditionellen Metaphysik Europas kennzeichnen. Das Kennzeichen dieser dualistischen Denkfigur ist: Licht & Schatten sind für Platon vollständig getrennte, kontradiktorische Gegensätze, sie gehören zwei vollständig verschiedenen Welten an, sogar zwei verschiedenen Himmelsrichtungen. Die Höhle, also die Welt, in der wir leben, wird von Platon als eine Welt der Schatten bezeichnet, die wir für die wirkliche Welt halten, was nach der Auffassung von Martin Heidegger eine bornierte Besserwisserei des gesunden Menschenverstandes ist. Vollständig getrennt von diesem Gefängnis des Geistes soll es noch eine zweite Welt geben, eine Welt des Lichtes, der Erkenntnis. Welcher Erkenntnis? Der Erkenntnis, dass das, was wir für das Wirkliche halten, eine Welt der Schatten ist. Damit kann Platon nur zum Ausdruck bringen: die unmittelbare Wirklichkeit, die Welt, in der wir leben oder die Höhle, in der wir leben, sei eigentlich unwirklich, zweitklassig, ein Schatten eben, eine Kopie der eigentlichen Wirklichkeit. Nachdem einmal ein Konzept von zwei vollständig getrennten, entgegengesetzten Welten entwickelt ist, hat man die freie Wahl, eine der beiden Welten als die eigentliche Wirklichkeit zu bezeichnen und die andere als die weniger wirkliche. Aber von welcher wirklichen, substantiellen Welt ist denn in dieser verkehrten Welt Platons überhaupt die Rede? Welche Welt die unwirkliche Welt sein soll, das wissen wir: die Welt, in der wir leben. Welche Welt ist nun mit der Welt gemeint, in der ‚allerlei Gebrauchszeug' zu finden ist? Von welchen Dingen ist die Rede, ‚die außerhalb der Höhle im Lichte stehen'? Welche Welt gibt es noch ausserhalb der Welt, in der wir leben? Welche Dinge sind der bornierten Besserwisserei des gesunden Menschenverstandes entgangen? In welche Richtung sollen wir schauen, um das Original zu sehen, von der unsere Welt nur eine schattenhafte Kopie sein soll? Platon hat sie mit den abstrakten Begriffen der Idee oder der Begriffe zu kennzeichnen versucht. Nur den Ideen oder Begriffen kommt Sein, Substanz, Dauerhaftigkeit, Ewigkeit, Unabhängigkeit zu. Sie sollen der Ursprung und der Grund der Erscheinungen sein, sie sollen aus sich selbst heraus existieren, sie sollen ein eigenes Sein haben und die Welt zusammenhalten. Das Einzelne verdankt seine Existenz der Idee. Das ist das Grundmuster der Zweiweltenlehre, das Grundmuster des Dualismus.

Exkurs: Von der Metaphysik zur Naturwissenschaft. Extreme Konzepte können nicht leicht aufgegeben werden. Wenn man sie aus der Tür herauswirft, steigen sie durch das Fenster wieder ein. Das ist mit den Konzepten der Substanz und des Dualismus geschehen. In der traditionellen Metaphysik hat man gewissermaßen an der Substanz [und an Gott] ausprobiert und eintrainiert, was später dann ein naturwissenschaftlicher Modus des Umgangs mit den Grundbausteinen und den Gesetzmäßigkeiten der Materie wurde. Der Substanzbegriff ist in der Philosophie und der Metaphysik durch die Tür herausgeworfen worden und er ist durch die Fenster der Naturwissenschaften wieder hereingelassen worden. **Nun nennt er sich nicht mehr Substanz, sondern objektive Wirklichkeit, Grundbausteine der Natur, Quantenobjekt, Energie, Kraftfelder, Naturgesetze, Grundprinzip, Mathematik, Symmetrie, Information etc.** Diesen abstrakten Konzepten kommt im wissenschaftlichen Reduktionismus des 20. und 21. Jahrhunderts vielleicht nicht ganz das Gewicht zu, das in der traditionellen Metaphysik die Begriffe des Seins und der Substanz hatten, sie haben ein leichteres Gewicht, weil Naturwissenschaftler keine Philosophen sind und leichtfertiger mit Begriffen umgehen. Aber es kommt ihnen eine zentrale Bedeutung zu. Diese Entitäten halten die Welt zusammen. Das Abstrakte ist für den wissenschaftlichen Reduktionismus wirklicher als das Konkrete. Dabei ist in der theoretischen Physik nicht für alle Wissenschaftler geklärt, ob diese Entitäten die fundamentalen Eigenschaften der Natur selbst kennzeichnen oder ob sie nur Kennzeichen der physikalischen Theorien sind. Im Gegensatz zu den meisten Quantenphysikern zum Beispiel hält der Mathematiker Roger Penrose Symmetrien nicht für eine fundamentale Eigenschaft der Natur selbst, sondern nur für ein Charakteristikum der physikalischen Theorien. Weiterhin ist ebenfalls nicht ausgemacht, welche dieser Entitäten die wichtigsten sind, eine oder alle. Hier ist einfach nur das substanzielle Denken zum Fenster eingestiegen, manche Physiker haben diesen fremden und vertrauten Gast der Metaphysik überhaupt noch nicht wahrgenommen. Manche jedoch wollen uns hartnäckig davon überzeugen, dass den Dingen dieser Welt etwas zugrunde liegt, das fundamentaler ist als der Rest. Deswegen halte ich eine Auseinandersetzung mit dem wissenschaftlichen Reduktionismus der Quantenphysik für notwendig. Wir glauben [zunächst einmal fast alle] an einen Kern der Dinge, an elementare Entitäten oder an Grundprinzipien, die die Welt zusammenhalten. Die Vorstellung von dem abhängigen Entstehen der Dinge, von einer Komplementarität der Dinge, von einer Wechselwirkung zwischen Stabilität & Instabilität und von der Substanzlosigkeit der Welt, in der wir leben, kann nur schrittweise verwirklicht werden.

Reduktionismus. Wie wir gesehen haben, trennt die traditionelle Metaphysik die Phänomene von ihren konkreten, natürlichen Zusammenhängen und verdoppelt sie mit einem künstlich erfundenen Gegenbegriff. Der wissenschaftliche Reduktionismus der theoretischen Physik dagegen pulverisiert die Objekte und zerlegt sie in ihre einzelnen Bestandteile. **Für reduktionistische Denkweisen besteht Denken im Auseinandernehmen.** Während die Welt, in der wir leben, aus dem Zusammenspiel von komplexen Systemen besteht, die in ihrer Wechselhaftigkeit schwer zu fassen sind, soll die Erklärung dieser komplexen Systeme im Verhalten unabhängiger Bausteine oder grundlegender Naturgesetze oder einfacher Grundprinzipien liegen, in Entitäten, die die eigentliche, objektive, ursprüngliche Wirklichkeit darstellen, von der alles andere abgeleitet ist. Um diese grundlegenden, unabhängigen, abstrakten Bausteine und Naturgesetze zu erforschen, hat die mathematische Physik abstrakte Modelle entwickelt, die in der Lage sind, verschiedene Naturerscheinungen trotz beträchtlicher konkreter physikalischer Unterschiede auf ein und dieselbe Weise mathematisch zu beschreiben. Die genaue Beschreibung der empirischen Natur, in jeder vorstellbaren Einzelheit, ist für die mathematischen Modelle zweitrangig. Die Atommodelle stellen also eine mehrfache Abstraktion dar. Sie abstrahieren von den alltäglichen Sinnesdingen und von Einzelheiten auf der atomaren Ebene und sie verwandeln konkrete Phänome in isolierte, abstrakte Relationsbegriffe, die nicht mehr objektbezogen sind, sondern sich nur auf Messdaten beziehen.

Der physikalische Reduktionismus, die Annahme, ein System würde aus unabhängigen Grundbausteinen bestehen und man brauche nur Teile zu verstehen, um das Ganze zu erfassen, oder die Überzeugung, dass das Verhalten recht unterschiedlicher Systeme auf gemeinsamen, einfachen Grundprinzipien beruhe, ist in den letzten Jahrzehnten des 20. Jahrhunderts zunehmend einer wissenschaftlichen Kritik unterworfen worden, die der amerikanische Physiker P. W. Anderson im Jahre 1972 auf die Formel ‚More ist different' gebracht hatte. ‚More is different' ist eine Kurzformel, die umfassender ist als die quantitative holistische Kurzformel, nach der das Ganze mehr ist als die Summe seiner Teile. Das Ganze ist vor allem qualitativ ganz anders als seine Teile. **Anderson schreibt: „Die Fähigkeit, alles auf einfache, grundlegende Gesetze zu reduzieren, bedeutet nicht, dass wir in der Lage sind, von diesen Gesetzen ausgehend das Universum zu rekonstruieren.“** [112]

Auch der Elementarteilchenphysiker Lee Smolin stellt den Reduktionismus und den Atomismus infrage. Hier gebe ich von seinen vielseitigen Argumenten nur eine zusammenfassende Überlegung wieder. Smolin schreibt in einem Kapitel über die String-Theorie, nach der die Eigenschaften eines bestimmten Teilchens durch seine Wechselwirkung mit allen anderen Teilchen bestimmt sind und umgekehrt dieses Teilchen zur Festlegung der Eigenschaften aller anderen Teilchen beiträgt: „Der Glaube, dass wir eines Tages alle Phänomene aus einem einzelnen Prinzip heraus begreifen werden, entspricht zu sehr der allgemeinen Vorstellung von dem, was es heißt, die Welt zu verstehen, um leichtfertig aufgegeben zu werden. Auch die Philosophie des Reduktionismus, die uns lehrt, die Dinge in Teile zu zerlegen, wenn wir sie verstehen wollen, hat uns bisher gute Dinge geleistet.

Doch die Krise in der Elementarteilchenphysik lässt sich am besten durch die einfache Feststellung ausdrücken, dass der Reduktionismus wie auch die Suche nach einer Vereinheitlichung uns zumindest im Moment nicht weiterzubringen scheint". [113]

Selbstverständlich müssen wir nicht die Vorstellung aufgeben, dass die Dinge dieser Welt aus Teilen aufgebaut sind. Aber was sollen wir von der Annahme vieler Elementarteilchenphysiker halten, aus den Gleichungen der Elementarteilchenphysik würde sich die gesamte Natur ergeben? Das Verhältnis zwischen der Quantenwelt und der Welt, in der wir leben, ist überhaupt nicht geklärt. Mit anderen Worten, die Abhängigkeiten zwischen den Teilen & dem Ganzen ist überhaupt nicht geklärt. Was Gadamer von einem Text sagt, lässt sich von allen Systemen sagen: man kann nur aus dem Ganzen das Einzelne verstehen und nur aus dem Einzelnen das Ganze. Das Ganze & seine Teile sind nicht identisch, aber sie fallen auch nicht auseinander. Die Teile sind vom Ganzen abhängig und das Ganze ist von seinen Teilen abhängig: Offensichtlich ist die Quantenwelt von der Welt, in der wir leben, abhängig und umgekehrt, aber damit ist nur ein Prinzip angedeutet, mehr nicht. Die Bedeutung und Funktion der Quantenwelt für die Welt, in der wir leben, ist nie klar beschrieben worden. Wahrscheinlich ist der Atomismus und der Reduktionismus so tief in uns verwurzelt, dass es die Fähigkeiten eines einzigen Menschen übersteigen würde, diese beiden Konzepte aufdecken und widerlegen zu können. Vielleicht haben wir nur eine naive Leichtgläubigkeit verloren. Diese Konzepte sind uns fragwürdig geworden. Mehr nicht. Deshalb spreche ich in dieser Arbeit von einer **Parallelität** der Quantenwelt und der Welt, in der wir leben. Sicher sind beide Welten voneinander abhängig. Ich behaupte jedoch nicht, dass die eine primär und die andere sekundär, dass die eine von der anderen abgeleitet sei.

Die Leichtgläubigkeit im Umgang mit dem Reduktionismus ist nicht auf die Elementarteilchenphysik beschränkt. Sie entspricht eher einem allgemeinen, nebulösen Glauben als einer klaren Konzeption: Es ist oft und leicht zu beobachten, dass Laien den Experten unterstellen, sie wären in der Lage alles zu erklären, was zu ihrem Fachgebiet gehört. Schaut man sich die Originalbeiträge oder die präzisen Berichte über das Wissen der Experten etwas genauer an, dann kann man manchmal feststellen, dass man von den Laien und nicht von den Experten in die Irre geführt wird. Oft halten nämlich Experten vieles, das zu ihrem Fachgebiet gehört, für nicht geklärt. Wer nun diese Irreführung ursprünglich verursacht hat, ist schwer zu entziffern. Hier nur zwei kleine Beispiele: Wie ist unser Sonnensystem entstanden? Wie entsteht ein Lebewesen? Manche Reduktionisten wollen uns weismachen, diese Fragen seien längst geklärt. Das kann mit der magischen Wirkung von Formeln, Definitionen und Schlüsselbegriffen zusammmenhängen. Kosmologische und biologische Experten behaupten dies jedoch nicht unbedingt. Im Gegenteil: Manchmal gelingt es den Experten nicht, die einfachsten Etappen eines evolutionären Prozesses zu entschlüsseln, die das Sonnensystem und die Lebewesen in ihrer Entwicklung vom elementaren Quantenobjekt oder von der Befruchtung an bis hin zu komplexen und großen Systemen durchgemacht haben müssen. Beispielsweise ist die Geburt der Planeten rätselhaft und nicht allein durch die Gravitation zu erklären. Was die Theoretiker bisher am wenigsten verstehen, ist der Schritt von den kleinsten Staubteilchen der ursprünglichen Materiewolke hin zu größeren Brocken, die dann zu Planeten heranwachsen können.[114] Ganz ähnlich stellt sich die Frage auf der Größenordnung der Lebewesen. Dort wollen uns die Reduktionisten der Biowissenschaften weismachen, die Entzifferung des Genoms sei bereits schon alles, was nötig wäre, die Genese eines Lebewesens wirklich zu verstehen, so als ob die Embryologie überflüssig sei. Ihnen hat der amerikanische Kognitionsforscher Ben Goertzel zwei einfache Frage gestellt: „Zugegeben, wir haben das Taufliegen-Genom entschlüsselt, sogar mit hinreichender Genauigkeit. Doch was nun? Wäre es nicht schön, den Prozess zu verstehen, der dieses Genom in eine wirkliche Fliege verwandelt?“[115] Von diesem Prozess weiß die Embryologie noch sehr wenig und die ganze mystische Begeisterung der biochemischen Reduktionisten hilft ihr auch nicht viel. Auch der amerikanische Biochemiker Dean Hamer hat die Ergebnisse von etwas mehr als einhundert Jahren Forschung als enttäuschend und inkonsistent bezeichnet. Eigentlich sind die Kenntnisse über den Einfluss der Gene auf das Verhalten und das Wesen des Menschen auf dem Stand vom Ende des neunzehnten Jahrhunderts. Ein Grund dafür könnte in der hundertjährigen reduktionistischen Annahme liegen, ein Gen, ‚das‘ Gen zu finden, das für eine Veranlagung oder für ein Verhaltensmuster des Menschen verantwortlich sein soll, während es sich heute vermuten lässt, dass nicht nur der kulturelle Hintergrund, die Erziehung etc., sondern Hunderte oder vielleicht Tausende von Genen, ein ganzes Netz mit vielen bisher unbekannten Querverbindungen für ein einziges Verhaltensmuster des Menschen bestimmend sind.[116]

Eine Grenze des Reduktionismus kann wie folgt angedeutet werden: Komplexe Systeme bringen Eigenschaften hervor, die von den Eigenschaften ihrer Komponenten nicht ableitbar sind, weil die Komponenten in Prozesse verwickelt sind, die sich nicht in unabhängige Bestandteile zerlegen lassen. Komplexe Systeme lassen sich nur durch das komplexe Zusammenspiel ihrer Komponenten und durch komplexe Abhängigkeiten mit anderen Systemen in ihrer natürlichen Umgebung verstehen.

Andeutungsweise war sich bereits Isaac Newton der Grenzen des Reduktionismus bewusst, wenn er metaphorisch schrieb: „Ich weiß nicht, wie ich der Welt erscheinen mag, aber mir selbst bin ich nur wie ein Knabe vorgekommen, der an der Meeresküste spielte und sich damit vergnügte, hie und da einen glatteren Kiesel oder eine hübschere Muschel als üblich zu finden, während der große Ozean der Wahrheit völlig unentdeckt vor mir lag."[117] Auch der Biologe Adolf Portman hat sich die Kritik am Reduktionismus zu Eigen gemacht, als er einmal über sein Spezialgebiet schrieb: „Wenn ich Zeit hätte, wie gerne würde ich Ihnen am Wunderwerk einer einzigen Vogelfeder ausführlich demonstrieren, wie wenig wir von diesem geheimnisvollsten aller Hautgebilde dieses Tierreiches wirklich verstehen und wie unser Verstehen der technischen Seite des fliegenden Vogels auf einem Unterbau von völlig Unverstandenem als eine oberflächliche Deutung ruht. Wer glaubt, diese Gebilde verstanden zu haben, der gleicht dem Reiter über dem Bodensee – erst hinterher wird er ergriffen vom Schauer der Tatsachen, um die er nicht wusste!"[118]

Im Folgenden werde ich auf die philosophische Diskussion um die Quantenphysik eingehen. Obwohl die Quantenphysik eine hundertfach experimentell bestätigte physikalische Theorie ist, eine genaue **Beschreibung** mikrophysikalischer Prozesse, an der physikalisch kaum zu rütteln ist, werden ihre physikalischen Erkenntnisse mit vier metaphysischen **Erklärungen** interpretiert: Reduktionismus, Subjektivismus, Holismus und Instrumentalismus. Diese vier metaphysischen Erklärungen können in einem Schema dargestellt werden, das in Sanskrit catuṣkoṭi, in Griechisch Tetralemma genannt wird. Warum werden vier metaphysische Ansätze diskutiert? Selbstverständlich sind mehr als nur vier metaphysische Ansätze möglich. Die vier extremen metaphysischen Ansätze sind jedoch grundlegend und die Auseinandersetzung mit mehr als nur einem Ansatz soll verhindern, von einem Extrem in ein anderes zu fallen, was eine Haltung ausmacht, die leicht und oft zu beobachten ist: Kaum hat jemand einen reduktionistischen, substantiellen Ansatz überwunden, dann meint er, es bliebe ihm wie selbstverständlich nur ein subjektivistischer Ansatz übrig. Kaum hat jemand die Einseitigkeit dieses Entweder-oder-Schemas erkannt, meint er, es bliebe ihm nur ein Ansatz übrig, nach der alles ein Ganzes sei, wie uns der Holismus versichert. Und kaum hat jemand mit Scharfsinn und Skepsis diese drei metaphysischen Ansätze hinter sich gelassen und erkannt, dass die Untersuchungsgegenstände der Wissenschaften theoretische Gegenstände sind, dann meint er, es gäbe weder ein Subjekt noch ein Objekt [Instrumentalismus und Konstruktivismus].

Hier sollen also vier metaphysische **Erklärungen** diskutiert werden, die in der philosophischen Debatte um die Quantenphysik eine Rolle spielen, obwohl viele Quantenphysiker überzeugt sein mögen, die Metaphysik hinter sich gelassen zu haben. Dazu sei an die Bemerkung E. A. Burtts aus dem Jahre 1925 erinnert: **„The only way to avoid becoming a metaphysician is to say nothing.“**[119] **[„Der einzige Weg, der verhindert, ein Metaphysiker zu werden, ist, nichts zu sagen."]**

11.
Die metaphysischen Fundamente der Quantenphysik

Vorbemerkung: Hier geht es **nicht** um eine Darstellung oder Kritik der Quantenphysik, sondern um eine Diskussion der metaphysischen Denkfiguren, die der Quantenphysik zugrunde liegen. Der quantenphysikalische Wirklichkeitsbegriff kann durch drei Schlüsselbegriffe dargestellt werden: **Komplementarität, Wechselwirkungen** und **Verschränkungen,** die wir hier diskutieren werden. Aber zunächst soll hier noch einmal auf die Bedeutung der Mathematik hingewiesen werden: Wie bereits erwähnt, hatte David Layzer im Jahre 1984 daran erinnert, dass Wissenschaftshistoriker sich selten auf die mathematischen Strukturen, sondern statt dessen auf die metaphysischen Grundbegriffe einer physikalischen Theorie konzentrieren, während Naturwissenschaftler, die selbst naturwissenschaftliche Theorien aufstellen, die Mathematik als das Wesentliche, als den Kern der Wirklichkeit betrachten. Das ist ein zutreffender Hinweis und eine Bestätigung der Analysen von Burtt und Koyré. Allerdings ist damit noch nichts geklärt, wirft diese Gegenüberstellung mehr Fragen auf, als sie beantwortet. Mathematik setzt Metaphysik voraus. Die Annahme, Mathematik sei die Grundlage der Objekte, kann zu einer **mathematischen Metaphysik** werden. Denn eigentlich gestatten mathematische Strukturen nur eine bloße Beschreibung physikalischer Prozesse, sie sind noch keine physikalische Erklärung. David Bohm und mit ihm zahlreiche Quantenphysiker haben sich keineswegs mit einer mathematischen Beschreibung abgefunden. Wie wir noch sehen werden, ist es weder bei Wissenschaftshistorikern noch bei

Physikern ausgemacht, welche Entitäten als die fundamentalen Grundlagen oder als der Kern der Wirklichkeit anzusehen sind, Quantenobjekte, Kraftfelder, Energien, mathematische Strukturen, Naturgesetze, Mathematik, Symmetrien, Denkmodelle oder Informationen.

Die Quantenphysik hat eine lange Vorgeschichte, in der experimentell nicht eindeutig nachgewiesen werden konnte, ob die kleinsten Elemente des Lichts und der Materie einen Wellencharakter oder einen Teilchencharakter haben. Viele Experimente sprachen für die eine oder die andere Annahme. Auch das Unbestimmtheitsprinzip des Physikers Werner Heisenberg aus dem Jahre 1927 konnte die Dualität von Welle & Teilchen nicht lösen. Heisenbergs Unbestimmtheitsrelation besagt: Je präziser der Ort eines Quantenobjekts definiert ist, desto unbestimmter muss sein Impuls bleiben und umgekehrt. Dieses Modell basiert auf der Annahme von Elektronen als diskontinuierliche ‚Teilchen'. Nach Heisenbergs Unschärferelation ist es unfruchtbar und sinnlos, nach der genauen Bewegung eines Elektrons zu fragen. In seiner Matritzenmechanik, so behauptete er, kommen nur beobachtbare Größen vor. Dieses Prinzip, das darin bestand, sich nur auf experimentell beobachtbare, sinnvolle Größen zu beziehen, sollte bald zu einem Prinzip der gesamten Quantenmechanik werden. Heisenberg hatte nichtbeobachtbare Bahnen der Elektronen durch ein geordnetes System mathematischer Größen ersetzt. Unabhängig von Heisenberg entwickelte der Physiker Erwin Schrödinger gleichzeitig eine andere, aber wie sich schnell herausstellte, mathematisch äquivalente Quantentheorie, die so genannte Wellenmechanik. Darin beschrieb er physikalische Systeme durch eine Wellengleichung. Ihre Lösungen geben an, mit welcher Wahrscheinlichkeit das System verschiedene mögliche Zustände einnehmen kann. Durch diese beiden gegensätzlichen Modelle wurde die Dualität von Welleneigenschaften & Teilcheneigenschaften des Lichts und der Materie keineswegs aufgehoben, eher noch bestätigt. Seit dem Jahre 2002, manchmal auch schon früher, sind experimentelle Physiker sogar so weit, mit beiden Eigenschaften zu ‚spielen' und Neutronen durch Experimente zu zwingen, ihren Teilchencharakter zu verlieren und sich statt dessen nur noch wie Materiewellen zu verhalten.[120]

Der englische Physiker J. C. Maxwell war einer der ersten, der ganz bewusst mathematische Modelle in die Physik eingeführt hatte, weil verschiedene Naturerscheinungen, trotz beträchtlicher physikalischer Unterschiede, auf ein und dieselbe Weise mathematisch beschrieben werden können. Maxwell war es gelungen, das Licht und elektromagnetische Phänomene zu vereinheitlichen, weil sie die gleiche Geschwindigkeit haben. Seine Theorie bestand nicht aus einer physikalische Erklärung dieser Phänomene, sondern aus mathematischen Gleichungen. Galilei und Newton unterschieden sich nicht darin, nur kannten sie noch nicht den Begriff eines mathematischen Modells. Ein Modell beschreibt immer nur abstrakt einige ausgewählte Informationen eines Systems.

So blieb es auch nach Heisenbergs und Schrödingers Modellen dabei: Elektronen & Photonen verhalten sich wie Wellen, die auch Teilcheneigenschaften aufweisen, oder wie Teilchen, die auch Welleneigenschaften aufweisen. Das wurde und wird auch heute noch ‚Wellen-Teilchen-Dualismus' genannt. Der Begriff ‚Dualismus' wurde und wird dabei als ein logischer Widerspruch, als kontradiktorisch verstanden, so dass nur das eine oder andere zutreffen könne, paradoxerweise jedoch beides in Erscheinung tritt. Nach dem Konzept des Dualismus können Elektronen & Photonen nicht sowohl Teilchen als auch Wellen sein. Wären sie Wellen, dann müsste die Annahme, sie seien Teilchen, falsch sein und umgekehrt. Warum wird das als ein Paradox angesehen? Was ist so rätselhaft an der Dualität von Welle & Teilchen? Ein Phänomen oder ein Sachverhalt ist nur rätselhaft vor dem Hintergrund bestimmter Erwartungen des Erklärens und Verstehens [Peter Bieri]. Die Erwartungen der Quantenphysiker waren durch die Modelle der makrophysikalischen klassischen Mechanik geprägt, nach denen sich ein Phänomen eindeutig auf seine abstrakten, isolierten, elementaren Bestandteile oder mathematischen Gesetzmäßigkeiten reduzieren lassen kann. Dies war in der Quantenwelt nicht der Fall. Die noch im gleichen Jahre [1927] entstandene so genannte Kopenhagener Deutung der Quantenmechanik bestand aus Heisenbergs Unschärfe- oder Unbestimmtheitsrelation, aus Bohrs Komplementaritätsprinzip und Borns statistischer Interpretation der Schrödingerschen Wellenfunktion, nicht als einer Materiewelle, sondern als einer Wahrscheinlichkeitsdeutung. Diese Kopenhagener Deutung hatte den Begriff eines vom Messprozess unabhängigen, objektiven, wirklichen Quantenobjekts aufgegeben, sie versuchte nicht mehr die Natur unabhängig vom Messprozess zu erfassen.

Atomismus. An dieser Stelle ist ein Hinweis auf den Atomismus angebracht. Eine seiner Quellen reicht bis zum philosophischen Atomismus von Leukipp, Demokrit und Epikur zurück. In vielen Texten der theoretischen Physik im 20. und 21. Jahrhundert wird die Vorstellung dieser naturphilosophischen Lehre immer wieder zitiert. Hier zitiere ich aus einer Veröffentlichung von Albert Einstein und Leopold Infeld, sie schreiben: „So schrieb Demokrit vor 2300 Jahren: Wir bezeichnen dem Herkommen entsprechend süß als süß, bitter als bitter, heiß als heiß, kalt als kalt und farbig als farbig. In Wirklichkeit gibt es aber nur Atome und den leeren Raum; das heißt, die Objekte unserer sinnlichen Wahrnehmung werden für wirklich gehalten, und es ist üblich, sie als wirklich anzusehen, doch sind sie es in Wahrheit gar nicht. Nur Atome und der leere Raum sind wirklich."[121] Wir finden dieses Zitat in einem anderen Wortlaut auch am Anfang eines Buches aus dem Jahre 1995, ‚Quantenobjekt, Felder, Symmetrien', das einen Überblick über die neuere Forschung auf dem Gebiet der Quantenphysik gibt. Dort lesen wir in der Einleitung des Physikers Hans Günter Dosch: **„‚Nur durch Übereinkunft gibt es Süßes, Bitteres, Warmes, Kaltes und Farbiges, in Wirklichkeit gibt es nur Atome und das Leere'. Dieser berühmte Ausspruch Demokrits [ca. 460 – 400 vor Christus] kann noch immer als Leitspruch für die Quantenphysik gelten. Er drückt die Überzeugung [oder Hoffnung] aus, durch den Rückgriff auf einfache Bausteine – eben die unteilbaren Teilchen – die Vielfalt unserer Sinneserfahrungen zu erklären."**[122] In Demokrits Fragment Nr. 10 lesen wir in der Widergabe von Sextus: „Demokrit verwirft gelegentlich das, was den Sinnen erscheint, und sagt, nichts davon erscheine der Wahrheit entsprechend; vielmehr erscheine es nur der Meinung nach; wahr indes sei bei den seienden Dingen, dass es Atome und Leeres gibt. Er sagt: ‚Durch Festsetzung süß, durch Festsetzung bitter, durch Festsetzung warm, durch Festsetzung kalt, durch Festsetzung Farbe, in Wirklichkeit aber Atome und Leeres.'"[123] „Der Atomgedanke ist also ein ontologisches Postulat und erweist sich als ein Versuch, den Seinsgedanken der eleatischen Einheitslehre mit den Forderungen der Naturerfahrung dadurch zu vereinen, dass er in der Vielheit unsichtbar kleiner Einheiten das wahre Sein der Erscheinungen erkennt." [Gadamer] Der Atomismus Leukipps und Demokrits stellt einen Versuch dar, die eleatische Metaphysik der Substanz auf die elementaren Bestandteile der Materie zu übertragen und dadurch mit der Evidenz der Sinnesdinge zu versöhnen. ‚Der Begriff des Atoms hat seit jeher als das eigentliche Musterbeispiel, als das Prototyp des substantiellen Denkens gegolten.' [Ernst Cassirer] Die Überzeugung dieses Leitspruchs kann in wenigen Sätzen zusammengefasst werden: 1. Die alltäglichen

Sinnesdinge der Welt, in der wir leben, sind oberflächlich, wechselhaft, schwankend, vielfältig, vage, konfus, nicht dauerhaft, subjektiv und nicht wirklich. 2. Atome sind grundlegend, unteilbar, eindeutig, stabil, objektiv und wirklich. 3. Die Wechselhaftigkeit der Sinnesdinge kann durch elementare, stabile Bausteine erklärt werden, denn alle Veränderungen der Natur lassen sich als Trennung, Verbindung und Bewegung der dauerhaften, stabilen Atome erklären. Etwas verallgemeinert ziehen Atomismus und Elementarteilchenphysik aus diesem Leitsatz die reduktionistische Schlussfolgerung, man könne einen Gegenstand dadurch erklären, dass man ihn in seine elementaren Bestandteile zerlegt, oder etwas anders formuliert lautet die Schlussfolgerung, das Zusammenspiel komplexer makrophysikalischer Systeme kann durch das Zusammenwirken ihrer elementaren Bestandteile erklärt werden. Das ganze Schema des Atomismus als Erklärungsmodell makrophysikalischer Prozesse kann selbstverständlich nur funktionieren, wenn die elementaren Bausteine wirklich sind, wenn sie Substanz haben, wenn sie die unabhängigen, stabilen, unteilbaren Grundbausteine der Materie darstellen. Das Schema beruht nicht auf einer bloßen Pulverisierung der wechselhaften und vergänglichen Dinge dieser Welt. Die Dinge werden nicht deshalb in ihre Bestandteile zerlegt, weil man in den Bestandteilen die gleichen Prinzipien, die gleichen Strukturen, die gleiche Instabilität der alltäglichen Sinnesdinge, die gleichen Abhängigkeiten, die uns von komplexen Systemen bekannt sind, auf einer atomaren Ebene der Wirklichkeit noch einmal nachweisen will. Atomismus bedeutet nicht nur, alles in Teile und diese Teile wieder in Teile zerfallen zu lassen. Selbstverständlich funktioniert das Schema des Atomismus als Erklärungsmodell für die makrophysikalische Welt der Sinnesdinge nur dann, wenn auf der atomaren Ebene andere Prinzipien, eben die Gesetzesmäßigkeiten stabiler, unabhängiger elementarer Quantenobjekte, herrschen. Die Komplexität auf der Ebene der Sinnesdinge lässt sich nicht durch eine Komplexität auf der mikrophysikalischen Ebene erklären. Makrophysikalische Abhängigkeiten lassen sich nicht durch die vier elementaren mikrophysikalische Wechselwirkungen erklären. Andernfalls würde das ganze Erklärungsmuster des Atommodells zusammenbrechen und das Atommodell würde dann nicht mehr ein Schlüssel zum Verständnis der Vielfalt und Wechselhaftigkeit unserer Welt sein.

Eine Erklärung im Sinne des Atomismus bedeutet, einen wechselhaften Gegenstand auf seine materiellen oder immateriellen[also gedanklichen] unabhängigen, beständigen Bestandteile zu reduzieren. Das ist das Grundkonzept, das die moderne Elementarteilchenphysik von den griechischen Naturphilosophen übernommen hat: Sein, Substanz und Beständigkeit ist nicht in den Sinnesdingen der Welt, in der wir leben, zu finden, sondern in den elementaren, unabhängigen Grundbausteinen oder Grundprinzipien der Materie.

Niels Bohr. Ab dem Jahre 1927 führte der Physiker Niels Bohr den Begriff der Komplementarität in die Quantenphysik ein, nach dem das Wellenbild & das Teilchenbild nicht zwei getrennte, sich widersprechende Bilder darstellen, sondern sich gegenseitig ergänzen und nur gemeinsam eine vollständige Beschreibung der physikalischen Erscheinungen liefern. Komplementarität bedeutete für Niels Bohr, dass es in der Quantenwelt nicht möglich sei, von selbständigen, unabhängigen, objektiven Quantenobjekten zu sprechen, da diese untereinander und mit dem Messgerät in einer Wechselwirkung stehen. Dem Begriff der Komplementarität liegt das Modell der Wechselwirkungen zwischen Quantenobjekten und besonders zwischen Quantenobjekt & Messgerät zugrunde. **Bohr betonte, dass diese Wechselwirkungen untrennbare Bestandteile der Objekte seien, weil sie für das Zustandekommen der Objekte selbst eine wesentliche Rolle spielen. Bestimmte Messungen legen Elektronen oder Photonen als Teilchen fest, sie bestimmen das Verhalten der Quantenobjekte und zerstören die Interferenz, die die Quantenobjekte als Welle kennzeichnet.** Andere Messungen legen die Quantenobjekte als Welle fest. Als Messgerät kann dabei im Prinzip alles dienen, was mit dem Quantensystem in Wechselwirkung treten kann und somit den Zustand des Quantensystems unbeabsichtigt messen könnte. Heute wissen wir, selbst ein einzelnes Photon [oder die Schwingung eines Luftmoleküls] kann zu einem Messgerät werden, das das Quantensystem fortwährend überwacht. Das war der neue physikalische Wirklichkeitsbegriff Niels Bohrs: Komplementarität bedeutet, **zwei** Systeme, die aus jeweils 2 Komponenten bestehen, **Welle & Messgerät** und **Teilchen & Messgerät,** sind komplementär, sie widersprechen und ergänzen sich. Es gibt keine Möglichkeit, hinter das Quantenobjekt zu schauen und eine unbeobachtete quantenmechanische Wirklichkeit zu visualisieren.[124]

Aus der Erkenntnis, dass Quantenobjekt & Messgerät nicht getrennt werden können, zog Niels Bohr nicht die Schlussfolgerung, es gäbe keine Quantenobjekte, jedenfalls dann nicht, wenn es um physikalische Be-

schreibungen ging. Bei metaphysischen Erklärungen der Quantenphysik nahm er viele Jahre lang eine instrumentalistische Position ein.[125] **Physikalisch bestand für Niels Bohr die fundamentale Wirklichkeit der Quantenobjekte aus Systemen wechselwirkender Komponenten.**

Einer der wenigen Naturwissenschaftler, der Niels Bohr in diesem Sinne interpretiert, ist der russische Mathematiker L. Tarassow, er schreibt, „dass ein Teilchen von der Natur her kein isoliertes Objekt ist – es steht mit der gesamten Umwelt in Wechselwirkung. Sein Wesen selbst lässt sich in dieser oder jener Form in Abhängigkeit von konkreten Umweltbedingungen realisieren. Der Begriff Wechselwirkung erfasst dabei einen größeren Bereich, als es bei der Behandlung der normalen [Kräfte-]Wechselwirkungen der Fall ist." Tarassow weist nachdrücklich darauf hin, „dass die Objekte auf einem bestimmten Niveau der Untersuchung physikalischer Erscheinungen ihre Isoliertheit prinzipiell einbüßen. Da werden die bis dahin bestehenden exakten Grenzen zwischen Feld und Stoff aufgehoben. In den Vordergrund treten die gegenseitigen Teilchenumwandlungen. Auf der Ebene der Mikrowelt hat die Idee, dass die Welt einheitlich ist und alle Erscheinungen allgemein miteinander verbunden sind, einen besonderen Sinn."[126]

Auch der Physiker Wolfgang Pauli interpretierte Komplementarität in diesem Sinne, wenn er schreibt: „Was mir in der Entwicklung, die im Jahre 1927 schließlich zur Aufstellung der heutigen Wellenmechanik führte, den größten Eindruck gemacht hat, ist die Tatsache, dass es in der Physik echte Gegensatzpaare gibt, wie Teilchen gegen Welle, Ort gegen Bewegungsgröße, Energie gegen Zeit, deren Gegensatz nur auf eine symmetrische Weise überwunden werden kann. Das bedeutet, dass nie ein Partner zugunsten des anderen ausgemerzt wird, sondern sie werden beide in eine neue Art von physikalischen Gesetzen übernommen, das den komplementären Charakter des Gegensatzes angemessen ausdrückt."[127]

Wechselwirkungen im Standardmodell der Quantenphysik. Atome bestehen aus Elektronen und Atomkernen. Die Kerne sind aus Nukleonen [Protonen und Neutronen] aufgebaut. Die Nukleonen wiederum bestehen aus Quarks. Das ist eine weit verbreitete, doch überholte Beschreibung des Atommodells, weil sie die Wechselwirkungen, die Bindekräfte vernachlässigt. Diese sind Bestandteile der Quantenobjekte. Im 20. Jahrhundert hat der Begriff der Wechselwirkungen schrittweise in das Standardmodell der Quantenphysik und in die Nachfolgermodelle, die Supersymmetrie und die String-Theorie, Einzug gehalten. Wichtig war besonders der Beitrag des japanischen Physikers Hideki Yukawa, der im Jahre 1935 von Wechselwirkungen auf unbekannte Austauschteilchen geschlossen hatte, eine Schlussfolgerung, die bald experimentell bestätigt wurde. Die Modelle der vier elementaren Wechselwirkungen reduzieren die Dinge nicht ganz so auf ihre elementaren Bestandteile, wie es Demokrit vorgeschlagen hatte. Zu den elementaren Bestandteilen kommen nämlich die Wechselwirkungen hinzu, die Kräfte, die zwischen den Quantenobjekten wirken. Als grundlegende Bausteine der Materie haben sich nicht einzelne, unabhängige Grundbausteine, sondern Systeme mit wechselwirkenden Komponenten etabliert. Zwischen den einzelnen Komponenten wirken Kräfte, die die Komponenten zusammenhalten. Meistens sind es Anziehungskräfte, bei den elektromagnetischen Kräften können es auch abstossende Kräfte sein. Die Träger der Wechselwirkungen sind zwischen den Quantenobjekten sich hin und her bewegende Austauschteilchen. Dabei gehen die Erklärungen bis in sehr schwierige und subtile Einzelheiten hinein. Wie kann zum Beispiel ein Elektron Masse und Ladung haben, wenn es ein elementares Teilchen ist, das selbst nicht aus Teilchen besteht? Eine schwierige Frage. Kann ein Elektron, das nur aus einem Teil besteht, mit einem anderen Quantenobjekt wechselwirken? Welchen Teil soll es denn austauschen, wenn es nur aus einem Teil besteht? Diese Frage kann durch das Konzept der Wechselwirkungen beantwortet werden. **Ein Elektron besteht nicht nur aus einem einzigen Teilchen, denn die Wechselwirkung des Elektrons ist selbst ein Teil des Elektrons.** In einem Artikel über Supergravitation aus dem Jahre 1978 schreiben die Physiker Daniel Z. Freedman und Pieter van Nieuwenhuizen darüber: „Beispielsweise kann man die beobachtete Elektronenmasse als Summe aus einer ‚nackten Masse' und der ‚Selbstenergie' beschreiben, die auf einer Wechselwirkung des Elektrons mit seinem eigenen elektromagnetischen Feld beruht. **Einzeln ist keiner dieser Anteile beobachtbar.**"[128]

Einzelne Quantenobjekte. In den letzten Jahren sind zahlreiche Experimente mit einzelnen Quantenobjekten durchgeführt worden, bei denen die Versuchsanordnung so eingerichtet wurde, dass bei einem Doppelspaltexperiment nur ein einzelnes Quantenobjekt unterwegs ist. Dabei wurden einzelne Quantenobjekte zunächst als Punkte auf dem Schirm hinter dem Doppelspalt registriert. Nach einer längeren Zeit, nachdem zahlreiche einzelne Quantenobjekte durch den Doppelspalt geschickt

Ein grundlegendes Experiment zur Quantenphysik: *Welle-Teilchen Dualismus der Materie*

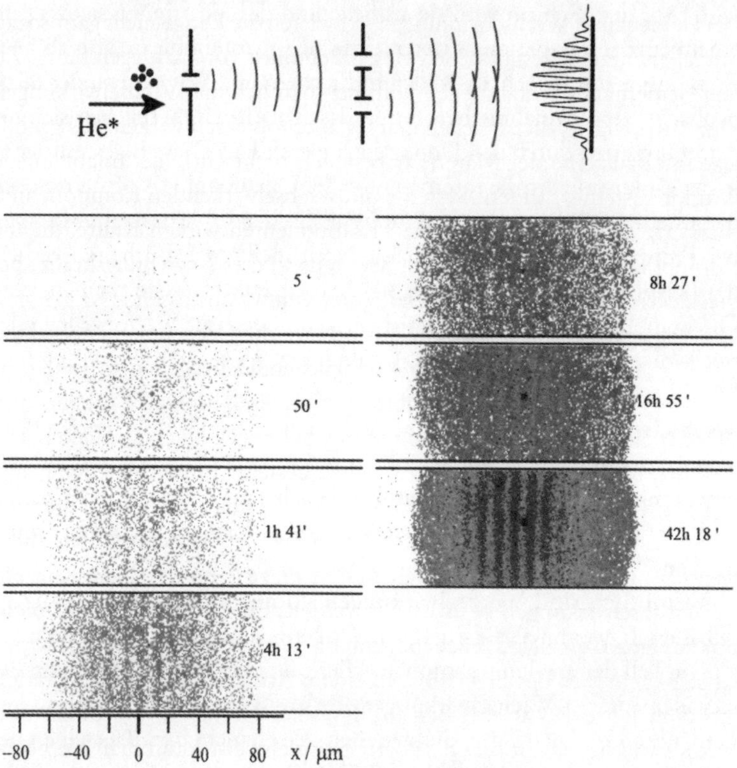

Schickt man Helium-Atome gleicher Richtung und Geschwindigkeit durch einen Doppelspalt, so erzeugt jedes Atom auf einem Schirm dahinter einen streng lokalisierten Auftreff*punkt,* das Helium-Atom erscheint hierbei seinem Wesen nach als ein Teilchen. Werden die Auftreffpunkte bei einem länger laufenden Experiment häufiger, so tritt ein Interferenzmuster in Analogie zum Youngschen Doppelspalt-Experiment auf. Die sieben Teilbilder wurden im Abstand von 5' bis 42h 18' nach Beginn des Experiments aufgenommen. Die Helium-Atome verhalten sich hier als Welle. Dieses Experiment stellt den Welle-Teilchen Dualismus der Materie in eindrucksvoller Weise dar. Wie es der Quantentheorie gelingt, den Widerspruch: punktförmiges Teilchen einerseits, ausgedehnte Welle andererseits zu überbrücken, wird in diesem Buch dargestellt. Diese Experimente mit Helium-Atomen wurden durchgeführt von Carnal, O., Mlynek, J.: Phys. Rev. Lett. 66, 2689 (1991) und Kurtsiefer, Ch., Pfau, T., Mlynek, J.: Nature *386,* 150 (1997).
Quelle: Haken, Wolf, Atom- und Quantenphysik, Einführung in die experimentellen und theoretischen Grundlagen, Berlin 2000.

wurden, wurde auf dem Schirm eine Interferenz sichtbar. Interferenz ist ein Effekt, der bei der Überlagerung zweier Wellen auftritt. Die Wellen können sich gegenseitig verstärken, was konstruktive Interferenz genannt wird, und sie können sich auslöschen, was destruktive Interferenz genannt wird. Auf dem Schirm wird sie als helle und dunkle Streifen sichtbar. In einem einzigen Experiment treten einzelne Quantenobjekte also als Teilchen, insgesamt jedoch als Wellen in Erscheinung. Wir sind zu der nicht beobachtbaren Annahme berechtigt, dass ein einzelnes Teilchen sich bei dem Durchtritt durch den Doppelspalt geteilt hat. Diese Eigeschaft wird in der Diskussion um die Interpretation der Quantenphysik oft als exotisch dargestellt, weil sie uns bei makrophysikalischen Objekten, zum Beispiel bei Tennisbällen, nicht bekannt ist. Nach meinem Dafürhalten verliert das Beispiel etwas von seinem exotischen Charakter, wenn man einzelne Quantenobjekte nicht mit Tennisbällen, sondern mit Wasserwellen oder mit Wolken vergleicht[129]. Vgl. Abbildung S. 157.

Wechselwirkungen. Es dürfte in der Quantenphysik unbestritten sein, wenn der Physiker Steven Weinberg behauptet: **„Heute kommen wir einer einheitlichen Sicht der Natur am nächsten, wenn wir in Begriffen von Elementarteilchen und den Wechselwirkungen zwischen ihnen denken.“**[130]

Vermutlich sind Wechselwirkungen immer Energieübertragungen, selbst dann, wenn wir die Energie nicht kennen oder noch nicht kennen, wie im Fall der Zwillingsphotonen. Hier nun eine kurze Darstellung der vier elementaren Wechselwirkungen in den Worten des Physikers Gerhard ’t Hooft: „Die Kräfte, die zwischen den elementaren Bausteinen der Materie, den Elementarteilchen, wirken, bestimmen auch die physikalische Struktur der makroskopischen Welt. Alle bekannten physikalischen Vorgänge lassen sich auf vier Grundkräfte zurückführen. Zwei von ihnen, die Gravitation und die elektromagnetische Wechselwirkung, haben eine unbegrenzte Reichweite und lassen sich durch ihre abstossenden oder anziehenden Wirkungen unmittelbar wahrnehmen. Die beiden anderen Kräfte, die starke und die schwache Wechselwirkung, haben dagegen nur Reichweiten, die kleiner sind als der Radius eines Atomkerns, so dass man sie im makroskopischen Bereich nicht unmittelbar wahrnehmen kann. Die starke Wechselwirkung hält die Protonen und Neutronen in einem Atomkern zusammen, und sie ist auch die Kraft, die die Bausteine der Protonen und Neutronen, die Quarks, aneinander bindet. Die schwache

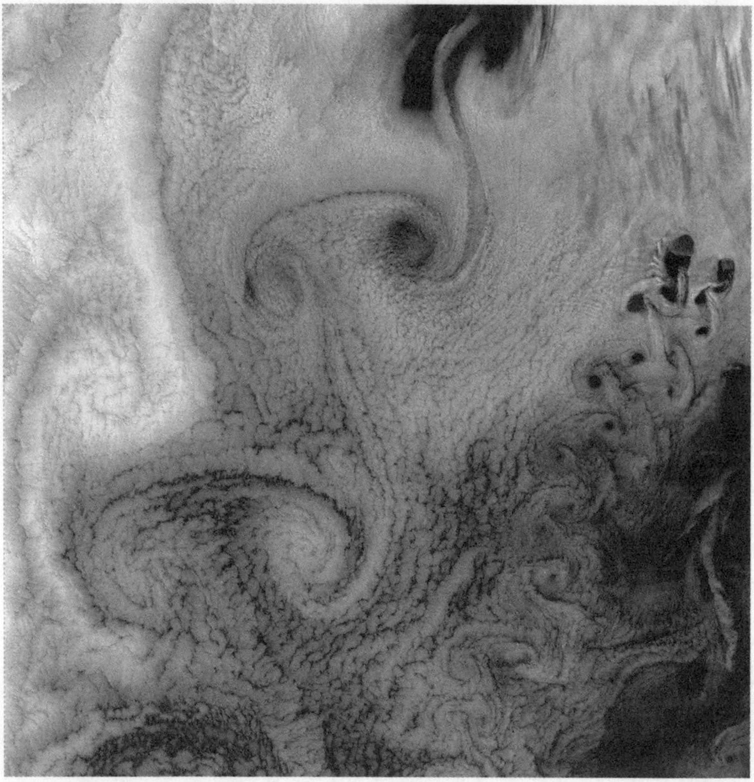

Auf diesem Foto ist eine Karmansche Wirbelstraße zu sehen. Sie besteht aus Wolkenwirbeln, die sich durch Berggipfel bilden. Die Berggipfel sind am unteren Rand des Fotos zu sehen, die Wolken bewegen sich von oben nach unten und bilden hinter den Berggipfeln Wirbel. Man hat oft die Behauptung aufgestellt, in der Quantenwelt würden Prozesse vorkommen, die in der Welt, in der wir leben, unbekannt sind. Das berühmteste Beispiel ist Schrödingers Katze. Feste Gegenstände können sich nicht teilen, wieder zusammenfügen und überlagern, fluide, also gasförmige und flüssige, dagegen schon. Sie zeigen ganz ähnliche Eigenschaften wie Lichtwellen. Ein Beispiel dafür ist die Karmansche Wirbelstraße, sie bildet sich in einem gleichförmigen Flüssigkeitsstrom hinter einem Hindernis. Rechts und links hinter dem Hindernis lösen sich paarweise Wirbel, die in entgegengesetzter Richtung rotieren und einander durch Gleitspiegelungen verbunden sind.

Wechselwirkung spielt beim Zerfall einiger Elementarteilchen eine Rolle.“[131]

Halten wir einige Aussagen dieser Textstellen fest. Zum einen lassen sich die mikrophysikalischen Prozesse auf die Wechselwirkungen zwischen Elementarteilchen zurückführen. Zum anderen lassen sich alle makrophysikalischen Vorgänge durch die vier Grundkräfte erklären. Halten diese Aussagen einer kritischen Überprüfung stand? Wohl kaum. Sie stellen eine unzulässige Verallgemeinerung dar. Es gibt im mikrophysikalischen Bereich Vorgänge, die nicht auf die vier bekannten, elementaren Wechselwirkungen zurückgeführt werden können, und es ist fraglich, ob der Anspruch, alle makrophysikalischen Prozesse auf ihre elementaren Bestandteile zu reduzieren, den Dingen gerecht wird.

Zunächst einmal soll hier ein wichtiges quantenphysikalisches Experiment zur Sprache gebracht werden, für das wir bisher keine physikalische Erklärung haben, weil es durch keine der vier Wechselwirkungen erklärt werden kann, das Phänomen der Zwillingsphotone.

Zwillingsphotonen. Hier sollen die unbekannten Wechselwirkungen zwischen Zwillingsphotonen mit den Worten des Experimentalphysikers Anton Zeilinger beschrieben werden, er schreibt: „Das nach seinen Erfindern benannte Einstein-Podolsky-Rosen-Paradoxon besagt, zwei Teilchen können so stark miteinander verbunden sein, dass eine Messung an einem der Teilchen sofort die entsprechenden Eigenschaften des zweiten Teilchens festlegt. Dies gilt, unserer täglichen Erfahrungswelt völlig widersprechend, ganz unabhängig davon, durch wie große Entfernungen die beiden voneinander getrennt sind. Einstein sprach hier von ‚geisterhaften Fernwirkungen‘, heute wird das Phänomen Nichtlokalität genannt. Die Fernwirkungen, die Einstein suspekt waren, lassen sich an einem Beispiel verdeutlichen. Zwei Photonen, die miteinander verschränkt sind, weil sie von ein und demselben Atom ausgesandt werden, zeigen bei einer Messung immer die gleiche Polarisation.“ [Photonenpaare mit einer gewissen Anfangsverschränkung erzeugt man beispielsweise mittels eines optisch nichtliniearen Kristalls, der ein Photon mit vorgegebener Energie in zwei Photonen mit jeweils der halben Energie zerfallen lässt.] „Das bedeutet, die Ebene, in der das elektrische Feld der Photonen schwingt, ist immer gleich. Das gilt selbst dann, wenn aus den möglichen Zuständen bei einer Messung an nur einem der beiden Photonen ein bestimmter Zustand erzeugt wird. Eine zeitgleiche Messung an dem ‚Zwillingsphoton‘ würde dann genau den gleichen Zustand ergeben, unabhängig davon, ob die beiden Photonen sich an verschiedenen Enden des Universums befänden. Falls es zwischen den Photonen eine verborgene Verständigung gäbe, so wandte Einstein ein, könnte sich diese nur mit Lichtgeschwindigkeit ausbreiten. [...] Die philosophischen Kosequenzen dieser Theorie, insbesondere die ‚geisterhaften Fernwirkungen', sind daher trotz der verwirrenden Konsequenzen ernst zu nehmen. [...] Trotzdem bleiben die Quantenkorrelationen vollkommen erhalten, **was bedeutet, dass die Messung auf einer Seite tatsächlich sofort und ohne Zeitverzögerung den Quantenzustand auf der anderen Seite festlegt.**"Mit Verschränkung ist demnach gemeint, „dass es Zusammenhänge zwischen Teilchen gibt, ohne dass die Teilchen selbst vor der Beobachtung Eigenschaften tragen. Die Physiker sprechen dabei von Quantenkorrelationen."[132] Das Beispiel der Zwillingsphotonen, das in den letzten Jahren mehrfach experimentell bestätigt wurde, kommentiert der englische Mathematiker Roger Penrose mit einer Bemerkung, die das Neue daran herausstellt: **„Quantum entanglement is a very strange type of thing. It is somewhere between objects being separate and being in communication with each other – it is a purely quantum mechanical phenomenon and there is no analogue of this in classical physics."**[133] **„Die nichtlokale Verschränkung ist eine sehr sonderbare Angelegenheit. Es handelt sich um einen Mischzustand – die Objekte sind weder richtig getrennt noch richtig miteinander verbunden -, der ein rein quantenmechanisches Phänomen ist und in der klassischen Physik kein Analogon besitzt.**"[134]

Das Beispiel der Zwillingsphotone zeigt, dass sich nicht alle mikrophysikalischen Objekte durch die vier bekannten, elementaren Wechselwirkungen erklären lassen. Es besteht eine Abhängigkeit zwischen den Zwillingsphotonen, die instantan, ohne Zeitverlust, schneller als Licht hergestellt wird. Diese Unmittelbarkeit wird von den vier bekannten Wechselwirkungen nicht erreicht. Die Austauschteilchen der vier Wechselwirkungen können sich nicht schneller als mit Lichtgeschwindigkeit bewegen.

Kommen wir nun zur zweiten Frage. Lassen sich alle bekannten **makrophysikalischen** Vorgänge auf vier elementare Wechselwirkungen zurückführen? Wenn man zum Beispiel die Meeresströmungen des Pazifischen Ozeans erklären möchte, die sich über Tausende von Kilometern erstrecken, dann muss man viele Faktoren, viele Beziehungen mit anderen

Meeresströmungen und mit der Luft berücksichtigen. Lassen sich die Meeresströmungen des Pazifischen Ozeans auf die elektromagnetischen Wechselwirkungen in den Wasserstoffatomen zurückführen? Ereignisse, die sich in verschiedenen Grössenordnungen abspielen, beeinflussen sich im Allgemeinen nur wenig, so dass sie unabhängig voneinander betrachtet werden können. Die meisten physikalischen Theorien sind nur deswegen praktikabel, weil man sie auf Vorgänge einer bestimmten Größenordnung bezieht und beschränkt. Welche Bedeutung hat die Quantenphysik für das Verständnis der Welt, in der wir leben?

Die Bedeutung des Atommodells für makrophysikalische Vorgänge hängt von der Bedeutung der Stabilität ab. Die Stabilität der atomaren Ebene, die durch die Wechselwirkung ihrer Komponenten hergestellt wird, ist grundlegend für den Zusammenhalt der Materie. Aber Stabilität ist nicht alles. Es gibt auch Instabilität, Wechsel, Entstehen und Vergehen. Systeme haben eine Geschichte. Es gibt offene Systeme, es gibt Beziehungen und Abhängigkeiten zwischen vielen Objekten, die so flüchtig sind, dass wir sie überhaupt nicht als Systeme erkennen können. Makrophysikalische Objekte sind nicht unabhängig, sie stehen in einer Wechselwirkung mit ihrer Umgebung. Es gibt zahllose physikalische Vorgänge in der Welt, in der wir leben, die nicht stabil sind und die nicht durch die vier bekannten elementaren Wechselwirkungen oder Kräfte der Quantenphysik erklärt werden können. Auch sollten wir nicht vergessen, dass selbst die Stabilität der elementaren Teile auf der Instabilität ihrer eigenen Bestandteile beruht, auf Wechselwirkungen.

Zusammenfassung. Ursprünglich sollte das Atommodell die Wechselhaftigkeit, Vergänglichkeit und Vielfalt der Welt, in der wir leben, durch die Stabilität, Unteilbarkeit, Objektivität und Unabhängigkeit der Grundbausteine, der grundlegenden Entitäten der Materie erklären. Dann hatten Niels Bohr und andere Quantenphysiker das Konzept der Komplementarität und der Wechselwirkungen in die Quantenphysik eingeführt. Nach diesem Konzept bestehen die Grundelemente nicht aus einzelnen, festen, unabhängigen, objektiven Bausteinen, sondern aus Systemen, die durch Wechselwirkungen ihrer Bestandteile und durch Wechselwirkungen mit der Umwelt, also durch einen Energieaustausch, ein System bilden. Als Modellsystem für die Gravitation bieten sich Erde und Mond an, für den Elektromagnetismus das Wasserstoffatom, das durch die Wechselwirkungen zwischen Proton und Elektron zusammengehalten wird etc. Nach der Auffassung der Quantenphysik sind Wechselwirkungen nicht nur ein Kennzeichen der makrophysikalischen, sondern auch der mikrophysikalischen Welt. Dadurch ist das Atommodell, das die makrophysikalischen Wechselwirkungen durch die Stabilität von unveränderlichen Atomen erklären wollte, zusammengebrochen. Beide Welten sind durch Wechselwirkungen und Abhängigkeiten ihrer Bestandteile gekennzeichnet. Wenn zwei Quantenobjekte miteinander wechselwirken, dann werden sie zu einem System, das nicht aus unabhängigen Komponenten besteht und das nicht erfasst werden kann, wenn man seine Komponenten wie voneinander unabhängige Komponenten beschreibt. Es gibt eine Emergenz komplexer Systeme, die grundlegend ist und bereits bei den kleinsten Objekten beginnt, die ich Zwei-Körper-Systeme nenne: Komplexe Systeme bringen Eigenschaften hervor, die von den Eigenschaften ihrer Komponenten nicht ableitbar sind, weil ihre Komponenten nicht in unabhängige Bestandteile zerlegt werden können. Komplexe Systeme lassen sich nur durch die Wechselwirkungen zwischen ihren Komponenten und mit anderen Systemen in ihrer natürlichen Umgebung verstehen. Ein Quantenobjekt, das mit seinen Teilen und mit seiner Umgebung in Wechselwirkung steht, zeigt andere Eigenschaften als ein Quantenobjekt ohne Wechselwirkungen zeigen würde. **Wechselwirkungen sind ein Bestandteil der Quantenobjekte, sie sind vor allem ein Energieaustausch zwischen zwei oder mehreren Objekten, sie erhöhen oder verringern die Energie der Objekte.** Dadurch machen sie sich ihrer Umgebung bemerkbar, sichtbar, messbar. Ein elementares Quantenobjekt besteht mindestens aus zwei Komponenten und aus den Wechselwirkungen zwischen diesen Komponenten. Wenn sich diese Komponenten überlagern, verhalten sie sich nicht wie zwei einzelne, voneinander unabhängige Tennisbälle. Diese Erkenntnis wird deutlich durch ein Doppelspaltexperiment, bei dem beide Spalte geöffnet sind oder bei dem jeweils eine Spalte geschlossen und die andere geöffnet ist. In der Quantenphysik kann man deshalb nichts über ein einzelnes, objektives, unabhängiges Quantenobjekt sagen, das ohne jede Wechselwirkung existiert. Ein solches Quantenobjekt ist eine Fiktion, es gehört nicht zur physischen Wirklichkeit.

Dadurch kommen wir zum Zentrum der metaphysischen Fundamente in der Quantenphysik: es besteht aus einem neuen physikalischen Wirklichkeitsbegriff, nach dem Quantenobjekte nicht durch einen festen Kern,

sondern durch Wechselwirkungen zwischen ihren Komponenten und mit dem Messgerät gekennzeichnet sind. Die grundlegende Wirklichkeit besteht in der Quantenphysik aus Systemen, deren Bestandteile weder identisch sind, noch auseinanderfallen. Die Komponenten existieren nicht unabhängig voneinander, ihnen kann kein eigener Zustand zugeschrieben werden. Mit anderen Worten: der Zustand des Quantensystems lässt sich nicht vollständig durch getrennte Messungen an den einzelnen Komponenten bestimmen. Zur eindeutigen Charakterisierung müssen vielmehr Korrelationen zwischen den Komponenten des Systems berücksichtigt werden. Der Physiker Erwin Schrödinger hat für solche Korrelationen den Begriff der Verschränkung [entanglement] geprägt. In der Quantenphysik kommt diesem Begriff eine grundlegende Bedeutung zu. Doch, wie der Physiker Gerhard Rempe schreibt, „Korrelationen zwischen quantenmechanischen Objekten sind nicht grundsätzlich neu. Sie treten immer auf, wenn die einzelnen Komponenten eines Systems miteinander in Wechselwirkung stehen. Neu ist allerdings, dass die immer weiter verfeinerten experimentellen Methoden es inzwischen ermöglichen, mehrere Quantenobjekte zu einem größeren System zusammenzusetzen und durch eine kontrollierte Wechselwirkung gezielt miteinander zu verschränken."[135] Alle Quantensysteme, auch die einfachsten, die nur aus zwei Komponenten bestehen und die verschränkten, die aus mehreren Quantenobjekten bestehen, zeigen ganz andere Eigenschaften als ihre Komponenten und deswegen lassen sie sich nicht auf unabhängige Komponenten reduzieren. Die Komponenten eines Quantensystems sind nicht fest miteinander verbunden, aber sie fallen auch nicht auseinander, sie gehen ‚Arm in Arm', auch wenn sie räumlich getrennt sind.

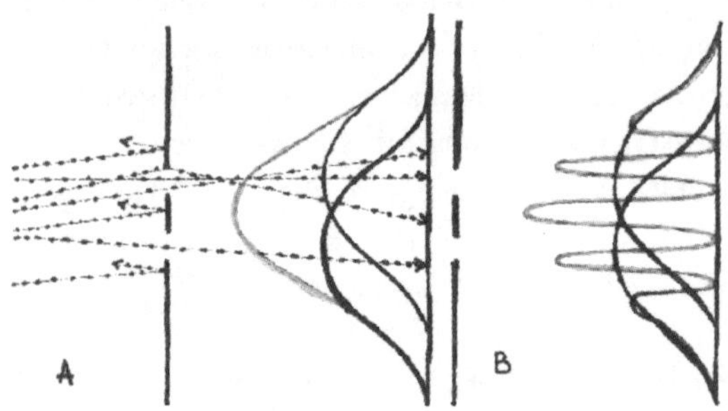

Das Doppelspalt-Experiment

Das Doppelspalt-Experiment wird hier in zwei Abbildungen schematisch dargestellt.

Abbildung A zeigt Tennisbälle oder Kugeln, die durch einen Spalt auf einen Schirm treffen. Wenn nur der obere Spalt geöffnet ist, zeigt die obere schwarze Kurve, mit welcher Häufigkeit die Bälle auf den Schirm auftreffen. Wenn nur der untere Spalt geöffnet ist, zeigt die untere schwarze Kurve, mit welcher Häufigkeit die Bälle auf den Schirm auftreffen. Wenn der Doppelspalt geöffnet ist, treffen die Bälle mit einer Häufigkeit auf den Schirm, die der roten Kurve entspricht. Die rote Kurve in Abbildung A stellt genau die Überlagerung der beiden schwarzen, unabhängigen Teilkurven dar.

Abbildung B zeigt Quantenobjekte oder Wasserwellen, die durch den Doppelspalt auf einen Schirm treffen. Wenn nur ein Spalt geöffnet ist, verhalten sich die Quantenobjekte wie Teilchen, ganz ähnlich wie Tennisbälle oder Kugeln. Sie werden mit der gleichen Häufigkeit wie Teilchen auf dem Schirm registriert. Deswegen entsprechen sich die schwarzen Kurven in den Abbildungen A und B. Wenn jedoch beide Spalte geöffnet sind, entsteht ein Interferenzmuster auf dem Schirm. Es wird durch die rote Schlangenlinie in Teil B dargestellt. An den Maxima treffen viele, an den Minima keine Quantenobjekte auf den Schirm. Die rote Schlangenlinie stellt das Interferenzmuster von oben gesehen dar: Sie ist eine Überlagerung von Wellenbergen & Wellentälern zu etwas Neuem. Bemerkenswert ist, dass sich die rote Schlangenlinie nicht aus einer Überlagerung der beiden schwarzenKurven interpretieren lässt. Man kann also nicht sagen, dass die Hälfte der Teilchen den oberen und die andere Hälfte den unteren Spalt durchquert. Interferenz ist etwas ganz anderes. Sie besteht nicht aus unabhängigen Bestandteilen, sondern aus überlagerten Wellenbergen & Wellentälern. Interferenz lässt sich nicht auf eigenständige, unabhängige Bestandteile reduzieren.

[Quelle der Zeichnung: Greiner & Wolschin, Elementare Materie. Vakuum und Felder, Spektrum Akademischer Verlag, Heidelberg, Berlin 1994]

Sind Wechselwirkungen ein Rätsel? Wechselwirkungen sind nicht rätselhaft, weil wir nur fragmentarische physikalische Kenntnisse über sie haben. Das ist nicht der Punkt. Sie bleiben metaphysisch rätselhaft, wenn wir erwarten, sie müssten sich durch 1. eine reduktionistische, 2. eine subjektivistische, 3. eine holistische, 4. eine instrumentalistische

Metaphysik erklären lassen. Wechselwirkende Quantensysteme, mit einer Wechselwirkung zwischen ihren Komponenten, stellen die grundlegende physikalische Wirklichkeit dar, an dieser physikalischen Erkenntnis kann heute kaum gerüttelt werden. Von Quantenphysikern werden auch keine physikalischen Zweifel daran erhoben. Alle Einwände sind metaphysischer Natur. Die Begriffe der Wechselwirkungen in Quantensystemen werden erst dann problematisch, wenn wir sie mit den metaphysischen Konzepten der Substanz, des Dualismus und des Reduktionismus interpretieren. In diesem Labyrinth ist die philosophische Interpretation um die Quantenphysik in den vergangenen 75 Jahren stecken geblieben. Die Philosophie war außer Atem geraten. Sie hatte den neuen Wirklichkeiten der quantenphysikalischen Entdeckungen keinen neuen Wirklichkeitsbegriff vorzuschlagen.

Wechselwirkungen in Quantensystemen sind Kräfte, meist Anziehungskräfte oder auch Abstoßungskräfte. In der allgemeinen Relativitätstheorie wird die Gravitationskraft aus geometrischen Eigenschaften des Raumes und der Zeit hergeleitet, in der Quantenfeldtheorie aus dem Austausch von Quanten. Was die Quantenphysik über sie weiß, soll hier in der Zusammenfassung von Gerhard 't Hooft wiedergegeben werden: „Wenn zwei Teilchen einander beeinflussen, weil sich ihre Felder durchdringen, so kann man diese Wechselwirkung durch den Austausch eines dritten Teilchens [des Feldquants] beschreiben. Stoßen beispielsweise zwei Elektronen aufeinander, deren jedes ein elektromagnetisches Feld in seiner Umgebung erzeugt, so sagt man, sie tauschen ein Photon [das Quant des elektromagnetischen Feldes] aus [...]. Das Feldquant, das zwei Teilchen austauschen, hat nur ein flüchtiges Dasein: unmittelbar nachdem es vom einen Teilchen ausgesandt [emittiert] wurde, muss es vom anderen ‚verschluckt' [absorbiert] werden. Auch ein einzelnes Teilchen kann spontan ein Feldquant emittieren und unmittelbar danach wieder absorbieren. In keinem Fall kann das Feldquant den Umkreis der Teilchen verlassen, und stets ‚lebt' es zu kurz, als dass es sich experimentell beobachten ließe. Man bezeichnet es daher als virtuelles Teilchen. Je größer die Energie eines virtuellen Teilchens ist, umso kürzer ist seine Lebensdauer. Ein virtuelles Teilchen borgt sich gleichsam die Energie, die es zu seiner Erzeugung braucht, muss sie aber zurückzahlen, bevor ihr Fehlen erkennbar wird." An einer anderen Stelle schreibt Gerhard 't Hooft, „dass ein Elektron von einer **Wolke** aus virtuellen Teilchen umgeben ist, die es ständig emittiert und wieder absorbiert. **Diese Wolke besteht nicht nur aus Photonen, son-**

dern auch aus Paaren geladener Teilchen, beispielsweise Elektronen und ihren Anti-Teilchen, den Positronen […] Auch ein Quark ist von einer **Wolke** virtueller Teilchen umgeben, und zwar von Gluonen und Quark-Antiquark-Paaren."[136] Einzelne, isolierte, unabhängige Quarks hat man noch nie beobachtet. Dieses Phänomen wird in der neueren Forschung Confinement bezeichnet, Quarks sind Gefangene, sie können einzeln nicht auftreten, sondern nur als Paar oder als Trio. Versucht man zwei Quarks gewaltsam voneinander zu trennen, entstehen zwischen ihnen neue Quarks, die sich zu Paaren oder Trios verbinden. Der Physiker Claudio Rebbi und andere berichten: „Zwischen den Quarks und Gluonen im Innern eines Elementarteilchens entstehen laufend zusätzliche Quarks und Gluonen, die nach kurzer Zeit wieder vergehen."[137] Diese **Wolke** von virtuellen Quantenobjekten stellt die Wechselwirkung dar oder stellt sie her. Sie wird auch als ein ‚Streuprozess' zwischen Quantenobjekten beschrieben, beim Quarkmodell ist auch von einem See aus Quark-Antiquark-Paaren und Gluonen die Rede, von denen die Quarks umgeben sind[138].

Eine grundlegende physikalische Wirklichkeit ist ein Quantensystem mit einer Wechselwirkung zwischen den Komponenten und der Umwelt, eine **Wolke** aus virtuellen Quantenobjekten, von der die Komponenten umgeben sind. Wolkenbildung findet nicht erst auf einer molekularen Größenordnung statt, wie zum Beispiel bei ultrakalten Cäsium-Molekülen, sondern bereits auf einer atomaren Größenordnung. An dieser physikalischen Erkenntnis ist nicht zu rütteln und doch sträuben sich unsere ganzen metaphysischen Schemata dagegen. Diese **Wolke** entspricht nicht unseren traditionellen Erwartungen von allem, was Stabilität, Substanz, Festigkeit und Dauerhaftigkeit darstellen und grundlegend sein soll, sie hat keinen festen Kern. Wie können **Wolken** das sein, was wir gewohnt sind, die Grundbausteine der Materie zu nennen? Wie kann dieses kleine vibrierende Etwas das sein, nach dem ganze Generationen von Philosophen und Physikern gesucht hatten, um auf den Kern der Dinge oder auf eine letzte Wirklichkeit zu stoßen? Soll das alles gewesen sein? Aus dieser kleinen **Wolke** mit ihren wechselwirkenden Bestandteilen wollen wir etwas herausfiltern, das Bestand hat, das bleibt [Reduktionismus & Subjektivismus], oder wir wollen sie als ein mysteriöses Ganzes betrachten [Holismus] oder sie als eine Kostruktion abtun, der überhaupt keine empirische Realität zukommt [Konstruktivismus und Instrumentalismus]. Und das alles nur deswegen, weil wir nicht leicht zugeben wollen, dass den komplexen

Beziehungen der Welt, in der wir leben, eine Wirklichkeit zugrunde liegt, die ihrerseits eine komplexe, abhängige, wechselwirkende Wirklichkeit ist, eine **Wolke**. Es ist unmöglich, aus dem Ereignisgeflecht, das wir ‚Welt' oder ‚komplexes System' nennen, herauszukommen. Es ist unmöglich, aus der Welt des Wechselnden, des Unbeständigen, der Abhängigkeiten herauszukommen. Es ist unmöglich, ein elementares Quantenobjekt zu finden, das nicht von anderen Quantenobjekten abhängig ist. Die grundlegenden Quantenobjekte bestehen aus wechselwirkenden **Wolken**, aus wechselwirkenden Komponenten.

Zusammenfassung: 1. Ich habe Darstellungen einiger Quantenphysiker über die grundlegende Wirklichkeit zur Sprache gebracht. 2. Welche Komponenten auch immer in der Quantenphysik als grundlegend angesehen werden [Elementarteilchen, Quarks, Strings, Kraftfelder, mathematische Naturgesetze, Symmetrien, Bewusstsein, Denkmodelle oder Informationen], keine dieser Komponenten ist unabhängig, alle sind abhängig, alle wechselwirken mit anderen Komponenten und mit der Umwelt. Die fundamentale Wirklichkeit ist keine Ansammlung von eigenständigen Dingen oder unabhängigen Faktoren, sondern ein Prozess abhängiger Systeme. **3. Man kann diesen Wirklichkeitsbegriff ein ganz mageres und dürftiges metaphysisches Ergebnis nennen. Aber, wie bereits gesagt, die hauptsächliche Funktion einer metaphysischen Erkenntnis besteht weniger darin, eine eigene Denktradition zu schaffen, die dann in einem Lehrbuch verbreitet werden kann, als vielmehr darin, falsche Konzepte aufzudecken und zu pulverisieren.** 4. Mit diesem neuen physikalischen Wirklichkeitsbegriff von wechselwirkenden Komponenten können die metaphysischen Interpretationen der Quantenphysik zurückgewiesen werden, die der Quantenwelt eine substantielle [1. Ansatz], eine subjektivistische [2. Ansatz], eine holistische [3. Ansatz] oder eine instrumentalistische Deutung [4. Ansatz] geben wollen.

12.
Ein kurzer Überblick über die metaphysischen Interpretationen der Quantenphysik im 20. Jahrhundert

„Die Voraussetzungen der Physik von gestern bleiben im Denken der Physiker erhalten, selbst wenn ihre ausdrückliche Lehren diese im Detail widerlegen." [A. N. Whitehead] [139]

Es lässt sich schnell zeigen, wie wenig dieser **physikalische** Wirklichkeitsbegriff, Wirklichkeit als Systeme wechselwirkender Bestandteile zu verstehen, die traditionellen **metaphysischen** Wirklichkeitsbegriffe, die der Physik zugrunde liegen, erschüttern konnte.

Der wissenschaftliche Reduktionismus ist beispielsweise von dem bedeutenden theoretischen Physiker Richard P. Feynman vertreten. Er hat seine Überzeugung zum Ausdruck gebracht, auf den Grund der Wirklichkeit gestossen zu sein. Nach seiner Auffassung lassen sich alle Phänomene im Universum, „lassen sich sämtliche gewöhnliche Erscheinungen durch Wirkung und Bewegung von Teilchen erklären. Vermutlich sogar das Leben selbst. [...] Unser heutiges Atommodell beschreibt, zumindest soviel wir gegenwärtig wissen, das Verhalten der Atome bis ins Detail genau. In der Tat kann ich ohne Übertreibung behaupten, dass es kein bekanntes Phänomen gibt, dass sich mit Gewissheit nicht auf diese Weise deuten ließe oder uns gar vor ein tiefes Geheimnis stellte." [140] Das Atommodell ist ein grundlegendes Konzept des wissenschaftlichen Reduktionismus, auch wenn hier zunächst nicht auszumachen ist, ob dieses Konzept nun in eine subjektive oder eine objektive, eine holistische oder instrumentalistische Interpretation eingebettet ist. Feynmans Auffassung steht nicht isoliert da. Einige der bedeutendsten Physiker im 20. Jahrhundert hatten ähnliche Konzepte über die grundlegende Wirklichkeit. Sie waren sehr von ihrem Wissen überzeugt, alles andere Wissen hielten sie für oberflächlich, nicht viel mehr wert als Briefmarkensammeln [so der Atomphysiker Ernest Rutherford über Biologie], da es ungenau und unsicher sei. Unser Wissen aber, so meinten sie, geht in die Tiefe.

Es geht so tief, bis wir auf den eigentlichen Kern der Realität [Alexandre Koyré/David Layzer], auf etwas absolut Beständiges, Unvergängliches, Konstantes [Max Planck], auf eine hinter den Erscheinungen liegende Wirklichkeit [Max Born], auf die Ideen der Materie [Werner Heisenberg] stossen. Carl Friedrich von Weizsäcker formulierte seine mathematische Metaphysik einmal so: „Wenn man daher fragt, warum gelten mathematische Gesetze in der Natur, dann ist die Antwort, weil diese ihr Wesen sind, weil die Mathematik das Wesen der Natur zum Ausdruck bringt.“[141]

Albert Einstein war einer der ersten Physiker, der erkannte, dass ein tieferes Verständnis der Elementarteilchen nur erreicht werden kann, wenn man die Kräfte kennt, die zwischen ihnen wirken. Er hielt es für einen kühnen Gedankensprung, nicht das Verhalten von Körpern, sondern das zwischen ihnen Liegende, also das Verhalten des Feldes, für die Ordnung der Vorgänge maßgebend zu halten. Damit war die theoretische Physik bei einer grundlegenden Dualität [Zweiheit] angekommen: Quantenobjekt & Kraftfeld. Dementsprechend formulierte Einstein seinen Wirklichkeitsbegriff, nach dem es eine Äquivalenz von Materie und Energie gibt. Aber bereits seine eigene Formulierung klingt so, als ob Energien oder Kraftfelder den grundlegenden Platz einnehmen sollten, den bis dahin die Materie eingenommen hatte. Einstein und Infeld schreiben: „Was unseren Sinnen als Materie erscheint, ist in Wirklichkeit nur eine Zusammenballung von Energie auf verhältnismäßig engem Raum.“[142] Damit hatte die Materie ihre Qualität verloren, ewig und unzerstörbar zu sein, ihr Platz wurde vom Kraftfeld eingenommen. In diesem Sinn schreibt auch der Physiker Herwig Schopper im Jahre 1999: „Fundamentaler als die Frage nach den Grundbausteinen der Materie ist heutzutage das Verständnis der Kraftfelder und der sie bestimmenden Symmetrien.

Wir bewegen uns von Demokrit auf Plato zu, der die Ideen als letzte Wirklichkeit ansah."[143] Einige Jahre zuvor hatte bereits der Chemiker Ilya Prygogine die Prozesse des ständigen Materie- und Energieflusses, die zu stabilisierenden Strukturen der Materie führen, als die Grundlage der Materie bezeichnet. Werden ist grundlegender als Sein, war seine neue Entdeckung.[144]

Von einer Zweiheit von Quantenobjekt & Kraftfeld oder Naturgesetz & Materie sind wir wieder bei einer letzten Wirklichkeit angekommen. Es scheint eine unerträgliche Zumutung an das wissenschaftliche Denken zu sein, eine Wechselwirkung zwischen zwei [dualen, konträren oder polaren] Komponenten zu akzeptieren. Wir tragen ständig jene dualistische Metaphysik in uns herum, nach welcher von zwei Entitäten eine fundamentaler als die andere sein muss und dementsprechend für eine letzte Wirklichkeit gehalten wird.

Die Rückkehr zu einem substantiellen Denken, das den materiellen oder immateriellen Grundbausteinen der Natur eine letzte Wirklichkeit zuschreibt, ist bei diesen wissenschaftlichen Reduktionisten klar zu erkennen.

Der Wissenschaftsphilosoph Henry J. Folse unterstützt diesen metaphysischen Ansatz noch zusätzlich, indem er nicht nur den Quantenobjekten, sondern auch der Komplementarität eine unabhängige Existenz zuschreibt. Um das Konzept der Komplementarität vor einer antirealistischen [instrumentalistischen, idealistischen, subjektivistischen] Interpretation zu schützen, bündelt Folse es zu einem Konzept von einer unabhängigen, aber wechselwirkenden physikalischen Realität [**independent but interacting physical reality**] der Quantenobjekte. Seine ganze Argumentation lässt erkennen, dass für ihn offenbar nur ein Entweder-Oder, eine objektive oder eine subjektive Realität, infrage kommt, so dass er auch den neuen Wirklichkeitsbegriff von Niels Bohr, nach dem die grundlegende Wirklichkeit aus Systemen komplementärer Komponenten besteht, in dieses Schema einordnet. Folse hat nicht berücksichtigt, dass sich die beiden Begriffe ‚Komplementarität' und ‚Unabhängigkeit' gegenseitig ausschließen, dass der Begriff der Unabhängigkeit nicht mit dem Begriff der Komplementarität vereinbar ist, da die Komplementarität von zwei Dingen ihnen ihre Unabhängigkeit nimmt. Eine wechselwirkende physikalische Realität ist nicht unabhängig.[145] Von einer unabhängigen, aber wechselwirkenden physikalischen Realität zu sprechen, stellt einen untauglichen Versuch dar, einander ausschließende Prinzipien miteinander in Verbindung zu bringen.

Die geringe Wirkung, die die Erkenntnis der Komplementarität und der Wechselwirkungen auf die metaphysischen Vorstellungen von der Wirklichkeit in der Quantenphysik hatte, wurde von dem Quantenphysiker David Bohm gesehen: „Betrachtet man die Umgangssprache und das informelle Denken in der Physik, wie es die Vorstellungswelt erfüllt und das Gefühl dafür weckt, was wirklich und wesentlich ist, so sprechen und denken die meisten Physiker noch immer, in der vollen Überzeugung ihrer Wahrheit, in den Begriffen des herkömmlichen Atomismus, nach dem das Universum aus Elementarteilchen besteht, das die ‚Grundbausteine' darstellen, aus denen alles gemacht ist." [146] Die Texte von Feynman, Layzer, Planck, Born, Heisenberg, Weizsäcker und Schopper belegen diese Beobachtung von Bohm. Viele Physiker sind trotz der Einführung der Begriffe der Komplementarität und der Wechselwirkungen substanziellen Denkweisen verhaftet geblieben, die Quantenobjekte als unabhängige Grundbausteine, als die grundlegende, objektive Realität und letzte Wirklichkeit kennzeichnen. Allerdings sind die Quantenobjekte nicht die einzigen grundlegenden Entitäten geblieben. Sie wurden durch Kraftfelder, Naturgesetze, Symmetrien, oder Informationen ergänzt.

Der Subjektivismus ist unter Quantenphysikern ebenfalls stark vertreten, manchmal wird die subjektivistische Deutung der Quantenphysik sogar als die Standardsichtweise von Quantenphysikern bezeichnet, da ja Niels Bohr und seine Mitarbeiter die Vorstellung von einer objektiven Wirklichkeit aufgegeben hatten. Auch Wissenschaftsphilosophen neigen stark zu einer subjektivistischen Interpretation der Quantenobjekte, nach der die Wirklichkeit nicht mehr in der Außenwelt zu finden sei, sondern im menschlichen Bewusstsein, in der Wahrnehmung, Beobachtung, Messung oder im Denken. Für diesen Ansatz kommt Atomen oder Elektronen keine unabhängige, objektive Existenz zu. Damit schließt er sich in dieser Frage Niels Bohr an. Mit der Zurückweisung des Konzepts einer objektiven Realität grenzt sich dieser subjektivistische Ansatz vom Objektivismus Albert Einsteins ab, der das Konzept einer objektiven, unabhängigen Außenwelt nicht aufgeben wollte. [147] Einstein nahm an, er müsse bei einer Ablehnung des Objektivismus dem Subjektivismus zustimmen und die Existenz der Dinge vom menschlichen Bewusstsein abhängig machen. Allerdings bleiben die Subjektivisten nicht bei irgendwelchen Halbheiten stehen. Sie verwerfen nicht nur eine Konzeption von einer absoluten, objektiven Existenz der Quantenobjekte, sondern sie sprechen den Quantenobjekten überhaupt jede Existenz ab. ‚Elementary Particles Do Not Exist' [1984] so lautet ein Artikel des Physikers Paul C. W. Davies. Davies schreibt an einer anderen Stelle, an der er seine subjektivistische oder instrumentalistische Interpretation [diese beiden metaphysischen Ansätze lassen sich nicht immer unterscheiden] der Quantentheorie so darstellt, als ob man die Dinge nicht anders sehen könne: „Was Bohrs Philosophie sagen will, ist, dass Begriffe wie Elektron, Photon oder Atom in der gleichen Weise verstanden werden sollen – als nützliche **Denkmodelle**, die in Wirklichkeit nur eine Reihe mathematischer Beziehungen zur Verknüpfung von Beobachtungsdaten darstellen und die in unserer Vorstellung gegenständliche Gestalt annehmen." [148] Nach der Auffassung des Wissenschaftsphilosophen Nicholas Rescher können wir nicht sagen, dass die theoretischen Entitäten unserer Wissenschaft tatsächlich existieren. Der Physiker Wolfram Schommers versichert uns, wir hätten nicht die Wirklichkeit vor Augen, sondern nur ein Bild von der Wirklichkeit. Der Wissenschaftsphilosoph Kurt Hübner schreibt: „Es scheint eine unausrottbare Eigenschaft der Menschen zu sein, dass sie alles sogleich in eine objektive Gegebenheit verwandeln, was im Grunde ihrem eigenen Entwurf entspringt. Die Geschichte derPhysik ist ein Prozess, in dem sich ständig diese Verwechslung der eigenen freien Konstruktion mit dem ontologisch Realen wiederholt." [149]

Nach der Auffassung des Quantenphysikers Alastair Rae soll die Außenwelt, als Ergebnis der Quantenphysik ‚verdunstet' sein, er schreibt: „‚Objektive Wirklichkeit' [die Wirklichkeit von Gegenständen außerhalb von uns] scheint, nach Heisenbergs Formulierung, als Ergebnis der Quantenphysik ‚verdunstet' zu sein. Wie Bertrand Russel sich 1956 ausgedrückt hat: ‚Es fängt an so auszusehen, dass Materie wie die Cheshire-Katze [ein Sagentier aus Lewis Carolls Buch ‚Alice im Wunderland'] langsam immer durchsichtiger wird und nichts von ihr übrig bleibt als das Grinsen, hervorgebracht durch die Belustigung über die, die immer noch denken, sie sei da." [Bertrand Russel, Portraits from Memory, London 1956, S. 135] „Natürlich", so fährt Alistair Rae fort,„wurde in der Philosophie die Existenz der äußeren Welt schon immer als ein Problem erkannt. Weil unsere Kenntnis der äußeren Welt [falls sie tatsächlich existiert!] nur von unseren Sinneseindrücken herrührt, sind es nur diese Sinnesdaten, deren Existenz wir uns sicher sein können. […] Es folgt daraus, dass es unmöglich ist, jemals die Existenz der Außenwelt zu beweisen.“ [150]

Hier ist offenbar ein metaphysischer Subjektivismus mit einer subjektivistischen Interpretation der Quantenphysik zu einem philosophisch-physikalischen Block verschmolzen. In der Tat, es ist sehr schwer, wenn nicht sogar unmöglich, diesen Subjektivismus zu widerlegen. Wenn die Außenwelt vollständig getrennt von der Wahrnehmung sein soll, wie sollen wir dann eine Kenntnis von ihr gewinnen? Aber warum sollten wir die Existenz der Außenwelt beweisen? Für Kant war es ein Skandal der Philosophie, dass man seit Berkeleys Idealismus die Existenz der Objekte beweisen müsse. Kants Kritik an Berkeleys und Descartes Idealismus hat ihn selbst nicht daran gehindert, in seinem Werk ‚Kritik der reinen Vernunft‘ eine eigene, ganz ähnliche dualistische Lösung vorzuschlagen, nach der es auf der einen Seite ein Ding an sich geben soll, das selbst nicht erscheint, aber dennoch in höchstem Maß wirklich sein soll, während auf der anderen Seite ‚äußere Gegenstände‘, ‚äußere Dinge‘, ‚die Körper‘, die ‚Materie‘ bloß ‚Erscheinungen‘, ‚eine Art Vorstellungen‘, ‚bloße Vorstellungen in uns‘ sein sollen. [151] Kant hat den subjektivistischen Skandal der Philosophie nicht verringert.

Diese Beispiele des Subjektivismus sollen genügen. Der Subjektivismus hat eine lange Geschichte. Die Logik der Argumentation ist nicht neu. Demnach leben wir in einer Welt, die aus unseren eigenen Denkmodellen besteht.

Der neuartige physikalische Wirklichkeitsbegriff Niels Bohrs, nach dem in der Quantenphysik nicht Subjekt & Objekt aufgehoben sind, sondern nur die Trennung zwischen Subjekt & Objekt aufgehoben ist und einer Wechselwirkung zwischen beiden Platz gemacht hat, wird von diesen subjektivistischen Quantenphysikern und Wissenschaftsphilosophen überhaupt nicht in Betracht gezogen.

Oft wird in der Diskussion um die Komplementarität nicht zwischen dem physikalischen und dem metaphysischen Wirklichkeitsbegriff Niels Bohrs unterschieden. Wenn Kurt Hübner von Niels Bohrs metaphysischem Wirklichkeitsbegriff redet, dann nur ablehnend. Niels Bohr hätte übersehen, so schreibt er, dass physikalische Theorien doch nur Konstruktionen, Modelle seien, die nicht die Wesenszüge der Natur ausdrücken könnten[152]. Dabei hat Hübner nicht beachtet, dass es gerade Niels Bohr war, der immer wieder zum Ausdruck gebracht hatte, dass wir die Natur nie erfassen können, wie sie wirklich ist, unabhängig vom Messprozess, sondern nur so verstehen können, wie sie uns erscheint. Die metaphysische Sichtweise Bohrs, die man als eine instrumentalistische Interpretation der Quantenphysik bezeichnen kann, hat Max Jammer in den folgenden Sätzen zusammengefasst: „Es gibt keine Quantenwelt, sondern nur eine abstrakte quantenmechanische Beschreibung. Es ist falsch zu glauben, die Physik habe zu beschreiben, wie die Natur ist. Die Physik befasst sich vielmehr mit dem, was wir über die Natur sagen können."[153]

Die hauptsächlichen Interpretationen der Quantenphysik haben sich in zwei metaphysische Lager aufgeteilt, die die Quantenwelt nach einem Entweder-Oder-Schema reduktionistisch oder subjektivistisch interpretieren. Der bloße Hinweis auf die physikalische Erkenntnis der Komplementarität und der Wechselwirkungen der Objekte, durch die das metaphysische Entweder-Oder-Schema zurückgewiesen wird, bleibt dann nichts anderes als eine Arabeske, auf die man auch verzichten kann.[154]

Als Ergebnis haben wir zwei dualistische metaphysische Konzepte über die Grundlagen der Wirklichkeit, die Niels Bohrs Begriff der Komplementarität und der Wechselwirkungen an den Rand gedrängt haben: Elementarteilchen, mathematische Gesetze, Kraftfelder, Ideen oder Denkmodelle sollen den objektiven oder subjektiven Kern der Wirklichkeit oder das Wesen der Natur oder die Ideen der Materie oder die letzte Wirklichkeit ausmachen. Diese Konzepte stellen eine Rückkehr zur traditionellen Metaphysik dar, nach der den vergänglichen Erscheinungen dieser Welt ein unabhängiger, stabiler [subjektiver oder objektiver] Kern zugrunde liegen soll. Gerade einen solchen Kern hatte Niels Bohr mit seinen physikalischen Konzepten der Komplementarität und der Wechselwirkungen von dualen Objekten zurückgewiesen. Komplementarität, Wechselwirkungen, Abhängigkeit und Teilhabe auf der einen Seite & Unabhängigkeit, Substanz, fester Kern, Grundbausteine auf der anderen Seite, schließen sich gegenseitig aus: Abhängigkeit & Unabhängigkeit sind zwei Begriffe, die sich nicht vereinbaren lassen. Unabhängig zu sein heißt, in keiner Wechselwirkung mit anderen Dingen zu stehen. [Selbst Neutrinos kann man nicht als unabhängige Quantenobjekte nennen. Neutrinos sind ungeladene Quantenobjekte, die keine oder nur eine geringe Wechselwirkung mit der Materie ausüben, die sie deshalb fast ungehindert durchdringen können. Um sie nachzuweisen, müssen sie zu Wechselwirkungen veranlasst werden. Das ist zwar technisch kompliziert, aber dennoch möglich. Treffen Neutrinos nämlich auf die Protonen in Wassermolekülen, entstehen Elektronen und Myonen. Die geladenen Quantenobjekte fliegen mit Lichtgeschwindigkeit in die Richtung des ursprünglichen Neutrinos weiter und erzeugen entlang ihrer Bahn kegelförmige Lichtblitze, so genannte Cerenkov-Strahlung. Mit lichtempfindlichen Fotovervielfachern lassen sich die Spuren der Myonen mehrere hundert Meter weit verfolgen. [155]]

In der Diskussion um die Interpretation der Quantenphysik wurde der neue physikalische Wirklichkeitsbegriff von Niels Bohr durchaus zur Kenntnis genommen, doch Bohr fühlte sich nicht richtig verstanden. Darüber berichtet Bohrs Kollege Léon Rosenfeld im Jahre 1967 rückblickend. [156] Der Physiker John Wheeler, der ebenfalls mit Bohr zusammengearbeitet hat, betont, was Bohr in seinem letzten Gespräch vor seinem Tod über einige Philosophen gesagt hat: „… sie haben nicht verstanden, dass es [das Komplementaritätsprinzip der Quantentheorie] eine objektive Beschreibung ist, und zwar die einzig mögliche objektive Beschreibung." [157] Hier rächt sich die lange Trennung zwischen Philosophie und Physik. Vielleicht sind vollständig getrennte Erkenntniswege möglich, um ein Bild von der Wirklichkeit zu gewinnen. Aber wahrscheinlich kann die Physik nicht ohne eine Hilfe der Philosophie auskommen und umgekehrt. Die Hauptströmungen der modernen Philosophie seit Kant beschäftigen sich nicht mehr mit der Beschaffenheit der Wirklichkeit. Diese Beschäftigung überlassen sie der Physik, die offensichtlich überfordert ist, weil nur systematische philosophische Untersuchungen den philosophisch nicht geschulten Physikern helfen können, ihre eigenen physikalischen Entdeckungen philosophisch zu verstehen. Die eine Seite sollte über den Tellerrand schauen, um zu sehen, was auf der anderen Seite passiert. Das ist eine gefährliche Mission geworden, weil spezialisierte Begriffe, Methoden und Fachgebiete eine Verständigung selbst zwischen wissenschaftlichen Nachbargebieten fast unmöglich gemacht haben.

Als ein kleines Beispiel dafür verweise ich auf eine Diskussion um die Nanotechnologie: „Die wissenschaftliche Gemeinschaft muss sich von den irrsinnigen Argumenten der Außenseiter distanzieren", sagte der Biophysiker Steven Block [Stanford] in der Zeitschrift ‚Science'. Mit einem solchen Argument versuchte er Bill Joy zu ‚erschlagen'. Bill Joy ist kein Fachmann der Nanotechnologie, sondern als Informatiker Experte für die Architektur von Rechnern und integrierten Schaltkreisen. Als Nichtfachmann hatte er vor den Risiken der Nanotechnologie gewarnt.[158]

Es wäre eine Diskussion notwendig, um zu klären, warum in die theoretische Physik metaphysische Begriffe eingeführt werden, die in den Grundbausteinen der Materie oder in den grundlegenden Entitäten und Zuständen, wie den Quantenobjekten, Kraftfeldern, Naturgesetzen, Symmetrien etc., substantielle Wirklichkeiten, letzte Wirklichkeit, Ideen der Materie, Wesen der Natur etc. [alles metaphysische Begriffe] sehen [1. Ansatz], oder bloße Denkmodelle unseres Bewusstseins [2. Ansatz], warum sich also theoretische Physiker metaphysisch nicht von den objektivistischen & subjektivistischen Substanzbegriffen und von dem Konzept des Dualismus befreit haben, warum es ihnen metaphysisch nicht gelungen ist, die grundlegende Wirklichkeit als Systeme wechselwirkender Komponenten zu verstehen, was ihre eigenen physikalischen Entdeckungen nahelegen.

Ergebnis. Was sind die Bausteine der Natur? Welche Wirklichkeit liegt den Erscheinungen zugrunde? Wendet man zur Beantwortung dieser Frage die physikalischen Wirklichkeitsbegriffe der Komplementarität und der Wechselwirkung an, dann gibt es keine unabhängigen Quantenobjekte, absoluten mathematischen Naturgesetze, ewige Ideen der Materie, eigenständige Kraftfelder, von nichts anderem abhängige Denkmodelle. Dann gibt es nur abhängige Objekte und eine Wechselwirkung zwischen ihnen. Ein tieferes Verständnis der Quantenobjekte hängt dann von einem Verständnis der Wechselwirkungen zwischen elementaren Quantenobjekten & Kraftfeldern, Materie & Naturgesetzen, Konzept & Wirklichkeit ab. Wenn also im kleinsten Bereich der Wirklichkeit, in der Quantenwelt, keine unabhängigen, sondern nur wechselwirkende Entitäten zu finden sind und die Quantenobjekte deshalb nicht unabhängig, und nicht frei von jeder Art von Fremdbestimmung sind, dann müsste eine vorsichtige Verallgemeinerung dieses Wirklichkeitsbegriffs auf weitere Bereiche möglich sein.[159] Niels Bohr hatte es für die Biologie und für einzelne politische Gegensatzpaare versucht, aber er hatte weder eine systematische Philosophie der Komplementarität und der Wechselwirkungen entwickelt, noch eine systematische Kritik an den Philosophien, die mit seinem physikalischen Begriff der Komplementarität und der Wechselwirkungen nicht zu vereinbaren sind: Reduktionismus [Substantialismus], Subjektivismus,

Holismus und Konstruktivismus [Instrumentalismus]. Niels Bohr war kein Philosoph und er hatte auch keine philosophische Unterstützung für eine philosophische Verallgemeinerung seines physikalischen Wirklichkeitsbegriffs bekommen. Seine physikalischen Wirklichkeitsbegriffe der Komplementarität und der Wechselwirkungen, nach denen die fundamentale Wirklichkeit nicht aus unabhängigen Grundbausteinen, sondern aus einem Zusammenspiel von Systemen wechselwirkender Komponenten besteht, waren und sind noch immer eine Herausforderung an den metaphysischen Substanzbegriff, an das dualistische Denken und an den wissenschaftlichen Reduktionismus.

13.
Kritik

1. Entweder. Mit den physikalischen Begriffen der Komplementarität und der Wechselwirkungen können die metaphysischen Wirklichkeitsbegriffe der substantiellen [reduktionistischen], subjektivistischen, holistischen und instrumentalistischen Interpretationen der Quantenphysik zurückgewiesen werden. Nach der substantiellen [oder reduktionistischen] Interpretation liegt der Welt, in der wir leben, eine unabhängige, objektive Wirklichkeit oder ein substantielles Sein zugrunde, das sich in Quantenobjekten, Energien, Kraftfeldern, Naturgesetzen & Symmetrien manifestiert. Dieser Interpretation entspricht die Vorstellung von einer Ordnung und einer Unausweichlichkeit des Naturgeschehens. Der Philosoph Ludwig Wittgenstein sagt in seinem Tractatus dazu: „Der ganzen modernen Weltanschauung liegt die Täuschung zugrunde, dass die so genannten Naturgesetze die Erklärung der Naturerscheinungen seien. So bleiben sie bei den Naturgesetzen als bei etwas Unantastbarem stehen, wie die älteren bei Gott und dem Schicksal." [Tractatus 6.371 f] Was ist ein Naturgesetz? Wir übernehmen eine Definition von Carl Friedrich von Weizsäcker: „Als Naturgesetz bezeichnen wir eine Struktur des Geschehens, die unter gegebenen Bedingungen immer und überall auftritt."[160] Demnach sind Naturgesetze an bestimmte Bedingungen gebunden, sie stehen in einem Wechselverhältnis mit der Materie. Der Kosmologe David Layzer hat in seiner Auseinandersetzung mit der 1965 entstandenen Urknalltheorie auf die Grenzen von Naturgesetzen hingewiesen. Layzer schreibt: „Anfangs war die Materie so dicht, dass die heutigen physikalischen Gesetze noch keine Gültigkeit hatten."[161] Das kann man als einen Hinweis auf eine Evolution von Naturgesetzen lesen. Bereits A.N. Whitehead hatte gesagt, die Vorstellung, dass sich das Universum nach ewig feststehenden Gesetzen entwickelt, sollte aufgegeben werden.[162] Der bloße Hinweis auf ewige, unveränderliche, unabhängige Naturgesetze, Quantenobjekte etc. kann nicht alles erklären. Wie wir wissen, gibt es nicht nur ein immer und überall auftretendes Geschehen. Es gibt auch unwiederholbare, das heißt historische, Prozesse, sprunghafte Veränderungen und Spontaneität, in der Natur. Es gibt unentscheidbare, unberechenbare, asymmetrische, unbestimmte, ungenaue, wechselhafte, wechselwirkende, instabile Prozesse, Einmaligkeit und Einzigartigkeit. Alle diese Prozesse, denen die neuere mathematische und physikalische Komplexitätsforschung zum Teil auf der Spur ist, können nicht durch die bekannten Atommodelle von unabhängigen mathematischen Gesetzen, durch unabhängige Quantenobjekte, Kraftfelder und Symmetrien erklärt werden. Wir können so tief wie wir wollen in die Natur eindringen, nirgendwo, auf keiner Ebene, stoßen wir auf einzelne, unabhängige, objektive Bausteine der Natur, die allem zugrunde liegen sollen oder auf eine unveränderliche Struktur des Geschehens. Worauf wir stoßen, sind abhängige, Naturgesetze, Quantenobjekte, Kraftfelder, die in einer Wechselwirkung miteinander stehen und an Bedingungen gebunden sind. In der pulverisierten Form der Wirklichkeit ist kein anderes Geheimnis enthalten als in der Welt des Alltags. Die metaphysische Annahme, die Mannigfaltigkeit und Komplexität der grossen Systeme ließe sich durch ‚das Eine', erklären, das allem zugrunde liegt, findet in der theoretischen Physik im 20. und 21. Jahrhundert keine Bestätigung. Wenn theoretische Physiker und Wissenschaftsphilosophen behaupten, auf die unabhängigen, das heißt wechselwirkungsfreien Grundbausteine der Materie gestoßen zu sein oder das Wesen der Natur, die Ideen der Materie oder die letzte Wirklichkeit entdeckt zu haben, dann projizieren sie die traditionellen metaphysischen Denkfiguren der Substanz auf die grundlegenden physikalischen Entitäten. Dadurch geben sich Metaphysik und Physik gegenseitig ein Gewicht, gegen das jede Opposition sinnlos erscheint. Rudolf Carnap hatte den Versuch unternommen, die Naturwissenschaften von metaphysischen Begriffen [Prinzip, Gott, Urgrund, das Absolute, das Unbedingte, das Unabhängige, das Selbständige, Idee, Wesen, Ansichsein, Anundfürsichsein, das Ich, das Nicht-Ich] zu befreien. Das kann für den Logischen Positivismus ein erfolgreiches Rezept gewesen sein. Wie wir gesehen haben, richten sich einige der bedeutendsten Physiker des 20. und 21. Jahrhunderts überhaupt nicht nach den Erwartungen des Logischen Positivismus. Viele von ihnen bleiben dem traditionellen Entweder-Oder-Schema verhaftet und prägen die Denkweisen der modernen Welt mit mindestens ebenso großem Gewicht wie der Logische Positivismus. Eigentlich geht es nicht um die Frage, ob die traditionellen metaphysischen Grundbegriffe, von denen Carnap sprach, in der theoretischen Physik des 20. und 21. Jahrhunderts beibehalten oder aufgegeben wurden. Es geht darum, dass sie durch physikalische Schlüsselbegriffe [wie Quantenobjekte, Energie, Naturgesetze, Kraftfelder, Symmetrien, Informationen] ersetzt wurden. Diese haben die Funktion der traditionellen metaphysischen Denkfiguren übernommen, sie sollen den Kern und Ursprung der physikalischen Systeme darstellen, ohne sie würden die Systeme in nichts zerfallen und die Welt würde sich auflösen. Das ist die Funktion einer zentralen metaphysischen Prämisse oder eines zentralen metaphysischen Prinzips, von dem gesagt wird, während alle Systeme dieser Welt von diesem materiellen oder immateriellen Prinzip abhängen, existiert es selbst so, dass es zu seiner Existenz keines anderen Dinges bedarf. Genau dies ist die Bedeutung des Reduktionismus seit d'Alembert, die Rückführung einer möglichen Anzahl von Objekten auf „un seul [phénomène] qui puisse en être regardé comme le principe" [ein einziges Phänomen, das als Prinzip betrachtet werden kann]. Das Prinzip kann auf Platons Ideenlehre zurückgeführt werden: Der Philosoph ist derjenige, der erkennt, dass sich die Einzelobjekte auf ein oberstes Prinzip zurückführen lassen, während die anderen Menschen sich durch die Vielheit der Erscheinungen verwirren lassen. [162a] Dieses Prinzip wird vom wissenschaftlichen Reduktionismus offenbar in den unabhängigen Quantenobjekten, Kraftfeldern oder mathematischen Strukturen gesehen.

Mit der Zurückweisung des reduktionistischen Konzepts von unabhängigen Grundbausteinen der Natur und von unabhängigen Naturgesetzen soll nicht die Bedeutung der mathematischen Strukturen in der Natur geleugnet werden. Es gibt sie und sie sind wichtig. Ein großer Teil der Natur gehorcht einer mathematischen Gesetzmäßigkeit, die in der Bewegung der Planeten, der Form der Schneeflocken und Schneckenhäuser, der Zahl der Blütenblätter und im Rhythmus eines tropfenden Wasserhahns verborgen ist. Zahlen haben ihr eigenes Leben und ihre eigenen Gesetze. Dass mathematische Gesetzmäßigkeiten mit Naturprozessen annähernd übereinstimmen ist ein Geheimnis und keine Erklärung, wie Weizsäcker glaubhaft machen möchte, wenn er von der Mathematik behauptet, sie bringe das Wesen der Natur zum Ausdruck. Hier ist die Ahnungslosigkeit Feynmans angemessen, der schreibt: „Jedes unserer Naturgesetze ist eine rein mathematische Aussage einer ziemlich komplexen, abstrusen Mathematik. Newtons mathematische Fassung des Gravitationsgesetzes ist sogar noch relativ einfach. Je weiter wir vorankommen, desto abstruser und schwieriger geht es zu. Warum? Ich habe keine blasse Ahnung.“[163] Atommodelle und Naturgesetze sind Abstraktionen, sie sind eine verdünnte, abgeleitete Wirklichkeit, ihnen fehlt etwas. Sie sind jedoch keine höhere oder eigentliche Wirklichkeit. Warum sollte das Abstrakte über dem Konkreten stehen? Bereits Galileis Bewegungstheorie vernachlässigte den Luftwiderstand, die Reibung, die Krümmung der Erdoberfläche, sowie die Höhenabhängigkeit der Fallbeschleunigung. Spätestens seit Newton wissen wir, dass eine mathematische Konstruktion keine genaue Wiedergabe des physikalischen Universums darstellt. Die Vorhersagen, zu denen Newton gelangte, sind nur annähernd korrekt. Eine mathematische Konstruktion will nicht alle Informationen der Natur berücksichtigen, sie ist eine drastische Vereinfachung [Erwin Schrödinger], ein Denkmodell. Doch diesem Denkmodell entspricht annäherungsweise eine physische Realität. Zwischen einem Denkmodell und der physischen Wirklichkeit gibt es eine gewisse Übereinstimmung, die als eine Übereinstimmung der Struktur bezeichnet werden kann. Wenn das Denkmodell annähernd richtig ist und wenn man die Regeln kennt, kann man aus dem Denkmodell annähernd die physische Wirklichkeit erschließen und aus einigen Informationen der physischen Wirklichkeit das Denkmodell. Die grundlegenden Bausteine der Natur bestehen aus einem Zusammenspiel von abhängigen, wechselwirkenden Quantenobjekten, Kraftfeldern, mathematischen Strukturen, ohne einen unabhängigen, substantiellen Kern.

2. Oder. Das dualistische Denken in der Physik ist nicht beim wissenschaftlichen Reduktionismus stehen geblieben. Wie wir gesehen haben, hat es auch eine Gegenposition entwickelt, nach der die Wirklichkeit nichts als ein Denkmodell sei, da wir ja nur ein Bild von der Wirklichkeit haben sollen, das innerhalb unseres Gehirns lokalisiert ist. Dieses Denkmodell, unseren eigenen Entwurf, sollen wir dann irrtümlicherweise für eine äußere Wirklichkeit halten. Diese Gegenposition wird von vielen Quantenphysikern und Wissenschaftsphilosophen vertreten. Sie hat etwas Überzeugendes, Zwingendes an sich. Wenn man den übertriebenen Physikalismus des wissenschaftlichen Reduktionismus ablehnt und das dualistische Schema aufrecht erhält, nach dem die Welt entweder objektiv oder subjektiv sein soll, sind wir gezwungen, so zu denken. Die Entstehungsgeschichte dieser Gegenposition geht weit in die Vergangeenheit der Philosophiegeschichte zurück. Hier soll sie nur in ganz kurz gefasster Form für das 20. Jahrhundert in Erinnerung gerufen werden. Um das Jahr 1900 herum entstand in der theoretischen Physik und der Wissenschaftsphilosophie ein neuer Wirklichkeitsbegriff, der den absoluten Wirklichkeitsbegriff Newtons ablöste. Der Newtonsche war mit dem Begiff eines absoluten Raumes und einer absoluten Zeit verbunden. Schon vor der Relativitätstheorie von Albert Einstein hatten Wissenschaftsphilosophen wie Ernst Mach und J.B. Stallo den Begriff einer absoluten Zeit und eines absoluten Raumes zurückgewiesen. Lassen wir Ernst Mach zu Worte kommen: „Eine Bewegung kann gleichförmig sein in Bezug auf eine andere. Die Frage, ob eine Bewegung an sich gleichförmig sei, hat gar keinen Sinn. Ebenso wenig können wir von einer absoluten Zeit [unabhängig von jeder Veränderung] sprechen. Diese absolute Zeit kann an gar keiner Bewegung abgemessen werden, sie hat also auch gar keinen praktischen und auch gar keinen wissenschaftlichen Wert, niemand ist berechtigt zu sagen, dass er von derselben etwas wisse, sie ist ein müßiger metaphysischer Begriff.“ [164] Während Ernst Mach einen nachweisbaren Einfluss auf Albert Einstein ausübte, blieb J.B. Stallo weniger bekannt, als er um 1900 schrieb: „Es gibt keine absolute materielle Qualität, keine absolute materielle Substanz, keine absolute physikalische Einheit, kein absolut einfaches physikalisches Wesen, keinen absoluten Maßstab, weder für die Größe, noch für die Beschaffenheit, keine absolute Bewegung, keine absolute Ruhe, keine absolute Zeit, keinen absoluten Raum. Es gibt keine Form materieller Existenz, die ihre eigene Stütze oder ihr eigenes Maß ist, und die, sei es in quantitativer, sei es in qualitativer Beziehung, anders als im beständigen Wechsel, im unaufhörlichen Fluss von Veränderungen existiert.“ [165] Das war eine Herausforderung an das traditionelle substantielle Denken, das der theoretischen Physik bis dahin zugrunde lag. Auf diesem neuen, nun in Bewegung geratenen metaphysischen Boden konnten zwei physikalische Revolutionen im 20. Jahrhundert die Annahme von etwas Absolutem zurückweisen. Die Relativitätstheorie räumte mit den Begriffen von irgendwelchen Bezugspunkten unabhängiger Größen, Zeit & Raum, auf. Die Quantentheorie löste sich von dem Begriff der objektiven Wirklichkeit. Quantenobjekte sind nicht objektiv, getrennt, unabhängig, absolut, weil sie in einer Wechselbeziehung untereinander und mit dem Messgerät stehen. Es gibt keine Quantenobjekte ohne Wechselwirkungen. Die Begriffe Wechselwirkung und Unabhängigkeit schließen sich gegenseitig aus. Aber nicht nur das. Die von der klassischen Physik beschriebene Welt konnte stets in ihre Einzelteile zerlegt werden. Die Quantenphysik hatte andere experimentelle Erfahrungen gemacht. Obwohl sich die so genannten Bausteine der Atome [Elektron, Proton und Neutron etc.] für kurze Zeit aus ihrem Verbund lösen und als einzelne Wellenpakete beobachten lassen, bleiben sie Teil eines Systems, das nicht mehr erfasst werden kann, wenn man nur seine einzelnen Komponenten beschreiben würde. Offenbar liegt der Quantenwelt eine Zweiheit [Dualität] oder Vielfalt zugrunde, die noch grundlegender ist als die von Quantenobjekt & Messgerät. Die Zweiheit [Dualität] von Welle & Teilchen und von Zwillingsphotonen lässt sich nicht durch eine subjektivistische Interpretation oder durch das menschliche Bewusstsein erklären. Wenn die subjektivistische Interpretation der Quantenphysik das Bewusstsein, das Messen, für das eigentlich Wirkliche erklärt, dann hat sie sich einfach dafür entschieden, bei der Wechselwirkung zwischen Teilchen & Messapparat und Welle & Messapparat die eine Komponente, nämlich das Messen und das darin enthaltene Bewusstsein zu verabsolutieren. Der Messvorgang in der Quantenphysik ist überhaupt nicht die Ursache für die Quantenobjekte, wie manchmal behauptet wird, sondern lediglich für zwei Zustände dieser Quantenobjekte, nämlich Welleneigenschaften oder Teilcheneigenschaften zu haben. Nur diese Zustände, nicht die Quantenobjekte, werden vom Messvorgang hervorgerufen. Die Quantenwelt besteht aus einem Zusammenspiel wechselwirkender [objektiver und subjektiver] Komponenten.

3. Sowohl-Als-Auch. Niels Bohr war ein Physiker, der ein fundamentales physikalisches Prinzip entdeckt hatte. Vor ihm haben Philosophen ansatzweise den Versuch unternommen, die dualistische Trennung von Subjekt & Objekt zu überwinden. Seit dem Beginn der europäischen Philosophie hat es eine Minderheit von Philosophen gegeben, die das dualistische Denken der traditionellen Metaphysik infrage gestellt, sich jedoch nie als klar umrissene philosophische Schule etabliert hat. Wenn man die Darlegungen Hans-Georg Gadamers zugrunde legen will, muss sich bereits das vorsokratische Denken in Griechenland, besonders das von Parmenides und Heraklit, trotz einer unterschiedlichen Ontologie, um die Vereinigung von Gegensätzen gedreht haben. Bereits Parmenides wollte auf einen grundlegenden Irrtum hinweisen, der darin bestand, sich bei den seienden Dingen für zwei Gestalten zu entscheiden, sie zu trennen, statt es mit dem einen Sein zu belassen. Er behauptete, „dass die Gegensätze miteinander in Wechselbeziehungen stehen und insofern gar nicht voneinander getrennt sind“.[166] Gadamer deutet Parmenides‘ Sicht des Universums derart, dass „dieses aus wechselseitig zusammenhängenden und untrennbaren Gegensätzen besteht“.[167] Immer wieder brachte Parmenides zum Ausdruck, dass die Menschen getrennte und entgegengesetzte Gestalten der Realität setzten, während er die Einheit dieser Gegensätze für das wahrhaft Seiende hielt. Dementsprechend sprach er von der Untrennbarkeit von Wahrgenommenem und Wahrnehmung. Wahrnehmung/Denken & Sein sind für Parmenides „dasselbe oder besser gesagt: Die beiden sind durch eine unaufhörliche Einheit miteinander verbunden.“[168] Diese Betrachtungsweise gipfelt in Parmenides‘ berühmten Satz: „Es ist alles eins.“[169]

Gadamer präsentiert eine bemerkenswerte Differenzierung und Vertiefung des späteren traditionellen Seinsbegriffs, der sich normalerweise auf Parmenides bezieht und nach dem das Sein ungeworden, unvergänglich, einheitlich, ewig, unbeweglich, stetig, unteilbar und identisch mit sich selbst sein soll.

Im Licht der Interpretation Gadamers kommt dem traditionellen Seinsbegriff der abendländischen Metaphysik eine Verengung zu, die Parmenides bereits aufzulösen versuchte, indem er auf die Untrennbarkeit und Gegensätzlichkeit der Begriffspaare hinwies, während in der Zeit nach Parmenides die Gegensätzlichkeit verblasste und Parmenides Seinsbegriff ganz einseitig als ein monolithischer Block interpretiert wurde und als solcher zum Fundament des traditionellen Seinsbegriffs bis ins 21. Jahrhundert hinein wurde. Trotz dieser Vertiefung durch die Interpretation Gadamers bleibt eine genaue Begriffsbestimmung offen. Einmal ist bei Parmenides von einer Identität der Gegensätze die Rede. Denken & Sein sind dasselbe. Zum anderen von einer Wechselbeziehung zwischen untrennbaren Gegensätzen. Während der Begriff der Wechselbeziehung mit dem Begriff der Wechselwirkung in der Elementarteilchenphysik verwandt ist, wird der Begriff der **Einheit** der Gegensätze nicht der **Zweiheit** [Dualität] der Objekte gerecht und überträgt die Idee der Substanz von einer Entität auf zwei vereinte Entitäten. In jedem Fall ist Parmenides‘ Seinsbegriff nicht das ‚stumme Denkmal‘ [Gadamer], wie es traditionelle Interpretationen seinem Seinsbegriff unterstellen.

Auch Heraklits Denken drehte sich um die Einheit von Gegensätzen, wenn man wiederum die Interpretation Gadamers zugrunde legen will. Heraklit sprach von einer unauflöslichen Einheit und Zweiheit von Entbergung und Verbergung. Dabei blieb er nicht bei einem Nacheinander der Gegensätze stehen. „Die schärfere These ist das Zugleich des Einen und des Vielen." [170] Gadamer rekonstruiert Heraklits Satz über Vater & Sohn folgendermaßen: „Wenn der Vater einen Sohn erzeugt, macht er sich selbst zum Vater." [171]

Exkurs: An dieser Stelle ist ein Hinweis wichtig. In seinem Werk ‚Vigrahāvyavartanī' [VV], [Streitabwehrerin] kommt Nāgārjuna auf das gleiche Beispiel vom Vater und Sohn zu sprechen. Nāgārjuna schreibt: „Wenn der Sohn vom Vater hervorgebracht wird und der Vater erst durch eben jenen Sohn entsteht, sag' mir, wer unter ihnen bringt den je anderen hervor? Sag' mir: Wer unter ihnen ist der Vater, wer der Sohn? Beide tragen nämlich Zeichen des Sohnes und des Vaters." Jens Schlieter kommentiert diesen Satz zutreffend: „In Nāgārjunas eigenem Kommentar zu diesen Versen heißt es daher, dass beide als Hervorbringende das ‚Zeichen des Vaters' tragen und als Hervorgebrachte das ‚Zeichen des Sohns'. Das bedeutet, dass man letzlich immer nur von etwas in Hinsicht auf etwas anderes sprechen kann, wobei jedem ‚etwas' etwas ‚anderes' schon innewohnt. Anders ausgedrückt, es gibt keine maßgebliche Ursache, sondern nur sich wechselseitig bestimmende Bedingungen. Lässt sich aber nur von einem **Bedingungsgefüge** sprechen, so kann auch nichts ‚Seiendes' isoliert werden, das existiert, ohne auf etwas anderes zu verweisen, und das heißt: Es ist ‚leer' [śūnya] und ohne eigenes ‚Selbstsein' [svabhāva]. Die abstraktere Fassung dieses Gedankenganges lautet nach der Śūnyatāsapati, den ‚Siebzig Versen über die Substanzlosigkeit', folgendermaßen: ‚Das Bezeichnete [laksya] wird mittels des Zeichens [laksana] gegründet, das sich vom Bezeichneten unterscheidet. Es gründet nicht in sich selbst. Noch bringen sich beide je wechselseitig hervor, denn ein Unbegründetes kann ein anderes Unbegründetes nicht hervorbringen'." [172]

Halten wir fest, dass es Nāgārjuna an diesen Stellen, wie in zahlreichen anderen, hauptsächlich um eine Zurückweisung der Idee des substantiellen Entstehens der Objekte geht. Zwei Komponenten eines Systems entstehen substantiell nicht aus sich selbst, sie bringen sich auch nicht gegenseitig **substantiell** hervor. Wie die Gegebenheiten [dharma] empirisch entstehen, sagt er eigentlich nicht. Nāgārjuna versucht nicht, das empirische

Entstehen physikalisch, biologisch oder metaphysisch zu erklären. Aber er behauptet auch nicht, man könne das Entstehen der Gegebenheiten [dharma] empirisch nicht erklären. Das empirische Entstehen der Gegebenheiten [dharma] ist einfach nicht sein Thema. Die Hauptaussage dieser Textstellen besteht in einer Gegenüberstellung von zwei Prinzipen: substantiellem Entstehen und abhängigem Entstehen. Wie bereits erwähnt, schreibt Nāgārjuna in seiner Schrift Yuktiṣaṣṭikā [YS] über sein Verständnis der Begriffe ‚entstehen' und ‚existieren': **„19. Was abhängig von diesem und jenem entstanden ist, das ist nicht substantiell entstanden. Was nicht substantiell entstanden ist, wie kann es wörtlich ‚entstanden' genannt werden?" „39. Was aus einer Ursache entstanden ist und was ohne Bedingungen nicht dauerhaft bleibt, sondern verschwindet, wenn die Bedingungen nicht vorhanden sind, wie kann es als ‚existieren' verstanden werden?"** [vgl. 82]

Doch kehren wir zu unserem eigentlichen Thema, zu **Heraklit**, zurück. Bei Heraklit springt die Wechselwirkung geradezu in die Augen, auch wenn der Begriff nicht verwendet wird. Heraklit will offenbar von einer Art von Identität im Gegensatz selber sprechen und er entdeckt überall das Eine und betont die Untrennbarkeit. Es ist ein Einssein des Verschiedenen. Obwohl sich die Gegensätze völlig ausschließen, lassen sie sich gleichwohl als dasselbe erkennen. Heraklit sucht in allen Gegensätzlichkeiten das Eine, die Identität des Verschiedenen und die Verschiedenheit des Identischen. Für ihn ist das Wandelbare das Eine. „Nicht, wie das Eine in das Andere übergeht, sondern dass es auch ohne Übergang das andere ist, ist die ‚eine Wahrheit' Heraklits." [173]

Halten wir fest: So wie es bei Parmenides nicht einfach um ein statisches Sein ging, versucht Heraklit das Sein nicht einfach auf ein Werden zu reduzieren. Beide versuchen, untrennbare Gegensätze zu vereinen und den Dualismus zu überwinden. Letzten Endes bleibt es ein Geheimnis der Philosophiegeschichte, warum ausgerechnet ein statisch verstandener Seinsbegriff der Vorsokratiker zum Fundament der traditionellen Metaphysik und über sie auch zum Fundament der mathematischen Physik geworden ist. Wie war es möglich, etwas völlig Ungeklärtes zu einer Grundlage des Denkens zu machen? Um noch einmal Gadamer zu zitieren: „Was das Sein eigentlich meint, das auf diese Weise zustande gekommen sein soll, haben sie nicht gesagt." [174] Das führte zu der Verlegenheit, von der Martin

Heidegger sprach und der wir auch am Anfang des 21. Jahrhunderts nicht entkommen sind: Wenn es kein Sein und keine Substanz gibt, nichts aus sich selbst heraus Existierendes, das frei von jeder Art von Fremdbestimmung ist [Spinoza], kein absolutes Nichts, kein unabhängiges Objekt und kein unabhängiges Subjekt, warum sollte die Vereinigung von zwei nicht existierenden Entitäten oder leeren Begriffen zu einer tatsächlichen Synthese führen, die mehr als eine bloße Wortschöpfung ist? Sollte es jedoch ein absolutes Sein oder ein absolutes Nichts geben, dann wären diese Entitäten durch eine Unabhängigkeit und eine fehlende Wechselwirkung gekennzeichnet. Wie sollten sie zusammenkommen, wie sollten sie eins werden? Wie sollten wir sie erkennen?

Dieses Einheitsdenken finden wir auch bei verschiedenen philosophischen Interpretationen der Quantenphysik. Die Komplementarität von Niels Bohr ist von K. M. Meyer-Abich als eine Zusammengehörigkeit von verschiedenen Möglichkeiten und Erkenntnissen desselben Objekts interpretiert worden. Wie will man zu einem solchen Ergebnis kommen, wenn die Quantenphysik unbeobachteten Objekten keine Realität zuschreibt? Warum sollen Welle & Messvorgang und Teilchen & Messvorgang eins sein? Dafür gibt es keine experimentellen Hinweise. Es scheint die Projektion eines metaphysischen Holismus auf die Quantenwelt zu sein. Nehmen wir das Beispiel der Zwillingsphotone. Sollen auch sie ein Objekt sein? Schließlich sind es zwei Photonen an zwei verschiedenen Orten. Wo soll da die unterstellte mystische Ganzheit zu finden sein? Gäbe es eine derartige Ganzheit, dann würde sie jede Komplementarität und Wechselwirkung überflüssig machen. Komplementarität und Wechselwirkungen gibt es nur von zwei oder mehreren Komponenten. Ein Phänomen kann nicht mit sich selbst wechselwirken, es kann nur mit seinen Teilen oder mit etwas anderem wechselwirken, aber genau dann ist es nicht ein unabhängiges, einzelnes Phänomen.[175] Die Ganzheit und der Begriff desselben Objekts, sind Erfindungen Meyer-Abichs, die aus einem Einheitsdenken heraus geboren wurden und sich jedoch nicht durch die grundlegende Zweiheit der Dinge bestätigen lassen.[176]

Ein bedeutender holistischer Ansatz stammt von dem Quantenphysiker David Bohm. Er hat seine Ansicht mit solchen Begriffen wie ‚ungeteilte Ganzheit in fließender Bewegung' gekennzeichnet. Bohm schreibt: „Um eine Verallgemeinerung vorzunehmen, die die ungeteilte Ganzheit betont, werden wir sagen, dass eine implizite Ordnung ‚getragen' wird vom Holomovement [ganzheitliche Bewegung], das eine bruchlose und ungeteilte Totalität ist. In gewissen Fällen können wir besondere Erscheinungsformen des Holomovement abstrahieren, aber im Allgemeinen verschmelzen alle Formen des Holomovement miteinander und sind unteilbar. Somit ist das Holomovement in seiner Totalität auf keine spezifizierbare Weise begrenzt. Es braucht sich an keine besondere Ordnung zu halten und sich durch irgendein besonderes Maß einengen zu lassen. Das Holomovement ist undefinierbar und unermesslich."[177] Bohms interessante, sympathische und geistreiche Spekulation über eine ungeteilte Ganzheit wird mit dem Hinweis auf Zwei-Komponenten-Systeme und auf die Vielfalt der Erscheinungen zurückgewiesen. Es gibt keine Identität von zwei oder mehreren Objekten. Selbst die kleinsten Entitäten stellen eine Vielheit oder eine **Wolke** dar, und diese sind nicht eins und nicht identisch mit sich selbst, sondern Systeme wechselwirkender Komponenten.

4. Weder-noch. Eine vierte Sichtweise der Quantenphysik hat die Dualität von Welle & Teilchen als eine physikalische Erscheinung, die schwer zu erklären ist, einfach durch eine mathematische Beschreibung ersetzt, durch die sich alles in ein Rechenverfahren verwandelt. Die Interferenzerscheinungen hinter dem Doppelspalt – sie sind ein Hinweis auf den Wellencharakter des Lichts und der Materie – werden durch eine mathematische Formel beschrieben, der eine Wahrscheinlichkeitsamplitude zugrunde liegt. Für diese mathematische Sichtweise hat die Wellenfunktion selbst keine physikalische Bedeutung. L. Tarassow schreibt darüber: „Bei der Erörterung der Interferenz und Beugung der Teilchen müssen wir also nicht auf irgendwelche rätselhaften Wellen zurückgreifen und nicht die Wahrscheinlichkeiten addieren, sondern die Wahrscheinlichkeitsamplituden, wenn behandelte Alternativen ununterscheidbar sind. Der Zugang über Wahrscheinlichkeiten erklärt sowohl die Entstehung der quantenmechanischen Superposition als auch deren Zerstörung erschöpfend."[178] Hier kommt es auf den Unterschied zwischen erklären und beschreiben an. Physikalisch erklärt eine Wahrscheinlichkeitsamplitude gar nichts. Eine mathematische Formel ist keine physikalische Erklärung, sondern nur eine Beschreibung. Das liegt nicht in ihrer Natur. Das wissen wir seit Isaac Newton, der sich nachdrücklich dagegen gewehrt hat, das Gravitationsgesetz als eine physikalische Erklärung für die Anziehungskräfte zu halten. Die Mathematik vermittelt uns direkt keine physikalischen Erklärungen von konkreten Objekten, sie sagt uns nichts über die Beschaffenheit der

Welt, in der wir leben. Bei der Interferenz von Mikroerscheinungen kann man auf eine physikalische Erklärung verzichten und sie durch eine Wahrscheinlichkeitsamplitude beschreiben. Dadurch kommt man zu dem eleganten Ergebnis, die physikalische Zweiheit von Welle & Teilchen verschwinden zu lassen. Diese Mathematisierung physikalischer Objekte ist nicht neu, sie begleitet die mathematische Physik seit Kopernikus. Seit dieser Zeit hat es immer wieder bedeutende Physiker gegeben, die das Wesen der Natur in den mathematischen Strukturen sahen und dadurch alle realen physikalischen Erscheinungen verschwinden ließen, sie in mathematische Strukturen verwandelten, von denen dann behauptet werden konnte, sie wären die einzige Wirklichkeit überhaupt, der innere Kern der Objekte. Diese Mathematisierung kann durch verschiedene Hinweise zurückgewiesen werden: mit den Hinweisen auf die Dualität von Quantenobjekt & Messgerät, die Dualität von Zwillingsphotonen und die vier bekannten Wechselwirkungen der Elementarteilchenphysik. Diese Dualitäten und die zwischen ihnen stattfindenden Wechselwirkungen können nicht durch eine mathematische Formel erklärt werden. Hinzu kommt die indirekte Beobachtung von Elektronenwellen mit dem Rastertunnelmikroskop.[179] Diese Beobachtung von Wellen bestätigt die Dualität von Welle & Teilchen bei Elektronen. Auch diese Dualität lässt sich nicht in eine mathematische Formel auflösen, wenn man nicht auf eine physikalische Erklärung verzichten will [vgl. Anhang IV am Ende dieser Arbeit]. Die verschiedenen Dualitäten bei Quantenobjekten können nicht geleugnet werden. Sie sind kein Rätsel der Physik, obwohl wir manchmal, wie zum Beispiel bei Zwillingsphotonen, keine physikalische Erklärung für sie haben. Wir kennen nicht die physikalischen Kräfte, die die Zwillingsphotonen wechselwirken lassen. Auch ist der Messvorgang in der Quantenphysik schwer zu verstehen, wir wissen noch nicht genau, warum das Interferenzbild beim ‚heimlichen Zuschauen' zerstört wird. Wahrscheinlich wird es durch die Wechselwirkungen mit der Umwelt zerstört.[180] Eine mathematische Beschreibung dieser Dualitäten hilft uns für ein physikalisches Verständnis überhaupt nicht weiter, sie lässt nur künstlich die Dualität der Erscheinungen und ihre Wechselwirkungen verschwinden. **Wolken** mit wechselwirkenden Bestandteilen bleiben die grundlegenden physikalischen Erscheinungen in der Quantenwelt.

Exkurs: Konstruktivismus und Instrumentalismus. In seinen verschiedenen Varianten ist der Konstruktivismus und Instrumentalismus in den letzten Jahrzehnten zu einer subtilen Theoriebildung physikalischer, biologischer und sozialer Systeme avanciert. Für den Zeitgeist schmilzt die Wirklichkeit zu Informationen zusammen. In der Wissenschaftsphilosophie spielen Konstruktivismus und Instrumentalismus eine große Rolle. Sie haben die traditionellen Auseinandersetzungen um eine objektive & subjektive Wirklichkeit hinter sich gelassen, um sich auf das zu konzentrieren, was Realität selbstreferentiell herstellt. Für manche Konstruktivisten ist die konstruierte Wirklichkeit weder objektiv noch subjektiv, noch beides zugleich, sondern keines von beidem. Wirklichkeit ist dann nicht etwas Gegebenes, sondern eine sich selbst erneuernde und erhaltende Struktur der Selbstorganisation. Wie bereits erwähnt, war Ernst Cassirer einer der bedeutendsten instrumentalistischen Philosophen, der eine systematische Weder-noch-Position entwickelt hat, die er nicht nur als ein Interpret der Philosophie Kants, sondern auch als ein philosophischer Kommentator der Relativitätstheorie und der Quantenphysik darstellte. Cassirer hat besonders darauf hingewiesen, dass die theoretischen Gegenstände der Physik, Masse, Energie, Kraft und Beschleunigung, keine Gegenstände der sinnlichen Wahrnehmung sind, weder objektiv noch subjektiv. Solche Begriffe sind für Cassirer nichts anderes als Instrumente des Naturbegreifens, reine Beziehungsbegriffe. Cassirer schreibt: „Was die Physik einen ‚Gegenstand' nennt, das geht zuletzt in einen Inbegriff charakteristischer Zahlwerte auf. Kein ‚Sein' und keine ‚Eigenschaft' kann anders als durch die Angabe solcher charakteristischen Zahlen definiert werden. Indem wir auf diese Weise den Druck, das Volumen, die Temperatur eines Gases, die potentielle oder kinetische Energie eines Systems, die elektrische oder magnetische Feldstärke bestimmen, haben wir an diesen Bestimmungen das, was die Physik unter verschiedenen Objekten versteht, wir brauchen es nicht hinter ihnen, als ein Abgesondertes, An-Sich-Seiendes, vorauszusetzen." [181] Cassirer spricht über Beziehungsbegriffe wie ein Mathematiker. **Mathematiker können über Dinge sprechen, ohne zu wissen, was sie wirklich bedeuten, sie benötigen keine exakten Definitionen dessen, worüber sie sprechen, wenn sie etwas über die Beziehungen zwischen den Dingen sagen. [Penrose]** [182] Diesem Weder-noch-Schema entspricht der Ansatz des Physikers Stephen W. Hawking, der in wenigen Sätzen die ganze instrumentalistische Denkweise offenbart. Sie besteht darin, alles auf mathematische Gesetze zu reduzieren und dann anzunehmen, das sei schon alles: „Ich gehöre nicht zu denen, die glauben, das Universum sei und bleibe ein Geheimnis, etwas, das man intuitiv erfassen, aber niemals ganz analysieren und verstehen kann. Meiner Meinung nach wird eine solche Sicht der wissenschaftlichen Revolution nicht gerecht, die vor fast vierhundert Jahren von Galilei ausgelöst und von Newton fortgeführt wurde. Diese beiden Männer zeigten, dass sich zumindest einige Teile des Universums nicht willkürlich verhalten, sondern von exakten mathematischen Gesetzen bestimmt werden. Seither haben wir die Erkenntnisse von Galilei und Newton fast auf jeden Bereich des Universums angewandt. **Heute verfügen wir über mathematische Gesetze, die alles beschreiben, was unserer normalen Erfahrung zugänglich ist.**"[183]

Auch für den Sozialwissenschaftler Niklas Luhmann gibt es weder Objekt noch Subjekt, weder existiert eine Außenwelt noch existiert keine Außenwelt, weder gibt es eine Erkenntnis, noch gibt es einen Gegenstand der Erkenntnis. Für ihn ist Realität das, was beobachtet wird, eine Konstruktion ohne Grund.[184] Allerdings findet hier eine Verdoppelung des Realitätsbegriffs statt, der den Konstruktivismus interessant macht und ihn zu einem führenden Modell für neue Wissenschaften werden ließ, die durch die Stichwörter der Selbstorganisation, Komplexität, Nichtlinearität, Rückkopplung etc. gekennzeichnet sind. Die Verdoppelung des Realitätsbegriffs hat eine Streuwirkung: es ist nicht leicht auszumachen, wovon überhaupt noch die Rede ist. So schreibt beispielsweise der Psychologe und Gehirnforscher Ernst Pöppel: „Was uns als Realität erscheint, ist eine durch uns selbst bedingte Konstruktion der Realität."[185] Wovon spricht Pöppel? Meint er tatsächlich, dass die Welt, in der wir leben, eine durch uns selbst bedingte Konstruktion sei? Die Wissenschaftssoziologen Harry Collins und Trevor Pinch geben einer ihrer Veröffentlichungen den Untertitel: „Wie unsere Wissenschaft die Natur erfindet."[186] Die Natur ist demnach eine Erfindung der Wissenschaft. Diesem Wirklichkeitsbegriff entspricht auch der des Philosophen Peter Janich, der schreibt: „Zugespitzt gesagt, Wissenschaften gewinnen Wahrheiten dadurch, dass sie die Realitäten, von denen sie handeln, selbst erzeugen."[186a] Der Neurologe Wolf Singer, der die ‚konstruktivistische Tätigkeit unserer Gehirne' herausstellt, betont, dass Wahrnehmung nicht abbildet. Nach ihm sind Wahrnehmungen und Erinnerungen ‚datengestützte Erfindungen'.[187] Dementsprechend stellt der Philosoph Kuno Lorenz Elektronen und Einhörner auf eine Stufe, also ein Fabeltier, das keine physikalische, sondern nur eine fiktive, semantische Existenz hat, mit einem Elektron. Physikalisch ist ein Elektron ein negativ geladenes Quantenobjekt, von dem wir zwar gewohnte Konzepte, wie die der Größe und Form aufgegeben haben, von dem wir jedoch wissen, dass es physikalische Eigenschaften wie Energie, Impuls und Spin hat. Trotzdem existiert offenbar für Lorenz weder ein Einhorn noch ein Elementarteilchen, beide sind naturwissenschaftliche oder kulturwissenschaftliche Konstrukte.[188] Ganz ähnlich hatte Hugo Dingler, einer der Väter des Konstruktivismus, argumentiert. Er schreibt: „Das mechanische Weltbild ist gar kein Bild der wirklichen Welt, sondern sozusagen nur das Schema der exakt-wissenschaftlichen Methode, wie sie in den Formwissenschaften vorliegt, in anschauliche Form gebracht. Es ist nichts weiter als das anschauliche methodische Programm der Forschung. Über die Welt selbst sagt dieses Programm nicht das geringste. Aber als Programm ist es unverbrüchlich, beweisbar und richtig."[189] Warum sagt ein wissenschaftliches Programm nicht das geringste über die Welt, in der wir leben? Warum sollte es keine strukturelle Ähnlichkeit zwischen einem wissenschaftlichen Programm und seinen Objekten geben? Ich denke dabei beispielsweise an die Modelle von wissenschaftlich konstruierten Waffen, die leider auch einen Teil der Welt darstellen, in der wir leben. Sind Waffen nichts als wissenschaftliche Modelle? Gibt es keine Objekte, die diesen Modellen entsprechen? Ist in Hiroshima eine Atombombe explodiert oder das Konzept einer Atombombe? Vielleicht will Dingler eine Ontologisierung der Naturwissenschaften vermeiden. Er spricht aber so, als gäbe es keinen Bezug zwischen einem wissenschaftlichen Programm & der empirischen Welt, in der wir leben. Das ist die Metaphysik mancher Konstruktivisten, die Annahme, man könne über Dinge sprechen, ohne zu wissen, ob sie empirisch überhaupt existieren.

Der Wirklichkeitsbegriff mancher Konstruktivisten bezieht sich weniger auf eine äußere oder innere Wirklichkeit und dafür mehr auf die konstruierte Wirklichkeit, die neu und neuartig ist, weil sie nicht die äußere oder innere Wirklichkeit widerspiegelt. Dieser konstruktivistischen Philosophie geht es weniger um die Erfassung einer objektiven oder subjektiven Wirklichkeit und sie weist eine solche Wirklichkeit zurück. Es geht ihr mehr um die konstruierten Systeme, um eine erschaffene Wirklichkeit, bei der die Frage nach einer Übereinstimmung mit der objektiven oder subjektiven Wirklichkeit bedeutungslos geworden ist, wie Stephen Hawking es in seinen Diskussionen mit Roger Penrose formuliert hatte.

Diese Nichtbeachtung einer objektiven & subjektiven Wirklichkeit durch den Konstruktivismus kann durch den Hinweis auf die Dualität [Zweiheit] der Objekte zurückgewiesen werden. Es gibt keinen Grund, an der Existenz von objektiven & subjektiven, äußeren & inneren Objekten und an den Abhängigkeiten, die zwischen ihnen bestehen, zu zweifeln, und es gibt keinen Grund, die Unterscheidung zwischen äußerer, innerer und konstruierter Wirklichkeit als eine überkommene Begrifflichkeit aufzugeben. Zwei-Komponenten-Systeme können nicht getrennt werden, aber man kann die beiden Komponenten unterscheiden, sie sind nicht identisch. **Aus der Erkenntnis, dass die Trennung zwischen Subjekt & Objekt aufzugeben ist, kann nicht die instrumentalistische Schlussfolgerung gezogen werden, dass es kein Subjekt & Objekt gibt.** Eine gewisse strukturelle Übereinstimmung zwischen unseren wirklichkeitsgetreuen Konzepten und der empirischen Wirklichkeit ist annäherungsweise möglich. Physikalische, biologische, soziale und geistige Modelle ergänzen die objektive & subjektive Wirklichkeit, aber sie ersetzen sie nicht und stellen keine höhere oder eigentliche Wirklichkeitsebene dar. Wirklichkeit besteht nicht nur aus konstruierten Modellen, sondern auch und vor allem aus den entsprechenden Gegebenheiten.

Vertiefungen

14.
Abhängiges Entstehen [pratītyasamutpāda] & Wechselwirkungen

Mit Wechselwirkungen sind gegenseitige Wirkungen zweier [oder mehrerer] Dinge gemeint, so dass A auf B und B auf A wirkt. Nāgārjunas Begriff pratītyasamutpāda wird, wie bereits erwähnt, meist mit den Worten ‚abhängiges Entstehen' übersetzt. Niels Bohrs Begriff der ‚Komplementarität' ist dem verwandt. Gemeint sind zwei konträre Komponenten, die sich ergänzen. Auch ‚Quantenkorrelation' meint ganz Ähnliches. Ein Korrelat ist ein Gegenstück und eine Korrelation eine Wechselbeziehung von zwei Komponenten, die sich bedingen. Allen diesen Bezeichnungen ist die geringe Möglichkeit oder sogar die Unmöglichkeit einer Trennung beider Komponenten und die Unmöglichkeit einer **unabhängigen** Existenz der einzelnen Komponenten gemeinsam. Man sollte diesen Begriffen kein übermäßiges Gewicht geben und von ihnen nicht verbissen eine absolute Eindeutigkeit verlangen, die es noch nicht einmal in der Mathematik gibt. Wichtiger ist ihre Bedeutung und Funktion. Ihre wichtigste Funktion besteht in einem Hinweis auf eine Zusammengehörigkeit von zwei Objekten oder zwei Begriffen, die sich gegenseitig konstituieren. Damit ist die fehlende Unabhängigkeit und die Substanzlosigkeit der Objekte gekennzeichnet.

Ist von den gleichen Abhängigkeiten die Rede? Sind die Begriffe pratītyasamutpāda bei Nāgārjuna und die vier Wechselwirkungen in der Elementarteilchenphysik äquivalent? Lassen wir noch einmal den Physiker Steven Weinberg zu Worte kommen, wenn er die vier bekannten

Wechselwirkungen beschreibt: „**So verwirrend die Vielfalt der Elementarteilchen auch sein mag, ihre Wechselwirkungen beschränken sich offenbar auf vier Grundkräfte: Am bekanntesten sind Gravitation und Elektromagnetismus, die wegen ihrer großen Reichweite zur alltäglichen Erfahrungswelt gehören. Die Gravitation hält unsere Füße auf dem Boden und diePlaneten auf ihren Bahnen. Die elektromagnetische Wechselwirkung zwischen Elektronen und Atomkernen ist für alle bekannten chemischen und physikalischen Eigenschaften gewöhnlicher Festkörper, Flüssigkeiten und Gase verantwortlich. Zu einer anderen Kategorie gehören die beiden Kernkräfte hinsichtlich der Reichweite wie der Vertrautheit: Die ‚starke' Wechselwirkung, die Protonen und Neutronen im Atomkern zusammenhält, hat eine Reichweite von nur etwa 10^{-13}Zentimetern, so dass sie im alltäglichen Leben und selbst im Bereich eines Atoms [10^{-8}Zentimeter] völlig untergeht. Am wenigsten vertraut ist die ‚schwache' Wechselwirkung, die eine so kurze Reichweite [weniger als 10^{-15} Zentimeter] besitzt und so schwach ist, dass sie wohl kaum irgendetwas zusammenhalten kann.**“[190]

Hier ist von den Kräften die Rede, die zwei Komponenten aneinander binden, die die Materie im Innersten zusammenhalten und ihr Stabilität verleihen. Die Stabilität und Festigkeit der Materie basiert also auf der Instabilität, auf den Wechselwirkungen ihrer Bestandteile. Das war nicht Demokrits Annahme, im Gegenteil: Demokrit wollte die Instabilität der Dinge durch die Stabilität, Festigkeit und Undurchdringlichkeit ihrer atomaren Bestandteile erklären. Nun hat sich in der Elementarteilchenphysik herausgestellt, dass Instabilität und Wechselwirkungen die Grundlage für die Stabilität der Materie bilden.

Es sind die Wechselwirkungen zwischen den Quantenobjekten, die die Welt zusammenhalten.

Das kann zwar eine Erklärung für den Aufbau der Materie sein, doch wenn wir den Aufbau der Materie kennen, sind wir noch sehr weit davon entfernt, die Vielfalt physikalischer Erscheinungen erklären zu können. Das Entstehen, die Formgebung, die Funktionsweise, die Struktur und Ordnung, die Abhängigkeiten von anderen Systemen, die Zusammenhänge, all diese Kennzeichen, die die Vielfalt physischer Erscheinungen ausmachen, lassen sich nicht allein durch den Aufbau der Materie erklären. Wir haben es hier mit einer unzulässigen Verallgemeinerung zu tun. Damit sind allerdings keineswegs ‚alle bekannten physikalischen Vorgänge' der makrophysikalischen Welt erfasst, wie Gerhard 't Hooft und Stephen

Weinberger uns versichern. Bei physikalischen Vorgängen einer höheren Größenordnung macht sich eine höhere Komplexität bemerkbar und es kommt eine Emergenz zur Geltung, neu auftretende Prozesse und Eigenschaften, die durch die Elementarteilchenphysik nicht erfasst werden. Man kann einen physikalischen Vorgang in der Größenordnung eines Erdbebens nicht alleine durch Hinweise auf die vier elementaren Wechselwirkungen oder Grundkräfte erklären. Wahrscheinlich spielen diese dabei eine Rolle. Aber es kommen neu auftretende mechanische Kräfte hinzu, für die die Geologen noch keine genauen Kenntnisse haben, um das komplexe Wechselspiel zwischen dem hydrostatischen Druck im Grundwasser, den Reibungskräften der Erdschollen, Ebbe und Flut, Porenwasserdruck, Porosität und Permeabilität im Gestein zu erklären. Obwohl Gestein auf den ersten Blick trocken erscheint, enthält es in seinen Poren große Mengen an Wasser. Selbst in einer Wüstengegend sind bis zu 80 % der Poren eines oberhalb des Grundwasserspiegels gelegenen Gesteins mit Wasser gefüllt. „Obwohl das Auftreten von Erdbeben schon seit mehr als hundert Jahren wissenschaftlich erforscht wird, ist noch nicht klar, welche mechanischen Kräfte eigentlich in welcher Stärke bei einem Gesteinsbruch in einem Erdbeben wirken [...] Bei einem Forschungsprojekt in Indien hat sich herausgestellt, dass der Porenwasserdruck im Gestein eine entscheidende Komponente in dem komplexen Wechselspiel der verschiedenen Kräfte ist, die zu einem Erdbeben führen."[191] Das sind emergente, neu auftretende Zusammenhänge, die in der Größenordnung der Quantenobjekte nicht vorkommen. Mit den Kräften, die die Materie zusammenhalten, lässt sich das facettenreiche Wechselspiel vom Entstehen und Fließen der Dinge nicht vollständig erfassen.

Die Begriffe pratītyasamutpāda und śunyatā von Nāgārjuna sind umfassender als der Begriff der Wechselwirkungen in der Elementarteilchenphysik, der einfach nur die Anziehungskräfte oder Abstoßungskräfte zwischen Zwei-Komponenten der Quantensysteme bezeichnet. Auch Niels Bohrs Begriff der Komplementarität und selbst der Begriff der Quantenkorrelationen zwischen Zwillingsphotonen sind umfassender als der Begriff der vier elementaren Wechselwirkungen.

Die Ergebnisse der Elementarteilchenphysik deuten immer klarer darauf hin, dass allein mit den Kenntnissen der Eigenschaften einzelner oder auch aller Quantenobjekte und ihrer vier elementaren Wechselwirkungen viele **makrophysikalische** Prozesse der Welt, in der wir leben, nicht zu erklären sind. Ich wiederhole hier die Argumentation des amerikanischen Physikers P. W. Anderson: „Die Fähigkeit, alles auf einfache, grundlegende Gesetze zu reduzieren, bedeutet nicht, dass wir in der Lage sind, von diesen Gesetzen ausgehend das Universum zu rekonstruieren.“ [vgl. 112] Der **mikrophysikalische,** reduktionistische Forschungsansatz, der der Elementarteilchenphysik einen herausragenden Platz einräumt, greift entschieden zu kurz, wenn er meint, wir hätten einen Gegenstand durch seine elementaren Teile erklärt.

Denken heißt auseinandernehmen, Haarspalterei ist der Anfang aller Forschung, das lehrt uns der Reduktionismus, der uns in eine Sackgasse geführt hat. Denn wir sehen nun: **Erklären, Überlegen und Verstehen heißt stets, eine bestimmte Art von Zusammenhängen zu entdecken. [Peter Bieri]** [192] Übergreifende physikalische Prozesse lassen sich nur erkennen und erklären, wenn man dem mikroskopischen Ansatz eine makroskopische Betrachtungsweise an die Seite stellt. Abhängigkeiten, Beziehungen in der makroskopischen Welt haben ihre eigenen Regeln, für die die Kenntnisse der vier bekannten elementaren Wechselwirkungen im mikroskopischen Bereich nicht mehr als eine Hinweisfunktion haben können. Aber ein Hinweis sind sie schon, nämlich ein Hinweis auf eine Parallelität der Erscheinungen. Der Hinweis auf die vier bekannten Wechselwirkungen der mikroskopischen Ebene verdeutlicht manche unbekannte Beziehungen [wie beispielsweise die zwischen Zwillingsphotonen] und viele unbekannte Abhängigkeiten im makroskopischen Bereich und er wirft Licht auf die Grenzen unserer Erkenntnisfähigkeit.

Es ist leicht, sich von der Empfindung gefangen nehmen zu lassen, mit Hilfe der Elementarteilchenphysik alle physikalischen Vorgänge erklären zu können, da alle physikalischen Vorgänge etwas mit den vier elementaren Wechselwirkungen zu tun haben. Andererseits ist es ebenso leicht, sich von der Empfindung des Rätselhaften gefangen nehmen zu lassen, was die Abhängigkeiten und Beziehungen im makroskopischen Bereich der Welt, in der wir leben, anbetrifft. Dagegen ist es sehr schwierig, den genauen Gehalt der Rätselhaftigkeit ausdrücklich vor sich zu bringen und zu artikulieren, weil wir möglicherweise an die Grenzen unserer Erkenntnisfähigkeit angelangt sind. Dann sollten wir uns aber nicht darüber wundern, dass wir unfähig sind, die richtigen Begriffe zu entwickeln, um mit unserem

Thema umzugehen. Bei einem Rätsel, das uns an die Grenzen unserer Erkenntnisfähigkeit führt, müssen uns die Vorstellungen davon verlassen, was als eine Lösung, als Verstehen zählen würde.

Viele Arten von Abhängigkeiten und Beziehungen sind uns rätselhaft. Bei offenen, dynamischen oder nichtlinearen Systemen kennen wir viele Rätsel. Vielfalt und Wechselwirksamkeit der Biosphäre beispielsweise übersteigt unsere gegenwärtigen Einsichten. Wenn Faktoren, die den magnetischen Zyklus der Sonne auslösen, nichtlineare, chaotische Systeme sein sollten, sind wissenschaftliche Prognosen über das Wetter großen Einschränkungen unterworfen. Nichtlineare Systeme verhalten sich nicht wie einfache Schwingungssysteme, deren Bewegungssysteme man vorausberechnen vermag – wie zum Beispiel bei einem Pendel. Bereits eine vergleichsweise einfache Rückkopplung einer Wirkung auf ihre Ursache kann verwirrend komplexe Verhaltensmuster ergeben. Selbst wenn nur wenige, exakt beschreibbare Kräfte zugrunde liegen, können nichtlineare Systeme derart empfindlich von den Anfangsbedingungen abhängen, dass Vorhersagen über eine längere Zeitspanne unmöglich sind. Klimaforscher verweisen auf ‚Überraschungen', die sich aus der nichtlinearen Natur des Klimas ergeben. Für das Herstellen von Klimamodellen sind komplexe Rückkopplungsschleifen zu berücksichtigen. Hier sind Wolken ein gutes Beispiel. „Sie bilden sich oft über warmen und feuchten Gebieten der Erde, aber je nach den Umständen wirken sie entweder durch negative Rückkopplung stabilisierend [indem sie die Erdoberfläche durch Abschirmung des Sonnenlichts abkühlen], oder sie erzeugen eine positive Rückkopplung [indem sie die Oberflächentemperatur durch Wärmeeinfang weiter erhöhen]. Mangel an Wissen über wichtige Rückkopplungsmechanismen ist einer der Gründe, warum das Fernziel der Klimamodellierung noch nicht zu verwirklichen ist, nämlich die zuverlässige Vorhersage etwa der Temperatur und Niederschlagserwartungen.“ [193] Trotz der Rätselhaftigkeit vieler Wechselbeziehungen in der Biosphäre und des Klimas wissen wir doch ungefähr, was wir als eine befriedigende Lösung der noch offenen Fragen ansehen würden.

Im Fall von Nāgārjunas Untersuchungen der Abhängigkeiten von Zwei-Komponenten-Systemen hat man den Eindruck, dass das Spektrum der Abhängigkeiten sogar noch umfangreicher ist. Es beginnt bei scheinbar einfachen und alltäglichen Zwei-Komponenten-Systemen, wie Geher &

begangene Strecke. Man könnte ganz einfach argumentieren, dass dieses System durch die Gravitationskraft zusammengehalten wird. Als nächste Stufe haben wir das Beispiel vom Seher & Sehen, ein extrem komplexes Zwei-Komponenten-System, das durch komplexe Nervenverbindungen, Wahrnehmungsprozesse und Bewusstseinsprozesse verbunden ist. Schließlich haben wir solche Beispiele wie Vater & Sohn. Welche Abhängigkeiten machen einen Mann zu einem Vater? Ist Vater zu sein ein bloßes Wort? Oder gibt es eine unbekannte Rückkopplung vom Sohn auf den Vater? **Meine Hypothese läuft darauf hinaus, dass es in der Welt Abhängigkeiten gibt, von denen wir [noch] so gut wie gar nichts wissen.** Gerade die detaillierten Kenntnisse der vier elementaren Wechselwirkungen, von Anziehungskräften, die von der Elementarteilchenphysik entdeckt wurden, geben einen Hintergrund ab für unbekannte, rätselhafte Abhängigkeiten und Beziehungen, denn ein Phänomen oder ein Sachverhalt ist stets nur rätselhaft vor dem Hintergrund bestimmter Erwartungen des Erklärens und Verstehens. [Peter Bieri]

Versuchen wir nun, mit einigen Beispielen, den Prozess des abhängigen Entstehens der Objekte bei Nāgārjuna einzukreisen.

Gehirn & Bewusstsein. Eine Grenze unserer Erkenntnisfähigkeit wird besonders deutlich, wenn es um den Zusammenhang zwischen Gehirn & Bewusstsein beim Menschen geht. Bewusstsein ist nicht aus den materiellen Bedingungen erklärbar. Das war eine Erkenntnis des berühmten Physiologen Emil du Bois-Reymond im Jahre 1872. Trotz der enormen Fortschritte der Neurobiologie, Neurologie und Psychologie im 20. und 21. Jahrhundert, ist nicht der Eindruck entstanden, das Rätsel sei kleiner geworden. Heute können wir viel mehr als Emil du Bois-Reymond über die Kovarianz oder funktionelle Analogie und Parallelität zwischen Gehirn & Bewusstsein wissen. Aber das erklärt noch nicht, wie aus dem einen das andere entsteht. Wie entsteht aus einem ganz bestimmten neuronalen Geschehen Bewusstsein im Sinne von Erleben? Gemeint sind damit Sinnesempfindungen wie Farben und Töne, Körperempfindungen wie Lust und Schmerz, Emotionen wie Angst und Hass, Stimmungen wie Melancholie und Heiterkeit und schließlich Wünsche, Triebe, Bedürfnisse und Wille. Diese Zustände erleben wir. Aber wie entstehen aus bekannten Zusammenhängen im Gehirn neue Zusammenhänge im Erleben? Und umgekehrt: Wie gelingt es dem Willen als einer mentalen, immateriellen Entität, sich in eine materielle Funktion des Gehirns zu verwandeln? Wie vollzieht sich der Übergang? Wie überschreitet die Natur ihre eigenen Grenzen? Nur ein Beispiel: Wenn eine Photodiode dazu in der Lage ist, rotes von grünem Licht zu unterscheiden, nehmen wir mit Sicherheit nicht an, dass die Diode ihre verschiedenen Zustände als Zustände mit einer bestimmten Erlebnisqualität [Qualia], mit einem qualitativen Charakter erlebt. Warum ist das dann aber bei uns so, wo doch auch unsere Farbwahrnehmungen nur darauf beruhen, dass bestimmte Neuronengruppen selektiv auf rotes Licht reagieren? Ist es vielleicht so, dass wir einfach zu viel erwarten, wenn wir unbedingt verstehen wollen, in welcher Weise die materiellen oder die funktionalen Eigenschaften des Gehirns – oder beide zusammen – das Entstehen von Erlebnissen notwendig machen? Erlebnisse sind subjektiv, das heißt, es gibt keinen Unterschied zwischen Erscheinung und Wirklichkeit. Die Natur eines Erlebnisses enthüllt sich vollständig dadurch, dass es sich auf eine bestimmte Weise anfühlt. Vielleicht ist es deshalb sinnlos, über Empfindungen hinaus noch weiteres über die Natur eines Erlebnisses herauszufinden? Genau das versuchen wir aber, wenn wir ein Erlebnis aus seinen materiellen Bedingungen heraus verständlich machen wollen. Sollten wir uns also das Fragen abgewöhnen und uns einfach mit Korrelationen zwischen kognitiven Aktivitäten und neuronalen Systemen, mit der Kovarianz zwischen Bewusstsein & Gehirn zufrieden geben? Offenbar stellen Gehirn & Bewusstsein eine Zweiheit dar, aber wie kommt diese Zweiheit zustande? Die Gehirnforschung kann uns bisher noch nicht sagen, wie die deklarativen, bewussten Informationen des Gehirns dem Bewusstsein zugänglich gemacht werden, obwohl jeder gesunde Mensch mit Leichtigkeit deklarative, bewusste Gedächtnisinhalte abrufen kann. Aber wie geschieht das? Wir sind an einer Grenze unserer Erkenntnisfähigkeit angelangt, weil wir nicht wissen, wonach wir im Gehirn eigentlich suchen sollen.[194]

Emergenz. Hier geht es um eine weitere, ganz ähnliche Erscheinung, für die sich allerdings keine einheitliche Begriffsbildung durchgesetzt hat. Emergenz meint manchmal Eigenschaften, die nur dem Ganzen, nicht aber seinen Teilen zugesprochen werden. In der Philosophie ist diese Erkenntnis nicht unbedingt neu. In den Naturwissenschaften hat jedoch die Vorherrschaft des Reduktionismus emergente Erscheinungen zu Randerscheinungen werden lassen. Die meisten physikalischen Theorien sind nur deswegen praktikabel, weil man sich auf Vorgänge gleicher Größenordnung beschränkt.

Am Beispiel des Wassers möchte ich Emergenz illustrieren. Zu den bemerkenswertesten Eigenschaften der Natur gehören die Größenunterschiede ihrer Erscheinungen. Die Strömungen in den Ozeanen erstrecken sich über Tausende von Kilometern, dagegen liegt die Größe der Wasserwellen zwischen einigen Metern und Millimetern. In noch kleinerem Maßstab betrachtet ist Meereswasser eine Ansammlung von Molekülen, deren Durchmesser ungefähr zehn Millionstel eines Millimeters beträgt. Die größten und die kleinsten Strukturen der Ozeane unterscheiden sich also um siebzehn Größenordnungen. Ereignisse, die sich in verschiedenen Größenordnungen abspielen, beeinflussen sich im Allgemeinen kaum, so dass sie unabhängig voneinander betrachtet werden können. Deswegen können die einzelnen Ereignisse wie ein geschlossenes System behandelt werden, während sie in Wirklichkeit offene Systeme sein müssen, da Informationen von einem System zum anderen fließen. Das Verhalten einer Welle im Meer lässt sich beschreiben, ohne dass man von der molekularen Struktur des Wassers Notiz zu nehmen hätte. Wie gehen Wasserteile einer Größenordnung in eine andere Größenordnung über? Wir brauchen nur die Größenordnung zu wechseln, um mit emergenten, vollständig neuartigen und verschiedenen Vorgängen konfrontiert zu werden. Welche Zusammenhänge gibt es zwischen Wasserstoffatomen, Wassertropfen, Wasserwellen und Meeresströmungen?

Wenn wir alles über die Wechselwirkungen wissen, die die Stabilität des Wasserstoffatoms ausmachen, die Anziehungskräfte zwischen Proton & Elektron, dann wissen wir damit noch sehr wenig über den normalen Molekülklebstoff, die ‚kovalenten' Bindungen. Hinzu kommt ein Effekt, der ‚Kooperativität' genannt wird, er entsteht, wenn viele Wasserstoffbrückenbindungen sich gegenseitig kräftig verstärken und dann sogar stärker werden können als die kovalenten Bindungen. Selbst wenn wir alles über die atomaren oder molekularen Bindungen wüssten, was nicht der Fall ist, wüssten wir noch wenig über die Kohäsion, Oberflächenspannung und die intermolekularen Bindungen, die einen Wassertropfen zusammenhalten. „Beispielsweise zeigt ein fallender Tropfen eine komplexe Strömungsdynamik, die Physiker bis heute nicht völlig verstehen: Seine Grenzfläche wird durch ein vertracktes Zusammenspiel von Gravitations-, Auftriebs-, Reibungs- und Trägheitskraft ständig umgewälzt und erneuert. Zudem hängt die innere Dynamik eines frei fallenden Tropfens empfindlich davon ab, unter welchen Bedingungen er sich gebildet hat."[195] Wenn wir alles über Wassertropfen wissen, dann wissen wir damit noch wenig über die Gesetzmäßigkeiten und Abhängigkeiten von Wasserwellen. Wenn wir alles über Wasserwellen wissen, dann wissen wir damit noch wenig über die Meeresströmungen des Pazifischen Ozeans.

Jede eigene Größenordnung hat ihre eigene Emergenz, ihre eigenen neu auftauchenden Erscheinungen. Damit sind auch dem Erklärungswert der vier elementaren Wechselwirkungen, die die Stabilität der Materie begründen, Grenzen gesetzt, wenn es dabei um das Aufspüren von Zusammenhängen makrophysikalischer Dualitäten, Abhängigkeit und Instabilitäten geht. Im makrophysikalischen Bereich können wir unsere Sichtweise nicht nur auf die Frage der Anziehungskräfte und Abstoßungskräfte konzentrieren. Wenn wir uns von den vier elementaren Wechselwirkungen der Elementarteilchenphysik gefangen nehmen lassen und ihrer Behauptung, mit ihnen alles erklären zu können, verstehen wir die Natur von Abhängigkeiten in der Welt, in der wir leben, überhaupt nicht. Unter Kausalität z. B. könnten wir verstehen, dass jedes Ereignis in gesetzmäßiger Weise von einem anderen Ereignis abhängt und umgekehrt. Diese Art von Abhängigkeit lässt sich nicht auf Anziehungskräfte und Abstoßungskräfte reduzieren, die die Quantenphysik bestimmen. Außer Anziehungskräften und Abstoßungskräften, die die Stabilität der Materie ausmachen, gibt es Instabilitäten, Asymmetrien, Wandel, Wechsel, Veränderungen, flüchtiges Zusammentreffen, fließende Übergänge, plötzliches Umschlagen, Entstehungsprozesse. Selbst die Stabilität der Materie ist eher die Ausnahme als die Regel. In den Worten Max Borns: „Alle Materie ist instabil. Wäre sie es nicht, würden die Sterne nicht strahlen, es gäbe keine Sonnenwärme, kein Leben auf der Erde. Stabilität und Leben sind unvereinbar."[196]

15. Pratītyasamutpāda

Nāgārjunas Schlüsselbegriffe sind pratītyasamutpāda [abhängiges Entstehen] und śūnyata [Substanzlosigkeit]. Bei seinen grundlegenden Zwei-Komponenten-Systemen sind die Komponenten einzeln nicht existenzfähig. Sie existieren nicht unabhängig voneinander, sie haben kein eigenes Sein, keine unabhängige Objektivität und keine unabhängige Subjektivität, sie sind voneinander abhängig, sie entstehen nur in einer Dualität [Zweiheit] in viel größeren und komplexeren Zusammenhängen und mit diesen vergehen sie auch wieder. Beide Komponenten können als einzelne nur ihre Nichtigkeit bestätigen. Unabhängig kommt keine von beiden vor. Was macht die Zweiheit aus? Was passiert zwischen dualen Dingen? Passiert überhaupt etwas zwischen ihnen? Was verschränkt ein Ding & seine Bedingungen, einen Geher & die begangene Strecke, einen Seher & das Sehen, Ursache & Wirkung, Kennzeichen & Zu-Kennzeichnendes, Leidenschaft & den von Leidenschaft Ergriffenen, Entstehen & Ursache des Entstehens, Tat & Täter, den Sehenden & das Sehen, Feuer & Brennstoff etc.? Wodurch konstituieren sich diese Zweiheiten? Wodurch werden Gegensatzpaare zusammengehalten? Geht es bei Nāgārjuna nur oder in erster Linie um Konzepte, die sich gegenseitig ergänzen, oder gibt es eine Energieübertragung zwischen zwei Körpern?

Seher & Sehen. An dem Beispiel vom Seher & Sehen möchte ich exemplarisch zeigen, dass es hier nicht nur um Konzepte geht und dass das Gegensatzpaar Seher & Sehen nicht nur aus zwei Begriffen, sondern auch aus einem biologischen Zwei-Komponenten-System besteht.

In einem Überblick über die molekularen Prozesse des Sehvorgangs in der Netzhaut ist der amerikanische Zellbiologe Lubert Stryer zu dem Ergebnis gekommen: „Zum ersten Male verstehen wir jetzt auf molekularer Ebene eines der präzisesten sensorischen Ereignisse überhaupt – die visuelle Erregung.“ [197] Visuelle Erregung, die detaillierten Erkenntnisse der Mechanismen, die Lichtenergie in Photorezeptoren der Netzhaut in Nervensignale umwandeln, beziehen sich nur auf das biologische System des Auges. Sehen ist umfassender und lässt sich nicht auf den visuellen Reiz reduzieren. Hier besteht der Reduktionismus in dem Versuch, einzelne Nervenzellen für grundlegend zu halten. Dazu schreibt der Neurobiologe Walter J. Freeman: „Meine Arbeitsgruppe an der Universität von Kalifornien in Berkeley untersucht seit mehr als 30 Jahren Wahrnehmungsprozesse. Unsere Ergebnisse deuten immer klarer darauf hin, dass allein mit der Kenntnis der Eigenschaften einzelner Nervenzellen [Neuronen] Wahrnehmung nicht zu erklären ist: Dieser sozusagen mikroskopische Forschungsansatz, der gegenwärtig in den Neurowissenschaften dominiert, greift entschieden zu kurz. Nach unseren Erkenntnissen beruht Wahrnehmung vielmehr auf der gleichzeitigen, gemeinschaftlichen Aktivität von Millionen Nervenzellen, die über weite Bereiche der Großhirnrinde verteilt sind. Eine solche übergreifende Aktivität lässt sich aber nur erkennen, messen und erklären, wenn man dem mikroskopischen Ansatz eine makroskopische Betrachtungsweise an die Seite stellt.“ [198] Zwischen dem visuellen Reiz und dem von ihm hervorgerufenen Eindruck, dem Sehen, gibt es eine Reihe von Verarbeitungsschritten, die durch kognitive Operationen im Gehirn des Sehers verarbeitet werden müssen. Sehen ist kein mechanischer Automatismus. Es ist ein Prozess, der ‚Hypothesen‘, ‚Entscheidungen‘, ‚Schlüsse‘ und ‚Problemlösungen‘ beinhaltet. Es ist auch ein Prozess des Bewusstseins, für den der Wahrnehmungsforscher Irvin Rock zahlreiche Beispiele liefert. [199] Sehen ist ein konstruktiver Prozess, für den das Gehirn komplexe Aktivitäten ausführen muss, um zwischen konkurrierenden Interpretationen der vieldeutigen visuellen Daten zu entscheiden. Die Kenntnisse der visuellen Erregung in der Netzhaut und die Kenntnisse der Eigenschaften einzelner Neuronen reichen nicht aus, um das Sehen zu erklären. Nach den Erkenntnissen einiger Hirnforscher beruht Wahrnehmung auf der gleichzeitigen gemeinschaftlichen Aktivität von Millionen Neuronen, die über weite Bereiche der Großhirnrinde verteilt sind. Dieses Konzept geht auf den Vorschlag des Psychologen Donald Hebb zurück. Er hatte schon 1949 den Vorschlag gemacht, von einem

Ensemble von Nervenzellen zu sprechen. Der Neurologe Wolf Singer schreibt dazu: „Ein bestimmtes Objekt würde also nicht durch eine objektspezifische Zelle repräsentiert, sondern durch eine Gruppe von Zellen, die durchaus auch über verschiedene Hirnareale verteilt sein dürfen, wobei jede einzelne Zelle nur bestimmte Teilmerkmale des Objekts repräsentiert: gewisse Form- oder Texturmerkmale, Angaben über Ort, Lage, Größe und vielleicht auch bestimmte funktionelle Eigenschaften. Ein Ensemble von Zellen würde somit eine Matrix von Merkmalen definieren, die in ihrer Gesamtheit eine vollständige Beschreibung des Objekts ergäbe." [200] Nach Singer sind nur 10 % bis 20 % der synaptischen Verbindungen von Nervenzellen in der Großhirnrinde nach außen gerichtet. „Die Sinnessysteme, und damit die Signale aus der umgebenden Welt, werden somit über relativ wenige Verbindungen in die Großhirnrinde eingekoppelt. Das System beschäftigt sich hauptsächlich mit sich selbst. Dies ist einer von vielen Hinweisen dafür, dass im Gehirn Prozesse ablaufen, die vorwiegend auf internen Wechselbeziehungen beruhen und nicht erst dann einsetzen, wenn von außen Reize einwirken. Nicht die seriell weitergeschalteten, reizinduzierten Antworten dominieren die Aktivität von Hirnrindenzellen, sondern intern erzeugte Erregungsmuster, und dieser interne Beitrag wird mit zunehmender Entfernung der Verarbeitungszentren von den Sinnesorganen immer bedeutsamer." [201]

Die Untersuchung des Sehens umfasst das System des Auges & des Gehirns. Das System des Sehers umfasst die rätselhafte Zweiheit von Gehirn & Bewusstsein, von Sehen & Verstehen, von der bei Semir M. Zeki schon die Rede war. Gehirn & Bewusstsein machen den Seher aus. **Das Sehen lässt sich bei einem gesunden Menschen nicht vom Seher trennen und umgekehrt.**

Seher & Sehen existieren nicht getrennt für sich, sie sind nicht unabhängig voneinander. Sie existieren in gegenseitiger Abhängigkeit. Die Dualitat von Seher & Sehen konstituiert sich durch eine Reihe von Verarbeitungsschritten zwischen Reiz und dem hervorgerufenen Eindruck, dem Sehen. Das Begriffspaar Sehen & Seher besteht nicht nur aus zwei abhängigen Begriffen, sondern ihm entsprechen auch zwei abhängige biologische Systeme.

Parallelität. Mikrophysikalische Prozesse können als eine Grundlage für die makrophysikalische Ebene der Sinnesdinge betrachtet werden, aber sie erklären nicht alles.

Die Parallelität der Begriffe pratītyasamutpāda bei Nāgārjuna und der vier elementaren Wechselwirkungen in der Quantenphysik gibt nicht nur dem buddhistischen Begriff eine mikrophysikalische Dimension, sondern auch dem mikrophysikalischen Begriff der vier elementaren Wechselwirkungen eine metaphysische Dimension, die in der Interpretation um die Quantenphysik bislang wenig in Betracht gezogen wurde. Es ist die Schlussfolgerung der Substanzlosigkeit, die sich aus dem abhängigen Entstehen der Objekte und aus den Wechselwirkungen ihrer elementaren Bestandteile ergibt. Abhängigkeit und Unabhängigkeit sind zwei Begriffe und zwei Gegebenheiten, die sich gegenseitig ausschließen. **Der Nachweis der Abhängigkeit der Dinge, das Hauptanliegen der Philosophie Nāgārjunas, wird im mikrophysikalischen Bereich durch den physikalischen Begriff der elementaren Wechselwirkungen zwischen den Komponenten der Quantenobjekte bestätigt.**

Versuchen wir die Rätselhaftigkeit von Zwei-Komponenten-Systemen weiter einzukreisen. Werfen wir noch einmal einen Blick auf Parmenides, Heraklit, Hegel, Niels Bohr, auf diejenigen Europäer, die das Entweder-Oder-Schema überwunden haben. Was macht für sie die Zweiheit von dualen Gegensätzen aus?

Parmenides Ansicht darüber wurde zusammenfassend von Hans-Georg Gadamer wiedergegeben. Gadamer schreibt: „Die Menschen haben sich für zwei Gestalten der seienden Dinge entschieden und sie mit zweierlei Ausdrücken fest benannt. Damit haben sie freilich einen grundlegenden Irrtum begangen, nämlich die beiden Gestalten so zu trennen, statt es mit dem einen Sein zu belassen.“[202] Zweiheit [Dualität] konstituiert sich für Parmenides offenbar durch eine verborgene Einheit der beiden Komponenten.

Heraklit beschäftigte sich mit solchen Gegensätzen wie:
Krieg & Frieden
Hunger & Sattheit
Sterbliche & Unsterbliche
Götter & Menschen
Schlafen & Wachen
Spreu & Gold
[Die Esel ziehen Spreu dem Golde vor.]

Meerwasser für Fische & Meerwasser für Menschen
[Meerwasser ist für Fische trinkbar und für ihr Leben notwendig, für Menschen ist es ungenießbar und todbringend.]
das Ganze & die Teile
das Eine & das Viele
der Weg hinauf & der Weg hinab
[Der Weg hinauf und hinab ist ein und derselbe.]
Vater & Sohn

Heraklits Begriff von Gegensätzen ist umfangreicher als der Begriff der vier elementaren Wechselwirkungen in der Quantenphysik. Auf den ersten Blick lassen sich überhaupt keine oder nur geringe Gemeinsamkeiten erkennen. Die beiden Komponenten schließen sich zunächst einmal gegenseitig aus. Sie wirken wie Dichotomien, wie in zwei Teile geschnitten. Man kann an ihnen nicht sofort ein System, einen Zusammenhang erkennen. Man kann Heraklits Systeme noch nicht einmal offene oder dynamische Systeme nennen. Dafür kennen wir einfach die Abhängigkeiten und Wechselbziehungen nicht, die sie als Systeme konstituieren. Seine Systeme sind paradox, sie sagen eine Wahrheit wider Erwarten aus. Anfangs sieht man in ihnen nur Gegensätzlichkeit, nur Trennendes. **Die Zweiheiten, von denen Heraklit spricht, sind nicht durch Anziehungskräfte oder Abstoßungskräfte gebildet, wie die Zwei-Komponenten-Systeme in der Elementarteilchenphysik.** Sie sind meist durch gar keine zwischen ihnen liegende Kräfte gebildet. Und doch gibt es eine verborgene Abhängigkeit, eine unbekannte, gegenseitige Wirkung beider Komponenten. Die Objekte erhalten ihre Bedeutung in Abhängigkeit von etwas anderem, nicht durch sich selbst. In diesem Sinn interpretiert Hans-Georg Gadamer Heraklit zusammenfassend: „Das eigentliche Rätsel des Seins ist nicht, wie sich im Wechsel des Geschehens die gleiche Ordnung des Ganzen erhält, sondern dass dieses Wechselsein selber statthat. Das hat Heraklit als das Eine in allen Gegensätzen erkannt, die Einheit des in Gegensätzen Gespannten.“ [203]

Für Heraklit führte die Einheit von Gegensätzen zu einer vorübergehenden Stabilität, die sich entweder im Laufe der Zeit verändert oder aber zu einer fragilen Stabilität, die auf einer permanenten Veränderung seiner konstituierenden Teile basiert. Die fragmentarische Quellenlage gestattet beide Interpretationsmöglichkeiten. [204] Was konstituiert die Einheit der Gegensätze, von denen Heraklit spricht, ist es eine materielle oder ideelle Einheit? Nach Heraklits Auffassung müssen die Gegensätze proportioniert und ausbalanciert sein. Eine Veränderung einer Komponente müsse zu einer Veränderung der anderen führen, weil sonst beides zerstört wird. Geoffrey S. Kirk et al. kommentieren dies wie folgt: Es ist der Logos in der Bedeutung von Maßstab, Berechnung oder Verhältnis, der die Gegensätze zusammenhält. „Der Logos wurde von Heraklit wahrscheinlich zeitweilig als eine wirkliche Komponente der Dinge aufgefasst, und er ist in vielen Hinsichten koextensiv mit dem ursprünglichen kosmischen Konstituenten, dem Feuer."[205]

Hegel stand in seiner ‚Logik' und ‚Enzyklopädie' ganz im Bann Heraklits. Er versuchte ebenso wie Heraklit, das Entweder-Oder-Denken zu überwinden. Dabei betonte er die Einheit der Gegensätze, wies aber auch auf die Möglichkeit einer einseitigen Interpretation des Begriffs ‚Einheit' hin. Möglicherweise sind wir hier wiederum an eine Grenze der Begriffsbildung und Erkenntnisfähigkeit angelangt. Einheit und Gegensätzlichkeit können schlecht in einer einzigen Idee ausgedrückt werden. Entweder wird dabei die Einheit oder die Gegensätzlichkeit zu stark hervorgehoben. Hegel schreibt: „Es ist aber noch zu bemerken, dass der Ausdruck ‚Sein und Nichts ist dasselbe' oder ‚die Einheit des Seins und des Nichts', ebenso alle anderen solchen Einheiten, des Subjekts und Objekts usf., mit Recht anstößig sind, weil das Schiefe und Unrichtige darin liegt, dass die Einheit herausgehoben und die Verschiedenheit zwar darin liegt [weil es z. B. Sein und Nichts ist, deren Einheit gesetzt ist], aber diese Verschiedenheit nicht zugleich ausgesprochen und anerkannt ist, von ihr also nur ungehörigerweise abstrahiert, sie nicht bedacht zu sein scheint. In der Tat lässt sich eine spekulative Bestimmung nicht in Form eines solchen Satzes richtig ausdrücken; es soll die Einheit in der zugleich vorhandenen uns gesetzten Verschiedenheit gefasst werden. Werden ist der wahre Ausdruck des Resultats von Sein und Nichts, als die Einheit desselben; …"[206] Für Hegel gibt es also eine Einheit der Verschiedenheit und dabei bleibt die Verschiedenheit erhalten. Darüber hinaus hat Hegel von einer ‚gegenseitigen Abhängigkeit' von Gegensätzen gesprochen und es als einen Fehler erachtet, wenn die gegenseitige Abhängigkeit der Dinge als etwas Äußerliches und nicht zu ihrem Wesen Gehöriges betrachtet wird.[207] Was aber die Zweiheit oder Einheit von Gegensätzen ausmacht, wodurch diese sich als Zweiheit oder Einheit konstituieren, hat er uns nicht gesagt. Hier blieb es bei dem Hinweis auf die gegenseitige Abhängigkeit der Dinge und auf das konkrete Werden der Dinge.

Niels Bohr ging, wie wir gesehen haben, zunächst von dem Begriff des ‚Welle-Teilchen-Dualismus' aus. 1927 führte er statt dessen den Begriff der Komplementarität ein und erkannte die Quantenkorrelation zwischen Zwillingsphotonen. Während für den Dualismus zwei Bilder bezeichnet werden, die vollständig voneinander getrennt sind und sich einander widersprechen, sich gegenseitig ausschließen, bedeutet Komplementarität, dass sich diese widersprechenden Bildergegenseitig ergänzen und nur gemeinsam eine vollständige Beschreibung der physikalischen Erscheinungen liefern. **Nach der Auffassung von Niels Bohr gibt es eine Wechselwirkung zwischen den Quantenobjekten, die ein Bestandteil der Quantenobjekte ist und sie aneinander bindet.**

Halten wir fest: Parmenides, Heraklit, Hegel stellen nur einen Zusammenhang zwischen grundlegenden Zwei-Komponenten-Systemen fest. Was diesen Zusammenhang zwischen ihren Komponenten ausmacht, wie die gegenseitige Abhängigkeit der dualen Komponenten entsteht oder wirkt, wodurch sich Zweiheit konstituiert, was zwischen dualen Dingen passiert, haben sie nicht gesagt.

Nur Niels Bohr und die Elementarteilchenphysik sagen es für die vier elementaren Bindungskräfte. Zwischen Quantenobjekten findet ein Austausch von Quantenobjekten statt, der die Zwei-Komponenten-Systeme konstituiert. Im mikrophysikalischen Bereich der Materie und der Energien stellen Wechselwirkungen kein Rätsel dar [Ausnahme: Zwillingsphotonen, Welle-Teilchen-Dualität]. Allerdings sind sie alles andere als eine Erklärung für ‚alle bekannten physikalischen Vorgänge'.

16. Vergleich

A. Abhängiges Entstehen [pratītyasamupāda]. Nāgārjunas Modelle bestehen aus Zwei-Komponenten-Systemen, die sich durch eine gegenseitige Abhängigkeit [pratītyasamutpāda] konstituieren. Die beiden jeweiligen Gegebenheiten [dharma] sind Komponenten von flüchtigen Eigenschaften von Körpern oder es sind flüchtige Körper [Feuer] oder instabile, sich verändernde Körper, die sich in einem Prozess der Transformation befinden [die Entstehung eines Dings & seine Bedingungen, Geher & begangene Strecke, Ursache & Wirkung, Feuer & Brennstoff etc.]. Ein Zwei-Komponenten-System dieser Art kann durch eine Trennung nicht in zwei stabile, unabhängige Entitäten verwandelt werden. Unabhängig kommen diese Entitäten nicht vor. Die ganzen Modelle basieren auf Instabilität, da die zwei gegensätzlichen Entitäten instabil sind und durch eine gegenseitige Abhängigkeit [pratītyasamutpāda] entstehen. Sie entstehen nicht wirklich, wenn man unter Wirklichkeit Unabhängigkeit, Substanz, Beständigkeit und Selbständigkeit versteht. Sie haben keine Substanz [svabhāva]. Die Abhängigkeiten [pratītyasamutpāda] selbst sind ebenfalls nicht stabil, unabhängig und unvergänglich, da sie ihrerseits von instabilen Gegensatzpaaren abhängig sind.

Wodurch konstituieren sich diese Systeme, wodurch werden die Gegensatzpaare zusammengehalten? Das Modell kommt ohne die Vorstellung von einem Zwischenraum oder einer Zwischenzeit zwischen den beiden Komponenten aus. Die beiden Komponenten werden nicht [wie bei den Zwei-Komponenten-Systemen der Quantenphysik] durch eine bekannte Anziehungskraft zwischen ihnen verbunden. Die Verbindung zwischen den Zwei-Komponenten-Systemen ist meistens nicht nur durch Anziehungskräfte oder Abstoßungskräfte zu erklären. Es gibt viel komplexere und unbekannte Zusammenhänge, wie beispielsweise die zwischen Seher & Sehen, Gehirn & Bewusstsein, Vater & Sohn.

Das Beispiel vom Feuer & Brennstoff. Brennstoffe sind unterschiedliche Kohlenwasserstoff-Verbindungen, die geeignet sind, sich unter Abgabe intensiver Wärme- und Lichtenergie [Feuer] mit Sauerstoff zu verbinden. Feuer ist nicht identisch mit dem Brennstoff. Wenn man Feuer vom Brennstoff trennt, gibt es weder das eine noch das andere. Feuer ist durch den Prozess des abhängigen Entstehens [pratītyasamutpāda] mit dem Brennstoff verbunden.

Der Zweck dieser Beschreibung. Diese Modelle der Zwei-Komponenten-Systeme, mit der gegenseitigen Abhängigkeit [pratītyasamutpāda] ihrer jeweiligen Komponenten, dienen Nāgārjuna zum Nachweis der fehlenden Substanz [svabhāva] der Gegebenheiten [dharma], der fehlenden Unabhängigkeit, aber auch einer fehlenden Identität. Auch der Entstehungsprozess der Objekte hat keine Substanz. Da sie nur in gegenseitiger Abhängigkeit [pratītyasamutpāda] entstehen, existieren sie nicht unabhängig, sind sie nicht stabil, dauerhaft und unvergänglich. Nach Nāgārjuna besteht die grundlegende Wirklichkeit aus einem Zusammenspiel von Dingen, die von anderen Dingen und von ihren eigenen Bestandteilen abhängig sind.

B. Wechselwirkungen. Die grundlegenden Modelle der Elementarteilchenphysik lassen sich durch ein einfaches Zwei-Komponenten-System darstellen. Zu diesen gehören beispielsweise:

Erde & Mond, sie werden durch die Gravitation zusammengehalten;

Proton & Elektron des Wasserstoffatoms, sie werden durch die elektromagnetische Wechselwirkung zusammengehalten;

Proton & Neutron des Deuteron, ein schwerer Wasserstoffkern, sie werden durch die starke Wechselwirkung zusammengehalten;

Quark & Antiquark, die Bausteine der Protonen, sie werden durch extrem starke Farbkräfte, das sind die starken Wechselwirkungen, zusammengehalten.

In ihrer Jagd nach weiteren Bausteinen der Materie sind Elementarteilchenphysiker nicht auf einzelne, unabhängige Bausteine gestoßen, sondern immer wieder auf wechselwirkende Zwei-Komponenten-Systeme wie beispielsweise: Das Higgs-Feld & das Higgs-Boson [208], Rabi-Oszillation [209], oder, wie bereits erwähnt, auf Messgerät & Welle, Messgerät & Teilchen, oder auf zwei abhängige, überlagerte Zustände, die Superpositionen genannt werden; auf Zwillingsphotonen, sie werden durch unbekannte Wechselwirkungen zusammengehalten; auf ‚Nackte Masse' & ‚Selbstenergie' eines Elektrons, sie werden durch Wechselwirkungen des Elektrons mit seinem eigenen Feld zusammengehalten.

Die vier bekannten Wechselwirkungen entfalten verwirrende Unterschiede in ihren Eigenschaften. Sie haben ganz unterschiedliche Reichweiten und Eigenschaften. Es sind elementare, mikrophysikalische Kräfte, die durch den schnellen Austausch von Quantenobjekten zwischen Quantenobjekten Anziehungskräfte [oder Abstoßungskräfte] darstellen oder herstellen. Sie halten die Materie zusammen und geben ihr eine gewisse Stabilität und Festigkeit. Es ist eine Stabilität, die auf der Instabilität der Wechselwirkungen zwischen den zwei Komponenten basiert.

Eine Aufhebung der Wechselwirkung zwischen den Zwei-Komponenten-Systemen ist schwer vorstellbar. Allerdings ist zwischen starken und schwachen Wechselwirkungen zu unterscheiden. Die Kraft der Gravitation zählt zu den relativ schwachen Wechselwirkungen. Wenn sie wegfallen würde, würde sich die Beschaffenheit der Erde & des Mondes bedeutend verändern, die Materie würde in Staub zerfallen. Die starken Wechselwirkungen sind so gewaltig, dass es unmöglich ist, ein Quark aus seinem Proton herauszulösen und auf einen Abstand von nur wenigen Zentimetern von den beiden anderen Quarks in einem Proton zu bringen. Hier verhindert die Wechselwirkung einfach ein Zustandekommen einer selbständigen, unabhängigen Komponente, sie tritt gar nicht erst in Erscheinung, auch nicht ansatzweise.

Während Nāgārjunas Modell auf einer Instabilität und Flexibilität des gesamten Systems basiert, bewirken die Wechselwirkungen im Standardmodell der Quantenphysik bei Zwei-Komponenten-Systemen eine gewisse Stabilität der Systeme, sie binden zwei Komponenten aneinander. Einzeln, unabhängig, selbständig, stabil und unvergänglich kommen keine Komponenten vor. Die zwei Komponenten des Systems sind nicht identisch und sie fallen auch nicht auseinander. Was die Physiker Daniel Z. Freedman und Pieter van Nieuwenhuizen über die ‚nackte Masse' und die ‚Selbstenergie' eines mit seinem eigenen elektromagnetischen Feld wechselwirkenden

Elektrons sagen, lässt sich von allen Zwei-Komponenten-Systemen der Quantenphysik behaupten: einzeln ist keiner dieser Komponenten beobachtbar. In der Quantenphysik kann man nichts über ein individuelles Quantenobjekt, das ohne jede Wechselwirkung existiert, sagen. Ein solches Quantenobjekt gehört nicht zur physikalischen Wirklichkeit. **Weder den Objekten noch dem Beobachtungsmittel kann eine selbständige physikalische Realität im gewöhnlichen Sinn zugeschrieben werden, weil die Wechselwirkung in der Quantenphysik ein untrennbarer Bestandteil der Objekte ist. [Niels Bohr]**

Ein Beispiel: Wechselwirkungen zwischen Protonen und Neutronen im Atomkern bedeuten vereinfacht dargestellt, dass Mesonen mit Lichtgeschwindigkeit zwischen den Protonen und Neutronen hin und her fliegen und wenn sie bei den Protonen landen, diese in Neutronen und wenn sie bei den Neutronen landen, diese in Protonen verwandeln. Das Hin und Her erzeugt die Bindungskraft im Kern oder es ist die Bindungskraft, denn das Meson ist fast gleichzeitig an zwei Orten. Unablässig verwandelt sich Masse in Energie und Energie in Masse. Demnach gibt es im Modell der Quantenphysik Stabilität, aber sie basiert auf Instabilität, auf der Wechselwirkung zwischen den Bestandteilen. Auch die Komponenten selbst sind instabil, sie können zerfallen, sie sind zusammengesetzt, sie bestehen aus Feld & Quantenobjekt. Es gibt keine elementare Unabhängigkeit und Selbständigkeit, die Wechselwirkung zwischen Zwei-Komponenten-Systemen ist grundlegend. Einzelne Quantenobjekte oder Felder sind nicht wirklich, wenn man unter Wirklichkeit Unabhängigkeit, Substanz und Selbständigkeit versteht.

Der Zweck dieser Beschreibung. Der Zweck dieser Beschreibung besteht nicht in einer Vertiefung der Quantenphysik, sondern in der Zurückweisung von vier möglichen metaphysischen Wirklichkeitsbegriffen, die der Quantenphysik zugrunde liegen und zwischen denen die philosophischen Interpretationen der Quantenphysik hin und her schwanken: 1. einem reduktionistischen [substantiellen], 2. einem subjektivistischen, 3. einem holistischen und 4. einem konstruktivistischen [instrumentalistischen]. Nach dem physikalischen Wirklichkeitsbegriff der Quantenphysik führt eine Wechselwirkung zwischen Zwei-Komponenten zu einer vorläufigen Stabilität der Materie, die auf einer Instabilität, auf einer Wechselwirkung zwischen ihren Komponenten, basiert. Aus diesem Modell kann wegen der Wechselwirkung zwischen den zwei Komponenten und wegen der Stabilität-Instabilität der Komponenten eine Substanzlosigkeit der elementaren Bestandteile der Materie und ein Zusammenbruch des Atomismus abgeleitet werden. Atomismus war der Versuch, die Instabilität der makrophysikalischen Ereignisse mit einer angenommenen Stabilität der mikrophysikalischen Komponenten [Atome] zu erklären. Nach der Quantenphysik ist die fundamentale Wirklichkeit nicht stabil, sondern besteht aus einem Zusammenspiel von Systemen [**Wolken**] wechselwirkender Komponenten.

Unterschiede zwischen beiden Modellen. Nāgārjunas Modell ist makrophysikalisch, es kennt eigentlich keine bekannten Bindekräfte zwischen zwei Gegebenheiten [dharma], es richtet sich direkt auf den Umwandlungsprozess selbst. Es basiert auf Instabilität und kennt keine vorläufige Stabilität. Das Modell der Quantenphysik dagegen ist mikrophysikalisch, es bezeichnet eine Bindungskraft [oder Abstoßungskraft] zwischen zwei Komponenten, deren Felder sich überlagern. Die Bindungskraft hat für das System eine vorübergehende stabilisierende Wirkung, die auf Instabilität basiert, auf der Instabilität der Wechselwirkung und auf der provisorischen Stabilität der Komponenten, die aus Masse & Energie bestehen.

Ähnlichkeiten zwischen beiden Modellen. Parallelität von makrophysikalischen und mikrophysikalischen Ereignissen. Beide Modelle beschreiben Zwei-Komponenten-Systeme, deren Komponenten nicht unabhängig, nicht selbständig sind und die einzeln nicht beobachtet werden, weil sie in ihrer Existenz vom anderen abhängig sind. Beide Modelle beschreiben Zwei-Komponenten-Systeme, deren Komponenten keine Eigenständigkeit haben, die weder richtig getrennt noch richtig miteinander verbunden, weder zusammen sind, noch auseinanderfallen. Sie werden durch eine Wechselwirkung zwischen den Komponenten zusammengehalten. Man könnte annehmen, dass die Flexibilität komplexer Systeme auf der Stabilität ihrer elementaren Bestandteile beruht. Das Spektakuläre an Zwei-Komponenten-Systemen besteht darin, dass ihre Bestandteile weder elementar noch stabil, sondern zusammengesetzt und flexibel sind und durch rückgekoppelte Prozesse in Gang kommen.

17.
Methodischer Reduktionismus

1. Wie wir gesehen haben, stellen Systeme mit wechselwirkenden Bestandteilen in der Philosophie Nāgārjunas, in der physikalischen Konzeption Niels Bohrs und im Standardmodell der Quantenphysik die grundlegenden Wirklichkeitsbegriffe dar. In der Welt, in der wir leben und in der Welt der Quantenphysik sind nicht einzelne, selbständige, unabhängige Entitäten, sondern wechselwirkende Systeme oder ein ganzes Ensemble von wechselwirkenden Bestandteilen die grundlegende Wirklichkeit. Deswegen sind die metaphysischen Konzepte der unabhängigen Substanz, des Dualismus und des Reduktionismus nicht haltbar.

2. Einwände. Man könnte einwenden, es ginge bei dem Konzept des Reduktionismus in der Hauptsache um wissenschaftliche Methoden, durch die die Dinge gedanklich auseinander genommen und experimentell aus ihren konkreten Zusammenhängen gerissen werden, um zu abstrakten Einzelheiten vorzudringen. Ohne Einzelheiten zu erkennen ist keine Erkenntnis möglich. Deswegen ist es eine sinnvolle Methode, die Dinge gedanklich in ihre abstrakten Bestandteile [Elementarteilchen, Kraftfelder, mathematische Gesetze, Symmetrien, aber auch Moleküle, Zellen, Neuronen etc.] zu zerlegen, um ihre Eigenschaften und Funktionen zu erforschen. Das ist ein wissenschaftliches Programm, das methodischer Reduktionismus genannt werden könnte.

3. Exemplarisch und ganz fragmentarisch sollen hier Hinweise auf neue Forschungsansätze gegeben werden, die sich mit diesem methodischen Reduktionismus auseinandersetzen und ihn eigentlich nicht bestätigen.

4. Quantenphysik. Wie wir gesehen haben, werden die kleinsten Teile der Materie in der Quantenphysik Wolken von Elementarteilchen genannt. Es ist keine dauerhafte Wirklichkeit, sondern es sind Systeme ständig wechselwirkender Komponenten. Quantenphysikalische Rechnungen von D. Marx et al. zeigten im Jahre 1999, dass sich nicht einzelne Protonen, sondern statt dessen die Veränderungen der quantenphysikalischen Strukturen durch Stromleitungen in Säuren bewegen, das passierte weitgehend auf nichtlokale Weise, wie Thomas Görnitz betont[210]. Es ist nicht möglich, die Quantenobjekte in einzelne, eigenständige Grundbausteine zu zerlegen.

5. Gehirn & Bewusstsein. Von diesem Beispiel war mehrmals die Rede. Der Neurologe Semir M. Zeki hat den Dualismus von Wahrnehmen & Verstehen durch die Erforschung von rückläufigen Verbindungen der spezialisierten Areale des Gehirns zurückgewiesen. Sehen lässt sich als ein biologisches Zwei-Komponenten-System interpretieren, dessen Komponenten nicht selbständig funktionieren. Die eine Komponente existiert nicht ohne die andere, sie übernimmt nur eine Teilfunktion, die durch die andere ergänzt werden muss: Gehirn & Bewusstsein, Wahrnehmen & Verstehen, Seher & Sehen.

6. Synergetik. „Die kohärente Welle des Lasers erkannte Haken richtig als selbstregelndes, selbstorganisierendes Produkt einer zirkulären Kausalität. Die Welle prägt den Elektronen der Laseratome ihre Frequenz auf und wird wiederum von diesen Elektronen am Leben erhalten. Sie ist die Ausprägung einer typischen selbstorganisierenden Prozessstrukturierung. Haken prägte für dieses beim Laser beobachtete Verhalten den Begriff des Ordnungszustandes oder einfach des ‚Ordners‘. Die Laserwelle synchronisiert das kooperative Verhalten aller Teile des Vielteilchenystems Laser und erhält sich damit selbst am Leben. Die einzelnen Teile des Systems werden in Hakens Sprechweise durch den Ordnungszustand ‚versklavt‘. Die Mikrozustände ordnen sich der makroskopischen Dynamik unter. Die einzelnen Quantenobjekte, deren Zahl in der Größenordnung von ca. 10^{23} liegt, verhalten sich so wie die sich selbst organisierende Dynamik, die sich mit wenigen Parametern [meist nicht mehr als 10, oft nur 1, 2 oder 3] beschreiben lässt, es dieser Vielzahl von Einzelsystemen auferlegt. Das ‚Versklavungsprinzip‘ ist Hakens Metapher für das dynamisch einfache Resultat der Selbstorganisation eines ursprünglich komplizierten, nur stochistisch beschreibbaren Vielteilchensystems.“[211]

7. Supramolekulare Chemie. Supramoleküle sind Komplexe, die aus mehreren verschiedenen Molekülen bestehen und durch bestimmte Wechselbeziehungen zusammengehalten werden – wie ein Enzym und sein Substrat. In diesen Strukturen stecken Möglichkeiten, die die einzelnen Bausteine kaum erahnen lassen. Ein Schlüssel, der in einem Schloss steckt – dieses Bild von einem Enzym, das sein spezifisches Substrat gefunden hat, beschrieb der Chemiker Emil Fischer vor mehr als 100 Jahren. Auf dieser Erkenntnis basiert die neuere Forschung supramolekularer Chemie und Physik an der ETH in Zürich, an der der Chemiker Francois Diederich und der Physiker Peter Günter beteiligt sind.[212]

8. Zellforschung. Sind Zellen die Grundbausteine des Lebens? Der Baseler Molekularbiologe und Philosoph Christoph Rehmann-Sutter, Mitglied der Schweizer Nationalen Ethikkommission, fasste die Unsicherheiten am griffigsten zusammen, als er die Totipotenz als „zweifelhaften Begriff" einordnete. Das Entwicklungsvermögen einer Zelle sei nicht aus sich heraus, intrinsisch, zu begreifen, sondern „kontextuell" und „relational". Anders gesagt: Ohne die Umstände, unter denen die Zelle gedeiht, und die „Zutaten" und Eingriffsmöglichkeiten, etwa des Biotechnikers, sei das wahre Potential einer Zelle nicht mehr zu verstehen. Einen konkreten Fall schilderte der Veterinärmediziner Heiner Niemann von der Tierärztlichen Hochschule Hannover, der mit „High-Density-Cultures" im Labor das Entwicklungs- und Differenzierungspotential gewöhnlicher Hautzellen außergewöhnlich zu erweitern vermochte. Der Charakter der Totipotenz, so Niemann, werde nicht zuletzt auch durch das Kulturmedium bestimmt. Ein aus Sicht des Embryonenschutzes triftigeres Beispiel lieferten der in Berlin abwesende, aber durch Zitierung immer präsente deutsche Stammzellforscher Hans Schöler und seine Assistentin Karin Hübner. Die beiden hatten ja vor kurzem [wohlgemerkt: an Mäusen] gezeigt, dass sich durch geeignete Wachstumsbedingungen in der Petrischale aus embryonalen Stammzellen sogar Eizellen oder jedenfalls eizellähnliche Zellen und daraus parthenogenetische, einem Blastozyten ähnliche Embryonalgebilde züchten lassen. Dass sich entsprechend auch Spermien herstellen ließen, gilt als ziemlich plausibel. Schöler schließt daraus, dass die embryonalen Stammzellen offenbar tatsächlich totipotente Eigenschaften besitzen." [Joachim Müller-Jung, Frankfurter Allgemeine Zeitung vom 17. Mai 2003]

18.
Was ist ein Modell?

Manchmal erwecken physikalische Lehrbücher den Eindruck, als ginge es bei physikalischen Theorien nur um ein mathematisches Bild oder Modell, das der rechnerischen Beschreibung experimenteller Erfahrungen dienen soll. Allerdings gibt es in der theoretischen Physik auch viele Beispiele dafür, dass wichtige Ereignisse zunächst nur numerisch gefunden werden, aber dann kurze Zeit später auch mit analytischen Methoden und experimentell bewiesen werden konnten. Ein berühmtes Beispiel stellt das Antiteilchen dar. ‚Dem britischen Theoretiker Paul Adrien Maurice Dirac [1902–1984, Physiknobelpreis 1933] war es 1920 gelungen, eine Gleichung für das Elektron aufzustellen. Aus der Dirac-Gleichung folgt, dass es ein Teilchen geben muss – eben das Antiteilchen des Elektrons –, das einfach positiv elektrisch geladen ist. Von allen bis 1932 entdeckten Teilchen war nur das Proton so geladen, und das hat Dirac zu der Folgerung verleitet, das Proton sei trotz des Unterschieds der Massen beider Teilchen – das Proton ist um den Faktor 1800 schwerer als das Elektron – das Antiteilchen des Elektrons. Dass das so nicht sein könne, dass das Antiteilchen des Elektrons dieselbe Masse wie dieses besitzen müsse, hat dann der deutsche Mathematiker und theoretische Physiker Hermann Weyl [1885–1955] hervorgehoben. Diese endgültige Vorhersage wurde durch die Entdeckung des Positrons triumphal bestätigt.‘ [212a] Wie bereits erwähnt, war der englische Physiker J. C. Maxwell einer der ersten, der solche mathematischen Modelle bewusst in die Physik eingeführt hatte, weil er erkannte, dass verschiedene Naturerscheinungen trotz beträchtlicher physikalischer Unterschiede auf ein und dieselbe Weise mathematisch beschrieben werden können. Modelle sind keine Abbilder, die die physikalische Außenwelt spiegeln, sondern Erfindungen des menschlichen Geistes. Ein Modell ist theoriebeladen, das heißt die Sinneswahrnehmungen, Begriffe, Beobachtungen, Experimente und Messverfahren, die in das Modell einfließen, machen von derselben Theorie Gebrauch, die dem ganzen Modell zugrunde liegt.[213] Wenn man dabei noch zusätzlich die konstruktivistischen Annahmen berücksichtigt, nach denen ein System alles ist, was sich selbst als System produziert und das System so zu einem selbstreferentiellen [kognitiv rückbezüglichen] Schema wird, kann die Annahme von einem geschlossenen System entstehen. Demnach wäre jede Theorie eine Metatheorie, die nicht ein äußeres Objekt, sondern sich selbst zum Gegenstand hat. Der Physiker John Archibald Wheeler hat als einer der ersten geäußert, alle exakten Naturwissenschaften stünden vor der großen ‚Hausaufgabe' schrittweise informatisch zu werden, diese Forderung konkretisiert sich an den verschiedensten Fronten, von der Computer- über die Kognitions- bis zur physikalischen Forschung. Das Verlassen der überkommenen Begrifflichkeiten von Materie, Energie, Feld und so weiter, zugunsten von Theorien, in denen ‚Informationsfluss und Informationsverarbeitung' die Struktur des Universums bestimmen, wie es der Physiker David Deutsch nannte, ist voll im Gange.

Mein Einwand dagegen ist kurz: Bei einem Denkmodell handelt es sich zwar um eine Erfindung, aber wenn es annähernd richtig ist, dann hat es strukturelle Ähnlichkeiten mit den Gegebenheiten, die es rekonstruiert. Wir haben es beim Denken mit Denkmodellen, nicht mit Gegebenheiten zu tun. Direkt und unmittelbar gibt es keine entsprechenden physischen Gegebenheiten, die den Denkmodellen entsprechen, aber sie entsprechen ihnen indirekt, annäherungsweise. Physische Gegebenheiten der Außenwelt sind keine Erfindungen des menschlichen Geistes. Es ist ein aufwendiger, komplizierter Prozess, beim Messen physikalischer Prozesse, von den Daten der Messgeräte auf die physische Realität und Beschaffenheit der Objekte zu schließen, doch näherungsweise kann die Diskrepanz zwischen dem abstrakten Modell und dem Objekt, dem das Modell entsprechen soll, überwunden werden. Würde das Modell nicht näherungsweise den Informationen des Objekts entsprechen, dann wäre es einfach Science-Fiction, eine reine Erfindung der menschlichen Fantasie, ohne jeden Erklärungswert, eine Endlosspirale, die um sich selber kreist.

19.
Zusammenfassung

Wie die Auseinandersetzungen mit der Philosophie Nāgārjunas, mit der Quantenphysik und mit der Gehirnforschung gezeigt haben, lassen sich in sehr verschiedenen Gebieten, auf sehr verschiedenen Größenordnungen parallele, neue Wirklichkeitsbegriffe herauskristallisieren, über die das Wichtigste hier in 4 Punkten zusammengefasst werden soll:

Erstens: Wir haben es nicht mit einer einzigen Wirklichkeit zu tun, sondern mit verschiedenen Formen, und jeder Versuch, sie alle auf einen Nenner zu bringen, sie auf einzelne, unabhängige Faktoren zu reduzieren, kann nur Verwirrung stiften. So wie sich die Verhaltensmerkmale eines Menschen nicht auf einzelne, unabhängige Gene reduzieren lassen, lässt sich die physische Wirklichkeit nicht auf eigenständige Grundbausteine der Materie reduzieren. Wenn man das reduktionistische Konzept ernst nehmen will und im Kleinsten die Grundlage für die Welt, in der wir leben, sieht, dann ergibt sich für die grundlegende Wirklichkeit ein ganz anderes Bild als das der eigenständigen Grundbausteine. Wirklichkeit ist nichts Eigenständiges, Festes, Unabhängiges, sondern sie besteht aus Systemen abhängiger Bestandteile. Die meisten Systeme bestehen aus mehr als zwei Komponenten, aber es gibt keine Systeme, die aus weniger als zwei Komponenten bestehen. In der Quantenphysik werden solche Zwei-Komponenten-Systeme Erde & Mond, Elektron & Positron, Quark & Antiquark, Elementarteilchen & Kraftfeld genannt. Nāgārjuna nennt seine Systeme Geher & begangene Strecke, Feuer & Brennstoff, Tat &

Täter, Seher & Sehen, Vater & Sohn. Die Gehirnforschung hat es mit der grundlegenden Zweiheit von Gehirn & Bewusstsein zu tun. Die beiden Bestandteile dieser jeweiligen Systeme können nicht voneinander getrennt werden, sie existieren und funktionieren nicht unabhängig voneinander, der eine Bestandteil kann nicht auf den anderen reduziert werden, der eine lässt sich nicht durch den anderen erklären, die Bestandteile sind nicht identisch miteinander, aber sie fallen auch nicht auseinander, sie haben keine Eigenständigkeit, aber sie stellen auch keine strukturlose Einheit dar. Die Systeme haben eine fragile Stabilität, die auf manchmal bekannten, manchmal noch nicht vollständig bekannten und manchmal vollkommen unbekannten Abhängigkeiten ihrer Bestandteile beruht.

Zweitens. Dieser Wirklichkeitsbegriff lässt sich nicht mit dem starren Entweder-Oder-Schema vereinbaren, das den traditionellen metaphysischen Denkweisen der westlichen Welt zugrunde liegt. Dieses Schema reduziert die Wirklichkeit auf einen unabhängigen, verlässlichen Fixpunkt, auf einen abstrakten Kern, der entweder objektiv oder subjektiv, gut oder böse, schwarz oder weiß, göttlich oder weltlich, Wirklichkeit oder Konzept sein soll. Dieses traditionelle Schema ist uns aus der Metaphysik und den modernen Naturwissenschaften vertraut. Es ist nicht haltbar. Wenn man beispielsweise versucht, zwei Quarks gewaltsam voneinander zu trennen, dann entstehen zwischen ihnen neue Quarks, die sich zu Paaren oder Trios verbinden. Auch Elektronen & Positronen, Elementarteilchen & Kraftfeld, Energie & Materie, Naturgesetz & Materie treten nur paarweise auf, nicht einzeln und unabhängig. Ganz ähnliche Wirklichkeitsverhältnisse liegen bei Feuer & Brennstoff vor. Feuer & Brennstoff lassen sich nicht in zwei unabhängige Bestandteile zerlegen, einzeln und unabhängig kann man sie nicht beobachten. Obwohl die meisten Neurowissenschaftler es für wahrscheinlich halten, dass man das menschliche Bewusstsein durch interagierende Nervenzellen erklären kann [Francis Crick], weist eine Minderheit von Gehirnforschern auf die Zweiheit von Gehirn & Bewusstsein hin, eine Zweiheit, deren Bestandteile nicht voneinander zu trennen sind, wenn sie funktionieren sollen.

Drittens. Vertreter eines weiteren Wirklichkeitsbegriffs meinen, dem Entweder-Oder-Schema entkommen zu sein, indem sie es zu einem Sowohl-Als-Auch-Schema fusionieren lassen. Dieses Modell basiert auf den nebulösen Begriffen der Einheit, Identität, Ganzheit und des Holismus.

Demnach sollte es bei Zwei-Komponenten-Systemen eine Ganzheit geben, die nicht als die Summe ihrer Teile, sondern als eine selbständige Einheit verstanden wird, bei der alles wie aus einem Guss erscheint, bei der die einzelnen Komponenten bedeutungslos werden oder verschwinden. Auch dieser Wirklichkeitsbegriff ist nicht haltbar, weil er der Komplexität und Vielfalt der Dinge nicht gerecht wird. Quarks sind nicht Antiquarks, Elektronen sind nicht Positronen, Feuer ist nicht mit Brennstoff identisch und Bewusstsein nicht mit dem Gehirn. Auch lässt sich die eine Komponente eines Systems nicht durch die andere erklären.

Viertens. Ein weiterer Wirklichkeitsbegriff unternimmt den Versuch, allem durch ein Weder-noch-Schema zu entkommen. Nach diesem Schema sollte es eigentlich weder Quarks & Antiquarks, Feuer & Brennstoff, Geist &Bewusstsein, Innenwelt & Außenwelt geben. Solche Gegensatzpaare sollen überkommene Begrifflichkeiten sein, nichts als Instrumente des Denkens. Dieses Modell arbeitet nur mit Informationen und mit Informtionsverarbeitung. Auch dieser Wirklichkeitsbegriff ist nicht haltbar. Denkmodelle sind zwar konstruiert, aber nicht unbedingt fiktiv. Sie lassen sich annäherungsweise mit der empirischen Wirklichkeit in Übereinstimmung bringen, wenn sie wirklichkeitsgetreue Konstruktionen sind.

Was ist Wirklichkeit? Wir sind daran gewöhnt, festen Boden unter den Füßen zu haben und flüchtige Wolken am Himmel zu sehen. Die Wirklichkeitsbegriffe der Philosophie Nāgārjunas, die physikalischen Begriffe der Komplementarität und der Wechselwirkungen in der Quantenphysik und die Zweiheit von Gehirn & Bewusstsein, von der die Gehirnforschung spricht, lehren uns etwas anderes, das man metaphorisch so ausdrücken kann: Es ist alles auf Sand gebaut und noch nicht einmal die Sandkörner haben einen festen Kern, ihre Stabilität basiert auf einem Zusammenspiel von Komponenten, die von anderen Komponenten und von ihren eigenen Bestandteilen abhängig sind.

Anhang

20.
Anhang I

„**Das Herzsūtra** [Sanskrit: Bhagavatīprajñāpāramitāhṛdhya]

Zu einer Zeit habe ich Folgendes gehört. Der Erhabene weilte auf dem Geierberg nahe Rārjagṛha zusammen mit einer großen Gemeinschaft von Mönchen und einer großen Gemeinschaft von Bodhisattvas.

Zu dieser Zeit verweilte der Erhabene in einer meditativen Konzentration über die Vielzahl der Phänomene, genannt ‚Erscheinung des Tiefgründigen'. Zur selben Zeit betrachtete der Bodhisattva-Mahāsattva, der edle Avalokiteśvara, die Ausübung der tiefgründigen Vollkommenheit der Weisheit und betrachtete auch die Fünf Aggregate als leer von inhärentem Sein. Durch die Kraft des Buddha sprach darauf der ehrwürdige Śāriputra zu dem edlen Avalokiteśvara, dem Bodhisattva-Mahāsattva, diese Worte: „Wie sollten sich ein Sohn von edler Art oder eine Tochter von edler Art schulen, die die Ausübung der tiefgründigen Vollkommenheit der Weisheit anzuwenden wünschen?" So sprach er, und der edle Avalokiteśvara, der Bodhisattva-Mahāsattva, antwortete dem ehrwürdigen Śāriputra mit den Worten:

„Śāriputra, jene Söhne oder Töchter von edler Art, die die Ausübung der tiefgründigen Vollkommenheit der Weisheit anzuwenden wünschen, sollten folgendermaßen schauen: Sie sollten einwandfrei und folgerichtig erkennen, dass auch die Fünf Aggregate leer von inhärentem Sein sind.

Das Körperliche ist leer, Leerheit ist das Körperliche; Leerheit ist nichts anderes als das Körperliche, und das Körperliche ist auch nichts anderes als Leerheit. Ebenso sind auch Empfindung, Unterscheidung, Gestaltende Faktoren und Bewusstsein leer.

In dieser Weise, Śāriputra, sind alle Phänomene leer: Sie haben keine Wesensmerkmale, sie sind ohne Entstehen und ohne Vergehen. Sie sind ohne Befleckungen, sie sind nicht frei von Befleckungen; sie sind ohne Abnahme und ohne Zunahme. Aus diesem Grund, Śāriputra, gibt es in der Leerheit keinen Körper, keine Empfindung, keine Unterscheidung, keine gestaltenden Faktoren und kein Bewusstsein. Es gibt keine Augen, keine Ohren, keine Nase, keine Zunge, keinen Körper und keinen Geist. Es gibt nichts Sichtbares, keine Töne, keine Gerüche, keine Geschmäcke, nichts Tastbares und keine Phänomene. Es gibt auch keine Elemente: weder die Elemente des Sichtbaren, noch die Elemente des Geistes, bis hin zu den Elementen des geistigen Bewusstseins. Es gibt auch keine [Glieder des abhängigen Entstehens]: Es gibt weder Unwissenheit, noch Aufhören der Unwissenheit, bis hin, dass es weder Alter und Tod, noch Aufhören von Alter und Tod gibt. Ebenso gibt es auch kein Leid, keinen Ursprung, keine Beendigung, keinen Pfad, keine ursprüngliche Weisheit, kein Erlangen und kein Nichterlangen.

Deshalb, Śāriputra, weil die Bodhisattvas ohne Erlangen sind, stützen sie sich auf die Vollkommenheit der Weisheit und verweilen darin, und ihr Geist ist ohne Hindernisse und daher ohne Furcht. Indem sie alle Fehler völlig überwinden, gelangen sie zur Vollendung, dem nirvāṇa.

Auch alle Buddhas, die in den drei Zeiten verweilen, erwachten voll und ganz zu der unübertroffenen, einwandfreien und vollständigen Erleuchtung, indem sie sich auf die Vollkommenheit der Weisheit stützten. Daher ist das Mantra der Vollkommenheit der Weisheit das Mantra der großen Erkenntnis, das unübertroffene Mantra, das Mantra, das dem Unvergleichlichen gleicht, das Mantra, das alle Leiden völlig beendet. Weil es untrügerisch ist, erkenne es als wahr. So wird das Mantra der Vollkommenheit der Weisheit gesprochen: „Tadyathā oṃ gate gate pāragate pārasaṃgate bodhi svāhā".

In dieser Weise, Śāriputra, sollte sich ein Bodhisattva-Mahāsattva in der tiefgründigen Vollkommenheit der Weisheit schulen."

Daraufhin erhob sich der Erhabene aus der Sammlung und sprach voller Zustimmung zum edlen Avalokiteśvara, dem Bodhisattva-Mahāsattva: „Gut so, gut so, Sohn von edler Art, so ist es! So ist es: Die tiefgründige Vollkommenheit der Weisheit sollte genauso geübt werden, wie du es gelehrt hast. So werden sich auch die Tathāgatas daran erfreuen."

Nachdem der Erhabene diese Worte gesprochen hatte, erfreuten sich der ehrwürdige Śāriputra und der Bodhisattva-Mahāsattva, der edle Avalokiteśvara, und die ganze Versammlung von Göttern, Menschen, Asuras und Gandharvas und priesen die Worte des Erhabenen."

Kommentar von Geshe Rabten, einem Lama der Gelugpa-Schule des tibetischen Buddhismus: „Dieses Sūtra enthält viele verneinende Formulierungen, etwa dass es keine Körper gibt, keine Empfindung, keine

Unterscheidung und so fort. Wir sollten uns jedoch stets genau vergegenwärtigen, was verneint wird, wenn von Leerheit gesprochen wird. Es sind nicht die Phänomene selbst, die negiert werden, sondern die inhärente Existenz der Phänomene, die unabhängig von geistigen Beifügungen zu existieren scheinen.“ [S. 39] „Durch wiederholtes, stetiges Sich-Vertrautmachen mit der Leerheit in einer solchen einsgerichteten, meditativen Konzentration erreicht man einen Punkt, in dem sich das Begriffsbild auflöst und die Sicht der Leerheit so unmittelbar und klar wird, dass es scheint, als gäbe es keine Trennung mehr zwischen der Leerheit und dem sich darauf konzentrierenden Geist. Das Maß an Unmittelbarkeit und Versenkung, das man erlangt, wird damit verglichen, dass man Wasser mit Wasser vermischt. **Wie man Wasser aus zwei verschiedenen Quellen nicht mehr unterscheiden kann, sobald es in einen Behälter gegossen wurde, so ist es an diesem Punkt unmöglich, den über die Leerheit meditierenden Geist von der Leerheit selbst zu trennen.** Wenn man eine solche Einsicht erlangt, erreicht man den Pfad des Sehens und wird ein Ārya.“ [S.46] „Wenn wir diese Textstellen lesen oder rezitieren, sollten wir uns im klaren darüber sein, dass Avalokiteśvara nicht beabsichtigt, die Existenz all dieser Dinge zu bestreiten. Konventionell existieren sie in Abhängigkeit von geistigen Bedingungen und anderen Bedingungen. Das Einzige, was bestritten wird, ist, dass sie inhärent und unabhängig von solchen Bedingungen existieren.“ [S. 51] [Geshe Rabten, Essenz der Weisheit. Ein Kommentar zum Herzsūtra, Hamburg 1990, S. 11–13]

Mein Kommentar: „Form ist Leerheit, Leerheit Form.“ Diese berühmte Formulierung eines wichtigen Satzes der Lehren Buddhas erscheint mir vollkommen unverständlich, da wir unter einer Form etwas Äußerliches verstehen, eine Hülle ohne Inhalt. Deswegen ist die oben angebotene Übersetzung angemessener: „Das Körperliche ist Leerheit, Leerheit ist das Körperliche.“ Das Sanskritwort rūpa bezeichnet eigentlich nicht eine äußere Form, sondern die gestaltgebenden Aggregatszustände der Materie, wie Erde, Wasser, Feuer und Luft, alles, was durch die Materie Form erhält. Deswegen mein Übersetzungsvorschlag für diesen Satz: „Die Wirklichkeit ist Substanzlosigkeit, Substanzlosigkeit ist die Wirklichkeit.“ [Vgl. El sutra de corazón. Comentario de Khenchen Sherab Rinpoche, Barcelona 2001, S. 69. Título original: Ceaseless echoes of the great silence.] Nāgārjuna sagt es mit seinen Worten: MMK 24.40 „Wer das abhängige Entstehen sieht, der sieht diese Welt wie sie wirklich ist …“

21.
Anhang II

[Emergenz]

Schmiermittel für Erdbeben. Überdruck lässt das Gestein reibungsfrei gleiten

„Als sich am 20. September 1999 in Taiwan die Erde aufbäumte, kam das gewöhnlich äußerst geschäftige Treiben auf der Insel für einige Tage zum Erliegen. Mehr als 2400 Menschen sind bei dem Erdbeben ums Leben gekommen, und die Sachschäden beliefen sich auf umgerechnet etwa vier Milliarden Euro. Auch vom wissenschaftlichen Standpunkt aus gesehen war diese mittlerweile als „Chichi-Beben" bezeichnete Naturkatastrophe recht außergewöhnlich. Nie zuvor konnten die Geophysiker nämlich ein so starkes Beben – es hatte immerhin eine Magnitude von 7,6 – mit einer derart großen Anzahl moderner Seismometer aufzeichnen. Bei der noch andauernden Auswertung der Fülle von digital registrierten Aufzeichnungen gibt es immer wieder Überraschungen. So konnte jetzt eine internationale Forschergruppe erstmals den Effekt der „Druckschmierung" bei einem Erdbeben nachweisen. Im Herd einer schweren seismischen Erschütterung spielen sich offenbar andere Vorgänge ab als in der Bruchzone schwächerer Beben.

Erdbeben entstehen immer an geologischen Verwerfungen, also Schwächezonen in der Erde, an denen sich zwei gegenüberliegende Gesteinsschollen gegeneinander verschieben können. Sie ereignen sich, wenn die tektonisch verursachten mechanischen Kräfte, die auf eine Verwerfung wirken, stärker werden als die Haftreibung, welche die beiden Gesteinsschollen zusammenhält. Was aber im Einzelnen während einer Verschiebung in einem Erdbebenherd geschieht, ist unter den Seismologen Gegenstand umfangreicher Diskussionen. Einer der Gründe für die Meinungsverschiedenheiten ist die Tatsache, dass es bisher nicht gelungen ist, ein schweres Erdbeben unter verschiedenen Winkeln mit zahlreichen Messinstrumenten aus nächster Nähe aufzuzeichnen. Deshalb verfolgten beispielsweise Wissenschaftler des Geologischen Dienstes der Vereinigten

Staaten den Plan, das vorhergesagte Erdbeben im kalifornischen Weiler Parkfield mit einem dichten Seismometernetz im so genannten Nahfeld zu vermessen. Bisher ist es jedoch ausgeblieben.

Das Chichi-Beben konnte dagegen mit zahlreichen Messgeräten registriert werden, darunter auch vielen digital aufzeichnenden Instrumenten zur Messung der bei einer Erschütterung auf den Boden wirkenden Beschleunigungskräfte. Bei der Analyse der Messdaten fiel einer Forschergruppe unter Leitung von Emily Brodsky von der University of California in Los Angeles nun auf, dass die Daten der Messinstrumente nördlich der Chelungpu-Verwerfung, an der sich das Chichi-Beben ereignete, völlig anders aussahen als die Aufzeichnungen der südlichen Stationen. Im Norden war die Bodenbeschleunigung nicht nur erheblich kleiner als im Süden, der Boden schwang auch mit wesentlich geringerer Frequenz. Der endgültige Versatz der beiden Gesteinsschollen war jedoch im Norden viel größer als im Süden. Im Norden verschoben sich die beiden Flanken der Verwerfung bis um zehn Meter gegeneinander.

Wie Brodsky und ihre Kollegen aus Taiwan und Japan jetzt in den „Geophysical Research Letters“ [Bd. 30, S. 1244] schreiben, lässt sich dieser erhebliche Unterschied mit dem Phänomen der Druckschmierung erklären. Dabei nehmen die Forscher an, dass sich während eines Erdbebens eine wenige Dezimeter dünne Schicht unmittelbar entlang der Verwerfung nicht wie festes Gestein, sondern eher wie eine zähe Flüssigkeit verhält. Sobald die beiden Gesteinsschollen in Bewegung geraten, üben sie Druck auf diese Flüssigkeit aus. Je schneller die Bewegung abläuft, desto großer wird der Druck. Da Flüssigkeiten weitgehend inkompressibel sind, führt der Überdruck in der Flüssigkeit dazu, dass die beiden Schollen auseinander gedrückt werden. Das wiederum verringert die Reibung zwischen den an der Verwerfung zusammengepressten Gesteinspartikeln. Die beiden Schollen können dann „wie geschmiert“ aneinander vorbeigleiten. Vergleichen lässt sich der Vorgang mit dem Schlittschuhlaufen. Auch die metallenen Kufen eines Schlittschuhs gleiten nicht unmittelbar auf dem Eis. Vielmehr übt das Gewicht des Eisläufers einen derart hohen Druck aus, dass die oberste Schicht des Eises zu einem dünnen Wasserfilm schmilzt. Darauf bewegt sich dann der Schlittschuh nahezu reibungsfrei.

In einem Seismogramm zeigt sich ein weitgehend reibungsfreier Gesteinsbruch durch Schwingungen mit niedriger Frequenz. Eine Gesteinsverschiebung, die unter großer Reibung gleichsam stotternd abläuft, strahlt dagegen Erdbebenwellen mit höheren Frequenzen ab. Im Herd des

Chichi-Bebens sei es nun, sagen die Wissenschaftler, auf der Nordseite zu dieser auf hohem Druck beruhenden Schmierung gekommen. Die niederfrequenten Schwingungen waren die Folge. Nach Süden zu sei der Bruch dagegen stockend mit großer Reibung abgelaufen, was zu den hohen Frequenzen in den Seismogrammen geführt habe.

Sollte sich diese Beobachtung an anderen Erdbeben bestätigen, hätte das recht weit reichende Konsequenzen für die seismologische Forschung. Bisher hatten die Erdbebenkundler nämlich angenommen, dass die physikalischen Vorgänge, die bei kleinen Erdbeben ablaufen, mit den Vorgängen in starken Erdbeben identisch sind. Verschieden starke Beben unterschieden sich lediglich in rein äußerlichen Größenverhältnissen – beispielsweise der Länge, entlang der die Verwerfung bricht, oder auch in jener mechanischen Spannung, die bei einem Erdbeben in Schwingungsenergie umgesetzt wird. Wenn Erdbeben aber tatsächlich druckgeschmiert werden, wäre diese Annahme nicht mehr zu halten, denn in dem Fall würden die schweren Erschütterungen nicht nur mit wesentlich weniger Reibung, sondern sogar unter Schmierung ablaufen. Kleinere Brüche müssten dann mit völlig anderen physikalischen Formeln beschrieben werden als die großen.“ [Horst Rademacher, Frankfurter Allgemeine Zeitung vom 7. Juni 2003]

22.
Anhang III

„Abschied vom Standardmodell? Abweichungen von der gängigen Theorie bestätigt

Seit gut dreißig Jahren gilt das Standardmodell als das erfolgreichste und zuverlässigste Theoriegerüst der modernen Physik. Als Weltmodell der Teilchenphysiker hat es sich zur Beschreibung der Elementarteilchen und ihrer Wechselwirkungen exzellent bewährt. Bislang konnte man seine Aussagen nicht widerlegen. Im Februar 2001 berichtete jedoch eine internationale Forschergruppe des Brookhaven National Laboratory [BNL] in Uptown/New York von einer merkwürdigen Abweichung, die man bei genauen Messungen des magnetischen Moments von Myonen gefunden hatte. Die gewonnenen Daten waren nicht mit dem Standardmodell in Einklang zu bringen. Das stieß zunächst auf große Skepsis, zumal man kurz darauf einen Fehler in den Berechnungen der Forschergruppe fand. Jetzt – ein Jahr später – liegen genauere Messwerte vor, die die früheren Messungen bestätigen.

Geladene Teilchen wie Elektronen oder ihre schweren Verwandten, die Myonen, verhalten sich wegen ihres Spins wie winzige rotierende Stabmagnete. Ein Maß für die Stärke des damit verbundenen magnetischen Moments ist der so genannte gyromagnetische Faktor oder Landéscher g-Faktor. Für freie Teilchen hat man einen g-Faktor von 2 berechnet. In Wirklichkeit ist das Myon jedoch permanent von einer **Wolke** nicht beobachtbarer ‚virtueller' Teilchen eingehüllt – darunter Photonen, Elektronen, Positronen und schweren W- oder Z-Teilchen. Diese Partikeln entstehen scheinbar aus dem Nichts und verschwinden in Sekundenbruchteilen wieder. Durch die Wechselwirkung dieser Teilchen mit dem Myon vergrößert sich dessen magnetisches Moment.

Der g-Faktor weicht deshalb in Wirklichkeit etwas von dem Wert 2 ab. Dieses Phänomen bezeichnet man auch als ‚Spinanomalie' des Myons, oder kurz als ‚g – 2'. Mit dem Standardmodell lässt sich diese Anomalie unter Berücksichtigung aller bekannten Effekte mit extrem hoher Genauigkeit berechnen. Bei allen früheren Experimenten, bei denen man die Einflüsse der virtuellen Teilchen auf das magnetische Moment des Myons gemessen hatte, ließen sich im Rahmen der Messgenauigkeit keine signifikanten Abweichungen von den theoretischen Berechnungen des Standardmodells feststellen.

Rund vier Jahre lang haben nun die etwa 70 Wissenschaftler des Brookhaven National Laboratory die Spinanomalie des Myons genau unter die Lupe genommen. Für ihre Präzisionsmessungen hat die internationale Forschergruppe, zu der auch Physiker der Universität Heidelberg gehören, einen äußerst intensiven Myonenstrahl, einen der größten, ringförmigen, supraleitenden Magneten und ein besonders empfindliches Nachweisverfahren verwendet. Im Februar vergangenen Jahres berichtete die Forschergruppe erstmals von einem verblüffenden Ergebnis. Die bisher gewonnenen Daten lieferten eine Spinanomalie, die signifikant größer war, als es das Standardmodell voraussagt. Aufgrund der unzulänglichen Empfindlichkeit früherer Tests war diese Abweichung bisher nicht entdeckt worden. Die Physiker waren zu 99 Prozent sicher, keine Messfehler begangen zu haben oder statistischen Fluktuationen aufgesessen zu sein, die die Daten verfälscht hätten. Die Resultate konnten zunächst auch von umfangreichen theoretischen Berechnungen bestätigt werden, die Effekte berücksichtigen, die das Standardmodell nicht vorsieht.

Im Oktober vergangenen Jahres fanden jedoch Marc Knecht und Andreas Nyffeler vom Zentrum für Theoretische Physik in Marseille einen algebraischen Fehler in den Berechnungen von Toichiro Kinochita und seinen Kollegen der Cornell University in Ithaca/New York. Der Fehler erhöhte die Ungenauigkeit der g-Faktor-Messungen auf rund zehn Prozent, wodurch es plötzlich wieder genügend Spielraum für statistische Abweichungen der gewonnenen Daten gab. Seitdem herrscht eine heftige Diskussion über die Aussagekraft der Ergebnisse der Forscher des BNL. Immer wieder legen Theoretiker aufwendige Rechnungen vor, die die Resultate bestätigen oder widerlegen.

Die Zweifel dürften jedoch durch die jüngsten Messungen endgültig ausgeräumt worden sein. Wie man kürzlich auf einem Seminar am BNL mitteilte, konnte ‚g – 2' jetzt doppelt so präzise wie vor einem Jahr bestimmt werden. An den Ergebnissen sei nicht mehr zu rütteln, sagen die Forscher.

Über die physikalischen Ursachen der gemessenen Diskrepanz herrscht indes noch keine Klarheit. Möglicherweise gibt es eine so genannte Supersymmetrie, die Elementarteilchen und Kräfte miteinander vermischt. Bei dieser Theorie wird jedem bekannten Teilchen ein schweres – bislang noch unbekanntes – Zwillingsteilchen zugeordnet. Die Myonen könnten bei ihrem Umlauf im Beschleuniger von einer **Wolke** solcher virtueller supersymmetrischer Teilchen umhüllt sein, wodurch sich das magnetische Moment vergrößert. Experten mahnen zwar zur Besonnenheit und warnen vor zu schnellen Schlüssen. Schon länger vermutet man aber, dass es eine Physik jenseits des Standardmodells gibt. Jetzt scheint man den wohl eindeutigsten Hinweis gefunden zu haben." [Manfred Lindinger, Frankfurter Allgemeine Zeitung vom 3. August 2002]

23.
Anhang IV

Myonen attackieren das Standardmodell

In dem „Speicherring am Brookhaven National Laboratory bei New York kreisen geladene Myonen, die schweren Verwandten der Elektronen, viele hundert Mal, bevor sie zerfallen. Die dort tätigen Wissenschaftler haben es sich zur Aufgabe gemacht, das magnetische Moment der Teilchen möglichst genau zu vermessen. Dabei sind sie auf eine merkwürdige Diskrepanz gestoßen. Das magnetische Moment der Myonen ist offenbar deutlich größer, als es nach dem Standardmodell der Teilchenphysik sein dürfte. Auch die jüngsten Daten aus Messungen mit negativ geladenen Myonen lassen sich nicht mit dem Modell, das den Aufbau der Materie beschreibt, in Einklang bringen [„Nature", Bd. 427, S. 688].Über die physikalischen Ursachen der Abwesenheit herrscht noch keine Klarheit. Möglicherweise gibt es eine Supersymmetrie, die jedem bekannten Elementarteilchen ein noch unbekanntes schweres Zwillingsteilchen zuordnet. Die Myonen könnten bei ihrem Umlauf im Beschleuniger von einer **Wolke** solcher virtueller Teilchen umhüllt sein, wodurch sich das magnetische Moment vergrößert." [Frankfurter Allgemeine Zeitung vom 25. Februar 2004]

Mein Kommentar: An diesem Beispiel ist der Unterschied zwischen einer mathematischen Beschreibung und einer physikalischen Erklärung bemerkenswert. Physik besteht nicht nur aus mathematischen Modellen, sondern auch aus physikalischen Erklärungen. Die Idee, dass die grundlegenden Quantenobjekte nicht aus unabhängigen Bausteinen, sondern aus Wolken von elementaren Teilchen und Kraftfeldern bestehen, hat sich noch keineswegs durchgesetzt.

Danksagung

Über Nāgārjuna habe ich Belehrungen von Kalu Rinpoche, von S. H. dem Dalai Lama und vom Ehrw. Geshe Lama Sherab Amipa erhalten. Teile des Manuskripts wurden von Dieter M. Back, Gudula Linck, Kuno Lorenz und Andreas Streun gelesen und mit kritischen Anmerkungen versehen, für die ich sehr dankbar bin. Mein Dank geht auch an Ernst Peter Fischer für sein Vorwort. Mein Buch ist ein Beitrag zum Dialog zwischen Buddhisten und Naturwissenschaftlern, an dem sich bisher vor allem tibetische Buddhisten und amerikanische Naturwissenschaftler beteiligt haben. Ich widme dieses Buch meinen Kindern Larissa, Nikolai, Ilan und meiner Enkeltochter Ella.

Anmerkungen

[1] A.N. Whitehead, Denkweisen, Frankfurt am Main 2001, S. 146

[2] David Bohm, in: P.C.W. Davies und J.R.Brown [Hg.], Der Geist im Atom, Basel 1993, S. 153

[3] Max Born, Physik im Wandel meiner Zeit, Braunschweig 1983, S. 265

[4] Diese Zusammenfassungen basieren weitgehend auf einem Beitrag zu den Stichwörtern Sein/Seiendes und Substanz in: Historisches Wörterbuch der Philosophie, Joachim Ritter/Karlfried Gründer [Hg.] Band 9, Basel 1995, S. 170 ff und Band 10, Basel 1998, S. 459 ff

[5] Albert Einstein, Quanten-Mechanik und Wirklichkeit, Dialectica 2, 320–324, S. 321, zitiert in: Jürgen Audretsch [Hg.], Verschränkte Welt, Weinheim 2002, S. 198

[6] Jürgen Audretsch, in: Frankfurter Allgemeine Zeitung vom 15.03.1994. Die zeitgenössische Philosophie ist nicht Gegenstand meiner Untersuchungen. Deswegen verweise ich nur auf eine Untersuchung von Sybille Krämer, Sprache, Sprechakt, Kommunikation. Sprachtheoretische Positionen des 20. Jahrhunderts, Frankfurt am Main 2001. In ihrer Darstellung der Sprachtheorie hat Sybille Krämer zwei Gruppen von Philosophen der Gegenwart ausgemacht. Die eine Gruppe wird von ihr dem Zwei-Welten-Modell zugeordnet, es sind solche Philosophen und Wissenschaftler wie Saussure, Chomsky, Searle und Habermas. Wenn man die Darlegung Krämers zugrunde legt, gibt es bei diesen ‚Dualisten' die meist stillschweigende Annahme, dass es hinter der gesprochenen oder geschriebenen Sprache, der ‚parole', eine Art reine Sprache, die ‚langue' gibt. Während solche Denker wie Wittgenstein, Austin, Luhmann, Davidson, Lacan und Derrida, die Herrschaft des Zwei-Welten-Modells unterminiert hätten, weil es Sprache für die letzteren nur in ihrer jeweiligen konkreten Erscheinungsform geben soll. Demnach gibt es auch in der Philosophie der Gegenwart eine Auseinandersetzung um den Dualismus.

[7] Clément Rosset, Das Prinzip der Grausamkeit, Berlin 1994, S. 51

[8] Georgi Schischkoff [Hg.], Philosophisches Wörterbuch, Stuttgart 1991, S. 785

[9] Vgl. A.N. Whitehead, Prozess und Realität, Frankfurt am Main 1979, S. 48. Diese Definition der Metaphysik steht der Denkweise der Vorsokratiker und des Aristoteles näher als der Platons und des

Neuplatonismus. Für die ersteren geht es um die ersten Ursachen und Prinzipien, während es für die letzteren um eine transzendente Lehre ging. „Die spekulative Deutung des Terminus Metaphysik als Erkenntnis dessen, was als transzendente Wirklichkeit und reiner Geist ‚jenseits' [epékeina] des Natürlichen und Sinnfälligen liegt, durch den neuplatonischen Kommentator Simplikios, bestimmt das gesamte Verständnis von Metaphysik. Diesem gemäß bezieht sich Metaphysik auf das, was über den Bereich der Physik hinausgeht; ihre Vollzugsform ist das Transzendieren. Von diesem Verständnis von Metaphysik abgeleitet ist die polemische moderne Verwendung von ‚metaphysisch' im Sinne von ‚überfliegend', ‚vorschnell' oder gar ‚gegenstandslos'". [Der Neue Pauly. Enzyklopädie der Antike, Hubert Cancik und Helmuth Schneider [Hg.], Band 8, Stuttgart, Weimar 2000, S. 81]

[10] Ernst Cassirer, Zur modernen Physik, Darmstadt 1994, S. 284, S. 139. „Das Instrument [Sprache & Bild] beginnt gleichsam ein eigenes Leben anzunehmen: es wird hypostasiert und es wird in dieser Hypostase zu einer selbständigen, eigentümlichen und eigenwilligen Kraft, die den Menschen in ihren Bann zieht."

[11] Vgl. Seine Heiligkeit Sakya Trizin, Ein Gespräch über Leben, Lehre und Praxis im tibetischen Buddhismus, Institut Européen de Boudhisme Tibétain, Kuttolsheim/Strasbourg 1990, S. 40

[12] Vgl. Jeremy W. Hayward/Francisco J. Varela [Hg.], Gewagte Denkwege, Wissenschaftler im Gespräch mit dem Dalai Lama, München 1996, S. 72

[13] Reinhard Löw, Skeptisches Denken, in: Scheidewege, Jahrgang 19, Baiersbronn 1989, S. 15

[14] Vgl. René Guénon, La crise du monde moderne [Gallimard], 1975, S. 25; vgl. Hans-Georg Gadamer, Der Anfang der Philosophie, Stuttgart 1996, S. 17–18

[15] Vgl. L. Stafford Betty, Is Nāgārjuna a philosopher? Response to Professor Loy, in: Philosophy East & West, Volume XXXIV, no 4, Honolulu 1984, S. 447–450

[16] Nicolai Hartmann, Neue Wege der Ontologie, zitiert in: Philosophisches Wörterbuch, op.cit., S. 531. **Clément Rosset kennzeichnet die traditionelle Ontologie in ganz ähnlicher Weise: „Die traditionelle Ontologie unterscheidet die Tatsache, zu sein, von der Tatsache, zu existieren, und berücksichtigt letztere nur in dem Maße, in dem sie sie der Abhängigkeit der ersteren unterstellt. Daraus folgt, dass die Realität der Existenz nicht alle Vorrechte des Realen genießt, da es nur in dem Sinne real ist, den man in übrigens völlig mystischer – das heißt in völlig unzuweisbarer – Weise der Realität des Seins zuweist.**

[…] Die Ansprüche der klassischen Ontologie reduzieren die Tatsache, nur ein Augenblick zu sein, auf einen Schein von Sein, da sie aus dem Mangel an Dauer auf einen Mangel an Realität schließt." [Clément Rosset, Das Reale in seiner Einzigartigkeit, Berlin 2000, S. 39]

[17] Klaus Butzenberger fasst die Themen zusammen, die den unmittelbaren Anlass für Nāgārjunas Hauptwerk [MMK] ausmachten. Er weist darauf hin, dass Nāgārjuna in den MMK „vielfach auf unterschiedliche Bereiche zeitgenössisch einschlägiger Gelehrsamkeit zurückgreift, ohne die von ihm als bekannt vorausgesetzten Überlegungen im Einzelnen auszuführen. Es lassen sich wenigstens folgende Arten von Voraussetzungen isolieren: [a] ‚dogmatische' [Auseinandersetzungen mit anderen buddhistischen Schulen und Systemen]; [b] ‚doxographische' [Auseinandersetzungen mit Schulen und Systemen der brahmanischen Philosophie]; [c] ‚individuelle' [Rückgriffe auf von Nāgārjuna selbst an anderer Stelle seines Werkes vorgetragene Reflexionen]; [d] ‚curriculare' [Rückgriff auf andere Bereiche des traditionellen Curriculums indischer Gelehrsamkeit, z. B. Medizin, Grammatik usw.]; [e] ‚traditionelle' [Rückgriff auf als selbstverständlich vorausgesetzte zeitgenössische Anschauungen und Überzeugungen]". [Klaus Butzenberger, in: Orientalische Literaturzeitung 94 [1999] 3, S. 380 f]

[18] Vgl. Isaiah Berlin, Wirklichkeitssinn, Berlin 1998, S. 91 ff

[19] Hans-Georg Gadamer, Der Anfang der Philosophie, Stuttgart 1996, S. 39

[20] Die Dekonstruktion der traditionellen Metaphysik durch moderne Philosophen kann nicht bestritten werden. Der Philosoph und Sozialwissenschaftler Jürgen Habermas gibt beispielsweise in einer Laudatio auf den Philosophen Richard Rorty einen Hinweis auf Rortys Teilnahme an dieser Dekonstruktion, wenn er über dessen Philosophie sagt: „Sind erst einmal die Nutzlosigkeit der ontologischen Unterscheidung zwischen Wesen und Erscheinung, die Sinnlosigkeit der epistemologischen Unterscheidung zwischen Sein und Schein, die Überflüssigkeit der semantischen Unterscheidung zwischen wahr und falsch durchschaut, kann sich die philosophische Arbeit an praktischen Zielen wie ‚Leistungssteigerung' und ‚Toleranz' ausrichten [Frankfurter Allgemeine Zeitung vom 04. Dezember 2001]. Nicht die Dekonstruktion der traditionellen, dualistischen metaphysischen Denkfiguren, sondern die Bedeutung dieser Dekonstruktion kann bestritten werden. Es kann bestritten werden, dass die moderne Philosophie für das durch die Wissenschaften geprägte Denkgebäude der modernen Welt überhaupt noch eine tragende Rolle spielt.

[21] Vgl. Michael Esfeld, Quantentheorie: Herausforderung an die Philosophie!, in: Jürgen Audretsch, Verschränkte Welt, Weinheim 2002, S. 197–217. Vgl. Michael Esfeld, Einführung in die Naturphilosophie, Darmstadt 2002

[22] John Taylor, zitiert in: P.C.W. Davies/J.R. Brown [Hg.], Der Geist im Atom, Frankfurt am Main und Leipzig 1993, S. 138

[23] Vgl. Semir M. Zeki, Das geistige Abbild der Welt, in: Physiologie der Sinne, Mit einer Einführung von Hans Peter Zenner und Eberhard Trenner, Spektrum, Heidelberg 1994, S. 104 ff

[24] Vgl. Edwin Arthur Burtt, The Metaphysical Foundations of Modern Physical Science, London 1925

[25] Edwin Arthur Burtt, op.cit., S. 73

[26] Wie bereits erwähnt, Platon hatte eine Unterscheidung von Einzeldingen gemacht, „die alles, was sie sind, nur durch Teilhabe sind und insofern kein **eigenes Sein** haben, und Ideen, die ein eigenes Sein haben".Historisches Wörterbuch der Philosophie, Bd. 9, Joachim Ritter/Karlfried Gründer [Hg.], Basel 1976, S. 173. Hans-Georg Gadamer hält die Zweiweltenlehre für eine Erfindung der Nachfolger Platons. Vgl. Hans-Georg Gadamer, Wege zu Plato, Stuttgart 2001, S. 34 ff [Idee und Wirklichkeit in Platos Timaios]. Dort spricht Gadamer von einer geradezu absurden Hartnäckigkeit, mit der die Forschung seit Aristoteles und seinen Nachfolgern Platon eine Zweiweltentheorie zuschreibt, die ursprünglich nicht in Platons Philosophie enthalten war.

[27] Bertrand Russel, Das ABC der Relativitätstheorie, München 1970, S. 161

[28] Vgl. Steven Shapin, Die wissenschaftliche Revolution, Frankfurt am Main 1998; vgl. Alexandre Koyré, Galilei, Berlin 1988, S. 27 f. Burtts Analyse wird durch David Layzer bestätigt, er schreibt: „Wissenschaftshistoriker sehen Theorien gewöhnlich in etwas anderem Licht als Wissenschaftler, die selbst naturwissenschaftliche Theorien aufstellen. Beispielsweise betrachten Historiker, die über die Revolution in der Astronomie des 16. und 17. Jahrhunderts schreiben, selten die mathematische Struktur der Theorien von Kepler, Galilei und Newton. Statt dessen konzentrieren sie sich auf die ‚Grundbegriffe' von Theorien, wobei der Mathematik nur die Rolle einer präzisen Sprache zugewiesen wird. Dagegen setzen die Naturwissenschaftler selbst die Mathematik an die erste Stelle. Begriffliche Umschreibungen gelten zwar als hilfreich, aber nicht als das Wesentliche." [David Layzer, Das Universum, Heidelberg, Berlin 1998, Vorwort, ohne Seitenangabe] Dieser Hinweis Layzers ist bemerkenswert, allerdings etwas einseitig,

denn auch unter Physikern ist nicht ausgemacht, welche Entität das Wesentliche sei, Elementarteilchen, Kraftfelder oder Mathematik. Hinzu kommt, dass hier eine Erklärung fehlt. Warum ist das so? Warum soll das Mathematische das Wesentliche sein?

[29] A.N. Whitehead, Wissenschaft und moderne Welt, Frankfurt am Main 1988, S. 46–47

[30] A.N. Whitehead, Prozess und Realität, Frankfurt am Main 1979, S. 46, 415, 436, 619. Siehe zu Whiteheads Philosophie eine gelungene Zusammenfassung: Christoph Kann, Fußnoten zu Platon. Philosophiegeschichte bei A.N. Whitehead, Hamburg 2001

[31] Clément Rosset, Das Prinzip Grausamkeit, Berlin 1999

[32] Clément Rosset, Le démon de la tautologie, Paris 1997, S. 40

[33] Vgl. David Loy, Nondualität, Über die Natur der Wirklichkeit, Frankfurt am Main 1988 [angegeben ist das Jahr 1988, eigentlich ist es 1998 erschienen]

[34] Vgl. Hans P. Sturm, Weder Sein noch Nichtsein – Der Urteilsvierkant [catuṣkoṭi] und seine Korollarien im östlichen und westlichen Denken [Diss.], Augsburg 1995

[35] Klaus Butzenberger, Some Aspekts of ‚Catuṣkoṭi' with Special Regard to Nāgārjuna [in Serbo Croation], in: Filozofska – Isttrazivanja 1990; 35[2]: 371–381

[35a] Vgl. Ulrich Blau, Die Paradoxie des Selbst, in: Erkenntnis 25 [1986], S. 177–196. Vgl. Ulrich Blau, Die Logik der Unbestimmtheiten und Paradoxien, Institut für Philosophie, Logik und Wissenschaftstheorie, LMU München 2000. [Postskript: Das Tetralemma des Bewusstseins]

[36] Vgl. Joachim Günther Kitzel, Thema und Tabu: Über Behandlungshindernisse in der Philosophie, Würzburg 1997

[37] Vgl. Andrew P. Tuck, Comparative Philosophy and the Philosophy of Scholarship. On the Western Interpretation of Nāgārjuna, New York 1990

[38] Andreas Becke, Hinduismus zur Einführung, Hamburg 1996, S. 40

[39] Vgl. Ramakrishna Puligandla, Reality and Mysticism, New Delhi 1997. Puligandla schreibt: „Nowhere in the Upanisads has it been said that Brahman [ātman] is a substance. […] Brahman is imperceivable, inconceivable, and inexpressible, transcending the senses and the mind, perception and conception, senses and reason, logic and illogic – the rational and the irrational" [„Nirgendwo in den Upaniṣaden ist gesagt worden, dass Brahman [ātman] eine Substanz ist. […] Brahman ist nicht wahrnehmbar, nicht begreifbar und nicht ausdrückbar, es transzendiert die Sinne und den Verstand, Wahrnehmung und Vorstel-

lung, Logik und Unlogik – das Rationale und das Irrationale"] [S. 57]. Obwohl Brahman etwas bezeichnet, das als gestaltlos [arupa], eigenschaftslos [nirguna] und unerkennbar [acintya] bezeichnet wird [vgl. Heinrich von Stietencron, Der Hinduismus, München 2001, S. 31], ist es ein Begriff, der mit den Begriffen des Seins, der Substanz etc. der traditionellen Metaphysik Europas verwandt ist. Ich erinnere daran, dass Scotus Eriugena die Substanz als den Sinnen nicht zugänglich erachtete, dass für Gassendi die Substanz uns für immer verborgen bliebe, dass sie für More uncircumsribed [unbegreiflich] war, dass sie für Etienne Bonnot de Condillac für etwas stand, von dem wir keine Kenntnis haben, oder dass wir nach der Auffassung von Kant keine Kenntnisse von dem Ding an sich haben. Und schließlich erinnere ich an den neuplatonischen Begriff des Einen: Intellekt und Sein sind nicht das Höchste. Über ihnen als erstes Prinzip steht das Eine, das jeder intellektuellen Erkenntnis entgeht und dem man sich nur durch eine mystische Erfahrung nähern kann. [Vgl. Der neue Pauly, Bd. 8, S. 1219 ff]. Dieses Verständnis von der Substanz entspricht durchaus der Unmöglichkeit, von der Puligandla spricht, Brahman mit unseren Sinnen wahrzunehmen oder mit unserem Verstand zu begreifen.

[40] Donald Davidson, Der Mythos des Subjektiven, Stuttgart 1993, S. 90

[41] Anton Zeilinger in einem Interview mit dem Tagesspiegel vom 20. Dezember 1999. Vgl. Anton Zeilinger, Einsteins Schleier. Die neue Welt der Quantenphysik, München 2003, S. 229. Dort bringt Zeilinger den Instrumentalismus auf den Punkt, wenn er schreibt: „Wirklichkeit und Information sind dasselbe."

[41a] Chr. Lindtner, Nagarjurniana, Copenhagen 1982, S. 135

[42] Kuno Lorenz, Indische Denker, München 1998, S. 88. Vgl. Sung-Ki Hong, Pratītyasamutpāda bei Nāgārjuna, Saarbrücken 1993

[43] Chris Gudmunsen, Wittgenstein and Buddhism, London 1977, S. 52

[44] Nāgārjuna, Die Philosophie der Leere, Nāgārjunas Mūlamadhyamaka-Kārikās, Bernhard Weber-Brosamer/Dieter M. Back [Hg.], Wiesbaden 1977, [abgekürzt: **MMK**], S. 7

[45] B. K. Matilal, Epistemology, Logic, and Grammar in Indian Philosophical Analysis, The Hague, Paris 1971, S. 147–148. Einige Seiten später schreibt Matilal: „It needs to be emphasized, even at the risk of repetition, that the doctrine of emptiness does not actually consist in the rejection of the phenomenal world, but in the maintainance of a non-commital attitude toward the phenomena and in the non-acceptance of any theory of the phenomenal world as finally valid." [„Es

muss betont werden, selbst auf die Gefahr hin, dass ich mich wiederhole, dass die Lehre von der Leerheit tatsächlich nicht in der Zurückweisung der phänomenalen Welt besteht, sondern in der Beibehaltung einer sich nicht festlegenden Einstellung gegenüber den Phänomenen und in der Ablehnung jeglicher Theorie der phänomenalen Welt als einer letztendlich gültigen"] [S. 156] Vgl. Klaus Butzenberger, Einige Aspekte zur Catuṣkoṭi unter besonderer Berücksichtigung Nāgārjunas, in: Synthesis Philosophica, 10 [2/1990], S. 567–580. Dort schreibt Butzenberger über Nāgārjuna: „Seiner Einsicht nach sind nicht allein die genannten Fragen bzw. alle möglichen Antworten darauf sinnlos, sondern letztendlich überhaupt alles, was zu sagen wir in der Lage sind." [S. 576] In einem anderen Kommentar schreibt Butzenberger über Nāgārjunas Philosophie: „Alle Systementwürfe, sogar die buddhistischen ‚Vier Edlen Wahrheiten' [āryastatyāni], konstituieren die konventionelle ‚weltliche Wahrheit' [lokasaṃviṛtisatya]. Sieht man deren prinzipielle Beschränktheit ein, erkennt man, dass sie eigentlich nichts erfassen, sprich, leer [śunya] sind, so hat man die Wahrheit höchsten Sinnes [paramārtasatya] eingesehen, die durch konventionelle Entwürfe höchstens aproximiert, nicht aber erreicht werden kann." [Klaus Butzenberger, in: Walter Jens [Hg.], Kindlers Neues Literatur Lexikon, Bd. 12, München 1991, S. 191] Nāgārjuna lehnt extreme metaphysische Positionen, [dṛṣṭi], [dṛṣṭi und darśana könnten mit Sichtweise übersetzt werden] ab. Daraus abzuleiten, er würde letztendlich überhaupt alles, was zu sagen wir in der Lage sind, zurückweisen, weil alle Systementwürfe nichts erfassen, ist eine unzulässige Verallgemeinerung des Begriffs śunya. Diese Verallgemeinerung überschreitet den zulässigen Anwendungsbereich des Begriffs śunya, der sich auf die nicht zu erfassende Substanz der Dinge bezieht. Die MMK bieten für Butzenbergers Verallgemeinerung nicht die geringste Grundlage. Nicht alle Systementwürfe werden von Nāgārjuna zurückgewiesen, sondern nur extreme Systementwürfe, die den Dingen eine unabhängige Substanz unterstellen, nur diese extremen Systementwürfe erfassen kein Objekt. Diese Art von Verallgemeinerung des Begriffs śunya auf alle Sichtweisen, wird auch von D. Seyfort Ruegg zurückgewiesen. Ruegg schreibt: „What the Mādhyamaka has disowened [...], then, is any thesis, assertion or view [dṛṣṭi]that posits the existence of some kind of bhāva or dharma possessing a svabhāva, and not all philosophical statements, doctrines and theories [darśana] without distinction." [„Was die Mādhyamaka-Lehre daher nicht anerkannt hat [...], ist jede These, Behauptung oder Sichtweise, welche die Existenz irgendeiner Art von Gegebenheit [dharma] mit einem eigenen Sein annimmt und nicht etwa alle philosophischen Aussagen, Lehren und Theorien ohne Unterschied."] [D. Seyfort Ruegg, Does the Mādhyamika have a Thesis and Philosophical Position?, in: Matilal and Evants [eds.], Buddhist Logic and Epistemology, Dordrecht 1986, S. 335]

[46] Jens Schlieter, Buddhismus zur Einführung, Hamburg 1997, S. 103–104

[47] Robert Kaplan, Die Geschichte der Null, Frankfurt am Main/New York 2001, S. 70

[48] Nāgārjuna, **Catuḥstava** [CS], in: Chr. Lindtner, Nagarjuniana, Copenhagen 1982, S. 147

[49] Vgl. Ian Charles Harris, The Continuity of Mādhyamaka & Yogācāra in Indian Mahāyāna Buddhism, Leiden, New York, Kopenhagen, Köln 1991, S. 146

[50] Etienne Lamotte, Traité de la Grande Vertu de Sagesse de Nāgārjuna, TomeI-V, Louvain 1944 ff, [abgekürzt: **Traité**] S. 2020

[51] Vgl. Kuno Lorenz, op.cit., S. 88 f. An einer anderen Stelle schreibt Kuno Lorenz: „Die Mādhyamikas bringen zum Ausdruck, dass die Artikulationen [ein Artikulator ist die symbolische Repräsentation eines Handlungs- oder Dingschemas durch Lautschemata oder andere eigenständige Sprachhandlungen] nichts mehr artikulieren, d. h. es gibt keinen universalen Aspekt auf der Gegenstandsebene: die Daseinsfaktoren sind leer [śūnya], **die Welt ist Fiktion.** Die Yogācāras dagegen sehen die Artikulationen als reine, nicht nach Handlungssubjekt und Handlung geschiedene Handlungen im Vollzug, d. h. im singularen Aspekt sind Gegenstands- und Zeichenebene ununterscheidbar: die Daseinsfaktoren sind Geist/Bewusstsein, **die Welt ist Sprache**" [Kuno Lorenz, in: Enzyklopädie Philosophie und Wissenschaftstheorie, Bd. 3, S. 152]. Wenn ich das richtig verstehe, meint Lorenz, für die Mādhyamikas falle Begriff & Objekt auseinander, für die Yogācāras falle Begriff & Objekt zusammen. Beide Sichtweisen werden von Nāgārjuna zurückgewiesen, weil Begriff & Objekt weder identisch noch vollkommen getrennt sein können. **‚Wenn ein Konzept und sein Objekt nicht unterscheidbar wären, dann würde man sich bei dem Wort Feuer den Mund verbrennen. Wenn sie beide getrennt wären, gäbe es kein Verständnis von irgendetwas.‘ [Nāgārjuna]**[54] Vgl. auch Nāgārjuna, **Bodhicittavivaraṇa** [BV], in: Chr. Lindtner, Nagarjuniana, op.cit., S. 195. Dort weist Nāgārjuna die Position der Yogācāras mit dem Argument zurück, dass Körper & Geist nicht unabhängig voneinander existieren. Nāgārjuna schreibt dort: „30. The Idealist [yogācārin] have allotted predominance to mind in itself [svacitta]. [They] claim that mind purified by shifting positions [āśrayaparivṛtti] [becomes] the

object of its own specific [knowledge] [svapratyātma[gati]gocara]. 31. [But to this we object that mind] which is past [atīta] does not exist [and] that which is future [anāgata] is not discovered [aprāpta]. How can [finally] the present [mind] shift over from place [to] place? 32. [The store-conciousness [**ālayavijñāna**] does not appear the way it is. As it appears, it is not like that. [Therefore] conciousness [vijñāna] essentially lacks substance [nairātmyarūpa]. [Hence] conciousness [vijñāna] has no other basis [than insubstantiality]. [...] 35. Just as the ocean and trees are moved though there is no mind [citta] likewise the store-conciousness [**ālayavijñāna**] is [only] active dependent upon a body [kāyāśritya].“ [„30. Die Idealisten [yogācārin] haben dem Geist an sich [svacitta] die Vorherrschaft zuerkannt. Sie behaupten, dass ein von wechselnden Positionen gereinigter Geist zum Objekt seiner eigenen spezifischen Erkenntnis wird. 31. Dem gegenüber wenden wir ein, dass ein Geist, der vergangen ist, nicht existiert und was zukünftig ist, nicht erkannt wird. Wie kann schließlich der gegenwärtige Geist von Ort zu Ort wechseln? 32. Das Speicherbewusstsein [ālayavijñāna] erscheint nicht wie es ist. Wie es erscheint, so ist es nicht. Daher fehlt es dem Bewusstsein [vijñāna] im Wesentlichen an Substanz [nairātmyarūpa]. Folglich hat das Bewusstsein [vijñāna] keine andere Basis als Substanzlosigkeit. [...] 35. So wie der Ozean und die Bäume bewegt werden, obwohl kein Geist [citta] da ist, ebenso ist das Speicherbewusstsein [ālayavijñāna] nur in Abhängigkeit von einem Körper [kāyāśritya] aktiv.“]

[52] Vaihinger, in: Historisches Wörterbuch der Philosophie, S. 953

[53] Vgl. Kuno Lorenz, op.cit., S. 86

[54] Nāgārjuna, **Catuḥstava** [CS], in: Chr. Lindtner, op.cit., S. 131

[55] Vgl. Kuno Lorenz, op.cit., S. 97

[56] Immanuel Kant, Kritik der reinen Vernunft, Einleitung VII, [B], nach der 1. und 2. Orig.-Ausgabe [Riga 1781], herausgegeben von Jens Timmermann, Hamburg 1998, S. 83

[57] Manfred Pascher, Einführung in den Neukantianismus, München 1997, S. 21

[58] Ernst Cassirer, Zur modernen Physik, Darmstadt 1994, S. 151

[59] Ernst Cassirer, op.cit., S. 292

[60] Vgl. Ernst Cassirer, op.cit., S. 170, 280, 296ff

[61] Ernst Cassirer, op.cit., S. 284

[62] Niels Bohr, Atomphysik und menschliche Erkenntnis, Braunschweig 1958, S. 39, in: K. Simonyi, Kulturgeschichte der Physik, Leipzig, Jena, Berlin 1990, S. 437

[63] Pierre Duhem, Ziel und Struktur der physikalischen Theorien, S. 20 f, in: Enzyklopädie Bd. 1, S. 507

[64] Vgl. Karl R. Popper, Conjectures and refutations, London 1963, S. 114

[65] Arthur C. Danto, Wege zur Welt, München 1999, S. 214

[66] David Loy, Nondualität, Frankfurt am Main 1988 [eigentlich 1998 erschienen], S. 54

[67] Vgl. Stephen Hawking, Das Universum in der Nussschale, Hoffmann und Campe 2001, S. 206

[68] Stephen Hawking, in: Roger Penrose, The Large, the Small and the Human Mind, Cambridge 2000, p. 66. Im Oktober 2001 wurde von einem Vortrag Hawkings berichtet, in dem er noch einmal seinen instrumentalistischen, oder, wie er sagt, positivistischen Wirklichkeitsbegriff darlegt: „Ich glaube an die positivistische Philosophie, in der Fragen nach der wirklichen Natur der Dinge sinnlos sind, weil wir zu keiner modellunabhängigen Wirklichkeit Zugang haben, an der wir unsere Modelle messen können." [Frankfurter Allgemeine Zeitung vom 18. Oktober 2001] Ganz ähnlich schrieb Hawking bereits in seinem Buch ‚Einsteins Traum': „Eine Theorie ist eine gute Theorie, wenn sie ein elegantes Modell ist, wenn sie eine umfassende Klasse von Beobachtungen beschreibt und wenn sie die Ergebnisse weiterer Beobachtungen vorhersagt. Darüber hinaus hat es keinen Sinn zu fragen, ob sie mit der Wirklichkeit übereinstimmt, weil wir nicht wissen, welche Wirklichkeit gemeint ist. […] Es hat keinen Zweck, sich auf die Wirklichkeit zu berufen, weil wir kein modellunabhängiges Konzept der Wirklichkeit besitzen." [Steven W. Hawking, Einsteins Traum, Reinbek bei Hamburg 2000, S. 58 – 59] Aus der Erkenntnis, dass die Wirklichkeit modellabhängig ist, folgt nicht die Schlussfolgerung, es gäbe keine Wirklichkeit, was Hawking anzunehmen scheint. In vielen Bereichen der Physik haben wir nur modellabhängige Objekte, weil wir sie nicht mit unseren Sinnen überprüfen können. Es ist überhaupt nicht sinnlos, zu fragen, ob ein Modell mit der Wirklichkeit übereinstimmt. Zahlreiche physikalische Experimente werden nur für diesen Zweck durchgeführt. Genau diese Frage macht den ganzen Unterschied zwischen einer instrumentalistischen Beschreibung und einer physikalischen Erklärung aus. Ein berühmtes Beispiel sind die Neutrinos. Der Physiker Wolfgang Pauli postulierte 1930 die Existenz eines neutralen, später ‚Neutrino' genannten Quantenobjekts, mit dem er das Rätsel des radioaktiven Betazerfalls lösen konnte. 1930 wusste niemand, ob ein solches Teil physisch existiert. Warum sollte es sinnlos sein, danach zu fragen, ob ein solches Teil wirklich physisch existiert?

Als das Neutrino mehr als 20 Jahre nach Paulis Vorhersage experimentell nachgewiesen wurde, hatte die Mehrzahl der Physiker die Notwendigkeit eines solchen Quantenobjekts schon längst akzeptiert. **„Die Naturwissenschaft ist ein auf bestimmte Aufgaben ausgerichtetes Unternehmen, dessen Zielstruktur durch das traditionelle Quartett von Beschreibung, Erklärung, Vorhersage und Naturbeherrschung gebildet wird.“ [Nicholas Rescher, Die Grenzen der Wissenschaft, Stuttgart 1985, S. 333]** Instrumentalistische Naturwissenschaftler meinen, auf eine Erklärung verzichten zu können. Darin folgen ihnen keineswegs alle Physiker. Zahlreiche Naturwissenschaftler haben sich nicht mit einer instrumentalistischen Beschreibung abgefunden. Beispielhaft dafür sind die Diskussionsbeiträge der Physiker John Bell, David Bohm und Basil Hiley, in: P.C.W. Davies und J.R. Brown [Hg.], Der Geist im Atom, Frankfurt am Main und Leipzig 1993.

[68a] Sakya Trizin, Ein Gespräch über Leben, Lehre und Praxis im Tibetischen Buddhismus, Kuttolsheim/Strasbour 1991, S. 40

[69] Vgl. Avatamsaka-Sutra, Alles ist reiner Geist, Cheng Chien Bhiksu [Hg.], Bern, München, Wien 1997. Vgl. Kuno Lorenz, op.cit., S. 103 ff. Vgl. Kuno Lorenz in: Enzyklopädie, Bd. 4, S. 797. Dort verweist Lorenz auf I.C. Harris, The Continuity of Madhyamaka and Yogācāra in Indian Mahāyāna Buddhisms, Leiden 1991. Zur Geschichte des frühen tibetischen Buddhismus siehe: Tarthang Tulku, Die drei Juwelen. Buddha, Dharma und Sangha, Münster 1996

[69a] Vgl. Seine Heiligkeit der Dalai Lama, Dzogchen. Die Herz-Essenz der Großen Vollkommenheit, Berlin 2001

[70] Vgl. G. Ludwig, An Axiomatic Basis for Quantum Mechanics, New York 1985

[70a] Vgl. I. Bernhard Cohen, Newtons Gravitationsgesetz – aus Formeln wird eine Idee, in: Newtons Universum, mit einem Vorwort von Eugen Seibold und einer Einführung von Wolfgang Neuser, Heidelberg 1990, S. 134

[71] Vgl. Klaus Richter, Jan Michael Rost, Komplexe Systeme, Frankfurt am Main 2002

[72] Kuno Lorenz, op.cit., S. 89 f.

[73] Vgl. Geoffrey S. Kirk, Die vorsokratischen Philosophen: Einführung, Texte und Kommentare von Geoffrey S. Kirk, John E. Raven und Malcolm Schofield, Stuttgart 1994, S. 439 ff. Die Autoren schreiben: „Kurioserweise ist es schwierig einen Text zu finden, der die Atome ausdrücklich ungeworden und unvergänglich nennt, obwohl dies in der häufigen Beschreibung der Atome und des Leeren als Elemente und Prinzipien impliziert ist …“ [S. 446 f.]

[74] Niemand sollte sich hier durch den Begriff ‚Körper' irritieren lassen: ‚Die heute gesicherte Meinung ist vielmehr, dass alles – überhaupt alles – zugleich Partikel und Feld ist.' [Erwin Schrödinger] Den Begriff von Zwei-Körper-Systemen, die nicht in unabhängige Komponenten zerlegt werden können, übernehme ich von den Quantenphysikern Elliot D. Bloom und Gary J. Feldman. Sie schreiben: „Die Grundkräfte der Natur lassen sich am besten untersuchen, wenn man möglichst einfache physikalische Systeme beobachtet, insbesondere zwei Körper, die durch gegenseitige Anziehungskräfte aneinander gebunden sind. Beispielsweise bieten sich Erde und Mond als nächstliegendes Anschauungsobjekt für die Wirkungsweise der Gravitation an. Für die Theorie des Elektromagnetismus eignet sich das Wasserstoffatom als Modellsystem, weil es durch die Anziehungskräfte zwischen Proton und Elektron zusammengehalten wird. Natürlich gibt es auch für die Kernkräfte ein einfaches Zwei-Körper-Teilchen: das Deuteron, ein schwerer Wasserstoffkern aus einem Proton und einem Neutron. Was die Materie im Innersten zusammenhält, nämlich die Kräfte zwischen den Bausteinen der Protonen, Neutronen und vieler anderer Teilchen, lässt sich ebenfalls an einem Zwei-Körper-System untersuchen. Denn auch die kleinsten Materiebausteine, die Quarks, können sich zu einer Art Atomium zusammentun – man nennt dieses System Quarkonium. Es besteht aus einem schweren Quark, das an ein Antiquark gleicher Masse gebunden ist. Zwischen beiden Quarks wirken Kräfte, die stärker sind als alles, was wir bisher kennen: Sie heißen Farbkräfte, weil sie mit einer Quarkeigenschaft einhergehen, die man als Farbe oder Farbladung bezeichnet." [Elliot D. Bloom und Gary J. Feldman, Quarkonium: „Atome" der kleinsten Materiebausteine, in: Quantenobjekt, Felder und Symmetrien, mit einer Einführung von Hans Günter Dosch, Spektrum, Heidelberg 1995, S. 102] Bemerkenswert an dem Systembegriff, der hier verwendet wird, ist, dass er fast auf den Begriff der Grundbausteine verzichtet. Im Titel ist der Begriff Materiebausteine noch enthalten. Doch unabhängige Grundbausteine gibt es in der Quantenphysik nicht. Physikalisch bestehen die elementaren Teile oder Kräfte aus einem Zusammenspiel von zwei wechselwirkenden Komponenten, die System oder Quantenobjekt genannt werden können.

[74a] Tarthang Tulku, Die drei Juwelen. Buddha, Dharma und Sangha, Münster 1996, S. 60

[75] Vgl. Chr. Lindtner, Nagarjuniana, Copenhagen 1982. Als ein Beispiel für die Zweifel an der Authentizität einiger Werke Nāgārjunas siehe:

Tilmann Vetter, On the Authenticity of the Ratnāvalī, in: Asiatische Studien XLVI [1992], S. 492–506

[76] Nāgārjuna, Die Philosophie der Leere, Nāgārjunas Mūlamadhyamaka-Kārikās, Bernhard Weber-Brosamer/Dieter M. Back [Hg.], Wiesbaden 1997 [abgekürzt: **MMK**]

[77] Siehe die Besprechung von Klaus Butzenberger in: Orientalistische Literaturzeitung 94 [1999], S. 380 ff. Vgl. Claus Oetke, Materialien zur Übersetzung und Interpretation der Mulamadhyamakakārikās, Reinbek 2001 [abgekürzt: **Oetke**]. Manchmal schlägt Oetke die ältere Übersetzung von Frauwallner oder aber die Übersetzungen von Chr. Lindtner als die besseren vor. Vgl. E. Frauwallner, Die Philosophie des Buddhismus, Berlin 1994 [abgekürzt: **Frauwallner**]

[78] Vgl. Thomas Dierks, ‚Neutron' Bd. 22, 1999

[79] Heraklit, zitiert in: Hans-Georg Gadamer, Der Anfang des Wissens, Stuttgart 1999, S. 59

[80] L. Schmithausen, in: Historisches Wörterbuch der Philosophie, Joachim Ritter, Karlfried Gründer [Hg.]; Bd. 10, Basel 1998, S. 629

[80a] Etienne Lamotte, Der Mahāyāna-Buddhismus, in: Heinz Bechert & Richard Gombrich [Hg.], Die Welt des Buddhismus, München 2002, S. 93

[81] Surendranath Dasgupta, A History of Indian Philosophy, Cambridge 1957, S. 143. Vgl. Etienne Lamotte, **Traité**, Kapitel XLVIII, S. 2065, Fußnote. Dort schreibt Lamotte, die Gegebenheiten [dharma] würden in keiner Weise existieren. Fast gleichlautend formuliert es ein Lexikon der Religionen. Dort schreibt A. Thannippara über den Begriff dharma: „Während in der Theravādatradition den verschiedenen dharma Realität zugesprochen wird, wird ihnen in der Mādhyamika-Schule jegliche Realität abgesprochen." [A. Thannippara in: Lexikon der Religionen, Hans Waldenfels [Hg.]; Freiburg, Basel, Wien 1997, S. 123]

[81a] Brockhaus – Die Enzyklopädie: in 24 Bänden, Leipzig, Mannheim 1997, S. 16

[81b] Philosophisches Wörterbuch, S. 194

[81c] Vgl. Historisches Wörterbuch der Philosophie, Bd. 2, S. 853 ff

[82] Chr. Lindtner, Nagarjuniana, Copenhagen 1982, S. 109, 113, 131. **Existenz, sanskr. Astitva. „Was wir in MMK 5.8 mit ‚Existenz' übersetzen ist ein Begriff, der nur 3 Mal in der MMK vorkommt und wörtlich mit ‚Istigkeit' übersetzt werden müsste. Er meint aber dasselbe wie Svabhāva, das Eigensein im Sinne von Substanz, die unabhängig von Fremdeinflüssen existiert." Der Indologe Dieter Back in einem Brief vom 22. Januar 2003 an Thomas Kohl.**

[83] Henry More, zitiert in: E.A. Burtt, op.cit., S. 140

[84] Chr. Lindtner, Nagarjuniana, Copenhagen 1982, S. 147
[85] Chr. Lindtner, Nagarjuniana, Copenhagen 1982, S. 67
[86] Persönlicher Brief von Oetke an Thomas Kohl vom 05.12.1999
[87] Vgl. David J. Kalupahana, Nāgārjuna, The Philosophy of the Middle Way, New York 1986, S. 152. Dort schreibt Kalupahana: „The conception of the non-existence of the object will emerge only if its existence is understood in a substantial way." [„Die Vorstellung von der Nichtexistenz des Objekts wird nur dann entstehen, wenn seine Existenz auf substanzielle Weise verstanden wird."]
[88] Nāgārjuna, **Bodicittavivaraṇa** [BV], Vers 19, in: Chr. Lindtner, Nagarjuniana, op.cit., S. 191
[89] Vgl. Jeffrey Hopkins [Hg.], Tantra in Tibet, Das geheime Mantra des Tsong-ka-pa, Eingeleitet vom 14. Dalai Lama, Düsseldorf/Köln 1980, S. 233
[90] Albert Einstein, zitiert in: Mara Beller, Über wen haben wir gelacht?, ‚Die Zeit' vom 25.03.1999. „Reale Existenz ist nun freilich ein von vielen philosophischen Hunden fast zu Tode gehetztes Wort, dessen einfache, naive Bedeutung uns beinahe abhanden gekommen ist." [Erwin Schrödinger]
[91] Dieser Abschnitt beruht teilweise auf einer Übertragung von Gedanken, die sich ursprünglich auf Heidegger beziehen, siehe: Walter Biemel, Heidegger, Reinbeck bei Hamburg 1998, S. 125 f
[92] Vgl. Elizabeth Napper, Dependent-Arising and Emptiness, Boston, London, Sydney 1989, S. 116 und Fußnote 208, S. 700. Vgl. Kuno Lorenz, Enzyklopädie S. 955–956. Er schreibt dort: „Die argumentativen Hilfsmittel der Logik werden so eingesetzt, dass grundsätzlich keine eigene These [prātījñā], sondern nur die innere Widersprüchlichkeit und damit Unhaltbarkeit jeder positiven Behauptung, auch derjenigen in den Schulen des Hīnayāna, mit Hilfe einer reductio ad absurdum [prasaṇga] nachgewiesen wird." Nicht nur Elizabeth Napper, auch Yu-Chung Yuan, R.H. Robinson und Etienne Lamotte haben dieser Sichtweise widersprochen und zahlreiche Ansichten Nāgārjunas hervorgehoben, vgl. Ian Charles Harris, The Continuity of Mādhyamaka & Yogācāra in Indian Mahayana Buddhism, Leiden, New York, Kopenhagen, Köln 1991, S. 31. Vgl. Yu-Chung Yuan, Die Behandlung des Gegensatzes, Saarbrücken 1998, S. 63
[93] Etienne Lamotte, **Traité,** S. 2134
[94] Vgl. Paul Lorenzen, Lehrbuch der konstruktiven Wissenschaftstheorie, Mannheim 1987
[95] Was Ernst Cassirer über das Begriffspaar Subjekt & Objekt schreibt, gilt entsprechend für alle dualen Begriffspaare: „Der Gedanke des Ich ist

keineswegs ursprünglicher und logisch unmittelbarer als der Gedanke des Objekts, da beide nur miteinander bestehen und sich nur in steter Wechselbeziehung aufeinander entwickeln können. Kein Inhalt kann als ‚subjektiver' gewusst und erfahren werden, ohne damit einem anderen, der ihm gegenüber als der objektive erscheint, entgegengesetzt zu werden." [S. 294] „Die Bedingungen und Voraussetzungen der ‚objektiven' Erfahrung können daher nicht, nachdem die subjektive Welt der Vorstellungen bereits besteht und in sich selbst ihren Abschluss gefunden hat, als nachträgliche Ergänzung hinzugeführt werden, sondern sie sind bereits in ihrer Setzung mitenthalten. Das ‚Subjektive' bedeutet immer nur das abstrakte Teilmoment einer begrifflichen Unterscheidung, das als solches keinen selbständigen Bestand besitzt, weil sein ganzer Sinn und seine ganze Bedeutung in seinem logischen Korrelat und Gegensatz wurzelt." Ernst Cassirer, Substanzbegriff und Funktionsbegriff, Hamburg 2000, S. 319

[96] Hans-Georg Gadamer macht über die frühe Begriffsbildung der Griechen eine interessante Bemerkung. Er schreibt: „Aber natürlich hat sich die Begriffsbildung als solche schon länger in der Sprache vorbereitet. Gleichwohl war es noch keine wirkliche Begriffsbildung. Ich stimme vollkommen mit den englischen Forschern Kirk und Raven überein, dass bei Heraklit der Begriff der Physis noch gar kein philosophisches Gewicht hatte. Man muss vielmehr vermuten, dass eine wirkliche Begriffsbildung erst einsetzte, als sich auch der Gegenbegriff dazu gebildet hatte, und das weist in das sophistische Zeitalter." [Hans-Georg Gadamer, Der Anfang der Philosophie, Stuttgart 1996, S. 44–45]

[96a] Vgl. Carl Friedrich von Weizsäcker, Aufbau der Physik, München, Wien 1985, S. 330

[97] **Nach der Interpretation Karl R. Poppers gebrauchte Parmenides die Begriffe Sein und Existenz ebenfalls als Synonyme, vgl. Karl R. Popper, Die Welt des Parmenides, München 2001, S. 36**

Andrew P. Tuck schreibt über die Bedeutung des Begriffs ‚svabhāva' in der Zeit Nāgārjunas: „Advaitins held that all things depend on Brahman but that Brahman is wholly uncaused and independent. Sāmkhya philosophy contended that the manifested constituents that make up the empirical world depend on the unmanifested prakṛti, but not vice versa. Nyāya-Vaiśesikas and Mīmāmsākas posited discrete atomic substances that do not depend on any other entities and on which all other substances and all qualities depend. Within the Buddhist tradition, Abhidharmists posited the independent existence of the elemental dharmas, Yogācāra philosophy held that all things depend on vijñāna, and the ‚logical' school of Dignāga and Dharmakīrti imputed ultimate reality to a substratum of atomic point-instants. All these ultimate substances, Robinson suggested, exemplified what Nāgārjuna meant by svabhāva." [„Die Vertreter des Advaita behaupteten, dass alle Dinge von Brahman abhängen, aber dass Brahman gänzlich nicht verursacht und unabhängig ist. Die Sāmkhya-Philosophie erklärte, dass die manifestierten Bestandteile, welche die empirische Welt bilden, von dem unmanifestierten Urstoff [prakṛti] abhängen, aber nicht umgekehrt. Nyāya-Vaiseśikas und Mīmāmsākas nahmen getrennte, atomare Substanzen an, die nicht von irgendwelchen anderen Entitäten abhängen und von denen alle anderen Substanzen und alle Eigenschaften abhängen. Innerhalb der buddhistischen Tradition postulierten die Anhänger des Abhidharma die unabhängige Existenz der elementaren Komponenten [dharma], die Yogācāra-Philosophie behauptete, dass alle Dinge von vijñāna abhängen, und die ‚logische' Schule von Dignāga und Dharmakīrti rechnete die höchste Realität einem Substrat aus winzig kleinen punktuellen Augenblicken zu. Alle diese Grundsubstanzen, so die Anregung von Robinson, erläuterten beispielhaft, was Nāgārjuna mit svabhāva [Substanz, eigenes Sein] meinte." [Andrew P. Tuck, Comparative Philosophy and the Philosophy of Scholarship. On the Western Interpretation of Nāgārjuna, New York 1990, S. 59] Dementsprechend schreibt T.R.V. Murti: „Es gibt zwei Hauptströmungen in der indischen Philosophie, von denen die eine ihren Ursprung in der Ātma-Lehre der Upaniṣaden, die andere in der Anātma-Lehre Buddhas hat. Sie fassen die Wirklichkeit auf zwei verschiedene und einander ausschließende Weisen auf. Die Upaniṣaden und die der brahmanischen Tradition folgenden Systeme verstehen Wirklichkeit als einen inneren Kern oder eine Seele [ātman], die unwandelbar und sich selbst gleich inmitten eines äußeren Bereichs der Unbeständigkeit und des Wandels ruht, mit dem sie in keinem oder nur einem losen Zusammenhang steht. Dies könnte man die Substanz-Auffassung der Wirklichkeit nennen [...]. Die andere Tradition wird von der buddhistischen Leugnung einer Substanz [anātman] und allen damit verbundenen Konsequenzen repräsentiert. Die Dinge haben hier keinen inneren und unwandelbaren Kern; alles ist im Fluss. [...] Die Substanz [die universelle und die identische] wird als trügerisch verworfen; es ist nur eine Vorstellung, die unter dem Einfluss der Täuschung entsteht. Dies könnte man als die modale Auffassung der Wirklichkeit bezeichnen." [T.R.V. Murti, The Central Philosophy of Buddhism. A study of the Mādhyamika system, London 1980, S. 10–11]

[98] Nāgārjuna, **Śūnyatāsapati-kārikā**, in: Ch. Lindtner, Nagarjuniana, Copenhagen 1982, S. 59 und 61

[99] Ludwig Wittgensteins Bild von einer Leiter kann als eine Interpretationshilfe für den Begriff der Substanzlosigkeit der Substanzlosigkeit dienen. Wittgenstein schreibt in seinem Tractatus 6.54: „Meine Sätze erläutern dadurch, dass sie der, welcher mich versteht, am Ende als unsinnig erkennt, wenn er durch sie – auf ihnen – über sie hinweggestiegen ist. [Er muss sozusagen die Leiter wegwerfen, nachdem er auf ihr hinaufgestiegen ist.] Er muss diese Sätze überwinden, dann sieht er die Welt richtig."

[100] The Fundamental Wisdom of the Middle Way, Nāgārjuna's Mūlamadhyamakakārikā, Translation and Commentary by Jay L. Garfield, New York, Oxford 1995

[101] Ian Charles Harris, The Continuity of Madhyamaka & Yogācāra in Indian Mahayana Buddhism, Leiden, New York, 1991, S. 142

[102] Vgl. K. Venkata Ramanan, Nāgārjuna's Philosophy as presented in the Maha-Prajñapāramitā-Śāstra, London 1976. Ramanan interpretiert in Kapitel IX, ‚Reality', besonders die Begriffe Nāgārjunas, die sich mit der absoluten Realität beschäftigen. Allerdings muss dabei berücksichtigt werden, dass das Werk ‚Maha-Prajñaparamita-Śāstra', trotz seiner umfassenden Darstellung der buddhistischen Philosophie der Substanzlosigkeit, möglicherweise nicht von Nāgārjuna verfasst worden ist, sondern von einem Verfasser mit dem Namen Nāgārjuna, der nach Etienne Lamotte im 4. Jahrhundert nach Christus gelebt hat und möglicherweise ein Schüler Nāgārjunas war [Etienne Lamotte, Traité de la Grande Vertu de Sagesse de Nāgārjuna, Tome I-V, Louvain 1944 ff, [abgekürzt: **Traité**] Band III, S. IX].

[103] Vgl. Heinrich Schmidinger, Metaphysik, Stuttgart, Berlin, Köln 2000, S. 70 ff

[104] Heinrich Schmidinger, op.cit., S. 154

[105] Philosophisches Wörterbuch, Georgi Schischkoff [Hg.], Stuttgart 1995, S. 149

[106] Enzyklopädie Philosophie und Wissenschaftstheorie, Jürgen Mittelstraß [Hg.], Bd. 3, Stuttgart 1995, S.525 [abgekürzt: **Enzyklopädie**]

[107] Rudolf Carnap, Einführung in die Philosophie der Naturwissenschaften, München 1969, S.17

[108] Vgl. B.C.v. Fraassen, The labyrinth of quantum logics, in: R. S. Cohen, M.W. Wartowski [Hg.], Logical and epistemological studies in contemporary physics, Dordrecht 1974

[109] Vgl. Erhard Scheibe, Die kontingenten Aussagen in der Physik, Frankfurt am Main 1964

[110] Enzyklopädie Philosophie und Wissenschaftstheorie, Jürgen Mittelstraß [Hg.], Bd. 3, Stuttgart 1995, S. 508

[111] Martin Heidegger, Gesamtausgabe, Band 24, Die Grundprobleme der Phänomenologie, Frankfurt am Main 1975, S. 403f

[112] P. W. Anderson, More is different, in: ‚Science' 177 [1972], S. 393–396

[113] Lee Smolin, Warum gibt es die Welt?, München 2002, S. 87

[114] Vgl. Hermann-Michael Hahn, Rätselhafte Geburt der Planeten, Frankfurter Allgemeine Zeitung vom 21. Februar 2002

[115] Ben Goertzel, Was hat mich gemacht, Frankfurter Allgemeine Zeitung vom 03. Mai 2000

[116] Vgl. Dean Hamer, Science Bd. 298, S. 71. Vgl. Joachim Müller-Jung, Immer Ärger mit den Genen, Frankfurter Allgemeine Zeitung vom 06.11.2002. Hamers Sichtweise wird von anderen Humangenetikern geteilt: Peter Proping, Sevilla Detera-Wadleigh, Heribert Schunkert, Richard Trembath, Tim Keith Nanxy Cox berichteten auf einer Tagung in Bonn, ‚Bonn Genomics 2003', dass sie noch weit davon entfernt sind, komplexe Krankheiten auf ihre genetischen Ursachen exakt lokalisieren und identifizieren zu können. [Vgl. Joachim Müller-Jung, Nicht mehr als ein Verdacht?, in: Frankfurter Allgemeine Zeitung vom 13.02.2003]

[117] „I do not know what I may appear to the world, but to myself I seem to have only a boy playing on the seashore, and diverting myself in now and then finding a smoother pebble or aprettier shell than ordinary, whilst the great ocean of truth lay all undiscovered before me" [Isaac Newton, zitiert in: Oxford Dictionary of Quotations [Oxford University Press 1941, S. 289], hier zitiert in: Erwin Chargaff, Unbegreifliches Geheimnis, Stuttgart 1980, S. 226

[118] Adolf Portmann, Vom Lebendigen, Frankfurt am Main 1973, S. 68

[119] E. A. Burtt, op. cit., S. 224

[120] Vgl. Rainer Scharf in der Frankfurter Allgemeinen Zeitung vom 17.01.2002; vgl. Valery Nesvizhavsky, Nature, Bd. 415, 2002, S. 297

[121] Albert Einstein/Leopold Infeld, Die Evolution der Physik, Hamburg 1957, S. 42

[122] Quantenobjekt, Felder und Symmetrien, mit einer Einführung von Hans Günter Dosch, Spektrum, Heidelberg 1995, S. 7

[123] Geoffrey S. Kirk [Hg.], op.cit., S. 448

[124] Vgl. Niels Bohr, Das Quantenpostulat und die neuere Entwicklung der Atomistik [1928], Niels Bohr, Licht und Leben [1963], Niels Bohr, Kausalität und Komplementarität [1937], in: Klaus Stolzenburg,

von Meyenn, Sexl [Hg.], Niels Bohr, Braunschweig 1985, S. 158, 189, 204, 205, 207. Vgl. Niels Bohr, Wirkungsquantum und Naturbeschreibung, in: Niels Bohr, Collected Works, Volume 6, North Holland, Amsterdam 1985, S. 485. Vgl. Niels Bohr, Atomphysik und menschliche Erkenntnis, Braunschweig 1958, S. 39. Dort schreibt er über die Unmöglichkeit einer scharfen Trennung zwischen dem Verhalten atomarer Objekte und der Wechselwirkung mit den Messgeräten. **Niels Bohr hat immer wieder betont, „dass diese Wechselwirkung in der Quantenphysik ein untrennbarer Bestandteil der Phänomene ist.“** [Niels Bohr, Licht und Leben – noch einmal, in: von Meyenn, Stolzenburg, Sexl [Hg.]; Niels Bohr, Braunschweig 1985, S. 197] An einer anderen Stelle schreibt er: „Nur solange wir bei der Beschreibung aller für das Ereignis maßgebenden Umstände, die mit der Herstellung jeder solchen Verbindung unvermeidlich verknüpfte Wechselwirkung zwischen dem Objekt und diesen Messinstrumenten völlig außer Acht lassen können, sind wir also in der Lage, von einem selbständigen, von den Beobachtungsbedingungen unabhängigen raumzeitlichen Verhalten des Versuchsobjektes zu sprechen. Falls aber diese Wechselwirkung – wie im Gebiet der Quantenerscheinungen – für das Zustandekommen der Phänomene selbst eine wesentliche Rolle spielt, ändert sich die Situation völlig …“ [ebenda, S. 205] Hier kommt der hauptsächliche physikalische Einwand gegen das substantielle Denken zum Tragen: Da die Wechselwirkung mit anderen Quantenobjekten und mit dem Messgerät Bestandteil der Quantenobjekte ist, können diese keinen festen, unabhängigen Kern haben.

[125] Max Jammer, The Philosophy of Quantum Mechanics, New York 1974, S. 204. Niels Bohr interpretierte seine physikalischen Entdeckungen meistens mit einem metaphysischen Ansatz, den man instrumentalistisch nennen könnte. Er sagte auf der Solvay Conference im Jahre 1927: „I do not know what quantum mechanics is. I think we are dealing with some mathematical methods which are adequate for description of our experiments.” [„Ich weiß nicht, was Quantenmechanik ist. Ich denke, wir haben es mit einigen mathematischen Methoden zu tun, die für die Beschreibung unserer Versuche geeignet sind.“ [Niels Bohr, Collected Works, Volume 6, North-Holland, Amsterdam, New York, Oxford, Tokyo 1985, p. [103]] Niels Bohr hat offenbar nicht immer einen instrumentalistischen Ansatz vertreten. Nach Ulrich Röseberg hielt Bohr in seinen späteren Jahren Mikroobjekte für real existierende Objekte. Vgl. Ulrich Röseberg, Niels Bohr, Heidelberg, Berlin, New York 1992, S. 163. Ein Beispiel dafür ist das

in der Fußnote [124] erwähnte Buch, Atomphysik und menschliche Erkenntnis, in dem von atomaren Objekten die Rede ist.
[126] L. Tarassow, Wie der Zufall will? Vom Wesen der Wahrscheinlichkeit, Heidelberg 1998, S. 169
[127] Wolfgang Pauli, Die Materie [1955], in: Wolfgang Pauli, Aufsätze und Vorträge über Physik und Erkenntnistheorie, Braunschweig 1961, S. 8
[128] Daniel Z. Freedman/Pieter Nieuwenhuizen, Supergravitation und die Einheit der Naturgesetze, in: Quantenobjekt Felder und Symmetrien, op.cit., S. 154
[129] Vgl. Hermann Haken, Hans Christoph Wolf, Atom- und Quantenphysik, Berlin, Heidelberg, New York 2000, S. 1 im Vorspann; vgl. Berthold-Georg Englert, Marlan O. Scully, Herbert Walther, Komplementarität und Welle-Teilchen-Dualismus, in: Spektrum der Wissenschaft, Digest 1/1999; vgl. Thomas Walther, Herbert Walther, Was ist Licht, München 1999, S. 68 ff.
[130] Steven Weinberg, Vereinheitlichte Theorie der elektroschwachen Wechselwirkung, in: Quantenobjekt, Felder und Symmetrien, op.cit., S. 14
[131] Gerhard 't Hooft, Symmetrien in der Physik der Elementarteilchen, in: Quantenobjekt, Felder Symmetrien, op.cit., S. 40
[132] Anton Zeilinger, Nichts als der reine Zufall, Frankfurter Allgemeine Zeitung vom 01.09.1999. Vgl. Anton Zeilinger, Nature Bd. 410, 2001, S. 1069
[133] Roger Penrose, The Large, the Small and the Human Mind, Cambridge 2000, p. 66
[134] Roger Penrose, Das Große, das Kleine und der menschliche Geist, Heidelberg, Berlin 2002, S. 89
Die physikalische Bedeutung der Zwillingsphotonen ist keineswegs für alle überzeugend geklärt. Der Physiker Murray Gell-Mann hält es für eine Verdrehung der Tatsachen, wenn behauptet wird, die an dem einen Photon vorgenommene Messung wirke sich unmittelbar auf das andere Photon aus. Vgl. Murray Gell-Mann, Das Quark und der Jaguar, München, Zürich 1994, S. 253
[135] Gerhard Rempe, Verschränkte Quantensysteme: Vom Welle-Teilchen-Dualismus zur Einzel-Photonen-Lichtquelle, in: Jürgen Audretsch, Verschränkte Welten, Winheim 2002, S. 96f
[136] Gerhard 't Hooft, Symmetrien in der Physik der Elementarteilchen, in: Quantenobjekt, Felder und Symmetrien, op.cit., S. 42, 56. Vgl. Nature, Bd. 414, 2001, S. 286 und Rainer Scharf, Quantenobjekt in Ladungswolken gehüllt, Frankfurter Allgemeine Zeitung vom 05.

Dezember 2001. Damit ist die Quantenphysik nicht bei abstrakten Wechselwirkungen stehen geblieben. Das war jedoch Cassirers Annahme. Cassirer schreibt über die atomistische Theorie: „Diese Theorie hat es nicht mehr mit einer Beschreibung des Seins der Atome, sondern lediglich mit ihrer Wechselwirkung zu tun – und in den allgemeinen Regeln für diese Wechselwirkungen sieht sie die Bedingungen für alles Naturdenken." [Ernst Cassirer, Zur modernen Physik, Darmstadt 1994, S. 296]

[137] Vgl. Rainer Scharf, Frankfurter Allgemeine Zeitung vom 05.09.2001

[138] Vgl. Tony Hey und Patrick Walters, Das Quantumuniversum, Heidelberg 1998, S. 183. Vgl. Henning Genz, Elementarteilchen, Frankfurt am Main 2003, S. 108. Selbst in einem Lehrbuch über die Quantentheorie, das weitgehend auf physikalische Erklärungen verzichtet und sich auf mathematische Beschreibungen konzentriert, wird auf die untrennbaren Beziehungen zwischen den physikalischen Objekten eingegangen, vgl. Max Schubert/Gerhard Weber, Quantentheorie. Grundlagen und Anwendungen, Heidelberg, Berlin, Oxford 1993, S. 561

[139] A. N. Whitehed, Denkweisen, Frankfurt am Main 2001, S. 164

[140] Richard P. Feynman, Vom Wesen physikalischer Gesetze, München 1990, S. 185

[141] Carl Friedrich von Weizsäcker, Ein Blick auf Platon, Stuttgart 1988, S. 134. Vgl. David Layzer, Das Universum, Heidelberg 1998, S. 10; Max Planck, Sinn und Grenzen der exakten Wissenschaft, München 1971, S. 14; Max Born, Physik im Wandel meiner Zeit, Braunschweig 1983, S. 254; Werner Heisenberg, Gesammelte Werke, Bd. III, München 1985, S. 326. Heisenberg hatte sich nicht definitiv festgelegt, ob es nun Elementarteilchen, mathematische Naturgesetze, Symmetrien oder Energien sind, die als das Bleibende der sich ständig verändernden Welt zugrunde liegen sollen. Vgl. Werner Heisenberg, Schritte über Grenzen, München 1971, S. 39 f; vgl. Werner Heisenberg, Der Teil und das Ganze, München 1969, S. 141 f.

[142] Albert Einstein/Leopold Infeld, op.cit., S. 162

[143] Herwig Schopper, Frankfurter Allgemeine Zeitung vom 05.05.1999

[144] Vgl. Ilya Prigogine, From Being to Becoming, San Francisco 1980

[145] Vgl. Henry H. Folse, The Philosophy of Niels Bohr. The Framework of Complementarity, Amsterdam 1988, S. 257. Dort schreibt Folse: „Thus complementarity suggests developing an ontological conception of the independent reality which lies behind the phenomena based on the notion of an independent but interacting physical reality, the

grounds of experience, but not describable by the terms of experience. Beyond such a general characterization, little else can be said regarding the positive nature of such an ontology." [„Komplementarität legt daher nahe, ein ontologisches Konzept von einer unabhängigen, hinter den Phänomenen liegenden Realität zu entwickeln, das auf dem Gedanken einer unabhängigen, aber interagierenden physikalischen Realität beruht, welche die Basis der Erfahrung ist, aber nicht durch die Erfahrung beschrieben werden kann. Außer einer solchen allgemeinen Charakterisierung kann ansonsten wenig bezüglich der positiv beweisbaren Natur einer derartigen Ontologie gesagt werden."]

[146] David Bohm, Die implizite Ordnung, Grundlagen eines dynamischen Holismus, München 1985, S. 36

[147] „Jede seriöse Beurteilung einer physikalischen Theorie muss zwischen der objektiven Wirklichkeit, die unabhängig ist von jeder Theorie, und den physikalischen Begriffen, mit denen die Theorie operiert, unterscheiden." Mit diesen Worten hatten Einstein-Podolski-Rosen [EPR] ihren berühmten Artikel eingeleitet, in dem sie im Jahre 1935 die Unvollständigkeit der Quantenmechanik beweisen wollten, hier zitiert in: David C. Cassidy, Werner Heisenberg, Heidelberg, Berlin 2001, S. 321. Worin besteht der objektivistische Irrtum? Im Entweder-Oder-Schema. Theorie und Wirklichkeit sind nicht eins, aber sie sind auch nicht unabhängig voneinander.

[148] P.C.W. Davies/J.R. Brown [Hg.], Der Geist im Atom. Eine Diskussion der Geheimnisse der Quantenphysik, Frankfurt am Main 1993, S. 38

[149] Kurt Hübner, Kritik der wissenschaftlichen Vernunft, Freiburg 1993, S. 53; vgl. Nicholas Rescher, Die Grenzen der Wissenschaft, Stuttgart 1985, S. 257; vgl. Wolfram Schommers, Bilder der Wirklichkeit, in: Scheidewege 1996/1997, S. 228

[150] Alastair Rae, Quantenphysik: Illusion oder Realität?, Stuttgart 1996, S. 55 f.

[151] Vgl. Hans-Peter Schütt, Kant, Cartesius und der ‚skeptische Idealist', in: Andreas Kemmerling und Hans-Peter Schütt [Hg.], Descartes nachgedacht, Frankfurt am Main 1996, S. 179

[152] Vgl. Kurt Hübner, op.cit., S.52

[153] Max Jammer, The Philosophy of Quantum Mechanics, New York 1974, S. 204.

[154] Durch den schroffen Gegensatz zum Wirklichkeitsbegriff des wissenschaftlichen Realismus ist das subjektivistische oder instrumentalistische Konzept einiger Wissenschaftsphilosophen, die die Konzepte der theoretischen Physik für nichts anderes als ein ‚cultural construct'

halten, dem keine Wirklichkeit entspricht, bei realistischen Physikern auf Ablehnung gestoßen. In den USA ist sogar ein ‚Wissenschaftskrieg' entfesselt worden, bei dem sich die beiden Parteien recht verständnislos gegenüberstehen. Gegen die Behauptung, Physik sei ein ‚social construct', haben sich besonders Physiker ausgesprochen, die die Relativitätstheorie durch zahlreiche Experimente bestätigt sehen. Realisten und Konstruktivisten [oder Instrumentalisten] können diese Kontroverse nur lösen, wenn sie ihren eigenen Wirklichkeitsbegriff überprüfen. Vgl. Nature, Vol. 386, April 1997 [‚Science as a cultural construct']. Vgl. Alan Sokal/Jean Bricmont, Eleganter Unsinn. Wie Denker der Postmoderne die Wissenschaften missbrauchen, München 1999

[155] Vgl. Frankfurter Allgemeine Zeitung vom 07.07.1999 und vom 14.03.2001

[156] Vgl. Léon Rosenfeld, Niels Bohr in the Thirties, in: Stefan Rozental [Hg.], Niels Bohr, Amsterdam 1985

[157] John Wheeler in einem Gespräch mit P.C.W. Davies/J.R. Brown [Hg.], op.cit., S. 76. Das Interview mit Niels Bohr fand am 17.11.1963 statt. Als ein Beispiel für die Geringschätzung der instrumentalistischen Interpretation der Quantenphysik durch die wissenschaftsphilosophische Richtung des Kritischen Rationalismus sei I. Lakatos genannt, er schreibt: „In der neuen Quantentheorie nach 1925 wurde die ‚anarchistische' Position vorherrschend, und die moderne Quantentheorie ist in ihrer ‚Kopenhagener Deutung' zum Bannträger des philosophischen Obskurantismus geworden. In der neuen Theorie inthronisierte Bohrs berüchtigtes ‚Komplementaritätsprinzip' [schwache] Widersprüche als einen grundlegenden, faktisch endgültigen Zug der Natur und verschmolz einen subjektivistischen Positivismus, eine antilogische Dialektik und selbst die Philosophie der Alltagssprache zu einer unheiligen Allianz. Nach 1925 haben Bohr und seine Verbündeten eine neue beispiellose Niveausenkung kritischer Maßstäbe für wissenschaftliche Theorien herbeigeführt. Dies führte zu einer Niederlage der Vernunft in der modernen Physik und zu einer anarchistischen Kultivierung von unverständlichem Chaos." [I. Lakatos, Falsifikation und die Methodologie wissenschaftlicher Forschungsprogramme, in: Kritik und Erkenntnisfortschritt, Braunschweig 1971, S. 141]

[158] Vgl. Frankfurter Allgemeine Zeitung vom 06.06.2000 und vom 29.11.2000. Vgl. Frank Schirrmacher [Hg.], Die Darwin AG. Wie Nanotechnologie, Biotechnologie und Computer den neuen Menschen träumen, Köln 2001. Nur drei Jahre später wird in den Zeitungen über

die militärische Forschung im Bereich der Nanotechnologie berichtet. Vgl. Frankfurter Allgemeine Zeitung vom 10. Dezember 2003

[159] Vgl. A.N. Whitehead, Prozess und Realität, Frankfurt am Main 1979, S. 48. Vgl. Heinrich Schmidinger, Metaphysik: ein Grundkurs, Stuttgart, Berlin, Köln 2000, S. 21

[160] Carl Friedrich von Weizsäcker, Die Geschichte der Natur, Göttingen 1954, S. 55

[161] David Layzer, Das Universum, Heidelberg 1986, S. 238

[162] Vgl. A.N. Whitehead, Adventures of Ideas, Cambridge 1933, p. 143

[162a] Vgl. G. Reale, Zu einer neuen Interpretation Platons, Paderborn 1993, S. 176

[163] Richard P. Feynman, op.cit., S. 53

[164] Ernst Mach, Die Mechanik in ihrer Entwicklung historisch-kritisch dargestellt, in: K. Simonyi, Kulturgeschichte der Physik, Leipzig/Jena/Berlin 1990, S. 40

[165] J.B. Stallo, Die Begriffe und Theorien der modernen Physik, Leipzig 1901, S. 188

[166] Hans-Georg Gadamer, Der Anfang der Philosophie, Stuttgart 1996, S. 142

[167] Hans-Georg Gadamer, op.cit., S. 143

[168] Hans-Georg Gadamer, op.cit., S. 154

[169] Hans-Georg Gadamer, op.cit., S. 164

[170] Hans-Georg Gadamer, Der Anfang des Wissens, Stuttgart 1999, S. 41

[171] Hans-Georg Gadamer, op.cit., S. 50

[172] Jens Schlieter, op.cit., S. 102–103

[173] Hans-Georg Gadamer, op.cit., S. 85

[174] Hans-Georg Gadamer, op.cit., S. 147

[175] Der Begriff der ‚Wechselwirkung des Elektrons mit sich selbst' tauchte in einem Brief Werner Heisenbergs an Wolfgang Pauli im Jahre 1929 auf [Vgl. David C. Cassidy, Werner Heisenberg, Heidelberg, Berlin 2001, S. 355]. Eine mögliche Erklärung für ein derartiges Paradoxon ist, dass sich ein Quantenobjekt spontan teilen und wieder zusammenstellen kann, was fraktionelle Erneuerung genannt wird. Es wäre dann eine Wechselwirkung zwischen Teilen. Vgl. Thomas Walther, Herbert Walther, Was ist Licht?, München 1999, S. 92; vgl. Philip Yam, Das zähe Leben von Schrödingers Katze, in: Spektrum der Wissenschaft, Digest 1/1999, S. 29

[176] Vgl. K.M. Meyer-Abich, Korrespondenz, Individualität und Komplementarität [Diss.], Hamburg 1965. Auch Ulrich Röseberg spricht bei der Komplementarität von ein und demselben physikalischen Objekt.

Vgl. Ulrich Röseberg, Niels Bohr, Heidelberg, Berlin, New York 1992, S. 154. Der Physiker Thomas Görnitz entdeckt mehrfach eine verborgene Einheit oder Ganzheit der Welt. Sein Holismus führt ihn dazu, die Zwillingsphotonen als ein Ganzes zu interpretieren, obwohl sie zwei Photonen an zwei verschiedenen Orten sind. Vgl. Thomas Görnitz, Quanten sind anders. Die verborgene Einheit der Welt. Mit einem Vorwort von Carl Friedrich von Weizsäcker, Heidelberg, Berlin, 1999, S. 168. Allerdings könnte man seinen Holismus inkonsequent nennen, eine teillose Einheit und Ganzheit ist auch für ihn nicht vorstellbar. Görnitz schreibt: „Wir können daher erkennen, dass sowohl die Vorstellung einer vollkommenen – und damit strukturlosen – Einheit der Welt als auch die Vorstellung einer Welt, die aus isolierten Objekten zusammengesetzt ist, unsere Lebenserfahrung nicht hinreichend genau widerspiegeln könnte.“ [S. 300] Da es Quantenphysiker gibt, die Zwillingsphotonen mathematisch als eine Wellenfunktion interpretieren, verweise ich auf den Begriff ‚Verschränkung‘ im Glossar.

[177] David Bohm, Die implizite Ordnung, München 1985, S. 200

[178] L. Tarassow, Wie der Zufall will?, Heidelberg 1998, S. 164–165

[179] Vgl. Klaus Kern, Frankfurter Allgemeine Zeitung vom 03.11.1999. Kern schreibt dort: „Eine der spektakulärsten Entwicklungen in den vergangenen Jahren war die direkte Beobachtung von Elektronenwellen mit dem Rastertunnelmikroskop.“ „Der Wellencharakter von Atomen lässt sich inzwischen mit einem normalen Lichtmikroskop betrachten, vorausgesetzt, die Atome sind kalt genug.“ [Robert Löw, Tilman Pfau, Ein Ausflug in die Quantenwelt, in: Jürgen Audretsch [Hg.], Verschränkte Welt, Weinheim 2002, S. 83]

[180] Vgl. Erich Joos, Dekohärenz und der Übergang von der Quantenphysik zur klassischen Physik, in: Jürgen Audretsch [Hg.]; Verschränkte Welt, Weinheim 2002, S. 169 ff

[181] Ernst Cassirer, Zur modernen Physik, Darmstadt 1994, S. 170. Cassirer schreibt über seinen instrumentalistischen Wirklichkeitsbegriff: „Wir lesen nicht einfach die Gesetze ‚von den Gegenständen ab‘, sondern wir verdichten die empirischen Daten, die uns durch Beobachtung und Messung zugänglich sind, zu Gesetzen und damit zu objektiven Aussagen, und außerhalb dieser gibt es für uns keine objektive Wirklichkeit, die wir zu erforschen und nach der wir zu suchen hätten.“ [Ernst Cassirer, Zur modernen Physik, Darmstadt 1994, S. 279]

[182] Vgl. Roger Penrose, Das Große, das Kleine und der menschliche Geist, Heidelberg, Berlin 2002, S. 129

[183] Stephen Hawking, Einsteins Traum, Hamburg 1993, S. 9. Der instrumentalistische Ansatz wird in der Quantenphysik besonders von B.C.v. Fraassen vertreten. Vgl. B.C.v. Fraassen, The Scientific Image, Oxford 1980 und B.C.v. Fraassen, Laws and Symmetry, Oxford 1989

[184] Vgl. Niklas Luhmann, Soziologische Aufklärung 5, Konstruktivistische Perspektiven, Opladen 1990, S. 35, 37, 51, 52, 53

[185] Ernst Pöppel, Grenzen des Bewusstseins. Wie kommen wir zur Zeit, und wie entsteht Wirklichkeit?, Frankfurt am Main 2000, S. 167. „Die Wirklichkeit unseres Erlebens ist jedoch alles andere als nur passive Rezeption: Wir konstruieren – besser re-konstruieren die Welt", Ernst Pöppel, Wie das Gehirn funktioniert, in: Universitas, 56. Jahrgang, September 2001, Nummer 663, S. 893–904

[186] Harry Collins, Trevor Pinch, Der Golem der Forschung. Wie unsere Wissenschaft die Natur erfindet, Berlin 1999. In einer früheren Veröffentlichung schreibt Harry Collins: „The natural world has a small or non-existent role in the construction of scientific knowledge" [„Die natürliche Welt spielt eine kleine oder nicht existierende Rolle beim Aufbau der wissenschaftlichen Erkenntnis."] [Harry Collins, Stages in the Empirical Programme of Relativism, Social studies of Science 11,1981]

[186a] Peter Janich, Was ist Wahrheit?, München 2000, S. 94

[187] Wolf Singer, Wahrnehmung, Erinnern, Vergessen, Frankfurter Allgemeine Zeitung vom 28.09.2000

[188] Vgl. Kuno Lorenz, Versionen des methodologischen Dualismus, in: Internationale Zeitschrift für Philosophie 1999, Heft 1, S. 21. Siehe auch Wolfgang Stegmüller, Hauptströmungen der Gegenwartsphilosophie, Band III, Stuttgart 1975, S. 353: „Die Elektronen sind weder Quantenobjekt noch Wellen, sondern abstraktere Gegenstände."

[189] Hugo Dingler, Das Geltungsproblem als Fundament aller strengen Naturwissenschaften und das Irrationale, in: Naturwissenschaft, Religion, Weltanschauung. Clausthaler Gespräch 1948, Clausthal – Zitterfeld 1949, S. 283

[190] Steven Weinberg, Vereinheitlichte Theorie der elektroschwachen Wechselwirkung, in: Quantenobjekt, Felder und Symmetrien, mit einer Einführung von Hans Günter Dosch, Spektrum, Heidelberg 1995, S. 14

[191] Horst Rademacher, Erdbeben durch Porenwasser verstärkt, Frankfurter Allgemeine Zeitung vom 17. Mai 2000

[192] Ganz ähnlich hat David Layzer eine wissenschaftliche Theorie gekennzeichnet. Layzer schreibt: „Bei einer guten wissenschaftlichen Theorie oder Hypothese passen alle Fakten wie bei einer guten Kri-

minalgeschichte zusammen, aber darüber hinaus werden unerwartete Beziehungen zwischen scheinbar zusammenhanglosen Phänomenen deutlich. Eine solche Theorie kann überzeugender sein als einzelne Fakten. Sir Arthur Stanley Eddington hat Theorien einmal mit Bojen und Fakten mit Schlachtschiffen verglichen, die auf dem Meer schwimmen. ‚Gelegentlich stößt eine Boje mit einem Schlachtschiff zusammen – und das Schlachtschiff geht unter'." [David Layzer, op.cit., S. 10]

[193] Stephen H. Schneider, Klimamodelle, in: Atmosphäre, Klima, Umwelt, Paul J. Crutzen [Hg.], Spektrum, Heidelberg 1996, S. 188
Der Wissenschaftsjournalist Dirk Maxeiner hat am 11. April 2001 in der Frankfurter Allgemeinen Zeitung die wissenschaftlichen Unsicherheiten der Klimaforschung noch einmal zusammengefasst. Er schreibt: „Während die Forschung den Treibhauseffekt selbst immer besser darstellen kann, entziehen sich die komplexen Wechselwirkungen dieses gigantischen Kühlsystems einer Simulation. Und dies ist der eigentliche Kernpunkt des Klimastreites: Gleicht die planetarische Kühlmaschine den relativ geringen zusätzlichen Beitrag des Menschen zum Treibhauseffekt ganz oder teilweise aus, oder ist das nicht der Fall?" In Deutschland wird die Konzeption ‚Klimafaktor Sonne' u. a. von Sami K. Solanki, Manfred Schüssler und Marcel Fligge vom Max-Planck-Institut für Aeronomie, Katlenburg-Lindau, vertreten, vgl. solanki@linmpi.mpg.de.

[194] Vgl. Peter Bieri, Was macht Bewusstsein zu einem Rätsel?, in: Gehirn und Bewusstsein, mit einer Einführung von Wolf Singer, Spektrum, Heidelberg 1994, S. 172 ff. Das ganze Kapitel 14 wird von einigen direkten Formulierungen getragen, die ich von Peter Bieri übernommen habe, aber jedoch nur einige Male als direkte Zitate kennzeichne, da ich sie in einen etwas weiteren Zusammenhang stelle. Bieris Sichtweise wird durch den Neurologen Hans-Jochen Heinze bestätigt, für den der Reduktionismus zu kurz greift. Heinze schreibt: „Wir können zwar lokale Relationen zwischen Bewusstsein und Gehirn abbilden, [...] aber wir werden – auf diese Weise jedenfalls - der entscheidenden Frage nicht näher kommen: Was haben Neurone überhaupt mit Bewusstsein zu tun? Was verbindet physikalische und chemische Prozesse mit innerem Erleben? [...] Geist und Materie sind nicht zu trennen, aber auch nicht aufeinander zu reduzieren." [Frankfurter Allgemeine Zeitung vom 09. Juli 2001] Der Mathematiker und Gehirnforscher Reinhard Olivier betont die Rätselhaftigkeit des Zusammenspiels zwischen Gehirn und Geist mit folgenden Worten: „Wir sehen mit teuren Maschinen ins Gehirn, doch wissen wir gar nicht, wonach wir suchen sollen. Wie soll man

die Aktivität von Milliarden Neuronen auf etwas Unbekanntes interpretieren?" [Frankfurter Allgemeine Zeitung vom 13. Dezember 2003] Zum deklarativen [bewussten] Gedächtnis siehe: Larry R. Squire und Eric R. Kandel, Gedächtnis. Die Natur des Erinnerns, Heidelberg, Berlin 1999, S. 230. Dort schreiben die Psychologen und Neurobiologen am Ende ihres Überblicks über die neuere Gehirnforschung, die sie als eine Synthese verschiedener Wissenschaften ‚Molekularbiologie der Kognition' nennen: „Obwohl wir inzwischen viel gelernt haben, stehen wir mit unserer Arbeit über die Molekularbiologie und die kognitive Neurowissenschaft des Gedächtnisses erst am Anfang. Wir wissen noch immer relativ wenig darüber, wie und wo die Speicherung von Gedächtnisinhalten stattfindet. Wir wissen in groben Umrissen, welche Gehirnsysteme für die verschiedenen Formen des Gedächtnisses wichtig sind, wir wissen jedoch nicht, wo die verschiedenen Komponenten der Gedächtnisspeicherung tatsächlich lokalisiert sind und wie sie miteinander in Wechselwirkung treten. Wir verstehen bisher weder die Funktion der verschiedenen Unterabteilungen des medialen Temporallappensystems noch ihre Interaktion mit dem übrigen Cortex. Wir verstehen auch nicht, wie deklarative [bewusste] Information dem Bewusstsein zugänglich gemacht wird. Wir wissen fast nichts darüber, wie eine frühere Begegnung mit einer Vase im Gedächtnis rekonstruiert wird, was eigentlich passiert, wenn die Vase allmählich in Vergessenheit gerät, oder warum es so leicht ist, eine Erinnerung mit einem Traum oder mit einer bloßen Vorstellung zu verwechseln."

Der Neurologe Antonio R. Damasio schreibt über den Stand der bisherigen Forschung: „Die bloße Beschreibung dieser elektrophysiologischen Muster [der Großhirnrinde, sobald sie wach ist] liefert keinen Beitrag zum Selbst und Erkennen, das nach meiner Meinung die zentrale Frage des Bewusstseins ist." [Antonio R. Damasio, Ich denke, also bin ich. Die Entschlüsselung des Bewusstseins, München 2000, S. 302]

Selbst der berühmte Biochemiker Francis Crick, der sich seit Jahrzehnten mit der experimentellen Untersuchung des Bewusstseins beschäftigt und der es – wie wahrscheinlich die meisten Neurowissenschaftler – in einer reduktionistischen Grundhaltung für wahrscheinlich erachtet, „dass alle Aspekte des Geistigen durch das Verhalten großer, interagierender Gruppen aktiver Nervenzellen erklärbar seien", muss am Ende eines Artikels über das Problem des Bewusstseins zugeben, dass die Beziehung zwischen Geist und Gehirn auch für ihn noch ein ganz großes Rätsel ist [vgl. Francis Crick und Christof Koch, Das Problem des Bewusstseins, in: Gehirn und Bewusstsein, mit einer Einführung von Wolf Singer, Heidelberg, Berlin, Oxford, [Spektrum], 1994, S. 162 ff., Vgl. Francis Crick, Was die Seele wirklich ist. Die naturwissenschaftliche Erforschung des Bewusstseins, München 1994]. Ein Jahrzehnt später bringt Cricks Forschungspartner, Christof Koch, die Hoffnung zum Ausdruck, dass die Wissenschaft im Laufe der Zeit zwar die neuronalen Korrelate des Bewusstseins vollständig beschreiben wird. „Doch noch sind wir in der Neurobiologie nicht soweit, die materielle Basis des menschlichen Selbstbewusstseins zu erklären." [Frankfurter Allgemeine Zeitung vom 20. Februar 2004]

[195] Song-I Han, Peter Blümler, Siegfried Stapf und Bernhard Blümich, Minimixer im Wassertropfen, in: Spektrum der Wissenschaft, Juni 06/2002, S. 12

[196] Max Born, Physik im Wandel meiner Zeit, Braunschweig 1983, S. 209

[197] Lubert Stryer, Die Sehkaskade, in: Physiologie der Sinne, Heidelberg, Berlin Oxford 1994, S. 85

[198] Walter J. Freeman, Physiologie und Simulation der Geruchswahrnehmung, in: Gehirn und Bewusstsein, mit einer Einführung von Wolf Singer, Heidelberg, Berlin, Oxford [Spektrum] 1994, S. 22

[199] Vgl. Irvin Rock, Wahrnehmung: vom visuellen Reiz zum Sehen und Erkennen, Heidelberg, Berlin 1998

[200] Wolf Singer, Hirnforschung an der Schwelle zum nächsten Jahrhundert, in: Peter Sitte [Hg.], Jahrhundertwissenschaft Biologie: die großen Themen, München 1999, S. 223

[201] Wolf Singer, ebenda, S. 225

[202] Hans-Georg Gadamer, Der Anfang der Philosophie, Stuttgart 1996, S. 139

[203] Hans-Georg Gadamer, Der Anfang des Wissens, Stuttgart 1999, S. 84

[204] Vgl. Geoffrey S. Kirk et al., op.cit., S. 215

[205] Geoffrey S. Kirk et al., op.cit., S. 206

[206] Georg Wilhelm Friedrich Hegel, Enzyklopädie der philosophischen Wissenschaften im Grundriss [1830], Werke 8, Frankfurt am Main 1992, §88, Anm. 4, zitiert in: Yu-Chun Yuan, Die Behandlung des Gegensatzes. Über strukturelle Verwandtschaft zwischen Hegels ‚Logik' und Nāgārjunas ‚Mādhyamaka-Kārikā'; Dissertation, Saarbrücken 1998, S. 82

[207] Vgl. Yu-Chung Yuan, op.cit., S. 89

[208] „Das Higgs-Boson nimmt in der Theorie der Elementarteilchen, dem so genannten Standardmodell, eine zentrale Rolle ein. Denn ohne das Higgs-Quantenobjekt könnten Physiker eine grundlegende Eigenschaft der Materie nicht erklären, die Masse. In den Gleichungen der Theoretiker sind alle Elementarteilchen zunächst masselos. Das ändert sich, wenn man den so genannten Higgs-Mechanismus einführt – benannt nach dem britischen Physiker Peter Higgs, der ihn im Jahre 1964 vorgeschlagen hatte. Demnach ist das ganze Universum von einem speziellen Feld durchsetzt, dem Higgs-Feld. Quantenobjekte nehmen Masse an, indem sie mit diesem Feld wechselwirken." [Nicole Nasvadba, Frankfurter Allgemeine Zeitung vom 20.09.2000]

[209] Die Rabi-Oszillation – der periodische Austausch von Energie zwischen Atomen und einem elektromagnetischen Feld – ist wohl die elementarste Wechselwirkung zwischen Licht und Materie.

[210] Vgl. D. Marx, M. E. Tuckermann, J. Hutter, M. Parinello, Nature 397, 1999, S. 601–604, zitiert in: Thomas Görnitz, Quanten sind anders, Heidelberg/Berlin 1999, S. 259

[211] Reiner Hedrich, Die Entdeckung der Komplexität, Frankfurt am Main 1994, S. 131

[212] Vgl. Neue Zürcher Zeitung vom 06.03.2002

[212a] Henning Genz, Elementarteilchenphysik, Frankfurt am Main 2003, S. 16–17

[213] Kurt Hübner, op.cit., S. 55ff

Literaturverzeichnis

A

Aristoteles, Metaphysik XII, Übersetzung und Kommentar von Hans-Georg Gadamer, Frankfurt am Main 1984

Jürgen Audretsch, Frankfurter Allgemeine Zeitung vom 15.03.1994

Jürgen Audretsch [Hg.], Verschränkte Welt, Weinheim 2002

J. Le R. D'Alembert, Einleitung zur Enzyklopädie von 1751, E. Köhler [Hg.], 1997

P. W. Anderson, More is different, in: Science 177 [1972]

Avamsaka-Sutra, Alles ist reiner Geist, Cheng Chien Bhiksu [Hg.], Bern, München, Wien 1997

B

Arun Balasubramaniam, Explaining Strange Parallels. The Case of Quantum Mechanics and Mādhyamika Buddhism, in: International Philosophical Quarterly 32 [1992], New York 1992, 205–223

Andreas Becke, Hinduismus zur Einführung, Hamburg 1996

Heinz Bechert & Richard Gombrich [Hg.], Die Welt des Buddhismus, München 2002

Mara Beller, Über wen haben wir gelacht?, Die Zeit vom 25.03.1999

Isaiah Berlin, Wirklichkeitssinn, Berlin 1998

L. Stafford Betty, Is Nāgārjuna a philosopher? Response to Professor Loy, in: Philosophy East & West, Volume XXXIV, no 4, Honolulu 1984

Chris Bezzel, Wittgenstein zur Einführung, Hamburg 1996

Walter Biemel, Heidegger, Reinbeck bei Hamburg 1998

Peter Bieri, Was macht Bewußtsein zu einem Rätsel?, in: Gehirn und Bewußtsein, mit einer Einführung von Wolf Singer, Spektrum, Heidelberg 1994

Elliot D. Bloom und Gary J. Feldmann, Quarkonium: ‚Atome' der kleinsten Materiebausteine, in: Quantenobjekt Felder, Symmetrien, mit einer Einführung von Hans Günther Dosch, Spektrum, Heidelberg 1995

David Bohm, Die implizite Ordnung, Grundlagen eines dynamischen Holismus, München 1985

Niels Bohr, Das Quantenpostulat und die neuere Entwicklung der Atomistik [1928], Niels Bohr, Licht und Leben [1963], Niels Bohr, Kausalität und Komplementarität [1937], in: Karl von Meyenn, Klaus Stolzenburg, Roman Sexl [Hg.], Niels Bohr. Physik und Erkenntnistheorie im 20. Jahrhundert, Braunschweig 1985

Niels Bohr, Atomphysik und menschliche Erkenntnis, Vieweg 1985

Niels Bohr, Collected Works, Volume 6, North-Holland, Amsterdam, New York, Oxford, Tokyo 1985

Max Born, Physik im Wandel meiner Zeit, Braunschweig 1983

Gerhard Börner, Jürgen Ehlers, Heinrich Meier [Hg.], Vom Urknall zum komplexen Universum, München 1993

J. Braun, D. Krieger [Hg.], Indische Religionen und das Christentum im Dialog, Zürich 1986

Manfred Brocker, Heino Nau [Hg.], Ethnozentrismus. Möglichkeiten und Grenzen des interkulturellen Dialogs, Darmstadt 1997

Edwin Arthur Burtt, The Metaphysical Foundations of Modern physical Science, London 1925

Klaus Butzenberger, in: Orientalistische Literaturzeitung 94, [1999]

C

Candrakirti, Lucid Exposition of the Middle Way. The Essential Chapters from the Prasannapadā of Candrakīrti, Translated from Sanskrit by Mervin Sprung, London 1979

Fritjof Capra, Das Tao der Physik, München 1997

David C. Cassidy, Werner Heisenberg, Heidelberg, Berlin 2001

Ernst Cassirer, Substanzbegriff und Funktionsbegriff, Hamburg 2000

Ernst Cassirer, Zur modernen Physik, Darmstadt 1994

Alan F. Chalmers, Wege der Wissenschaft. Einführung in die Wissenschaftstheorie, Heidelberg 2001

Erwin Chargaff, Unbegreifliches Geheimnis, Stuttgart 1980

Alistair C. Crombie, Von Augustinus bis Galilei, München 1977

Francis Crick, Was die Seele wirklich ist. Die naturwissenschaftliche Erforschung des Bewußtseins, München 1994

Harry Collins und Trevor Pinch, Der Golem der Forschung, Wie unsere Wissenschaft die Natur erfindet, Berlin 1999

Bernhard Cohen, Newtons Gravitationsgesetz - aus Formeln wird eine Idee, in: Newtons Universum, mit einem Vorwort von Eugen Seibold und einer Einführung von Wolfgang Neuser, Spektrum Heidelberg 1990

Friedrich Cramer, Der Zeitbaum - Grundlagen einer allgemeinen Zeittheorie, Frankfurt am Main 1993

D

Seine Heiligkeit der Dalai Lama, Dzogchen. Die Herz-Essenz der Großen Vollkommenheit. Eine Sammlung von Dzogchen-Belehrungen Seiner Heiligkeit des Dalai Lama, Berlin 2001

Dalai-Lama, L'enseignement du Dalai-Lama, Paris 1976

Antonio R. Damasio, Ich denke, also bin ich. Die Entschlüsselung des Bewusstseins, München 2000

P.C.W. Davies/J.R. Brown [Hg.], Der Geist im Atom. Eine Diskussion der Geheimnisse der Quantenphysik, Frankfurt am Main 1993

René Descartes, Meditationen über die Grundlagen der Philosophie, Hamburg 1992

Gregory N. Derry, Wie Wissenschaft entsteht, Darmstadt 2001

Karmapa Wangtschug Dordsche, Mahamudra, Ozean des wahren Seins, Zürich 1990

Ingemar Düring, Aristoteles, Heidelberg 1966

Hans-Peter Dürr [Hg.], Physik und Transzendenz, Bern, München, Wien 1989

E

Albert Einstein/Leopold Infeld, Die Evolution der Physik, Hamburg 1957

Mirca Eliade, Die Sehnsucht nach dem Ursprung, Frankfurt am Main 1976

F

Richard Feynman, Vom Wesen physikalischer Gesetze, München 1990

Ernst Peter Fischer, An den Grenzen des Denkens, Wolfgang Pauli – Ein Nobelpreisträger über die Nachtseiten der Wissenschaft, Freiburg 2000

Ernst Peter Fischer, Die andere Bildung, München 2001

Klaus Fischer, Einstein, Freiburg 1999

Henry H. Folse, The Philosophy of Niels Bohr, Amsterdam 1988

B.C. van Fraassen, The labyrinth of quantum logics, in: R.S. Cohen/M.W. Wartowski [Hg.], Logical and epistemological studies in contemporary physics, Dordrecht 1974

B.C. van Fraassen, The Scientific Image, Oxford 1980

B.C. van Fraassen, Laws and Symmetry, Oxford 1989

E. Frauwallner, Die Philosophie des Buddhismus, Berlin 1994 [abgekürzt: Frauwallner]

Walter J. Freeman, Physiologie und Simulation der Geruchswahrnehmung, in: Gehirn und Bewußtsein, mit einer Einführung von Wolf Singer, Spektrum, Heidelberg 1994

Harald Fritzsch, Vom Urknall zum Zerfall, München 1996

G

Murray Gell-Mann, Das Quark und der Jaguar, München, Zürich 1994

Henning Genz, Elementarteilchen, Frankfurt am Main 2003

Hans-Georg Gadamer, Wahrheit und Methode, Bd. 1, Tübingen 1990

Hans-Georg Gadamer, Der Anfang der Philosophie, Stuttgart 1996

Hans-Georg Gadamer, Der Anfang des Wissens, Stuttgart 1999

Hans-Georg Gadamer, Wege zu Plato, Stuttgart 2001

Thomas Görnitz, Quanten sind anders, Heidelberg, Berlin 1999

Thomas Görnitz, Brigitte Görnitz, Der kreative Kosmos, Heidelberg, Berlin 2002

Karl-Heinz Golzio, Die makellose Wahrheit erschauen. Das Lankavatara-Sutra, Bern, München, Wien 1996

John Gribbin, Schrödingers Kätzchen und die Suche nach der Wirklichkeit, Frankfurt am Main 2000

René Guénon, La crise du monde moderne, [Gallimard] 1975

Chris Gudmunsen, Wittgenstein and Buddhism, London 1977

Geshe Kelsang Gyatso, Freudvoller Weg, Zürich 1998

H

Hermann Haken, Hans Christoph Wolf, Atom- und Quantenphysik, Berlin, Heidelberg, New York 2000

Michael Hampe, Alfred North Whitehead, München 1998

Ian Chales Harris, The Continuity of Mādhyamaka & Yogācāra in Indian Mahayana Buddhism, Leiden, New York, 1991

Stephen Hawking, Einsteins Traum, Hamburg 1993

Stephen Hawking, Das Universum in der Nußschale [Hoffmann und Campe] 2001

Jeremy W. Hayward und Francisco J. Varela [Hg.], Gewagte Denkwege, Wissenschaftler im Gespräch mit dem Dalai Lama, München 1996
Reiner Hedrich, Die Entdeckung der Komplexität, Frankfurt am Main 1994
Georg Wilhelm Friedrich Hegel, Enzyklopädie der philosophischen Wissenschaften im Grundriss, Werke 8, Frankfurt am Main 1992
Martin Heidegger, Gesamtausgabe, Band 24, Die Grundprobleme der Phänomenologie, Frankfurt am Main 1975
Werner Heisenberg, Der Teil und das Ganze, München 1969
Werner Heisenberg, Schritte über Grenzen, München 1971
Werner Heisenberg, Gesammelte Werke, Band III, München 1985
Armin Hermann, Heisenberg, Reinbek bei Hamburg 2001
Tony Hey und Patrick Walters, Das Quantenuniversum, Heidelberg 1998
Gerhard 't Hooft, Symmetrien in der Physik der Elementarteilchen, in: Quantenobjekt, Felder und Symmetrien, mit einer Einführung von Hans Günther Dosch, Spektrum, Heidelberg 1995
Sung-Ki Hong, pratītyasamutpāda bei Nāgārjuna, Saarbrücken 1993
Jeffrey Hopkins, [Hg.] Tantra in Tibet. Das geheime Mantra des Tsong-ka-pa, Düsseldorf, Köln 1980
Kurt Hübner, Kritik der wissenschaftlichen Vernunft, Freiburg 1993
Edmund Husserl, Philosophie als strenge Wissenschaft, Frankfurt am Main 1965
C. W. Huntington, Jr., The Emptiness of Emptiness, An Introduction to Early Indian Mādhyamika, Delhi 1989

I

Gert-Ludwig Ingold, Quantentheorie. Grundlagen der modernen Physik, München 2002

J

Pascual Jordan, Albert Einstein, Frauenfeld 1969
Francois Jullien, Der Weise hängt an keiner Idee. Das andere der Philosophie, München 2001

K

David J. Kalupahana, Nāgārjuna. The Philosophy of the Middle Way, New York 1986
Christoph Kann, Fußnoten zu Platon. Philosophiegeschichte bei A.N. Whitehead, Hamburg 2001
Robert Kaplan, Die Geschichte der Null, Frankfurt am Main, New York 2001
Khenchen Sherab Rinpoche, El sutra del corazón, Barcelona 2001
Claus Kiefer, Quantentheorie, Frankfurt am Main 2002
Heinz Kimmerle, Jacques Derrida zur Einführung, Hamburg 2000
Geoffrey S. Kirk, Die vorsokratischen Philosophen: Einführung, Texte und Kommentare von Geoffrey S. Kirk, John E. Raven und Malcolm Schofield, Stuttgart 1994
Joachim Günther Kitzel, Thema und Tabu: Über Behandlungshindernisse in der Philosophie, Würzburg 1997
Alexandre Koyré, Von der geschlossenen Welt zum unendlichen Universum, Frankfurt am Main 1980
Alexandre Koyré, Galilei, Berlin 1988

L

I. Lakatos, Falsifikation und die Methodologie wissenschaftlicher Forschungsprogramme, in: Kritik und Erkenntnisfortschritt, Braunschweig 1971

Etienne Lamotte, Traité de la Grande Vertu de Sagesse de Nāgārjuna, Mahāprajñāpāramita-śāstra, Tome I-V, Louvain 1944 ff [abgekürzt: Traité]

David Layzer, Das Universum, Heidelberg 1998

Gudula Linck, Leib und Körper. Zum Selbstverständnis im vormodernen China, Frankfurt am Main 2001

Chr. Lindtner, Nagarjuniana, Copenhagen 1982

Kuno Lorenz, Indische Denker, München 1998

Kuno Lorenz, Versionen des methodologischen Dualismus, in: Internationale Zeitschrift für Philosophie 1999, Heft 1

Paul Lorenzen, Lehrbuch der konstruktiven Wissenschaftstheorie, Mannheim 1987

Reinhard Löw, Skeptisches Denken, in: Scheidewege, Jahrgang 19, Baiersbronn 1989

David Loy, Nondualität, Frankfurt am Main 1988 [eigentlich 1998]

Niklas Luhmann, Soziologische Aufklärung 5, Konstruktivistische Perspektiven, Opladen 1990

G. Ludwig, An Axiomatic Basis for Quantum Mechanics, New York 1985

M

Klaus Mainzer, Von der Urzeit zur Computerzeit, München 1999

Victor Mansfield, Mādhyamika Buddhism and Quantum Mechanics, in: ‚International Philosophical Quarterly' [IPQ], 29 [1989]

Victor Mansfield, Relativity in Mādhyamika Buddhism and Modern Physics, in: ‚Philosophy East and West' [Honolulu][PEW] 40 [1090]

Bimal Krishna Matilal, Epistemology, Logic, and Grammar in Indian Philosophical Analysis, The Hague, Paris 1971

Jacques May, On Mādhyamika Philosophy, in: Journal of Indian Philosophy 6 [1978], p. 233–241

K.M. Meyer-Abich, Korrespondenz, Individualität und Komplementarität [Diss.]; Hamburg 1965

Werner Müller, Geliebte Erde, Bonn 1982

T.R.V. Murti, The central Philosophy of Buddhism, London 1980

N

Nāgārjuna, Die Philosophie der Leere, Nāgārjunas Mūlamadhyamaka-Kārikās, Bernhard Weber-Brosamer/Dieter M. Back [Hg.], Wiesbaden 1997 [abgekürzt: MMK]

Nāgārjuna, Stances du milieu par exellence [Madhyamaka-Kārikās], [Hg. Guy Bugault], Editions Gallimard 2002

Elizabeth Napper, Dependent-Arising and Emptiness, A Tibetan Buddhist Interpretation of Mādhyamika Philosophy Emphasizing the Compatibility of Emptiness and Conventional Phenomena, Boston, London, Sydney 1989

Uwe Neumann, Platon, Reinbek bei Hamburg 2001

Kitarō Nishida, Über das Gute, Frankfurt am Main 2001

Keiji Nishitani, Was ist Religion?, Frankfurt am Main und Leipzig 2001
Newtons Universum, mit einem Vorwort von Eugen Seibold und einer Einführung von Wolfgang Neuser, Spektrum, Heidelberg 1990

O

Claus Oetke, Materialien zur Übersetzung und Interpretation der Mulamadhyamakakārikās, Reinbek 2001 [abgekürzt: Oetke]

P

Michael Pauen, Grundprobleme der Philosophie des Geistes, Frankfurt am Main 2001
Wolfgang Pauli, Aufsätze und Vorträge über Physik und Erkenntnistheorie, Braunschweig 1961
Roger Penrose, The Large, the Small and the Human Mind, Cambridge 2000
Roger Penrose, Das Große, das Kleine und der menschliche Geist, Heidelberg, Berlin 2002
Max Planck, Sinn und Grenzen der exakten Wissenschaft, München 1971
Ernst Pöppel, Grenzen des Bewußtseins. Wie kommen wir zur Zeit und wie entsteht Wirklichkeit?, Frankfurt am Main 2000
Adolf Portmann, Vom Lebendigen, Frankfurt am Main 1973
Karl H. Potter [Hg.], Encyclopedia of Indian Philosophies, Indian Metaphysics and Epistemology: The Tradition of Nyāya-Vaiśesika up to Gangeśa, Princeton, New Jersey 1977
Peter Prechtl, Descartes zur Einführung, Hamburg 2000
Ilya Prigogine, From Being to Becoming, San Francisco 1980
Ramakrishna Puligandla, Reality and Mysticism, New Delhi 1997

R

Alastair Rae, Quantenphysik: Illusion oder Realität?, Stuttgart 1996
K. Venkata Ramanan, Nāgārjuna's Philosophy as presented in the Mahāprajñāpāramitā-Śāstra, London 1976
Alastair Rae, Quantenphysik: Illusion oder Realität?, Stuttgart 1996
Claudio Rebbi, Die Gitter-Eichtheorie: Warum Quarks eingesperrt sind, in: Quantenobjekt, Felder und Symmetrien, mit einer Einführung von Hans Günther Dosch, Spektrum, Heidelberg 1995
Klaus Richter, Jan-Michael Rost, Komplexe Systeme, Frankfurt am Main 2002
Irvin Rock, Wahrnehmung: vom visuellen Reiz zum Sehen und Erkennen, Heidelberg, Berlin 1998
Léon Rosenfeld, Niels Bohr in the Thirties, in: Stefan Rozental [Hg.], Niels Bohr, Amsterdam 1985
Clément Rosset, Le réel et son double, Essai su l'illusion, [Gallimard] 1984
Clément Rosset, Das Prinzip der Grausamkeit, Berlin 1994
Clément Rosset, Die Wahl der Worte, Berlin 1997
Clément Rosset, Le démon de la tautologie, Paris 1997
Clément Rosset, Das Reale in seiner Einzigartigkeit, Berlin 2000

David Seyford Ruegg, Does the Mādhyamika have a Thesis and Philosophical Position?, in: Matilal and Evants [Hg.], Buddhist Logic and Epistemology, Dordrecht 1986
David Seyford Ruegg, The Uses of the Four Positions of the catuṣkoṭi and the Problem of the Description of Reality in Mahayana Buddhism, in: Journal of Indian Philosophy 5 [1977], p. 1–71
David Seyfort Ruegg, The Literature of the Madhyamamaka School of Philosophy in India, Wiesbaden 1981
Bertrand Russel, Das ABC der Relativitätstheorie, München 1970

S

Erhard Scheibe, Die kontingenten Aussagen in der Physik, Frankfurt am Main 1964
Jens Schlieter, Buddhismus zur Einführung, Hamburg 1997
Stephen H. Schneider, Klimamodelle, in: Atmosphäre, Klima, Umwelt, Paul J. Crutzen [Hg.], Spektrum Heidelberg 1996
Roger Scruton, Kant, Freiburg, Basel, Wien 1999
Frank Schirrmacher [Hg.], Die Darwin AG. Wie Nanotechnologie, Biotechnologie und Computer den neuen Menschen träumen, Köln 2001
Heinrich Schmidinger, Metaphysik. Ein Grundkurs, Stuttgart, Berlin, Köln 2000
Lambert Schmithausen, Ālayavijñāna. On the Origin and Early Development of a Central Concept of Yogācāra Philosophy, Tokyo 1987
Herwig Schopper, Frankfurter Allgemeine Zeitung vom 05.05.1999
Erwin Schrödinger, Was ist Materie?, in: Walter Greiner, Georg Wolschin [Hg.], Elementare Materie, Vakuum und Felder: die Struktur des Vakuums und der Bausteine der Natur, Heidelberg 1994, S. 28ff
Hans-Peter Schütt, Kant, Cartesius und der ‚skeptische Idealist', in: Andreas Kemmerling und Hans-Peter Schütt [Hg.], Descartes nachgedacht, Frankfurt am Main 1996
Julian Schwinger, Einsteins Erbe. Die Einheit von Raum und Zeit, Heidelberg 2000
John R. Searle, Geist, Sprache und Gesellschaft, Frankfurt am Main 2001
Steven Shapin, Die wissenschaftliche Revolution, Frankfurt am Main 1998
K. Simonyi, Kulturgeschichte der Physik, Leipzig/Jena/Berlin 1990
Wolf Singer: Hirnforschung an der Schwelle zum nächsten Jahrhundert, in: Peter Sitte [Hg.], Jahrhundertwissenschaft Biologie: die großen Themen, München 1999
Wolf Singer, Der Beobachter im Gehirn, Frankfurt am Main 2002
Alfred Sohn-Rethel, Das Geld, die bare Münze des Apriori, Berlin 1990
Alan Sokal/Jean Bricmont, Eleganter Unsinn. Wie Denker der Postmoderne die Wissenschaften missbrauchen, München 1999
Larry R. Squire und Eric R. Kandel, Gedächtnis. Die Natur des Erinnerns, Heidelberg, Berlin 1999
J.B. Stallo, Die Begriffe und Theorien der modernen Physik, Leipzig 1901
Wolfgang Stegmüller, Hauptströmungen der Gegenwartsphilosophie, Band II, Stuttgart 1975
Ian Stewart, Das Rätsel der Schneeflocke, Heidelberg, Berlin 2002
Heinrich von Stietencron, Der Hinduismus, München 2001

Prof. Dr. Horst Stöcker [Hg.], Taschenbuch der Physik, Frankfurt am Main 2000
Lubert Stryer, Die Sehkaskade, in: Physiologie der Sinne, Spektrum, Heidelberg 1988
Hans P. Sturm, Weder Sein noch Nichtsein - Der Urteilsvierkant [catuṣkoṭi] und seine Korollarien im östlichen und westlichen Denken [Diss.], Augsburg 1995
D.T. Suzuki, Der westliche und der östliche Weg, Frankfurt am Main, Berlin, Wien 1977

T

L. Tarassow, Wie der Zufall will? Vom Wesen der Wahrscheinlichkeit, Heidelberg 1998
L. Tarassow, Symmetrie, Symmetrie! Strukturprinzipien in Natur und Technik, Heidelberg, Berlin 1999
The Fundamental Wisdom of the Middle Way. Nāgārjuna's Mūlamadhyamakā-karikā, Translation and Commentary by Jay L. Garfield, N.Y. 1995
Udo Tietz, Hans-Georg Gadamer zur Einführung, Hamburg 2000
Fernando Tola, Carmen Dragonetti [Hg.], Nāgārjuna's Refutation of Logic [Nyaya], Vaidalyaprakarana, Delhi 1995
Quantenobjekt, Felder, Symmetrien, mit einer Einführung von Hans Günther Dosch, Heidelberg, Berlin, Oxford 1995
Seine Heiligkeit Sakya Trizin, Ein Gespräch über Leben, Lehre und Praxis im tibetischen Buddhismus, Institut Européen de Bouddhisme Tibétain, Kuttolsheim/ Strasbourg 1990
Andrew P. Tuck, Comparative Philosophy and the Philosophy of Scholarship. On the Western Interpretation of Nāgārjuna, New York 1990

W

Dieter Walch, So fuktioniert das Wetter, München 2000
Thomas Walther, Herbert Walther, Was ist Licht? Von der klassischen Optik zur Quantenoptik, München 1999
Steven Weinberg, Vereinheitlichte Theorie der elektroschwachen Wechselwirkung, in: Quantenobjekt, Felder und Symmetrien, mit einer Einführung von Hans Günther Dosch, Spektrum, Heidelberg 1995
Carl Friedrich von Weizsäcker, Die Geschichte der Natur, Göttingen 1954
Carl Friedrich von Weizsäcker, Ein Blick auf Platon, Stuttgart 1988
Carl Friedrich von Weizsäcker, Aufbau der Physik, München, Wien 1985
A.N. Whitehead, Wissenschaft und moderne Welt, Frankfurt am Main 1988
A.N. Whitehead, Prozeß und Realität, Frankfurt am Main 1979
A.N. Whitehead, Denkweisen, Frankfurt am Main 2001

Y

Yu-Cung Yuan, Die Behandlung des Gegensatzes, Über strukturelle Verwandtschaft zwischen Hegels ‚Logik' und Nāgārjunas ‚Mādhyamaka-Kārikā', [Diss.], Saarbrücken 1998

Z

Anton Zeilinger, Einsteins Schleier. Die neue Welt der Quantenphysik, München 2003

Anton Zeilinger, Nichts als der reine Zufall, Frankfurter Allgemeine Zeitung vom 01.09.1999

Semir M. Zeki, Das geistige Abbild der Welt, in: Physiologie der Sinne. Mit einer Einführung von Hans Peter Zenner und Eberhard Trenner, Spektrum, Heidelberg 1994

Wörterbücher

Der Neue Pauly. Enzyklopädie der Antike, Hubert Cancik und Helmuth Schneider [Hg.]; Stuttgart, Weimar 2000

Philosophisches Wörterbuch, Georgi Schischkoff [Hg.] Stuttgart 1991

Enzyklopädie Philosophie und Wissenschaftstheorie, 4 Bände, Jürgen Mittelstraß [Hg.], Stuttgart, Weimar 1980 ff

Historisches Wörterbuch der Philosophie, Joachim Ritter/Karlfried Gründer [Hg.], Basel 1976 ff

Philosophie der Gegenwart, Julian Nida-Rümelin [Hg.], Stuttgart 1999

Lexikon der philosophischen Werke, Franco Volpi/Julian Nida-Rümelin [Hg.], Stuttgart 1988

Lexikon der östlichen Weisheitslehren. Buddhismus, Hinduismus, Taoismus, Zen, Ingrid Fischer-Schreiber, Franz-Karl Ehrhard, Kurt Friedrichs, Michael S. Diener [Hg.], Bern, München, Wien 1986

John Bowker [Hg.], Das kleine Oxford-Lexikon der Weltreligionen, Düsseldorf 2002

Zeitschriften

Philosophy East & West [PEW], Honolulu

Scheidewege, Baiersbronn

Internationale Zeitschrift für Philosophie, Stuttgart

International Philosophical Quarterly [IPQ], New York

Spektrum der Wissenschaft, Heidelberg

Sanskrit

In dieser Arbeit wird die wissenschaftliche Transkription mit allen diakritischen Zeichen verwendet. Ein Querstrich über einem Vokal bedeutet, dass dieser lang ausgesprochen wird [Nāgārjuna, Śūnyatā]. Ś und ṣ werden wie sch im Deutschen ausgesprochen. C wird in etwa wie tsch im Deutschen ausgesprochen. Bei der Aussprache können Punkte in der wissenschaftlichen Transkription unter oder über t, d, h, und n vernachlässigt werden.

Glossar

„Man muss vielmehr vermuten, dass eine wirkliche Begriffsbildung erst einsetzte, als sich auch der Gegenbegriff dazu gebildet hatte, und das weist in das sophistische Zeitalter." [Hans-Georg Gadamer, Der Anfang der Philosophie, Stuttgart 1996, S. 44–45]

Abhidharma, wörtlich: „Was sich auf den Dharma bezieht"; die Scholastik, die nach den Lehrtexten [Sūtra] und den Ordensregeln [Vinaya] den dritten so genannten ‚Korb' [pitaka] des buddhistischen Kanons, des ‚Dreikorbs' [tripitaka], bildet. Ausgehend von dieser ursprünglich nur als Klassifikation der Lehre gedachten Literatur entwickelten sich verschiedene Schultraditionen mit unterschiedlichen Lehrmeinungen der frühen buddhistischen Philosophie.

Avataṃtasaka-Literatur. Eine wichtige und umfangreiche literarische Sammlung im Mahāyāna-Buddhismus, die sich um das Avataṃsaka-Sūtra [Blütenschmuck-Sūtra] gruppiert. [...] Den gesamten Text hindurch wird der Buddha als Brennpunkt aller spirituellen Energien des Universums dargestellt, die in einer großartigen kosmischen Einheit miteinander verschmelzen. [...] In der Lehre vereint es den Yogācāra/ Vijñānavāda-Idealismus, die Mādhyamaka-Lehre und tantrische Elemente miteinander, die zusammen in einen reichen metaphysischen Teppich verwoben wurden. Der offensichtlichen Mannigfaltigkeit in der Welt liegt ein komplexes Netzwerk von gegenseitiger Abhängigkeit und Durchdringung der Phänomene zugrunde, die durch das Mitleid des kosmischen Buddha [Vairocana] erleuchtet und mit Energie gefüllt werden. Kein Teil des Ganzen existiert isoliert, und es gibt eine Ergänzung und gegenseitige Identifizierung zwischen allen Wesenheiten in einer großen harmonischen Einheit. Elemente, die voneinander getrennt scheinen, sind tatsächlich auf subtile Weise miteinander verbunden wie Juwelen, die ihren Glanz aufeinander widerspiegeln." [John Browker [Hg.], Das kleine Oxford-Lexikon der Weltreligionen, Düsseldorf 2002, S. 70] „Nach Fazang stellt die Doktrin von der bedingten Entstehung des dharmadhātu die Quintessenz des Avataṃtasaka dar – und damit auch den höchsten Lehrsatz des Buddhismus, den er als die ‚vollkommene Lehre' bezeichnete. Nach dieser Doktrin ist jedes Phänomen frei von inhärenter Selbst-Natur, es entsteht bedingt und wird durch die Gesamtheit aller Phänomene bestimmt, deren Teil es ist. Die Gesamtheit wiederum wird durch jedes einzelne Phänomen bestimmt, das sie mit konstituiert. So bestimmt jedes Phänomen jedes andere Phänomen und wird gleichzeitig selbst von jedem anderen Phänomen bestimmt. Diese reziproke Bestimmtheit – oder wechselseitige Abhängigkeit – aller Phänomene wird bisweilen auch als wechselseitige Identität bezeichnet. Außerdem sind nach dieser Doktrin nicht nur alle Phänomene voneinander abhängig, sondern sie durchdringen einander auch völlig ungehindert. [...] Während jedes Phänomen bestimmt wird, ist es gleichzeitig von der Natur abhängig, welche die letztliche Grundlage, den Urgrund darstellt. Folglich lässt sich die bedingte Entstehung nur auf der Grundlage der Natur-Entstehung begreifen und stellt lediglich deren logische Erweiterung dar. [...] Alle dharmas haben ihre Existenz in Abhängigkeit vom tathāgatagarbha." [Avatamsaka-Sūtra, Cheng Chien Bhiksu [Hg.], Bern, München, Wien 1997, Einleitung, S. 50, 52, 53] [Tathāgatagharba, Sanskrit: die Etymologie ist unsicher, Bezeichnung für einen Tathāgata [einen So-gegangenen, einen Buddha] im Embryozustand, einen potentiellen Buddha: die Buddha-Natur, der Keim der Buddhaschaft. Wir alle besitzen diese Buddha-Natur, jeder einzelne von uns.]

Begriff [engl. concept, franz. idée, conception], innerhalb der philosophischen Tradition, von daher auch in der Umgangs- und Bildungssprache, meist als einfacher ‚Denkakt', ‚Denkinhalt', als ‚Vorstellung', ‚Idee' aufgefasst; im Gegensatz zur sinnlichen oder empirischen Anschauung, in der Gegenstände anschaulich gegeben sind, Ergebnis einer Abstraktion [...], eine mentale Operation, ein mentaler Gegenstand [vgl. Enzyklopädie, Bd. 1, S. 265]. Die neuere Gehirnforschung bestreitet jedoch den Gegensatz von Denken und Wahrnehmen.

Bodhi [sanskr., Erleuchtung], ein umfassendes ‚Wissen', das oberste Ziel im Buddhismus, machte Siddhartha Gautama zum Buddha, als er nach der Überlieferung 36jährig unter einem Feigenbaum sitzend im heutigen Bodh Gayā meditierte. Durch bodhi wird alles Seiende als leidvoll erkannt und dadurch findet die Befreiung statt. Insbesondere charakterisiert bodhi den Zustand, in dem ein Bodhisattva am Ende seines Zehnstufenweges verharrt, ehe er in einer weiteren Wiedergeburt ebenfalls zum Buddha wird und ins nirvāṇa entreten kann [Vgl. Enzyklopädie Band 1, S. 322].

Candrakīrti. 7. Jahrhundert nach Christus, bedeutender südindischer buddhistischer Philosoph der Mādhyamaka-Schule im Mahāyāna-Buddhismus, wichtig als Kommentator von Nāgārjuna und Āryadeva, den Gründern dieser Schule. Tritt für Buddhapālita, also die reduktio-ad-absurdum-Methode, als allein zulässiges Argumentationsverfahren ein; bekämpft daher Bhāvaviveka, aber ebenso die Anhänger der Yogācāra-Schule, indem er zeigt, dass Bewusstsein [vijñāna] nur Bewusstsein von etwas, also objektbezogen sein kann: die von den Yogācārins gegenüber den Mādhyamikas vorgenommene Ersetzung des ‚alles [alle Gegenstände] ist leer' durch ‚alles ist Geist' ist daher nicht zu rechtfertigen. Candrakīrti ist zusammen mit Śantideva Autor der definitiven orthodoxen Fassung des Mādhyamaka-Systems. [vgl. Enzyklopädie, Bd. 1, S. 371]

Dharma [sanskr. tragendes Prinzip, Recht, Gerechtigkeit, soziales und natürliches Gesetz, Tugend, Lehre], Grundbegriff der indischen Philosophie, Bezeichnung für die im Veda festgelegten religiösen Pflichten, das Gesetz des rechten Lebens, dessen Befolgung die Vergeltung der Taten [karma] und damit die Befreiung vom Leid bestimmt; oft synonym mit Religion verwendet [Vgl. Enzyklopädie, Bd. S. 460]. Im Buddhismus hat der Begriff ‚dharma' eine [mindestens] dreifache Bedeutung. Zum einen bedeutet er Gesetz und Regel, zum anderen bezeichnet er die buddhistische Lehre. Darüber hinaus wird dieser Begriff auch für die empirischen Objekte der Welt, in der wir leben, für einfach alles, was existiert, verwendet. In den MMK ist von solchen Gegebenheiten [dharma] wie Geher & begangene Strecke, Feuer & Brennstoff, Tat & Täter, Süßmilch & Sauermilch die Rede, von abhängigen Dingen und Prozessen, zu denen auch subjektive Konzepte gehören.

Dichotomie [griechisch], Zweiteilung

Dzogchen. „Das Außergewöhnliche an der Form der Befreiung gemäß der Dzogchen-Tradition ist, dass Gedanken nicht die Kraft haben zu nutzen oder zu schaden. Das wird durchgehend angewendet, auf jeden einzelnen Gedanken." [Seine Heiligkeit der Dalai Lama, Dzogchen, Berlin 2001, S.221]

Entität. Eine im wissenschaftsphilosophischen Sprachgebrauch abstraktere Version für Existenz, im Sinne von etwas, das ist, ohne Festlegung, was es im einzelnen ist. Synonym mit **Existenz.** ‚Existenz [lat. existentia] dient in der traditionellen Ontologie seit Marius Victorinus [um 360] als Bezeichnung für die Tatsache, dass etwas ist, im Unterschied zu seinem Wesen, seiner Essenz [lat. essentia], die sagt, was etwas ist.' [Brockhaus in 24 Bänden, Band 7, Leipzig, Mannheim 1997, S. 16]

Erkenntnistheorie. Im modernen Sinne besteht Erkenntnistheorie im Wesentlichen aus den Teilbereichen Logik, Sprachphilosophie, allgemeine Wissenschaftstheorie und Hermeneutik [als Theorie des Verstehens]. [vgl. Enzyklopädie Bd.1, S. 577]

Existenz. Die ursprüngliche lateinische Bedeutung von existieren war erscheinen, enstehen, sich manifestieren. „Le mot ‚exsistence' souligne la dépendence dans laquelle se trouve l'exsistant à l'égard de l'être dont il tire son origine". [‚Das Wort Existenz unterstreicht die Abhängigkeit, in der sich das Existierende in Bezug auf das Sein befindet, von dem es ursprünglich herkommt'.] [Encyclopédie philosophique universelle, Publié sous la direction d'André Jacob, Les notions philosophiques, Tome I, Volume II, Presses universitaires de Frances, Paris 1990, S. 919]. Heute bezeichnet Existenz das Dasein in seiner einfachen Tatsächlichkeit.

Fata Morgana. „Die Abgrenzung einer Fata Morgana von einer Luftspiegelung ist nicht leicht, denn sie ist ein kompliziertes und dazu seltenes Phänomen, vor allem in unseren Breiten. Während bei einer Luftspiegelung nur wirklich vorhandene Gegenstände gespiegelt werden und man diese in nur leicht veränderter Form beobachtet, erscheinen bei der Fata Morgana völlig ungewohnte, unwirkliche Objekte, die als Luftschlösser, Felsentürme und ähnliches gedeutet werden. Somit ist „Wasser in der Wüste" auch keine Fata Morgana, sondern leider nur eine Luftspiegelung." [Hannelore Dittmar Ilgen, Warum Platzen Seifenblasen?, Stuttgart, Leipzig 2002, S. 151]

Holismus. Begrifflich geht es dabei um die Unterscheidung zwischen der Teil-Ganzes-Beziehung und der Elementbeziehung, insofern, wie in der Gestalttheorie, Ganzheiten nicht als die Summe ihrer Teile, sondern als selbständige Einheiten, deren Qualität wiederum nicht zusammengesetzt ist aus der Qualität ihrer Teile, verstanden werden [vgl. Enzyklopädie Bd. 2, S. 123]. „Dabei argumentiert Popper dafür, dass Ganzheiten [‚Totalitäten'] nicht zum Gegenstand wissenschaftlicher Forschung gemacht werden können; diese hat es stets nur mit ‚abstrakten Aspekten', nicht mit einem ‚konkreten Ganzen' zu tun." [Enzyklopädie, S. 123] An dieser Stelle soll nur an Gadamers Regel und Widerlegung des Holismus erinnert werden, „dass man das Ganze aus dem Einzelnen und das Einzelne aus dem Ganzen verstehen müsse." [Hans-Georg Gadamer, Wahrheit und Methode, Bd. 1, Tübingen 1990, S. 296]

Der Philosoph Michael Esfeld hat einen weit differenzierteren Begriff von Holismus dargelegt, den er als Gegenposition zum Atomismus versteht. Allerdings ist für ihn ein charakteristisches Merkmal eines holistischen Systems die wechselseitige Abhängigkeit seiner Bestandteile, wodurch er den Holismus in die Nähe des buddhistischen Wirklichkeitsbegriffs rückt, der die grundlegende Wirklichkeit nicht als eine wie auch immer geordnete Ganzheit bezeichnet, sondern als ein Zusammenspiel von abhängigen Bestandteilen. [Vgl. Michael Esfeld, Holismus in der Philosophie des Geistes und in der Philosophie der Physik, Frankfurt am Main 2002, S. 33]

Komplementarität. Ab dem Jahre 1927 führte der Physiker Niels Bohr den Begriff der Komplementarität in die Quantenphysik ein. Nach diesem Konzept stellen das Wellenbild & das Teilchenbild von Quantenobjekten nicht zwei getrennte, sich widersprechende Bilder dar. Sie ergänzen sich gegenseitig und liefern nur gemeinsam eine vollständige Beschreibung der physikalischen Erscheinungen. ‚Man hat den Begriff der Komplementarität nie verstanden, weil man ihn missdeutete als die Verallgemeinerung eines speziellen empirischen Begriffs der Physik, während Bohr mit ihm eine universelle Struktur aller menschlichen Erkenntnis hatte andeuten wollen, die nur in der Quantentheorie ein besonders schlagendes Beispiel gefunden hatte.' [Carl Friedrich von Weizsäcker]

Körper. ‚Ein Körper könnte beschrieben werden als ein ausgedehntes, zusammenhaltendes, gegen seine Umwelt bewegliches Ding.' [Carl Friedrich von Weizsäcker] „Das Wellenphänomen bildet den eigentlichen ‚Körper' des Atoms." [Erwin Schrödinger] **‚Die heute gesicherte Meinung ist vielmehr, dass alles – überhaupt alles – zugleich Partikel und Feld ist.' [Erwin Schrödinger]** Den Begriff von **Zwei-Körper-Systemen,** die nicht in unabhängige Komponenten zerlegt werden können, und die man in der Quantenphysik auch Zwei-Felder-Systeme nennen kann, weil wir mit dem Begriff von Körpern eher etwas Festes verbinden, übernehme ich von den Quantenphysikern Elliot D. Bloom und Gary J. Feldman. Sie sprechen von Zwei-Körper-Systemen und schreiben: „Die Grundkräfte der Natur lassen sich am besten untersuchen, wenn man möglichst einfache physikalische Systeme beobachtet, insbesondere zwei Körper, die durch gegenseitige Anziehungskräfte aneinander gebunden sind. Beispielsweise bieten sich Erde und Mond als nächstliegendes Anschauungsobjekt für die Wirkungsweise der Gravitation an. Für die Theorie des Elektromagnetismus eignet sich das Wasserstoffatom als Modellsystem, weil es durch die Anziehungskräfte zwischen Proton und Elektron zusammengehalten wird. Natürlich gibt es auch für die Kernkräfte ein einfaches Zwei-Körper-Teilchen: das Deuteron, ein schwerer Wasserstoffkern aus einem Proton und einem Neutron. Was die Materie im Innersten zusammenhält, nämlich die Kräfte zwischen den Bausteinen der Protonen, Neutronen und vieler anderer Teilchen, lässt sich ebenfalls an einem Zwei-Körper-System untersuchen. Denn auch die kleinsten Materiebausteine, die Quarks, können sich zu einer Art Atomium zusammentun – man nennt dieses System Quarkonium. Es besteht aus einem schweren Quark, das an ein Antiquark gleicher Masse gebunden ist. Zwischen beiden Quarks wirken Kräfte, die stärker sind als alles, was wir bisher kennen: Sie heißen Farbkräfte, weil sie mit einer Quarkeigenschaft einhergehen, die man als Farbe oder Farbladung bezeichnet." [Elliot D. Bloom und Gary J. Feldman, Quarkonium: „Atome" der kleinsten Materiebausteine, in: Quantenobjekt, Felder und Symmetrien, mit einer Einführung von Hans Günter Dosch, Spektrum, Heidelberg 1995, S. 102] Bemerkenswert an dem Systembegriff, der hier verwendet wird, ist, dass er fast auf den Begriff der Grundbausteine verzichtet. Im Titel ist der Begriff Materiebausteine noch enthalten. Solche unabhängigen Grundbausteine gibt es physikalisch in der Quantenphysik nicht. Physikalisch bestehen die elementaren Teile oder Kräfte aus zwei wechselwirkenden Komponenten, die System genannt werden können. Allerdings sind es Systeme, die in der Luft hängen, um eine Formulierung von Wittgenstein zu verwenden.

Mādhyamaka, [Sanskr.], die von den Mādhyamikas vertretene Lehre vom Mittleren Weg [von madhyama, das Mittlere]

Mādhyamika, [Sanskr.], Vertreter des Mittleren Weges. Bezeichnung für einen Anhänger der Schule des mittleren Weges, begründet im 3. Jahrhundert nach Christus durch Nāgārjuna und seinen Schüler Āryadeva. Dabei ging es Nāgārjuna nur um eine Wiederherstellung der ursprünglichen, allen theoretischen wie praktischen Extremen abholden und deshalb ‚mittleren' Lehre des Buddha gegen die Dogmatisierungen in den Schulen des Hīnayāna; erst bei Āryadeva und der auf ihn und auf Nāgārjuna sich stützenden Tradition findet sich die darüber hinausgehende Berufung auf eigenständige, dem Mahayana angehörende ‚Leitfäden' [sūtra], die in eigenen ‚Lehrbüchern' [śāstra] kommentierend abgehandelt werden. [Vgl., Enzyklopädie,Bd. 2, S. 738]

Metaphysik. Unter Metaphysik verstehe ich in einem umfassenden Sinn, im Anschluss an A.N. Whitehead, eine Beschreibung von Prinzipien, nicht nur, in einem engeren Sinn, eine transzendente Lehre. Whitehead schreibt: „Metaphysik ist nichts anderes als die Beschreibung der allgemeinen Prinzipien, die sich auf alle Einzelheiten der Praxis anwenden lassen." [9] Der Titel Metaphysik bezeichnet seit den spätantiken Aristoteles-Kommentatoren den vornehmsten und grundlegenden Teil der Philosophie, der sich mit den höchsten und letzten Prinzipien und dem Zusammenhang der Wirklichkeit im ganzen befasst. Aristoteles selber spricht von Erster Philosophie oder Weisheit und bezeichnet als ihren Gegenstand die ersten Ursachen und Prinzipien. Die spekulative Deutung des Terminus Metaphysik als Erkenntnis dessen, was als transzendente Wirklichkeit und reiner Geist ‚jenseits' [epékeina] des Natürlichen und Sinnenfälligen liegt, durch den neuplatonischen Kommentator Simplikios, bestimmt das gesamte spätere Verständnis von Metaphysik. Diesem gemäß bezieht sich Metaphysik auf das, was über den Bereich der Physik hinausgeht; ihre Vollzugsform ist das Transzendieren. Von diesem Verständnis von Metaphysik abgeleitet ist die polemische moderne Verwendung von ‚metaphysisch' im Sinne von ‚überfliegend', ‚vorschnell' oder gar ‚gegenstandslos'. Definiert man jedoch Metaphysik als Erkenntnis des Ursprungs, dann ist schon das Denken der Vorsokratiker Metaphysik. Für Parmenides ist nur das Seiende [eón] im eigentlichen Sinne wirklich und erkennbar, das jede Form von Nichtsein von sich ausschließt und darum nicht nur unentstanden, unvergänglich und unveränderlich ist, sondern auch eine in sich undifferenzierte, vollkommen einfache und homogene Einheit darstellt, weil auch jede Form von Vielheit und Verschiedenheit Nichtsein impliziert. Für Platons Einheitsmetaphysik ist das Eine nicht das Seiende, sondern als dessen Ursprung in absoluter Transzendenz ‚jenseits des Seins' [epékeina tēs usía]; in sich selbst ist es nichts als reine Einheit, da es durch jedwede Bestimmung in die Vielheit hineingezogen würde. Daraus ergibt sich zugleich Platons berühmter ‚ontologischer Komparativ', demzufolge die Ideen als vollkommene, ewige und unveränderliche Gestalten von Einheit in der Vielheit das wahrhaft oder ‚seinshaft Seiende' [óntōs on] sind, während die Erscheinungen in ihrer

Vielgestaltigkeit und Veränderlichkeit den Bereich des Werdenden bilden, der aufgrund seines geringeren Einheitsgrades nur noch in einem homonymen Sinne seiend genannt werden kann, weil er durch Teilhabe an den Ideen ein abgeleitetes und vergängliches Sein besitzt. Für Aristoteles war das eigentliche Thema der Metaphysik das Seiende, insofern es seiend ist. Für den Neuplatonismus war das Eine das Prinzip des Seins: Alles Seiende ist durch das Eine seiend [Plotin]. [Vgl. Der Neue Pauly, Bd. 8, S. 81 ff]

mokṣa [Sanskr.], die Befreiung vom Kreislauf der Wiedergeburten, Grundbegriff der gesamten indischen Philosophie. Er wird von fast allen philosophischen Systemen als oberstes Ziel übernommen, das allerdings auf verschiedene Weisen erreicht werden kann. Im Buddhismus etwa erreicht man mokṣa durch Verlöschen [nirvāṇa], im Jainismus durch Askese, im Vedānta durch die mit der Beseitigung der Unwissenheit [avidyā] vollzogene Einheit von Einzelseele [ātman] und Weltseele [brahman] [vgl. Enzyklopädie Band 2, S. 920].

Naturwissenschaft. Oberbegriff für die empirischen Wissenschaften, die sich mit der Erforschung der Natur, ihren Gesetzen und den Voraussetzungen technischer Anwendungen beschäftigen. [vgl. Enzyklopädie, Bd. 2, S. 977] „Die Naturwissenschaft ist ein auf bestimmte Aufgaben ausgerichtetes Unternehmen, dessen Zielstruktur durch das traditionelle Quartett von Beschreibung, Erklärung, Vorhersage und Naturbeherrschung gebildet wird." [Nicholas Rescher, Die Grenzen der Wissenschaft, Stuttgart 1985, S. 333]

Netzwerke mit universellen Regeln. „Netze wie das WWW, das E-Mail-Netz oder das Proteinnetzwerk verändern sich ständig. Ihre Knoten werden zu Mitspielern: Sie kappen bestehende Verbindungen, oder sie bauen neue auf. Schließlich können sie auch sterben. Dann fällt der entsprechende Knoten aus und mit ihm alle seine Verbindungen. Verschiedene Untersuchungen haben gezeigt, dass das Internet überraschend stabil bleibt, wenn es Knoten verliert. Es funktioniert auch dann noch, wenn eine große Zahl zufällig herausgegriffener Knoten ausfällt. Legt man allerdings gezielt diejenigen Knoten lahm, die besonders viele Verbindungen haben, so bricht das Netz zusammen. Ähnliches gilt für das Proteinnetzwerk. Die Proteine, die mit vielen anderen **wechselwirken,** sind wesentlich für das Überleben der Zelle. Fallen sie aufgrund einer Mutation aus, so stirbt die Zelle." [Rainer Scharf, Frankfurter Allgemeine Zeitung vom 02. April 2003. Aus einem Bericht über die Frühjahrstagung der Deutschen Physikalischen Gesellschaft in Dresden.]

Der Begriff der Wechselwirkung, der hier zur Geltung kommt, zeigt eine Verwandtschaft mit dem buddhistischen Begriff des abhängigen Entstehens und dem physikalischen Begriff der Wechselwirkungen.

Nihilismus. Der Begriff ‚Nihilismus' wird für einen Glauben benutzt, der durch den Buddhismus widerlegt wurde. [. . .] Im Māhāyana ist es der falsche Glaube, dass überhaupt nichts existiert [Skt.: uccheda-dṛṣṭi] [John Bowker [Hg.], Das kleine Oxfordlexikon der Weltreligionen, Düsseldorf 2002, S. 496].

Nyāya. „Im engeren Sinne ist Nyāya eines der sechs philosophischen Systeme [Darśana] des Hinduismus, das auf logischer Argumentation und Analyse beruht" [vgl. John Bowker [Hg.], Das kleine Oxford-Lexikon der Weltreligionen, Düsseldorf 2002, S. 502].

Objekt. ‚Wir folgen hier der in der ganzen Physik, insbesondere in der Quantentheorie üblichen Denkweise, welche alle ihre Aussagenkataloge als Aussagen über jeweils ein ‚Objekt' oder ‚System' auffasst. Diese beiden Wörter sind in der heutigen Physik nahezu gleichbedeutend. ‚Objekt ist vielleicht der allgemeinere Begriff, weil er sowohl zusammengesetzte wie die möglicherweise existierenden schlechthin elementaren Objekte umfasst, während das Wort ‚System' eher die Zusammengesetztheit andeutet [sy-stēma, das Zusammenstehende].' [Carl Friedrich von Weizsäcker]

ontisch. Die ontische Ausdrucksweise sagt, was der Fall ist, die **epistemische** sagt, was wir wissen. [Carl Friedrich von Weizsäcker]

Ontologie. Ontologie ist die Lehre vom Sein. Ontologie kann einerseits jene bestimmte philosophische Strömung bezeichnen, die sich unter ständiger Berufung auf das Wort ‚sein' [lat. esse] unter anderem in der parmenideisch-platonisch-aristotelischen Tradition niederschlägt und als solche im Mittelalter und in der Neuzeit weiterwirkt [in diesem Sinne wäre Ontologie ein von vornherein mit griechischer Sprache und Kultur eng verbundenes Gedankengut]. Andererseits kann Ontologie methodologisch auf die neutrale Frage nach dem Sinn von Existenz und Gegenständlichkeit überhaupt hinweisen, auf welche in jeder Schule der antiken Philosophie zumindest eine implizite Antwort [auch ohne ausdrücklichen Bezug auf das Sein] gegeben worden ist.

Parmenides: Das ‚Seiende' [griech. to on] ist die allgemeinstmögliche Bezeichnung für die Wirklichkeit oder für das Ganze. Alles, was uns in der Erfahrung begegnet, aber auch alles, was wir uns vorstellen ist, d. h. ist etwas, ist ein Seiendes und insofern kein Nichts. Die Meinung ist schwankend wie ihr Gegenstand und kann nicht wahr sein, da Wahrheit ein Festes ist und ein Immerwährendes voraussetzt. Hingegen ist Denken vom Sein immer wahr, denn ‚Denken und Sein sind dasselbe'.

Heraklit: Im weiteren Sinne des Wortes könnte man von einer heraklitischen Ontologie sprechen, die darin besteht, dass sie das Sein als Werden definiert. Da aber für die Griechen Sein und Werden meistens als kontradiktorische Begriffe verstanden werden, kann man mit mehr Recht sagen, dass Heraklit eine antiontologische Position vertritt, die später von den Stoikern zum Teil übernommen wird.

Platon: In den klassischen Dialogen [‚Phaidon', ‚Politeia'] werden die Ideen einfach ónta [Seiende] genannt. Die sinnlichen Erscheinungen sind mē ónta; man soll ihnen laut Platon das Sein absprechen. Diese Radikalität des ontologischen Ansatzes konnte aber nicht wie bei Parmenides zu einer totalen Trennung von Intelligiblem und sinnlicher Welt führen. Platon rückt allmählich von diesem Gedanken ab, der um der Reinheit der Erkenntnis willen jede Erkenntnis der Natur unmöglich machen würde. Die natürlichen Dinge sind Abbilder, Nachahmungen; es besteht zwischen dem jeweiligen Abbild und dessen ideellem Vorbild [parádeigma] eine Beziehung, die Platon Teilhabe bzw. Partizipation [méthexis] nennt. Insofern kann auch dem Sinnlichen ein ontologischer Status gewährt werden, der zwar ein abgeleiteter ist, sich aber nicht wie bei Parmenides auf einen bloßen ‚Schein' reduziert. Das Sinnliche gilt als Degradierung des Intelligiblen und wird ihm untergeordnet.

Aristoteles: Die usia [Substanz] als erste Kategorie ist der Grund [archē] der anderen, nicht in dem Sinn, dass diese von der usia logisch ableitbar wären, sondern dass sie nur als Prädikate der Substanz und Modalitäten der Essenz [ti esti] existieren können.

Überwindung der Ontologie im Neuplatonismus. Intellekt und Sein sind nicht das Höchste. Über ihnen als erstes Prinzip steht das Eine, das jeder intellektuellen Erkenntnis entgeht und dem man sich nur durch eine mystische Erfahrung nähern kann. [Vgl. Der neue Pauly, Bd. 8, S. 1219 ff]

Pratītyasamutpāda. Diese Begriff hat zwei Bedeutungen. **1.** Der pratītyasamutpāda besteht als Bedingungszusammenhang aus zwölf Gliedern, die den Kreislauf des Entstehens und Vergehens darstellen: 1. Unwissenheit [avidyā], 2. Tatabsichen [saṃskāra], 3. Bewusstsein [im Sinne von Lebendigsein] [vijñāna], 4. Name und Körper [nāmarūpa], 5. Gebiet der sechs Sinne [Sehen, Hören, Riechen, Schmecken, Tasten, Denken] [ṣaḍāyatana], 6. Berührung [sparśa], 7. Empfindung [im Sinne von Emotion] [vedanā], 8. [Daseins-]Durst [tṛṣṇā], 9. Ergreifen [im Sinne von Wünsche-befriedigen-Wollen] [upādāna], 10. Werden [bhava], 11. Geburt [jāti], 12. Alter und Tod [jarāmaraṇa] [Vgl. Enzyklopädie, Bd. 3, S. 150] Die Prajñāpāramita–Sūtras betonen, dass der pratītyasamutpāda keine zeitliche Abfolge, sondern die essentielle Abhängigkeit aller Dinge darstellt [Lexikon der östlichen Weisheitslehren]. **2.** abhängiges Entstehen, bei Nāgārjuna synonym mit śūnyatā.

Qualia [Singular: Quale], ein von C.I. Lewis [Mind and the World Order, 1929] eingeführter Terminus zur Bezeichnung subjektiver Wahrnehmungsschemata.

Dies sind nur auf eine Person, und zwar die wahrnehmende selbst, bezogene Schemata von Gegebenheitsweisen von Gegenständen, gelegentlich auch nur für individuelle Instanzen solcher Schemata. Dabei wird Qualia oft eingeschränkt für monosensuale Schemata wie Farben, Gerüche, Schmerzen usw. verwendet, obwohl auch multisensuale Schemata, wie sie z. B. durch ‚groß', ‚schwer' und ‚aufrecht' artikuliert sind, und intersensuale Schemata wie Handlungen mit Gegenständen, z. B. artikuliert durch ‚Ballwerfen' und ‚auf Bäume klettern', zu den Qualia zu zählen sind, solange auf intersubjektive Schematisierung verzichtet wird. [Enzyklopädie Bd. 3, S. 426]

Rekonstruktion. Ein umfassender Begriff, der hier in der folgenden Bedeutung verwendet wird: Die Herausarbeitung der Strukturen, die einer Theorie zugrunde liegen. Carl Friedrich von Weizsäcker versteht unter der Rekonstruktion einer Theorie ihren nachträglichen Aufbau aus möglichst einleuchtenden Postulaten [Vgl. Carl Friedrich von Weizsäcker, Aufbau der Physik, München, Wien 1985, S. 330]. In den MMK besteht Nāgārjunas Postulat in einem einzigen Gedanken: die beiden –oder manchmal auch drei – Komponenten eines grundlegenden Systems sind nicht identisch und nicht unabhängig, weder sind sie zusammen noch sind sie nicht zusammen:

Ein Ding & seine Ursache [1. Kapitel], Geher & Gehen [2. Kapitel], Seher & Sehen [3. Kapitel], Ursache & Wirkung [4. Kapitel], Kennzeichen & Zu-Kennzeichnendes [5. Kapitel], Leidenschaft & der von Leidenschaft Ergriffene [6. Kapitel], Entstehen & Bestehen & Vergehen [7. Kapitel], Tat & Täter [8. Kapitel], der Sehende & das Sehen [9. Kapitel], Feuer & Brennstoff [10. Kapitel], Anfang & Ende [11. Kapitel], Leid & Ursachen des Leids [12. Kapitel], der Junge & der Alte, süße Milch & saure Milch [13. Kapitel], Etwas & etwas anderes [14. Kapitel], der Begriff des Seins & der Begriff des Nichts [15. Kapitel], Bindung & Befreiung [16. Kapitel], Tat & ihre Frucht [17. Kapitel], der Begriff der Identität & der Begriff der Verschiedenheit [18. Kapitel], Vergangenheit & Gegenwart & Zukunft [19. Kapitel], Grund & Frucht [20. Kapitel], Entstehen & Vergehen [21. Kapitel], der Gedanke ‚den Buddha gibt es über den Tod hinaus' & der Gedanke ‚es gibt ihn nicht' [22. Kapitel], das Reine & das Unreine [23. Kapitel], Buddha & bodhi [Erwachen] [24. Kapitel], Nirvāṇa & das Seiende [25. Kapitel] – bei all diesen aus zwei oder drei Komponenten bestehenden Systemen sind die Komponenten weder identisch noch fallen sie auseinander, sondern sie sind abhängig entstanden.

Rupa, [Sanskr.], dieser vieldeutige Begriff wird oft mit dem englischen oder deutschen Begriff Form übersetzt, was irreführend sein kann. Er hat vielmehr die Bedeutung von Formation, Körper oder System, ein geordnetes Ganzes, das aus Teilen besteht. Die ganze Formation und ihre Teile sind ohne festen Kern.

Sakyapa [Sa-skya-pa], tibet., eine der vier Hauptschulen des tibetischen Buddhismus, nach dem in Südtibet gelegenen Kloster Sakya [wörtlich: ‚Graue Erde'] benannt. Die anderen drei Hauptschulen sind die Nyingmapa, Kagyüpa und Gelugpa.

Schrödingers Katze. Ein berühmtes Gedankenexperiment: Die Katze ist gemeinsam mit einem radioaktiven Atom und einem Giftbehälter eingesperrt. Nach einer gewissen Zeit gibt es zwei Möglichkeiten: Entweder ist das Atom zerfallen und die Katze vergiftet, oder das Atom ist nicht zerfallen und die Katze am Leben. Nach der Quantenphysik sollte eine Superposition beider Möglichkeiten auftreten können. Dieses Gedankenexperiment Schrödingers sollte einen Einwand gegen die Quantenphysik darstellen. Doch eine quantenphysikalische Superposition bedeutet nicht ein Entweder-Oder [tot oder lebendig]. Wie in der Abbildung auf S. 162 zu sehen ist: Eine Superposition von Quantenobjekten besteht nicht in einer bloßen mechanischen Überlagerung von zwei unabhängigen Zuständen [tot oder lebendig]. Superpositionen zeigen ganz andere Eigenschaften als ihre Komponenten [Erich Joos].

„Interessant ist in diesem Zusammenhang auch die Feststellung, dass der Stoff, der aus der Verbindung von mindestens zwei Elementen hervorgeht, so vollkommen anders ist als seine Ausgangselemente. Bringt man beispielsweise die Elemente Kohlenstoff, Wasserstoff und Sauerstoff zusammen, so können je nach Art des Experiments unzählige Verbindungen mit neuen Eigenschaften entstehen, etwa Alkohole, Zucker oder Fettsäuren. Die meisten Merkmale der so entstandenen Verbindungen lassen sich nicht aus den Merkmalen der drei zu Grunde liegenden Atomarten ableiten, obwohl sie selbstverständlich von ihnen bestimmt werden." [Gerhard Staguhn, Die Jagd nach den kleinsten Bausteinen der Welt, Wien 2000, S. 71]

Sein. „Denken wir an den Begriff des ‚Seins'. Er ist das Allgemeinste schlechthin. Soll er gewonnen werden, muss von absolut allem, was diese allgemeinste Allgemeinheit einschränken könnte, abgesehen werden." [Heinrich Schmidinger][103]

Sinnesdinge, Sinnenwelt [lat. mundus sensibilis], Bezeichnung für die Welt der Gegenstände, sofern diese der sinnlichen Erkenntnis zugänglich sind. Die Sinnenwelt wird dabei meist als die Welt der Erscheinungen [Phaenomenon] der Verstandeswelt [mundus intelligibilis], aufgefasst als Welt der Dinge an sich [Noumenon], gegenübergestellt. Diese Unterscheidung findet sich bereits bei Platon, der die dem Wechsel unterworfene sichtbare Welt als Abbild einer Welt unveränderlicher Ideen auffasst. [Vgl. Enzyklopädie, Bd. 3, S. 813–814]

Standardmodell. „Das Standardmodell zählt zu den erfolgreichsten Theorien der Physik. Im Standardmodell manifestiert sich alles, was heute in der Teilchenforschung als gesichert gelten darf. Grob umrissen ruht das Standardmodell auf drei Säulen:

Säule 1: Die Materiebausteine

Sechs ‚Quarks' und sechs ‚Leptonen' – aus diesen Bausteinen besteht die Welt. Der Löwenanteil der uns umgebenden Masse ist den Quarks zuzuschreiben. Dagegen machen die Leptonen [‚Leichtgewichte'] weniger als 0,1 Gewichtsprozent aus. Zu ihnen zählt das Elektron sowie seine schweren Geschwister, das Myon und das Tau, ferner drei Arten von Neutrinos, jedes dieser Partikel hat ein Antiteilchen, deshalb basiert das Standardmodell auf insgesamt 24 Materiebausteinen.

Eine besondere Rolle spielen die beiden leichten Quarksorten, das ‚Up-' und das ‚Down-Quark'. Aus ihnen sind die Bausteine der Atomkerne aufgebaut, das Proton und das Neutron. Ein Proton besteht aus zwei Up- und einem Down-Quark, das Neutron aus zwei Down- und einem Up-Quark. Atomkerne sind gewöhnlich von Elektronen umhüllt; demnach besteht die normale, uns umgebende Materie aus nur drei Grundteilchen: Up-Quark, Down-Quark und Elektron. Die anderen Quarksorten können nur im Labor unter extremen Bedingungen erzeugt werden.

Säule 2: Die Kräfte

Das Standardmodell kennt vier Kräfte, die zwischen den Teilchen herrschen.

Die elektromagnetische Kraft wird durch die elektrische Ladung eines Teilchens verursacht. Sie lässt den Strom aus der Steckdose kommen, hält sämtliche Kristalle zusammen und spielt bei allen chemischen und biochemischen Prozessen die führende Rolle.

Die starke Kraft wirkt zwischen den Quarks. Ihr Effekt entspricht dem eines Expanders aus dem Fitnessstudio: je weiter man zwei Quarks auseinanderzieht, desto mehr spannt sich das Gummi zwischen ihnen, und desto stärker hat man zu ziehen. Die starke Kraft wird also mit zunehmendem Abstand größer. Dieser Effekt ist so stark, dass das Band zwischen zwei Quarks nicht ohne weiteres reißen kann. Deshalb kommen Quarks nie alleine vor, sondern nur in Quark-Antiquark–Pärchen oder als ‚Dreigestirn'.

Die schwache Kraft wirkt zwischen allen Materieteilchen. Sie löst radioaktive Zerfälle aus, indem sie bestimmte Elementarteilchen in andere verwandelt, etwa ein Down-Quark in ein Up-Quark plus ein Elektron plus ein Neutrino. Durch diese Teilchenumwandlung kommt der Zerfall von Atomkernen in Gang. Die Neutrinos können nur über die schwache Kraft mit ihrer Umgebung wechselwirken.

Die Gravitation, die wohlvertraute Schwerkraft, spielt im Mikrokosmos praktisch keine Rolle. Im Vergleich zu den anderen Naturkräften ist sie extrem schwach und darf in aller Regel vernachlässigt werden.

Bei allen Naturkräften gehen die Physiker davon aus, dass sie durch ‚Botenteilchen' übermittelt werden, die in unmessbar kurzer Zeit zwischen den Materiepartikeln hin- und herflitzen. Bei der elektromagnetischen Kraft sind es die Lichtteilchen [Photonen], bei der starken Kraft ‚Gluonen', bei der schwachen Kraft sogenannte W- und Z-Teilchen. Die Vermittlerteilchen der Schwerkraft, die ‚Gravitonen', konnten die Physiker bisher noch nicht experimentell nachweisen.

Säule 3: Die Masse

Der dritte Zweig des Standardmodells liefert einen Erklärungsversuch für das Phänomen ‚Masse'. Warum Teilchen überhaupt schwer sind – das beschreibt der Higgs-Mechanismus, benannt nach dem Physiker Peter Higgs. Der britische Theoretiker hatte ein neues, allgegenwärtiges Feld postuliert. Mit diesem Feld schließen sich alle massebehafteten Teilchen kurz, um sich mit Masse ‚vollsaugen' zu können. Gebilde wie das Photon zeigen sich völlig unbeeindruckt vom Higgs-Feld und bleiben masselos. Noch fehlen die Beweise für die Gültigkeit der Higgs-Theorie. Der LHC-Beschleuniger in Genf soll ab 2005 das ‚Higgs-Teilchen' aufspüren. Die Entdeckung dieses Teilchens wäre der gesuchte Beweis für die Richtigkeit der Theorie.

Bislang hat sich das Standardmodell bestens bewährt. Die meisten Ergebnisse der Teilchenforschung passen sehr gut zu den Vorhersagen. Dennoch: Das Modell weist Lücken auf und vermag grundlegende Probleme nicht zu erklären: Warum zum Beispiel gibt es ausgerechnet sechs Quarks, weshalb existieren vier Naturkräfte? Warum sind die Atome neutral? Um Fragen wie diese zu beantworten, wünschen sich die Experten eine neue, umfassendere Theorie. Sie soll letztlich die Naturkräfte zu einer Art Urkraft vereinheitlichen und die Zahl der heute bekannten Elementarteilchen auf einige wenige Urteilchen reduzieren." [Heiner Müller-Krumbhaar, Herrmann-Friedrich Wagner [Hg.], Was die Welt zusammenhält, Berlin 2001, S. 38–39]

Substanz. Platon hatte zwei Formen des Seins unterschieden, er unterschied besonders im zweiten Teil des ‚Parmenides' Einzeldinge, die alles, was sie sind, nur durch Teilhabe sind und insofern kein eigenes Sein haben, und Ideen, die ein eigenes Sein haben. Diese Zweiteilung hat die traditionelle Metaphysik von Platon übernommen. Ein unabhängiges, eigenes Sein oder eine Substanz bezeichnet in der traditionellen Metaphysik etwas, was als Existierendes von nichts anderem abhängig ist [Descartes], was aus sich selbst heraus existiert, durch sich selbst besteht [More], was gänzlich uneingeschränkt durch anderes und frei von jeder Art von Fremdbestimmung ist [Spinoza], das, was für sich selbst, ohne ein anderes besteht [Schelling]. Zusammenfassend kann Substanz für die traditionelle Metaphysik von Platon bis Kant, als etwas bestimmt werden, das unveränderlich, sich selbst ewig gleich, von nichts anderem abhängig, durch sich selbst existierend ist. Sie ist der Daseinsgrund für alles andere, die Grundlage der Dinge. Unter der höchsten Substanz wurde in der traditionellen Metaphysik oft Gott oder ein göttlicher Geist verstanden. Sonst verstand man unter Substanz abstrakte Entitäten wie Ideen, [die für Platon als selbständige Wesen existierten, ungeworden, unvergänglich, immer mit sich selbst identisch, unsichtbar und auch sonst nicht wahrnehmbar [Timaios]], das Allgemeine, einen absoluten Geist oder auch Mathematisches. Nach den Eleaten gibt es kein Werden, sondern nur ein Sein, ungeworden, unvergänglich, einheitlich, ewig, unbeweglich, stetig, unteilbar, identisch mit sich selbst. **Synonyme: Sein, eigenes Sein, Seiendes, Substrat, Wirklichkeit, Realität, Wesen, Essenz.** Mit leichten Bedeutungsunterschieden bezeichnen diese Begriffe einen immateriellen, festen Kern der Dinge.

Śūnyatā. Substanzlosigkeit, ohne eigenes Sein, ohne einen festen Kern. Da dieser Begriff für Nāgārjuna mit dem Begriff pratītyasamutpāda [Entstehen in Abhängigkeit, Wechselwirkung] synonym ist, kann die Übersetzung ‚Leerheit' irreführend sein. Śūnyatā ist ein elastischer Begriff, den man leicht zusammendrücken und ausdehnen kann. Allerdings kann man ihn nicht auf das Nichts zusammendrücken und auch nicht auf das Absolute ausdehnen. Für Nāgārjuna, den Begründer des Mādhyamaka, ist Śūnyatā ein dynamischer Begriff. Śūnyatā drückt aus, dass alle Entitäten und alle Begriffe in Abhängigkeit von anderem zustande kommen. Dies bedeutet, dass sie ‚leer' sind von einem eigenen Sein [svabhāva], da sie andernfalls unbedingt, ewig und unveränderlich wären. [Vgl. Historisches Wörterbuch der Philosophie, Bd. 10, S.629] Śūnyatā bezeichnet die Wechselwirkungen und Energieübertragungen zwischen den Dingen. Einige von ihnen kennen wir, wie beispielsweise die Energieübertragung von Brennstoff auf Feuer. Von anderen haben wir keine Ahnung, wie beispielsweise die Energieübertragung zwischen Zwillingsphotonen oder zwischen Gehirn & Bewusstsein.

Superposition. Vor allem in Mathematik und Naturwissenschaften verwendeter Terminus zur Bezeichnung der Überlagerung mehrerer Größen oder Zustände. Gleichzeitiges Zusammenwirken mehrerer auf verschiedene Ursachen zurückgehender physikalischer Größen gleicher Art [Felder, Kräfte, Potentialströmungen etc.], insbesondere von zeitlich periodischen Größen, z. B. von Wellen [mit der Folge von Interferenz]. [vgl. Enzyklopädie, Bd. 4, S. 143] Superpositionen zeigen ganz andere Eigenschaften als ihre Komponenten. [Erich Joos]

svabhāva. Andrew P. Tuck schreibt über die Bedeutung des Begriffs ‚svabhāva' in der Zeit Nāgārjunas: „Advaitins held that all things depend on Brahman but that Brahman is wholly uncaused and independent. Sāmkhya philosophy contended that the manifested constituents that make up the empirical world depend on the unmanifested prakr.ti, but not vice versa. Nyāya-Vaiśesikas and Mīmāmsākas posited discrete atomic substances that do not depend on any other entities and on which all other substances and all qualities depend. Within the Buddhist tradition, Abhidharmists posited the independent existence of the elemental dharmas, Yogācāra philosophy held that all things depend on vijñāna, and the ‚logical' school of Dignāga and Dharmakīrti imputed ultimate reality to a substratum of atomic point-instants. All these ultimate substances, Robinson suggested, exemplified what Nāgārjuna meant by svabhāva." [„Die Vertreter des Advaita behaupteten, dass alle Dinge von Brahman abhängen, aber dass Brahman gänzlich nicht verursacht und unabhängig ist. Die Sāmkhya-Philosophie erklärte, dass die manifestierten Bestandteile, welche die empirische Welt bilden, von dem unmanifestierten Urstoff [prakṛti] abhängen, aber nicht umgekehrt. Nyāya-Vaiśesikas und Mīmāmsākas nahmen getrennte, atomare Substanzen an, die nicht von irgendwelchen anderen Entitäten abhängen und von denen alle anderen Substanzen und alle Eigenschaften abhängen. Innerhalb der buddhistischen Tradition postulierten die Anhänger des Abhidharma die unabhängige Existenz der elementaren Komponenten [dharma], die Yogācāra-Philosophie behauptete, dass alle Dinge von vijñāna abhängen, und die ‚logische' Schule von Dignāga und Dharmakīrti rechnete die höchste Realität einem Substrat aus winzig kleinen punktuellen Augenblicken zu. Alle diese Grundsubstanzen, so die Anregung von Robinson, erläuterten beispielhaft, was Nāgārjuna mit svabhāva [Substanz, eigenes Sein] meinte." [Andrew P. Tuck, Comparative Philosophy and the Philosophy of Scholarship. On the Western Interpretation of Nāgārjuna, New York 1990, S. 59]

Tetralemma [griechisch: tetra, vier], Lemma [griechisch], bei Aristoteles eine Annahme, die als Prämisse einer Schlussfolgerung dient, aber nicht notwendigerweise wahr sein muss [vgl. Enzyklopädie, Band 2, S. 584]

Usia [griechisch], In philosophischem Sprachgebrauch in der Bedeutung von Wesen, synonym mit Substanz. In dieser Bedeutung löst usia Ende des 5. Jahrhunderts vor Christus die Ausdrücke das Seiende und Natur, Physis ab [vgl. Enzyklopädie Band 4, S. 460].

Verschränkung. Verschränkung bedeutet bildlich gesprochen: Zwei Quantenobjekte verhalten sich in einem verschränkten Zustand wie zwei Würfel, die gleichzeitig gewürfelt werden und deren Summe immer 7 ergibt. Ist auf dem einen Würfel eine 6 zu sehen, muss der andere eine 1 anzeigen. Ist auf dem einen eine 3 zu sehen, muss der andere eine 4 zeigen. Wie weit die Würfel voneinander entfernt sind, spielt keine Rolle. Niemand weiß, welche Kraft diese seltsame Fernwirkung herstellt. Aber es muss eine Kraft geben, die bei einer schnellen Drehung des einen Würfels eine sofortige, instantane entsprechende Drehung des anderen Würfels bewirkt, damit beide zusammen gleichzeitig die Zahl 7 anzeigen. *Interferenz* ist ein Effekt, der bei der Überlagerung zweier Wellen auftritt. Die Wellen können sich gegenseitig verstärken und sie können sich gegenseitig auslöschen. Bemerkenswert dabei ist, dass das Muster der Interferenz ganz anders ist als das Muster, das sich aus zwei getrennten Wellen ergibt [Abbildung S. 162]. Eine *quantenphysikalische Superposition* bedeutet nichts anderes, es ist die Überlagerung von zwei Quantenzuständen zu einem neuen Zustand, der ganz anders ist als der Zustand seiner Komponenten. *Quantenkorrelationen* sind *Wechselwirkungen* der Komponenten eines Quantensystems oder auch *Wechselwirkungen* zwischen Quantensystemen. *Nichtlokalität* bezieht sich vor allem auf die unbekannten *Wechselwirkungen* zwischen so genannten Zwillingsphotonen, die verschränkt bleiben, selbst dann, wenn sie kilometerweit entfernt sind. *Verschränkung* bedeutet, dass den Komponenten eines Quantensystems kein eigener Zustand zugeschrieben werden kann, sondern nur noch eine gemeinsame Wellenfunktion des Quantensystems existiert [Erich Joos]. Unter *Kohärenz* versteht man nichts anderes als die Fähigkeit, *Interferenz* zu erzeugen. Mit *Dekohärenz* bezeichnet man Prozesse, die diese beeinträchtigen [Robert Löw und Tilman Pfau]. Siehe dazu die Beiträge von Erich Joos, Robert Löw und Tilman Pfau in: Jürgen Audretsch [Hg.], Verschränkte Welt, Weinheim 2002. Der Physiker Herbert Pietschmann betont bei zwei verschränkten Elektronen, dass es eigentlich nicht sinnvoll ist von zwei Elektronen zu sprechen und es besser sei von einem Elektronenpaar oder auch von einem Doppelelektron zu sprechen [Herbert Pietschmann, Quantenmechanik verstehen, Berlin, Heidelberg, New York 2003, S. 103]. Dabei bezieht er sich auf Erwin Schrödinger. Schrödinger schreibt: „Wenn zwei Systeme in *Wechselwirkung* treten, treten, wie wir gesehen haben, nicht etwa ihre ψ-Funktionen in *Wechselwirkung,* sondern die hören sofort zu existieren auf und eine einzige für das Gesamtsystem tritt an ihre Stelle." [S. 104] ψ ist ein Symbol für die quantenmechanische Wellenfunktion, die den Zustand des Systems beschreibt. Bei Schrödingers Sichtweise bleibt ungeklärt, ob es sich um eine mathematische Interpretation oder um eine physikalische Aussage handelt. Mathematisch mag es eine einzige ψ-Funktion für ein System geben. Aber ein mathematisches Modell ist eine drastische Vereinfachung [Schrödinger]. Physikalisch gibt es kein System, das nicht aus Teilen besteht.

Vijñānavāda. „Buddhistische Schule des Idealismus, die auch als **Yogācāra** [Yogapraxis] oder die Lehre ‚Geist allein' [citta mātra] bezeichnet wird. Die Schule entwickelte sich im 4. Jahrhundert nach Christus, und ihre führenden Vertreter waren Maitreyanātha, Asaṇga und sein Bruder Vasubandhu. [...] Die Grundaussage der Schule besteht darin, dass das Bewusstsein selbst die Grundlage und einzige Realität ist und dass die offensichtliche Mannigfaltigkeit der empirischen Welt das Erzeugnis der Unstetigkeit und Unklarheit im Bewusstsein der Einzelperson ist. Die übliche Form der Lehre unterscheidet acht Funktionen oder Aspekte des Bewusstseins, wobei das grundlegendste das Ālayavijñā [Behälterbewusstsein oder Speicherbewusstsein] ist, das die Grundlage der persönlichen Identität bildet. Aufgrund der Wirkung früherer Handlungen [Karma] wurde der Ālaya verdorben und unbeständig und verkörpert sich in einer dualistischen Form, wodurch die Vorstellung von ‚Selbst' und ‚etwas anderem' entstehen. [...] Für den Vijñānavāda wird die Erleuchtung durch die Erkenntnis erreicht, dass der Ālaya die einzige Realität ist, was das Erlöschen der dualistischen Einbildung zur Folge hat. [...] Die Lehre vom ‚Geist allein' übte einen tiefen Einfluss auf alle mahāyānabuddhistischen Länder aus und wurde besonders im Fernen Osten populär." [John Bowker [Hg.], Das kleine Oxford-Lexikon der Weltreligionen, Düsseldorf 2002, S. 753]

Wissen. Wissen ist immer aktuelles Wissen. Wissen ist stets eine aktuelle Operation, die, indem sie abläuft, schon wieder verschwindet. Wissen ist ein nicht archivierbarer Bestand oder erlernbarer Prozess, sondern eine Struktur, die es ermöglicht und erleichtert, mit Informationen umzugehen, das heißt, Informationen als ‚neu' zu akzeptieren oder als ‚irrelevant' abzulehnen und Information mit anderen Informationen zu vergleichen und zu dritter Information zu kombinieren. Die Anforderungen verschieben sich vom Festhalten und Durchsetzen des einmal als richtig Erkannten auf Probleme der laufenden Modifikation und Neubeschreibung der Vergangenheit. [Vgl. Thomas A. Becker, Frankfurter Allgemeine Zeitung vom 24.02.2003] Kein Kommentar.

Wolken. Wolken am Himmel bestehen größtenteils aus Wasserdampf, der kondensiert, wenn warme Luft aus erdnahen Atmosphärenschichten in kältere Höhen aufsteigt. Eine Wolke ist kein fertiges und abgeschlossenes Gebilde, in ihr wird vielmehr ein ganz bestimmter physikalischer Prozess, d. h. eine ganz bestimmte Luftbewegung innerhalb der Atmosphäre als Gestalt sichtbar. Durch die einzelnen Wetter- oder Luftbewegungen entstehen sehr verschiedene – aber jeweils immer wieder charakteristische – Wolkenarten, die deutlich als solche erkennbar sind, z. B. hochgetürmte Quellwolken am Sommerhimmel oder einheitlich graue Regenwolken. Wasser ist physikalisch ‚inkompressibel', es lässt sich also nicht komprimieren, es ist nicht elastisch. In einer Wolke am Himmel offenbart sich aber nicht nur das gestaltlose Material Wasser oder Wasserdampf, das jede Form annehmen kann, sondern auch eine typische Wolkengestalt, die einer ganz bestimmten Tätigkeit der Atmosphäre entsprungen ist. Denn es müssen ja bestimmte Form- oder Gestaltungskräfte der Atmosphäre am Werk sein, die immer wieder zielgerichtet eine bestimmte Wolkenform entstehen lassen. [Vgl. Walter Sönning/Claus G. Keidel, Wolkenbilder. Wettervorhersage, München 2002]

Yoga, [Sanskrit: Verbindung], Schlüsselbegriff aller indischen Traditionen. Beizeichnung für verschiedene Meditationstechniken, die auf Hingabe, Mitgefühl oder Erkenntnis zielen, die jedoch nicht gleichbedeutend mit sinnlicher Wahrnehmung oder geistiger Erkenntnis sind. Bereits in den älteren Upaniṣaden spielen yogische Techniken wie Atembeherrschung und Zurückziehen der Sinnesorgane eine wichtige Rolle. Von Siddhārta Gautama, dem späteren Buddha, wird berichtet, dass er auf der Suche nach Erleuchtung von seinen Lehrern Ārāda Kālāma die Versenkungsstufe ‚Nichts' und von Udraka Rāmaputra die Versenkungsstufe ‚Jenseits von saṃjñā und asaṃjñā' [Wahrnehmung und Nichtwahrnehmung] zu erreichen gelernt habe. Das sind die beiden letzten Stufen der später in acht Stufen untergliederten Versenkung [dhyāna], die das letzte Glied der Lehre vom achtgliedrigen Weg [zur Aufhebung des Leidens] bildet, wie sie nach Gautamas Erleuchtung zum Buddha formuliert wurde; sie gehört zu einer yogischen Meditationstechnik [vgl. Enzyklopädie 4, S. 793 ff].

Yogācāra. Siehe **Vijñānavāda.**

Zweiweltentheorie. Bezeichnung für die sich auf Platonische Unterscheidungen [die Welt der Erscheinungen – die Welt der Ideen] berufende ontologische und erkenntnistheoretische Vorstellung, dass den Dingen dieser Welt eine ‚intelligible' Welt im Abbildverhältnis oder in der Weise eines hierarchischen Aufbaus des Seins [Emanation] entspricht. [Vgl. Enzyklopädie, Bd. S. 870]

Zwillingsphotonen. „Der Spuk, den Einstein beschwor.

Zwei Kilometer in null Sekunden: Rekord beim ‚Beamen' von Licht.

Für die Crew des Raumschiffs Enterprise ist Beamen die schnellste und bequemste Art, auf einem fremden Planeten zu landen. Während das Beamen von Alltagsgegenständen und Lebewesen selbst über kleine Entfernungen wohl niemals technisch möglich sein wird und für ewig ins ferne Reich der Science-Fiction gehört, sind ähnliche Vorgänge zumindest in der Quantenwelt schon lange nichts Ungewöhnliches mehr. So ist die Übertragung der Quanteneigenschaften eines Photons auf ein anderes, ohne dass dabei Materie transportiert wurde – die so genannte Teleportation – bereits mehrfach demonstriert worden, allerdings bislang nur über Entfernungen von maximal einem Meter. Jetzt haben Forscher von der Universität Genf einen Rekord aufgestellt. Nicolas Gisin und seinen Kollegen ist es gelungen, Photonen über eine Distanz von zwei Kilometern zu teleportieren. Dreh- und Angelpunkt der Teleportation ist das Phänomen der Verschränkung, die Einstein einst als ‚spukhafte Fernwirkung' bezeichnet hatte. Sind zwei Teilchen miteinander verschränkt, bilden sie eine Einheit, egal wie weit sie voneinander entfernt sind. Oft werden solche Partikeln mit zwei Würfeln verglichen, die, wenn man sie gleichzeitig würfelt, immer die gleiche Zahl liefern. Wird nämlich eines der verschränkten Teilchen von einem Detektor nachgewiesen und auf seine Eigenschaften hin untersucht, so stehen gleichzeitig auch die Eigenschaften des anderen Teilchens fest. Verschränkte Teilchen entstehen, wenn man beispielsweise ultraviolettes Licht auf einen nichtlinearen Kristall fokussiert. Dabei verwandelt sich ein ultraviolettes Photon in zwei verschränkte sichtbare Photonen A und B, die in entgegengesetzte Richtungen davonfliegen.

Bei der Teleportation lässt man nun Photon A zusammen mit einem dritten Lichtteilchen C, dessen Eigenschaften man übertragen möchte, auf einen halbdurchlässigen Spiegel treffen. Dabei passiert das höchst Eigenartige: Photon A verliert seine Eigenschaften, etwa seine Schwingungsrichtung, und nimmt den Polarisationszustand von Lichtteilchen C an. Sofort wird dieser Zustand auch auf den verschränkten Partner B übertragen beziehungsweise teleportiert. Mit dem Verfahren haben österreichische Physiker um Anton Zeilinger und unabhängig davon italienische Wissenschaftler in Rom 1997 das erste Mal ein Lichtquant ohne Zeitverzögerung – gewissermaßen unter Überwindung von Raum und Zeit – von einem Ende des Labortischs zum anderen Ende gebeamt. Die Schweizer Forschergruppe um Nicolas Gisin hat die Teleportationstechnik nun entscheidend weiterentwickelt. Sie konnte die Photonenzustände über ein zwei Kilometer langes Glasfaser von einem Raum zu einem anderen übertragen. Während der eine Partner des verschränkten Photonenpaares [B] im Empfängerlabor blieb, wurde sein Gegenstück [A] durch den Lichtleiter ins Sendelabor geschickt, wo es mit dem zu teleportierenden Lichtteilchen [C] zusammentraf. Neben dem Streckenrekord gab es noch eine weitere Neuheit: Das zu übermittelnde Photon und das verschränkte Photonenpaar hatten verschiedene Wellenlängen. So gelang es Gisin und seinen Kollegen erstmals, einen Quantenzustand von einer Lichtfrequenz auf eine andere zu übertragen [„Nature", Bd. 421. S. 509]. Die wichtigste Anwendung der Teleportation sehen die Schweizer Forscher in der abhörsicheren Übertragung von Informationen, der so genannten Quantenkryptographie. Gängige Verfahren sind in ihrer Reichweite auf etwa hundert Kilometer beschränkt. Würde man die Teilchen dagegen teleportieren, ließen sich nach der Meinung Gisins geheime Botschaften mehrere hundert Kilometer weit übermitteln. Die übertragenen Informationen wären dann auch vor unerwünschten Lauschern sicher. Denn sie verschwinden am Ort des Senders und tauchen erst am Ort des Empfängers wieder auf. Zwischendurch existieren sie nicht. Das bisher praktizierte Verfahren hat allerdings einen entscheidenden Nachteil, der einer breiten Anwendung der Teleportation im Wege steht. Um sicher zu sein, dass die Teleportation erfolgreich gewesen ist, musste man bislang das Photon mit den übertragenen Quanteneigenschaften nachweisen und dadurch letztlich zerstören. Das Teilchen und die in seinen Quantenzuständen gespeicherten Informationen standen somit für eine Weiterverarbeitung nicht mehr zur Verfügung. Die Forscher um Anton Zeilinger von der Universität Wien haben nun einen raffinierten Weg gefunden, mit dem sie den Erfolg einer Teleportation überprüfen können, ohne die teleportierten Quantenzustände vernichten zu müssen. Sie bauen in die Strecke, den das teleportierte Photon durchläuft, einen speziellen Dämpfer ein. Aufgrund quantenmechanischer Gesetze reicht es nun völlig aus, die übrigen an dem Geschehen beteiligten Lichtteilchen gleichzeitig zu registrieren. Der Nachweis und die Zerstörung des teleportierten Photons wird damit überflüssig [„Nature“, Bd. 421, S. 721]. Statt eines Nachweisgerätes können nun weitere Module, die die Quanteninformation verarbeiten, an die Teleportationsvorrichtung angeschlossen werden“ [mli, Frankfurter Allgemeine Zeitung vom 12. März 2003].

Michael Czaykowski

Die menschliche Matrix

Ursprung des Kämpfens – Quelle der Menschlichkeit
Worum Frauen und Männer gemeinsam ringen

Jede Beziehung, zu anderen Menschen wie zu uns selbst, trägt in sich den Samen des Kampfes. Dieser Kampf ist Ausdruck verschiedener Wirklichkeiten, die auf unterschiedlicher Wahrnehmung basieren. Da die Wurzeln dieses Kampfes in der menschlichen Subjektivität liegen, werden sie in der Regel nicht wahrgenommen. In einer Art Halbschlaf tun Menschen täglich Dinge, die sie nicht begreifen, aus Gründen, die sie nicht verstehen. Doch das Leben ändert sich grundlegend für denjenigen, der anfängt, sich selbst zu erkennen und aus dem Halbschlaf zu erwachen. Das Kämpfen verliert an Bedeutung, sobald er begreift, dass nichts von dem, was er erlebt, wirklich von ihm getrennt ist. Der Leitgedanke dieses Buches ist die innere Wahrnehmung, die Bewusstwerdung und das Verstehen unserer menschlichen Matrix – als Quelle, Ursache, Gebärmutter von allem. Ein Buch zum rechten Zeitpunkt!

184 Seiten mit 20 s/w-Illustrationen
ISBN 3-89385-467-3 · www.windpferd.de

Amrit Stein und Tsering Topten Nelung

Tibetische Dharma-Gesänge

Wenn man allumfassende Weisheit und Mitgefühl in Klang übersetzen möchte, dann könnte es sich vielleicht so anhören wie der Gesang und die Pferdekopfgeige auf dieser CD: weit, klar und das Herz tief berührend. Allumfassende Weisheit, verbunden mit Mitgefühl für alle Lebewesen, bilden den Kern der Sutra- und Tantra-Tradition des tibetischen Buddhismus. Die tibetischen Dharma-Gesänge gründen auf dieser Tradition und bestehen aus sakralen Gesängen, Gebeten und Mantras. Die Sängerin Amrit Stein hat aus ihrer langjährigen Dharma-Praxis heraus dieses Album zusammengestellt, das auch den tibetischen Musiker Tsering Topten Nelung featured. Amits Stimme ist von Klarheit, Weite und Hingabe getragen, und die klassischen tibetischen Instrumente berühren zutiefst das innere Herz des Zuhörers.

Spielzeit ca. 50 Minuten · CD-Nr. 41124
ISBN 3-89385-471-1 · www.windpferd.de